한국 인문학의 선구

함석헌의 사상과 삶에 대한 종교철학적 탐구

젊은 시절(연령불명)의 함석헌(사진 1)

1980년대 (노년기)의 함석헌(사진 2)

한국 인문학의 선구
함석헌의 사상과 삶에 대한 종교철학적 탐구

인쇄 2018년 2월 19일
발행 2018년 2월 23일

저자 김영태
발행인 정병석
발행처 전남대학교출판문화원

등록 1981. 5. 21. 제53호
주소 61186 광주광역시 북구 용봉로 77
전화 (062) 530-0571~2
마케팅 (062) 530-0573
팩스 (062) 530-0579
홈페이지 http://www.cnup.co.kr
이메일 cnup0571@hanmail.net

값 20,000원

ISBN 978-89-6849-479-6 (93200)

이 도서의 국립중앙도서관 출판예정도서목록(CIP)은
서지정보유통지원시스템 홈페이지(http://seoji.nl.go.kr)와
국가자료공동목록시스템(http://www.nl.go.kr/kolisnet)에서 이용하실 수 있습니다.
(CIP제어번호: CIP2018005255)

한국 인문학의 선구

함석헌의 사상과 삶에 대한 종교철학적 탐구

김영태 지음

전남대학교출판문화원

머리말

본서는 함석헌(1901~1989)의 사상과 삶에 대한 종교철학적 연구서이다. 따라서 본서는 함석헌 사상의 기본 구조와 논리, 특성 등을 개괄한 후 그 바탕 위에서 실천적이고 영성적인 삶, 종교다원적 삶, 평화로운 세상을 만들기 위한 비폭력적 저항의 삶, 씨ᄋᆞᆯ민중이 주체가 되는 민주주의 한국을 이룩하기 위한 살신성인의 삶, 더 나아가 한국 민중신학의 초석을 마련하는 등 선비적이면서도 역동적인 함석헌의 삶에 대한 실재(實在)와 이상(理想)을 고찰하였다.

본서의 진정한 의도는, 함석헌이 추구한 삶의 바탕을 이루는 것은 어디까지나 종교, 그러나 단 하나의 독단적이고 편협한 종교가 아니라 기독교(개신교)를 비롯한 한국 종교사의 맥을 이어온 유교·불교·도가 사상에다가 천도교(동학), 힌두교 및 간디 사상을 포함한 다종교(多宗敎)라는 사실이다. 한국인은 종교성이 강한 민족으로서 종교와 더불어 살아온 사람들이지만 주로 개인의 성공과 가족의 안심입명, 평안, 복을 추구해 왔으나 그에 수반해야 할 도덕과 사회윤리(사회적 영성) 및 지성은 간과하는 기복적 신앙의 경향이 있어왔다. 하지만 오랜만에 신행(信行)일치, 지행합일(知行合一)을 철저히 강조하고 스승들과 책들로부터 계속 배우고 스스로 익힌 것들을 행동으로 옮겨 성실하게 실천적 삶을 영위했던 분이 바로 함석헌 선생이다.

함석헌의 사상은 철저하게 합리성을 추구하지만 난해한 형이상학이나 현학적 논리보다는 실질적인 가치론 및 삶의 철학(실존철학 혹은 생철학)에 중점을 두고 있는 것으로 보인다. 지(知)·정(情)·의(意)의 조화로운 통합, 그리고 감성·지성·덕성·영성의 변증법적 발전이 이루어지고 있는 것을 볼 수 있다. 그의 사상은 기독교의 성서, 특히 구약성서 이사야 53장의 '고난받는 종'(suffering servant)에 기초하여 씨알 민중과 고난받는 씨알들의 희망을 강조한다든지, 신약의 경우에는 요한복음 15장에 나오는 '친구' 개념에서 '평등사상', 마태복음 5장 9절 '화평케 하는 자'(peace-maker)에서 평화사상의 중대성을 발견한 것을 비롯해서 중국의 노자와 장자, 힌두교의 경전 『바가바드 기타』사상과 간디(Gandhi)의 비폭력 저항정신을 민주화 운동의 초석으로 삼는다. 아울러 새 윤리, 새 교육, 새 종교를 거듭거듭 강조함으로써 인간혁명을 통한 새 시대를 늘 염원하였다. 그리하여 그의 모든 사상과 이상(理想)은 마침내 한국의 씨알 민중들의 삶이 평화로운 가운데 민주적, 자주적으로 상생하는 것을 기원하고 있다고 보겠다. 그러므로 민주적 평화세상을 이 땅에 실현하려는 강한 의지를 가지고 민중의 삶에 장애물이 되는 모든 부조리한 요소들(예: 폭력, 억압, 권위주의, 갑질)을 제거하기 위해 말, 글, 강연, 시위를 통해 몸소 비폭력 저항을 실천하였다. 북한 고향에서는 공산당 정권에 저항하고, 월남한 후 남한에서는 잎만 무성한 기독교에 대한 비판, 부패한 자유당 정권에 대한 저항, 이어서 군사독재 정권에 대한 비판과 저항을 함으로써 일곱 번이나 감옥에 가는 고초를 당했었다. 그 결과 비민주적인 20세기 한국의 정치상황에 획기적인 변혁을 가져오게 하였던 바, 그래서 함석헌은 '한국의 간디'라고도 불리운다.

2017년은 종교개혁 500주년을 맞이하는 의미 깊은 해이다. 한국기독교는 마틴 루터(Martin Luther, 1483~1546)의 개혁정신에 비추어 자신을 깊이 성찰하는 계기로 삼아서 거듭나지 않으면 안된다. 특히 권위주의에 가득찬 교역자(敎役者) 중심에서 벗어나 평신도 중심의 민주적 교회가 되어야 한다. 이렇게 되기 위해서는 평신도들의 대각성이

요구된다. 그동안 길들여진 타율성에서 벗어나 자율성으로 나아가야 한다. 이러한 정신이 곧 함석헌이 말한 프로테스트 정신이며, 루터가 몸소 실행한 종교개혁정신이다.

그러나 끝으로 부연하고 싶은 것은, 함석헌을 존경한 나머지 찬양일변도 내지 숭배까지 하다보면 그의 인격과 사상에 대한 왜곡이 생성될 수 있으므로 오히려 그가 살았던 암울한 시·공적 상황에서 빚어진 편견이나 생각의 오류 혹은 과도한 행위 등을 찾아내어 수정 보완 내지 재해석하는 작업도 활발하게 이루어져야 할 것이다. 그리고 이른바 정치적, 종교적 보수주의 층의 함석헌에 대한 냉소적 반감 내지 외면의 지양, 함석헌을 잘 모르는 민중들과 젊은층의 함석헌에 대한 이해 증진 방안이 꾸준히 강구되어야 할 것이며, 우리 한국에도 함석헌 같은 걸출한 정신적 지도자 내지 현대적 철학자가 존재했음을 외국인들도 알 수 있는 기회를 제공하기 위해 부단히 노력해야 할 것이다. 하나의 예를 든다면 우선적으로 그의 글과 저서가 외국어로 번역되어 해외에 힘차게 뻗어 나가야 할 것이다. 이를 위해서는 함석헌기념사업회, 함석헌학회가 더욱 박차를 가해야 할 것이며 함석헌 관련 학자들이 보다 적극적으로 함석헌 연구의 외연을 넓히는 일에 협력해야 할 것으로 생각한다. 함석헌에 대한 깊은 연구와 관심은 결과적으로 한국 인문학의 발전을 가져올 것임은 물론 한국기독교의 수준을 향상시킬 뿐만 아니라 한국인의 삶의 질을 증진시키는데도 크게 기여할 것으로 믿는다.

2017년 12월

광주 무등산자락 두암동 조그마한 연구실에서
지은이 김영태

| 목차 |

제1장
서 론

신천옹(信天翁, Albatross, 바보새) 함석헌은 1901년에 평안북도에서 태어나 1989년에 서울에서 서거하였다. 그는 한반도에서 온전히 20세기를 살다 간 사람이다. 민족사와 세계사를 통틀어 20세기만큼 크고 놀라운 변화의 시대는 없었다. 한국의 20세기는 제국주의와 국가주의로 치닫는 강대국들의 틈바구니에서 민(民)의 주체적 자각이 이루어지고 세계화가 일어난 시대였다. 그러나 역사의 전환은 서세동점(西勢東漸)의 방식으로 이루어졌던 바, 서양의 산업과 군사, 과학기술과 학문, 정치와 종교가 일방적으로 동양에까지 깊이 들어온 것이다. 이런 와중에서 한국 사회는 짧은 기간에 낡은 봉건사회로부터 산업 문명의 새 세상으로 들어섰다. 그리고 해방 후 70여 년 동안에 이른바 산업화와 민주화를 이루어냈다. 그러나 이러한 과정에서 전통적인 가치와 문화, 생활양식과 사고방식이 크게 흔들리고 무너졌으므로, 새로운 변화가 획기적으로 요구되었다. 이러한 와중에서 함석헌은 낡은 관습과 전통에서 벗어나 과학과 기술, 민주주의, 그리고 당시의 새 종교인 기독교를 받아들였다. 한반도는 동양과 서양이라는 두 개의 큰 강물이 만나서 하나로 합류하는 지점이었고, 함석헌은 이러한 지점에서 시대정신

에 충실하려고 최선을 다한 큰 인물이라고 볼 수 있다.[1]

한민족의 사상과 문화는 수천 년 동안 중국사상과 문화의 영향 아래 있었고, 지배층과 학자들은 중국에 대한 사대주의에 빠져 있었다. 거기에 일제의 식민 통치 시기와 해방 후 군사독재시기를 거치면서 한국의 정신과 문화는 많이 위축되고 유린되었다. 군사정부가 한국적 민주주의를 말하면서 한국정신과 문화를 내세우기는 했으나, 군과 정보기관을 앞세운 폭력적 지배 속에서 박제된 민족 문화와 새로운 한국을 어설프게 제시했을 뿐이다. 따라서 식민 사관과 서양의 문화가 지배한 지난 100여년의 한국 현대사 속에서는, 겨레의 얼과 혼이 살아 있는 주체적인 한국 사상과 철학이 나오기 힘들었다. 그렇다면 왜 한국 철학자들은 동서 정신문화를 아우르고 민중의 각성을 촉구하는 주체적이고 세계적인 한국철학을 발전시키지 못했을까? 이는 동서 문명을 그들의 정신 안에서 통합하지 못했기 때문이라고 볼 수 있다. 이에 반해 함석헌은 주체성을 지키면서 기독교와 서양 문명을 깊이 받아들여 동서 문명을 아우르는 철학을 이룩하려고 각고의 노력을 기울였다.[2]

함석헌은 일제 강점기부터 해방 이후 자유당 정권, 군사 독재, 민주화 시대에 이르기까지 한국 근현대사의 격랑 속에서 종교인으로서, 민주화 운동가로서 독보적인 위치를 차지해 왔다. 그는 일제하 식민지 시대에 서구종교인 기독교를 받아들였고, 이를 한국의 종교 문화적 감수성과 사회 역사적 경험 속에서 창조적이고도 주체적인 한국 기독교 사상으로 발전시키기 위해 심혈을 기울였다. 나아가서 그는 고난과 위

---

1) 박재순, 『함석헌의 철학과 사상』(서울: 한울, 2012), 52쪽 참조.

2) 상게서, 54-55쪽.

기로 점철되었던 한국 근현대사 속에서 기독교 실천가로서, 예언자적 인 사회운동가로서도 대중들의 마음속에 자리를 잡았다. 한국 근현대의 다른 어떤 인물보다 그를 돋보이게 만든 점은 그가 자신의 사회적·역사적 실천을 사상적·종교적·신학적 진술의 형태로 표현할 수 있었다는 점일 것이다. 그는 자신의 신앙적·사회적 실천 속에서 깨달은 깊은 영적 통찰을 시적이고도 감수성 넘치는 글로 담아 낼 줄 알았고, 인격적이고도 역사적인 성서적 기독교 신앙과 마음을 중시하며 신인합일(神人合一)적인 동양 종교적 감수성을 결합해 창의적으로 기독교 사상을 펼쳤다. 그에게는 신앙적이고도 대중적인 실천과 창조적인 기독교 사상이 떼려야 뗄 수 없이 결합되어 있다. 아마도 함석헌은 한국 종교사에서도 사회 변혁과 독창적 사상 형성이라는 양 측면 모두에서 발군의 업적을 쌓은 인물로서 한국 불교사의 원효와 근세의 다산 정약용 그리고 동학의 최제우에 비교될 수 있지 않을까 생각한다.

그러나 함석헌이라는 인물의 깊이와 넓이에 비해 실제 그에 대한 연구와 이해의 정도는 아직 미진한 상태라고 해도 과언이 아닐 것이다. 사회운동가, 사회사상가로서의 그의 면모도 중요하겠지만, 무엇보다도 그의 사상과 활동의 중심에는 기독교 신앙과 체험이 자리 잡고 있기 때문에, 기독교 신학적 접근이 반드시 필요하다고 하겠다. 그의 삶의 깊이와 넓이, 그리고 무엇보다도 생동하는 그의 종교 체험의 떨림과 울림을 알기 위해서는 그가 어떻게 기독교 신앙을 수용했고 그것을 어떻게 주체적으로 변용시켰는지, 더 나아가 그러한 변화의 동기와 동력은 무엇인지 탐구해야 할 것이다.[3)]

---

3) 박경미, 「속죄론과 관련해서 본 함석헌의 예수이해」, 박경미 외, 『서구 기독교의 주체적 수용』(서울: 이화여자대학교 출판부, 2006), 195-196쪽.

함석헌은 정통 신학자나 목회자는 아니었다. '이단자'라는 이름이 붙은 한낱 평신도 기독교인이었을 뿐이다. 그가 맞서 싸웠고 정화하려 했던 것은 부패하고 부도덕한 권력자들과 그들이 만들어 놓은 사회구조였고, 그들이 발휘하는 영향력 아래서 폐습과 독단에 물든 한국 기독교였다. 그는 빗나간 한국 기독교를 각성시키는 '등에'(gadfly)나 다름없었다. 아울러 함석헌은 기독교 사상과 동양 사상의 융합, 보편주의적 종교관, 기독교에 대한 동아시아적 입장에서의 재해석 등을 통해 한국 기독교의 지평을 넓히고 그것을 심화하려 했다. 그뿐만 아니라 함석헌은 기독교 진리에 입각해서 비민주적인 근대한국의 정치 및 사회적 풍토를 쇄신하려고 혼신을 다해 싸웠다. 한국의 민주화, 즉 평화로운 한국을 만들기 위해 그의 생을 바쳤다고 해도 과언이 아니다. 궁극적으로 함석헌의 진의는 대승적 차원에서, 인류가 전쟁으로 공멸할지도 모르는 위험에서 벗어나 스스로 살길을 찾자는 것이었다. 그 점에서 함석헌에게 평화는 하느님과 역사의 '절대적 명령'이었다. 평화는 할 수 있으면 하고 할 수 없으면 하지 않아도 될 문제가 아니라 가능해도 가고 불가능해도 가야 하는 길이었다.[4)]

그렇다면 평화의 길을 열기 위해서는 무엇을 해야 했던가? 함석헌은 무엇보다 인류에게 새로운 문명의 사상적 안내가 될 수 있는 철학이 필요하다고 생각했다. 하지만 그는 서양의 고전철학에 대해서는 큰 기대를 걸지 않고 동양의 고전 철학, 특히 노·장 사상에 기대를 걸었던 것이다. 국가주의와 제국주의의 시대를 뒷받침하는 힘의 숭배, 폭력과 전쟁과 탐욕의 논리 반대편에서 노·장 사상이 제시하는 것은 '평화'의 논리였다고 본 것이다. 노자의 평화주의는 『도덕경』에서 명백히

---

4) 『함석헌 전집 14』, 29쪽; 이하 『전집』이라 함.

드러난 바, '어린 아이', '여성', '물'로 대표될 수 있는 부드러움과 유약함, 겸손, 마음의 평정 같은 높은 가치들이 그것이다.[5)]

현대 한국은 놀랍게도 다종교(多宗教)국가이다. 서구 선교사들의 열렬한 선교 역사에도 불구하고 일반적으로 아시아 국가들에서는 힌두교, 불교, 이슬람, 신도(神道)같은 동양 전래의 종교들이 여전히 국가적 종교로 자리 잡고 있다. 그런가 하면 서구 나라들은 기독교를 압도적으로 국가적 종교로 고수하고 있다. 그러나 한국은 이런 면에서 좀 특이한 경우이다. 불교, 유교, 그리스도교, 토속신앙, 그리고 신흥종교들이 두루 공존하는 가운데 어느 하나가 배타적으로 독점권을 누리고 있지 않은 가운데 한국은 동양종교와 서양종교가 혼재하는 나라이다. 한국은 조선시대의 숭유억불 정책과 대원군의 천주교 탄압정책이라는 종교 차별정책의 역사를 갖고 있음에도 불구하고 오늘날 한국에서 불교와 천주교는 강력한 세력으로 살아남아있고 양자 간에는 대화가 잘 이루어지고 있는 현실이다.[6)]

이와 같은 상황에서 함석헌은 동양의 고전 사상을 서구 기독교와의 관련 속에서 재조명하려 했고 현대를 살아가는 한국인들에게 들어맞도록 재해석하는 노력을 기울였다. 특히 권위에 맹목적으로 순응하는 유교적 가치관과 개인 각자의 책임의식을 회피하는 기독교의 대속론을 신랄하게 비판하였다. 그 대신 그는 종교적 관용주의의 입장을 취한 기독교의 퀘이커교도로서 한국의 기독교 풍토를 유연한 것으로 변화시키고자 힘썼다. 더 나아가 그는 서구 기독교에 상대적으로 우세한 사회 정의, 인권, 저항의식 등의 요소를 동양 사상이 강조하는 초월의

5) 김성수, 『함석헌 평전』(서울: 삼인, 2009), 77-79쪽 참조.

6) 상게서, 172쪽.

식, 관용성, 포괄성과 결합시키려 했다. 구리와 아연으로 황동을 만들듯이, 함석헌은 동서의 장점을 융합한 사상이 문명에 새로운 길을 제시하고 장차 인류가 보다 높은 영적 단계에 도달하도록 이끌 것이라고 예견한 것이다. 마치 인간의 두 다리나 남녀, 혹은 음양의 원리가 서로 협동하듯이 이 융합된 사상이 인류를 앞으로 밀고 나가는 근원적이고도 역동적인 힘이 될 것으로 믿었던 것이다.[7]

함석헌의 원대한 포부와 추동력은 결국 무엇보다도 그의 폭넓은 종교적 신념에 있었다고 볼 수 있기 때문에 본서에서는 그의 종교사상의 씨줄과 날줄이 과연 어떠한 구조와 특성을 가지고 짜여져 있으며 그 이상(理想)은 무엇인가에 대하여 초점을 맞추어 보려고 하였다. 퇴계와 율곡은 유학에 기초해서 그들의 독특한 사상을 펼쳤고, 다산(정약용)은 유학과 천주교에 토대하여 그의 실학사상을 전개했다면, 현대 한국의 사상가 함석헌은 서양에서 전개된 기독교(개신교)에 기초하여 유·불·도, 인도사상까지 포괄해서 동·서양의 사상을 아우르는 다원적 사상의 토대 위에서 부조리한 현실을 극복하기 위해 몸소 행동으로 실천한 지행합일(知行合一)의 철학자라고 평가할 수 있을 것이다. 현대 산업사회는 주로 과학·기술·자본·다원성을 중시하는 경향이 있는데 사실은 이와 같은 역동적 현대 사회에서도 깊은 인문학적 성찰과 철학을 가지고 살아온 분들이 한국 사회에 적지 않은 가운데, 함석헌은 마치 평지의 고봉처럼 돋보이는 현대 한국이 낳은 자랑스러운 사상가(철학자)일 뿐만 아니라 세계적인 현대 사상가의 반열에 내어 놓아도 전혀 손색이 없는 특출한 철학자라고 볼 수 있을 것으로 생각한다. 지금까지 그가 세계 철학계에 알려지지 않은 까닭은 그의 저작들

7) 상게서, 177쪽.

이 오로지 한글로만 되어 있을 뿐 국제 언어로 번역되지 않았고 또 한국 기독교 주류가 그를 이단시하여 그의 성장을 막았었고, 정치적으로는 북한의 공산주의 정부와 남한의 자유당 정권 및 군사정권이 그를 억눌렀기 때문이다.

그러나 지금은 함석헌에 대한 평가가 적극적이고 다양하다 : 예언자, 인권운동가, 민주주의 신봉자, 평화주의자, 종교사상가, 다원주의자 등. 덴마크가 낳은 실존주의 철학자 키에르케고르의 진가는 그의 사후 100년 만에 인정받았는데 그 이유는 우선 덴마크의 국교인 루터교를 신랄히 비판함으로써 국교로부터 배척당한 점과 그의 저작들이 단지 덴마크어에 갇혀 있었다가 보다 폭넓게 사용되는 독일어로 그의 저작이 번역되고, 이어서 영어로 번역되면서 그의 사상의 진가가 인정받았기 때문이다. 이와 마찬가지로 우선 함석헌에 대한 국내 보수 기독교인들의 인식전환이 있어야 하겠고 또 함석헌에 대한 연구의 붐이 일어나야 하겠으며 게다가 그의 저작들이 외국어로 번역되어 그의 생동력있는 사상이 국제사회에 널리 알려져야 할 것이다.

이런 관점에서 본다면 2008년 서울대학교에서 개최된 '세계 철학자 대회'에서 함석헌을 논의했던 것은 아주 커다란 의미가 있다고 본다. 그의 글과 외침은 그의 생존시에는 외로운 광야의 외침이었으나 지금에 와서 보니 그의 주장과 외침은 하나도 버릴 것 없이 그대로 우리의 현실에 적중한, 앞을 내다 본 예언자적 외침이었다. 그는 강단 철학자가 아니라 실존과 현실 및 상황 철학자이기에 그의 주장은 결코 현학적이지 않은 구체적인 삶의 철학이었다. 다시 말해서 그의 삶 자체가 생동하는 철학이었다. 이렇듯 사·언·행(思·言·行)이 일치했던 함석헌 같은 철학자는 세계철학사에서도 그 유례를 찾기가 쉽지 않을 것이다. 다소 늦은 감이 있지만 지금부터라도 한국의 현대 실천적 사상가 함석헌을 탐구하는 것은 큰 의미가 있고 그 연구물들은 국내·외에 크게 기여할 것으로 본다. 특히 가치관의 혼란에 빠져있는 21세기 한국 사회의 치유에 그의 사상은 크게 보탬이 되리라 확신한다.

이와 같은 탐구를 위해서는 주로 문헌적 연구를 시도하지 않을 수 없었다. 주지하는 바와 같이 그의 문헌은《사상계》,《씨ᄋᆞᆯ의 소리》,《기독교 사상》 등에 산재되어 있으며, 함석헌에 관해서는 그의 주변 인물들의 글과 증언, 그리고 그의 생애와 사상에 관한 여러 논문들을 통해서 추적할 수 있다. 그러나 무엇보다 중요한 자료는『함석헌 전집』20권과 그의『저작집』30권이다. 게다가 최근에는 씨ᄋᆞᆯ사상 연구원과 함석헌 기념사업회, 함석헌 학회, 함석헌 평화포럼 등을 통해 새로운 자료들이 제법 제공되고 있는 추세이다.

이러한 자료들을 토대로 하여 그의 기독교 사상, 그의 역사관과 윤리관, 기독교 외에 그가 관심을 가졌던 여러 종교들에 대한 그의 이해와 관점, 더 나아가 그가 실현하고자 하는 꿈과 이상, 그리고 그의 공헌과 영향력이 무엇인지를 탐구 하고자 하였다. 그런데 그의 종교사상을 탐구하기 위해서는 다양한 접근이 필요하다고 생각된다. 즉 역사적 접근, 전기(傳記)적 접근, 종교학적 접근, 신학적 접근, 실존철학적 접근, 신비주의적 접근, 종교신학적 접근, 정치-사회적 접근, 동양종교적 접근 등이 동원되어야 할 것이다. 특히 신학과 관련하여 그의 공적(功績)으로 민중신학의 토대마련을 들 수 있는데 그의 사상 중 '씨ᄋᆞᆯ'사상은 한국 민주화와 한국 민중신학에 지대한 영향을 끼쳤다. 특히 민중신학의 창시자 중 한 사람인 안병무에게 끼친 영향은 심대하다고 본다. 아울러 송기득, 김경재, 박재순에게 미친 영향 또한 대단히 크다고 생각된다. 이 세 학자들은 탄탄한 철학적 지식의 기반 위에서 함석헌의 사상을 정리해 보려는 노력을 기울여 왔다. 정지석, 김성수 등은 해

외에서 함석헌을 연구하여 외국어로 논문들을 발표하여 한국 현대철학자 함석헌을 부각시키는데 크게 공헌하고 있다. 함석헌에 대한 깊은 연구는 결국 미약한 한국의 인문학을 부흥시키는데도 크게 기여할 것으로 생각한다.

제2장

함석헌의 생애, 영적 순례 그리고 사상적 토대

1. 생애 : 공관(共觀)적 접근

1) 연차별 스케치(오강남)[1]

정식 아호는 없지만 신천옹(信天翁, Albatross) 혹은 씨올이라고도 불리우는 함석헌(咸錫憲)[2]은 1901년 평안북도 용천군 부라면 원성동 바

1) 함석헌의 생애에 대한 연차별 서술은 아주 많다. 여기에서는 오강남, 『종교, 심층을 보다』(서울: 현암사, 2011), 490-504쪽에 실린 "함석헌: 심층종교를 실천한 '한국의 간디'"를 참조. 함석헌의 생애에 대한 직접적 증언은 『전집 4』(죽을때까지 이 걸음으로), 177-197쪽(「이단자가 되기까지」)에서 읽을 수 있고 「나의 어머니」라는 글도 같은 책 299-305쪽에서 읽을 수 있다. 함석헌의 생애에 대한 오강남의 글은 같은 책(『전집 4』) 「하나님의 발길에 채어서, Ⅰ·Ⅱ(201-234쪽)」를 중심으로 엮은 것으로 보인다.

2) 함석헌(咸錫憲, 1901~1989)은 자신의 호를 만든 일도 없고 또 누구에게서 지어받은 일도 없다. 그런데 언제부터인가 사람들이 그를 존경하여 함석헌 '옹'(翁)이라 했다. '옹'이란 칭호에 부담을 느끼던 함석헌은 '신천옹'(信天翁)이라는 새 생각이 났다. 일본사람들은 이 새를 '바보새'라고 부른다. 그런 뜻에서 자신은 하늘만 믿고 산 바보라고 할 수 있을 것 같아 어떤 때에는 호 아닌 호로 스스로 바보새, 아니면 신천옹이라고 하는 때가 있었다. 아무리 실패는 했더라도, 하나님의 발길에 채어오느니만큼 하늘을 믿었다고는 할 수 있기 때문이다. 『전집 4』, 308쪽.

닷가에서 아버지 함형택과 어머니 김형도 사이의 2남 3녀 중 장남으로 태어났다. 함석헌은 「나의 어머니」라는 글에서 자신의 어머니 김형도(金亨道)는 50세가 될 때까지 글자는 한 자도 몰랐지만 그 어머니를 생각하면 맨 먼저 느끼는 것은 '끊임없이 올라가자'는 뜻의 사람이었다고 한다. 평북 용천의 가난한 소작농의 외아들과 결혼해서 7남매를 낳아 2남 3녀를 키우는 동안 '물아랫 놈들'이라는 멸시를 받는 감탕물(곤죽 같은 진흙물) 먹는 바닷가에서 살았지만 그녀는 인간다운 의식을 가지고 끊임없이 올라오려 한 보통이 아닌 사람이었다고 한다. 어려서부터 교회 안에서 자란 함석헌과는 달리 함석헌의 부모는 당시 온 동리가 다 믿는데도 교회에 나가지 않았다고 하는데, 그것은 두 분이 다 그저 남 따라 무엇을 하기에는 너무도 자주적이었고 이성적(理性的)이었기 때문이라고 한다. 특히 그의 어머니는 이성의 사람이었기 때문에 그 미신 많던 시절에 함석헌의 집에는 귀신 사귄 것이 아무 것도 없었다고 회고한다. 나중에 함석헌이 동경유학에서 돌아와 보니 부모님이 기독교 신자가 되어 있었지만 그것은 누가 권해서라든가 복을 받기 위해서가 아니라 스스로 생각해서, 사람으로서 마땅히 할 것을 하기 위해서 한 일이었다고 적고 있다. 이렇듯 함석헌의 부모님은 나름대로 유교적 덕목을 잘 체현하고 살았던 분들인 것을 알 수 있다. 소작농 출신의 한의사였던 아버지는 어려서부터 양심이 아주 날카로운 분으로서 말년에는 명의로 소문이 나서 돈을 많이 모을 수도 있었지만 그것은 사람의 본분이 아니기 때문에 그렇게 하지 않았으며, 어머니는 본래 아주 인자해서 함석헌은 어머니로부터 한 번도 억울한 꾸중을 듣거나 매를 맞거나 한 일이 없었다고 한다. 다만 7,8살 때 맏아들의 특권의식으로 원래 자기 것이라고 생각했던 처마 넝쿨의 오이를 바로 밑의 여동생이 따먹자 그 여동생에게 횡포를 부리는 그에게

“얘, 그건 사람이 아니냐? 입이야 마찬가지지.”라고 부드럽고 미는 듯 하면서도 단연한 목소리로 말씀하시는 소리를 듣고 부끄러웠다고 적고 있다. 함 선생은 “그건 사람이 아니냐?”라고 하셨던 어머니의 그 음성이 자신에게 늘 살아 있어서 바로 그 어머니가 자신의 자유와 평등, 씨알 사상의 밑바닥의 반석을 놓아주신 것이라고 고백하고 있다. 자신이 감옥에 가 있었을 때는 추운 감옥에서 고생하는 아들을 생각해서 본인도 밖에 나가 밤을 새워 보았다는 어머니는 1947년 2월 26일 함석헌이 삼팔선을 넘어 남쪽으로 향하는 길을 나서던 날, “내 생각은 말고 어서 가거라!” 하셨다고 한다.

함석헌에 의하면 우리나라의 전통 종교가 창조적인 생명력을 잃은 형식적 전통에 불과할 때 ‘바닷가 상놈’의 고장으로 알려진 자기 마을에 새로 들어온 기독교는 사람들에게 희망과 의욕을 넣어주었다고 한다. 그는 기독교(장로교) 계통 사립초등학교(덕일학교)에서 ‘하나님과 민족’을 배울 수 있었던 것을 다행으로 여겼다. 아홉 살 때(1910년) 한·일 합방으로 인하여 졸지에 나라를 잃고 어른들이 예배당에서 통곡하는 것을 보았을 적 어린 마음에 크게 충격을 받았으나 믿음으로 인해 아주 낙담하지는 않았다고 한다. 후일 함석헌은 자신이 열세 살까지 순진한 기독 소년이었다고 고백한다. 14세에 양시(楊市)공립보통학교에 입학하고 16세에 졸업한 다음, 평양고등보통학교에 입학했다. 공립학교에 다니면서 순진성이 많이 없어지고 과학을 배우면서 성경에 대한 의심이 생기기 시작했다고 한다.

평양고보 2학년 때(18세) 한 살 아래의 황득순과 결혼했다. 3학년 때(1919년)는 3·1 독립운동에 참가했다가 학업을 중단하고 수리조합 사무원, 소학교 교사로 일하기도 했다. 그해 11월 장남 국용이 출생하고 2년 후 장녀 은수가 태어났다. 그는 모두 2남 5녀를 두었다.

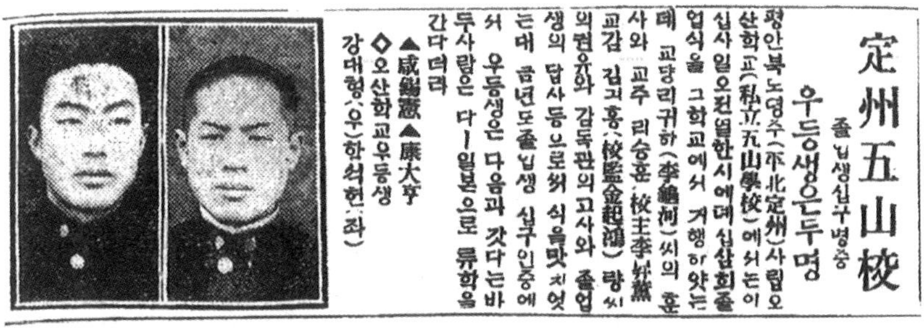
定州五山校
졸업생십구명중
우등생은두명
평안북도뎡주(平北定州)사립오산학교(私立五山學校)에서는이십사일오젼열한시에뎨십삼회졸업식을 그학교에서 거행하얏는데 교댱리귀하(李龜河)씨의 훈사와 교주 리승훈(校主李昇薰) 교감 김긔홍(校監金起弘)량씨의권유와 감독관의고사와 졸업생의 답사등으로써 식을맛치엇는데 금년도졸업생 십구인중에서 우등생은 다음과 갓다는바 두사람은 다ㅣ일본으로 류학을간다더라
▲咸錫憲▲康大亨
◇오산학교우등생
강대형(우)함석헌(좌)

함석헌이 일간지에 최초로 소개된 것은 《동아일보》 1923년 3월 25일 자 1면, 오산학교 수석 졸업 기사이다.(사진 3)

승천재. 일명 경의재. 향교 소유이던 이 집을 남강 이승훈이 인수하여 오산학교를 창립했다.(사진 4)

1921년 20세에 다시 학업을 계속하려고 서울로 올라왔지만 입학 시기가 지난 4월이라 어디에서도 받아주지 않았다. 그러다가 우연히 집안 형 되는 함석규 목사를 만나, 그가 써주는 편지를 가지고 정주 오산학교에 가서 3학년에 편입하였다. 그해 여름이 지나고 류영모가 교장으로 부임하자, 함석헌은 처음으로 류영모 선생을 만나게 되었다. 함석헌은 의사가 되겠다는 포부를 갖고 있었지만 류영모 선생의 영향으로 의사가 되겠다는 꿈을 접고, 다른 무언가를 찾기 시작했으며 노자(老子)도 처음으로 알게 되었다고 한다. 그 결과 남을 따라 마련된 종교를 믿기보다는 좀 더 참된 믿음을 요구하는 마음이 생기기 시작했다. 그러나 그는 교회에서 이런 요구를 충족시키지 못한다는 것을 깨닫게 되었다. 더욱이 교회가 점점 현실에서 먼 신조주의, 교리중심주의로 굳어지게

되자 교회에 대해 비판적으로 바뀌기 시작했다. 오산학교와 류영모의 영향을 보여주는 대목이다.

스승 류영모와 함께. 왼쪽부터 방수원, 현동완, 류영모, 김흥호, 함석헌(사진 5)

함석헌은 1923년 일본 도쿄로 유학을 갔다. 그해 9월에 발생한 관동대지진으로 100만명 이상의 시민들이 생명을 잃었고 도쿄의 3분의 2가 불에 타버렸다. 일본 정치가들은 민심수습책으로 조선인들이 폭동을 계획했다는 유언비어를 퍼트려 조선인 수천 명이 학살되었다. 이를 본 함석헌은 기독교를 가지고 한민족을 건질 수 있을지 번민하기 시작했다. 현실적으로는 사회주의 혁명밖에 다른 길이 없다고 생각되었지만 그렇다고 도덕을 무시하는 사회주의 운동에 가담할 수는 없었다. 오랫동안 기독교와 사회주의 사이에서 고민하게 되었다.

우리나라 형편으로는 교육이 무엇보다 시급하다는 생각에서 일본 유학을 결심한 그 본래의 의도대로 1924년 지금의 우리나라 교육대학과 흡사한 도쿄고등사범학교(현재는 츠쿠바 대학교)에 들어갔다. 새로 입학한 기쁨에 교회를 찾아가다가 동갑내기이자 학교 1년 선배인 김교신을 만나고, 김교신이 우치무라의 성경 연구회에 나간다는 것을 알게 되었다. 우치무라는 오산학교에서 류영모 선생을 통해 이미 들어 알고 있던 인물이었다. 우치무라가 생존 인물인지도 몰랐다가 김교신을 통해 그가 도쿄에 살면서 성경을 가르친다는 사실을 알고 놀라움과 반가움을 금할 수 없었다. 함석헌은 존경하는 스승 류영모가 언급한 인물이라는 사실 한 가지만으로 우치무라의 무교회 모임에 참석하기 시작했다.

김교신(사진 6)

모임은 별도의 예배 형식이 없이 성경을 읽고 예수 십자가에 의한 속죄를 강조하며 해석하는 것으로 진행되었다. 여기서 함석헌은 성경이란 이렇게 읽어나가는 것이구나 하는 확신이 들었다. 그러면서 사회주의와 기독교 사이에서 머뭇거리던 번민에서 벗어나 크리스천으로 나아갈 것을 결심하게 되었다.

1928년 동경고등사범학교를 졸업하고 귀국, 평북 정주 모교 오산학교로 돌아와 역사 교사로 근무했다. 그러나 역사 교사가 된 것을 후회하게 되었다. 역사란 것이 온통 거짓말투성이일 뿐만 아니라 우리나라 역사가 비참함과 부끄러움의 연속이어서, 학생들에게 그대로 가르치자니 어린 학생들에게 자괴감과 낙심만 심어줄 것 같고, 다른 사람들처럼 과장하고 꾸미려니 양심이 허락하지 않았기 때문이었다. 고민에 고민을 거듭한 끝에, 결국 자기에게는 세 가지 버릴 수 없는 것이 있음을 확인했다. 첫째, 한민족으로서 민족적 전통을 버릴 수 없고; 둘째, 하나님을 믿는 신앙을 버릴 수 없고; 셋째, 영국 역사가 웰스(H. G. Wells)의 『역사의 개요』(The Outline of History)를 읽고, 그 영향으로 받아들인 과학과 세계국가주의를 버릴 수 없었다. 이 셋을 어떻게 조화시킬 수 있을까? 이 셋을 다 살리면서 역사 교육을 할 수는 없을까? 하는 것이 그의 큰 과제였다. 그러던 어느 날 문득 한 생각이 떠올랐다. 고난의 메시아가 영광의 메시아라면, 고난의 역사는 영광의 역사가 될 수 없을까 하는 것이었다. 생각이 여기에 미치자 다시 용기가 생겨 역사를 계속 가르칠 수 있었다. 말하자면 우리나라 역사의 기조(基調)를 고난(suffering)으로 보는 역사관이 확립되고 이런 역사관에 입각해서 한국 역사를 재해석하기로 한 것이다.

그때 무교회주의자 우치무라 간조의 성서 연구 모임에 참석했던 유학생들 여섯 명이 귀국하여 성서 연구 모임을 만들고 《성서조선》이라는 동인지를 발간했는데, 함석헌은 고난의 견지에서 한국 역사를 새로 조명하는 글을 연재했다. 이것이 『뜻으로 본 한국 역사』라는 이름의 개정판으로 나왔고, 류영모의 맏아들이 번역하여 영문판으로 출판되기도 했다.

오산학교에서 10년간 근무했는데, 그때는 스스로 십자가 중심 신앙에 충실한 무교회 신자였다고 했다. 본래 교파를 싫어하여 무교회라는 것이 생겼는데, 아이러니하게도 무교회가 또 하나의 교파로 굳어가는 것을 느끼고, 또 우치무라에 대한 개인숭배 태도가 보이기도 하는 것 같아 반감이 들기 시작했다. 더욱이 중요한 것은 자주적으로 생각을 깊이 하면서 예수가 내 죄를 대신해서 죽었음을 강조하는 우치무라의 십자가 대속 신앙을 받아들일 수가 없게 되었다. 심정적으로는 무교회주의에서 떠났지만, 그것을 크게 공표하여 부산을 떨 필요를 느끼지 않아 그런대로 몇 년을 지냈다.

오산에 있으면서 우리나라의 구원은 '믿음을 중심으로 하는 교육'을 통해 농촌을 살려내는 것이라 생각하고 자기가 오산에 온 것도 이를 실천하기 위함이라고 믿었다. 1936~1937년 우리의 민족정신을 말살하려는 일본의 식민지정책이 점점 가혹해지자 함석헌은 죽을지언정 이에 맞서야 한다고 하였지만 오산학교 운영자 측이 어쩔 수 없이 타협하는 쪽으로 기울자 그는 평생을 바칠 마음으로 왔던 학교를 떠날 수밖에 없었다. 부임한지 10년 된 1938년 봄 눈물로 교문을 나왔다.

오산중학교 신입생 갑조 담임 시절(사진 7)

오산중학교 교사 함석헌
(사진 8)

교문은 나왔지만 차마 학생들을 떠날 수는 없었다. 그래서 오산에 머물면서 일요일마다 학생들을 만났다. 그렇게 2년을 보내다가, 후배 김두혁이 평양 시외에서 경영하던 덴마크식 송산농사학교를 넘겨주겠다고 하여 1940년 그리로 갔다. 가자마자 설립자가 독립 운동에 가담했다는 혐의로 검거됨에 따라 함석헌도 덩달아 감옥에 들어가게 되었다. 억울하게 1년간 옥살이를 하고 나오니 아버지도 세상을 떠나고 집안이 엉망이었다. 고향에서 농사를 짓고 있는데, 1942년 김교신이 《성서조선》에 실은 「조와」(弔蛙)라는 우화 때문에 잡지에 관여했던 사람들이 모두 검거되는 사건이 터졌다. 다시 감옥에 들어가 1년의 옥고를 치르고 나왔는데 이 때문에 나중에 독립유공자 자격으로 대전 국립묘지에 이장될 수 있었다.

함석헌은 이때까지 감옥을 네 번, 그 후로도 세 번 더 들어갔는데, 감옥에 있을 때 얻은 것이 가장 많았다고 한다. 그는 감옥을 '인생 대학'이라 부르고, 감옥 속에서 불교 경전도 보고, 노자, 장자도 더 읽을 수 있었을 뿐 아니라 어느 정도의 신비적인 체험도 얻었다고 한다. 이런 경험을 통해 '모든 종교는 궁극에 있어서는 하나'라는 확신에 이르기도 했다. 함석헌은 감옥에서 깨달은 바를 스스로 다음과 같이 정리했다.

> 이것은 단순히 국경선의 변동에만 그치지 않을 것이다. 인간 사회의 구조가 근본적으로 달라지려는 세계혁명의 시작이다. 세계는 한 나라가 되어야 한다. 국가관이 달라져야한다. 대국가주의시대(大國家主義時代)가 지나간다. 세계관이 달라지고 종교가 달라질 것이다. 아마 지금과는 딴판인 형태를 취할 것 아닐까? 종교의 근본 진리야 변할 리 없지만 모든 시대는 그 영원한 것의 새로운 표현을 요구한다. 각 시대는 제 말씀을 가진다. 장차 오는 시대의 말씀은 무엇이며, 누가 받을까? 새 종교개혁이 있기 위해 이번도 새 학문의 풍(風)이 일어나야 하지 않을까? 그러면 역시 과거의 새로운 해석이 있어야 할 것이다. 새로운 고전(古典) 연구가 필요하다. 그 고전은 어떤 것일까? 서양 고전이 될 수는 없다. 그것은 이미 다 써먹었다. 그럼 동양 고전을 다시 음미하는 수밖에 없을 거다. 막다른 골목에 든 서양 문명을 건지는 길은 동양을 새로 맛보는 데서 나올 것이다.[3)]

해방 후 함석헌은 사람들의 강권에 의해 임시자치위원회 위원장이 되고, 이어서 평안북도 임시정부 교육부장의 책임을 맡기도 했다. 그러나 그 뒤 반공 시위인 신의주 학생 시위의 배후로 지목되어 소련군

---

3) 오강남, 『종교, 심층을 보다』, 497-498쪽 재인용.

감옥에 두 번이나 투옥되었다. 설상가상으로 스파이가 되기를 요구하는 소련 군정에 더 이상 견딜 수가 없어 1947년에 남하하였다.4)

1947년 월남직후로 추정되는 사진 (윗줄 좌측이 함석헌 선생)(사진 9)

1950년 함석헌 선생(사진 10)

분단 상태의 해방은 어떤 의미에서 차라리 식민지만 못한 것이었다. 식민지하에서는 싸워야 할 대상도 하나였고 독립을 원하는 마음도 하나였었다. 그러나 분단된 조국에서는 염원해야 할 소망도, 함께 싸워야 할 대상도 하나가 아니었다. 한민족은 이 분단을 주체적으로 해결하지 못하고 있던 차 마침내 1950년 6월 25일에는 한국전쟁이라는, 동족상잔의 내전이 발발하게 되었다. 함석헌이 보았을 때 남북 분단은 궁극적으로 소련이나 미국의 책임이 아니라 하나 된 정치적 공동체를 만들어 내지 못한 우리 민족의 잘못이었다.5)

월남하여서는 무교회 친구들의 협력으로 일요 종교강좌를 열어 1960년까지 계속하면서 말과 글로 자신의 생각을 펼쳤다. 젊은이들 사

4) 상게서, 498쪽.

5) 양현혜, 「함석헌과 무교회를 둘러싼 종교사상적 모색」, 『종교연구』(제67집)(서울: 한국종교학회, 2012 여름), 158-159쪽.

이에 그의 사상에 공명하는 사람들이 많이 생겼다. 「생각하는 백성이라야 산다」 등 그 당시 《사상계(思想界)》에 실린 그의 글들은 인기가 있었다. 그의 생각이 일반에게 알려지면서 한국 주류 교회는 그를 이단으로 낙인찍고, 그의 무교회 친구들도 그를 멀리하기 시작했다. 세 가지 주된 이유는 그가 십자가를 부정하고, 기도하지 않고, 너무 동양적이라는 것이었다. 실제로 함석헌은 십자가를 부정하는 것이 아니라 바라보는 십자가에서 몸소 짊어지는 십자가를 강조하였다. 기도의 경우, 형식과 인간끼리의 아첨에 지나지 않는 공중기도를 삼가야 한다 했고, 동양 종교의 깊은 뜻을 알지 못하고 그저 타종교라는 이유로 동양적인 것을 배척하는 것에는 결코 동조할 수 없었던 것이다. 종교학자 오강남의 표현대로 '표층 종교'에 속한 사람들이 '심층 종교'로 들어가는 함석헌을 이해할 수 없었던 셈이다.

그러나 이런 일로 구태여 무교회와 결별할 생각은 없었다. 무교회를 떠난 결정적 계기는 소위 중대한 사건(스캔들) 때문이었다. 그가 오산 시절부터 간디를 알고 오랫동안 간디를 좋아해 간디 연구회를 만들 정도였는데, 동지들 사이에서 간디의 아슈람 비슷한 것을 만들자는 제안에 따라 1957년 천안에 씨알농장을 만들고 젊은 몇 사람과 같이 지내게 되었다. 이때 도저히 변명할 수 없는 사건을 저질렀다. 형세는 돌변했다. 친구들이 모두 외면하고 떠나버림에 따라 견딜 수 없이 외로웠다. 동시에 관념적으로 믿었고 감정적으로 감격하던 십자가가 아무 소용이 없음을 절감하게 되었다. 그는 그 때의 심정을 다음과 같이 표현했다.

> 십자가도 거짓말이러라 아미타불도 빈말이러라
> 우리가 우리에게 죄지은 자를 사하여준 것 같이 우리 죄를 사하여주옵시고도

공연한 말뿐이러라
내가 쟝발장이 되어보자고 기를 바득바득 쓰건만 나타나는 건 미리엘이 아니고 쟈벨뿐인 듯이 보이더라
무너진 내 탑은 이제 아까운 생각 없건만
저 언덕 높이 우뚝우뚝 서있는 돌탑들이
저물어가는 햇빛을 가리워 무서운 생각만이 든다.[6)]

국가보안법 위반 혐의로 구속되었다가 석방되었을 때 모습(1958년 8월)(사진 11)

스승 류영모마저도 그를 공개적으로 질책하고 끝내 그를 내쳤다. 그러나 물론 그에 대한 사랑을 버린 것은 아니었다. 『다석일지』에 보면 "함은 이제 안 오려는가. 영 이별인가"하며 탄식하는 등 7~8회에 걸쳐 제자 함석헌을 그리는 글이 나온다. 류영모는 "내게 두 벽이 있다. 동쪽 벽은 남강 이승훈 선생이고 서쪽 벽은 함석헌이다"고 할 정도였다.

심정적으로는 그럴지라도 겉으로는 스승으로부터도 버림받아 홀로 된 그에게 퀘이커교(Quakerism)가 나타났다. 퀘이커교에 대해서는 오산 시절부터 들었지만 좀 별난 사람들이라는 정도로만 알고 있었는데, 한국전쟁 후 구호 사업으로 한국을 찾은 퀘이커들을 만나 처음으로 퀘이커 신도가 된 이윤구를 통해 이를 접하게 되었다. 갈 곳이 없는 상태에서 물에 빠진 사람이 지푸라기라도 붙드는 심정으로 퀘이커 모임에 나갔다. 1961년 겨울이었다. 이후 1962년 미국 펜실베이니아주에 있는 퀘이커 훈련 센터인 펜들힐(Pendle Hill)에 가서 열 달 동안, 비슷한 성격의 영국 버밍엄에 있는 우드브루크

6) 오강남, 『종교, 심층을 보다』, 499-500쪽 재인용.

퀘이커 예배모임 모습(사진 12)

(Woodbrooke)에 가서 석 달 동안을 지냈다. 이때까지만 해도 특별히 퀘이커가 될 생각은 없었다. 그러다가 1967년 미국 북캐롤라이나 주에서 열렸던 퀘이커 세계 대회에서 퀘이커 친우들이 그를 대해주는 데 어떤 책임감 같은 것을 느껴서 결국 퀘이커 정회원이 되었다.

함석헌은 스승 류영모와는 달리 현실 참여에 적극적이었다. 1961년 장면 정권 때 국토건설단에 초빙되어 5·16군사정변으로 군사정권이 들어오기 전까지 정신교육 담당 강사로 활동하기도 했다. 1970년에는 잡지 《씨ᄋᆞᆯ의 소리》를 창간하여 그의 '씨ᄋᆞᆯ 사상'을 널리 펼치고 동시에 군사정권에 반대하는 목소리를 대변하기도 했는데, 1980년 신군부의 전두환 정권에 의해 폐간되었다가 1988년 8년 만에 복간되었다. 군사정권에서는 군사독재에 맞서서 1974년 윤보선, 김대중 등과 함께 민주회복국민운동본부의 고문을 맡아 시국선언에 동참하는 등 민주화 운동에 앞장서느라 여러 차례 옥고를 치렀다. 이런 민주화 운동을 인정받아 1970년과 1985년 두 차례에 걸쳐 미국 퀘이커 봉사회의 추천으로 노벨 평화상 후보자로 선정되기도 했다.

췌장암으로 서울대학교병원에 입원 중 1989년 2월 4일 새벽 5시 28분, 87년 11개월 가까이를 살고 세상을 떠났다. 함석헌을 따르며 그의 가르침을 받은 박재순 박사에 의하면, 돌아가시기 전 산소호흡기로 생명을 연장시키려 애썼다는데, 스승 류영모가 돌아가신 날(2월 3일)에 맞추려고 그런 것이 아니었던가 생각된다고 한다. 공교롭게도 두 분의 출생일은 3월 13일로 똑같다. 장례식은 조문객 약 2천 명이 오산학교 강당에 모여 오산학교장으로 치르고 경기도 연천읍 간파리 마차산에 묻혔다가, 2002년 8월 15일 독립유공자로 건국훈장이 추서되고, 이에 따라 대전국립현충원으로 이장되었다. 영원한 '들사람'에게는 약간 의외의 조치가 아닌가 여겨지는 면도 있다.

함석헌은 동서고금의 정신적 전통에서 낚아낸 깊은 사상을 바탕으로 일생을 통해 일관되게 생명, 평화, 민주, 비폭력 등을 위해 힘쓴 행동하는 신비주의자, 세간에서 말하는 한국의 간디라 할 수 있다. 성경에 보면, "제자가 그 선생보다 높지 못하나 무릇 온전케 된 자는 그 선생과 같으리라" (누가복음 6장 40절)했다. 『도마복음』이나 『장자』에도 비슷한 말이 있다. 류영모 선생의 제자이지만, 어느 면에서는 스승이 이루지 못한 부분을 보충했다는 의미로 청출어람이청어람(青出於藍而青於藍)의 경우로 볼 수도 있을 것이다.[7)]

2) 시기별 스케치(노명식)[8)]

오강남을 비롯한 대부분의 함석헌 연구가들은 함석헌의 생애를 연차적으로 약술한데 비해, 노명식은 그것을 다섯 단계로 나누어 시기별 묶음으로 약술한 것을 볼 수 있다. 이에 비해 박홍규는 네 단계로 구분하였다.[9)]

---

7) 오강남, 『종교, 심층을 보다』, 503-504쪽.

8) 노명식, 『함석헌 다시 읽기』, 19-25쪽 참조.

9) 박홍규는 그의 저서 『함석헌과 간디』(2015)에서 힌두교에서 말하는 삶의 네 단계, 즉 ①학생기 ②가주기 ③임주기 ④유행기(탁발기)에 견주어 함석헌의 생애를 학생기, 교사기, 사도기, 투사기로 서술하고 있는 것을 볼 수 있다.(박홍규, 『함석헌과 간디』(2015), 111-122쪽 참조)

첫 단계가 어린 시절에서 3·1운동까지, 둘째 단계가 3·1운동에서 오산학교를 거쳐 동경고등사범학교에서 역사를 전공하면서 우치무라의 무교회신앙을 배우는 시기까지, 셋째 단계는 무교회신앙으로써 한국교회를 혁신하고 나라를 구할 수 있다는 확신 아래 오산학교 교사로서 교육에 전념하는 한편 《성서조선》에 무교회신앙을 전도하는 글들을 열심히 발표한 시기, 넷째 단계는 오산학교의 교사 생활을 그만두고(1938) 《성서조선》이 폐간되는 1940년을 전후한 시점에서 해방을 거쳐 6·25를 지나 「흰손」(1952)과 「대선언」(1953) 두 편의 시를 발표하기까지의 시기인데, 이 시기에 그는 글을 거의 쓰지 않고 기독교 이외의 불교, 유교, 도교, 그리고 힌두교까지도 깊이 연구하는 데 몰두하여 모든 역사적 종교가 추구하는 궁극적인 진리는 하나라는 생각에 도달하면서 무교회 신앙을 넘어선다.

이 넷째 단계의 약 15년간은 역사적으로는 일제의 최후 발악, 해방, 국토분단 6·25전쟁이라는 격동과 소용돌이의 시기였을 뿐만 아니라, 함석헌 개인으로서도 그 사상적 정신적 변화가 가장 격심한 시기였다. 낮에는 땀을 흘려 일하는 농사꾼이고, 밤에는 좁은 서재에서 책과 대화하며 하나님에게 기도하는 구도자, 두 번에 걸쳐 두 해 동안 감방에 갇혀야 했고, 해방이 되어 평안북도 교육부장이 되었으나 신의주학생사건으로 소련군 감옥에 투옥되었으며 70세가 넘은 어머니와 작별하면서 그것이 마지막이 되리라고는 꿈에도 생각지 않고 38선을 넘었고, 서울에 와서는 알거지가 되어 친구들의 도움으로 겨우 연명하는 신세였으니, 그의 생애에 이처럼 처량한 시기는 아마 없었을 것이다. 친구들이 마련해 준 서울 YMCA의 일요강연회에서 여러 해 만에 입을 열어 해방 후 갈피를 못 잡고 방황하는 민중에게 큰 감격을 안겨 주었으나 그것도 잠시, 얼마 되지 않아 6·25 한국전쟁이 터졌다. 6·25는 그의 사상적 변화에 8·15 못지않은 중대한 충격을 주었다. 그런데 이 험난한 네 번째 단계야말로 실은 함석헌사상이라는 열매가 무르익어 간 시기였다.

네 번째 단계에 해당하는 이 시기에 함석헌의 겉모양은 시들어 떨어진 꽃처럼 초라하기 그지없었다. 초라할 뿐만 아니라, 내일을 기약해 주는 희망의 빛이라곤 한 줄기도 보이지 않는 암흑의 연속이었다. 마치 출애굽한 모세의 미디안에서의 40년 은둔생활이 초라하고 절망적이었으나 하나님은 그 속에서 모세를 새 인격의 새 인간으로 다듬어 새 역사를 준비하게 했고 그 초라하고 암담한 은둔생활은 모세로 하여금 이집트로 돌아가 제 동족을 해방시키게 하기 위함이었듯이 함석헌의 15년간의 초라하고 절망적인 은둔생활도 그로 하여금 다시 세상으로 돌아가 새로운 일을 하게 하기 위함이었다. 이 넷째 단계의 은둔 시기에 맺기 시작한 함석헌사상이라는 열매는 그 15년 사이에 익을 대로 익어 이제 곧 땅에 떨어질 때가 왔다. 열매는 무르익으면 나무에서 떨어져 그 씨앗들을 땅에 심어 새 생명을 준비한다.

함석헌 생애의 다섯 번째 단계는, 네 번째 단계에서 무르익은 그의 사상의 열매가 드디어 무르익어 터져서 그 씨앗들이 이 땅에 뿌려져 새 역사를 준비하게 하는 예언자적 활동기라고 볼 수 있다. 이 제5기의 시작을 알리는 신호가 1952년과 1953년에 발표한 두 편의 시와 이듬해에 행한 강연 「기독교 교리에서 본 세계관」이고, 그 예언자적 활동이 드디어 시동을 건 것은 1956년에 쓴 「한국의 기독교는 무엇을 하고 있는가」라는 글이다. 그때까지 그는 한국 기독교의 울타리 안에서 무교회신앙을 중심으로 활동했는데, 이 글에 대한 가톨릭교회측으로부터 뜻밖의 비판에 직면한 함석헌은 본의 아니게 윤형중 신부와 격렬한 논쟁을 하게 되면서, 기독교의 울타리를 넘어 보다 넓은 한국 기독교 전체의 세계로 그 활동 무대를 넓히게 되었다. 그가 활동 무대를 넓힌 것은 자기가 그렇게 하고자 해서가 아니라는 사실이다. 열매가 무르익으면 저절로 터져 씨앗들이 땅에 떨어져 새 생명을 준비하듯이, 예언자들의 활동도 그 무르익은 사상이 저절로 터져 나와 새 역사를 준비하는 것이다. 그것은 자기의 개인적 명리를 추구하여 계획적으로 하는 속물적인 활동이 아니다. 개인적 명리 목적의 행동은 그 결과를 중시하기 때문에 수단과 방법을 가리지 않고, 성과가 여의치 않으면 초조해 하다가 실망에 빠지고, 드디어는 포악해지든가 아니면 자살까지도 불사한다. 그리고 목적 달성에 성공하면 승리에 도취하여 교만에 빠진다. 그러나 예언자의 활동은 그가 원해서가 아니라 역사의 부름에 따라 행하는 것이므로 그는 자기 일의 결과를 하나님에게 맡긴다. 사람은 씨를 땅에 뿌리기는 하나, 그 씨앗이 새 생명을 낳는 것은 사람이 하는 일이 아니라 하나님이 하는 일이기 때문이다. 그러므로 예언자는 자기가 하는 일의 현실적 성과에 연연하지 않는다. 그러기에 그는 초조하지도 않고 또 교만하지도 않는다.

1958년에 쓴 「생각하는 백성이라야 산다」라는 글이 당시 자유당 정부의 비위에 맞지 않는다고 해서 함석헌을 20여 일 간 철창에 갇히게 하였는데, 그의 생애 일곱 번째 감옥살이였다. 북한 공산당의 감옥에서 죽는 줄로만 알았던 그가 자유대한에서도 옥살이를 하게 되었을 때 그의 심정은 한없이 착잡하였을 것이다. 그러나 그 일 역시 사람들이 미처 생각지 못한 엉뚱한 결과를 잉태하고 있었다. 그 옥살이가 오히려 더 많은 사람들에게 그의 글을 읽게 하여, 그를 기독교와 가톨릭교라는 한국그리스도교의 울타리를 훌쩍 넘은 한국 사회 전체가 주목하는 정신적 지도자로 만들었다. 그렇게 만든 것 역시 그가 그렇게 되고자 해서 된 것이 아니었다. 더구나 5·16군사 쿠데타 이후에는 그의 활동 영역이 종교적 사상적 차원을 넘어 사회적, 정치적 차원으로까지 더 크게 넓혀졌는데, 그것 또한 그가 그렇게 하고 싶어서가 아니었다. 그의 말을 빌린다면, 강도가 들었을 때 "도둑이야!" 소리지르는 것은 본능적 자연발생적인 행위이지, 누가 시켜서 하는 것도 아니고 한참 생각한 후에 할까 말까 망설이다가 하는 것도 아니다. "도둑이야!" 소리지르지 않는다면 그것은 도둑을 방조하는 공범이다.

이와 같이 1956년 내지 58년 이후 그의 생애 제5기의 모든 활동은 그 어떤 세속적 목적에서 의도적으로 한 것이 아니라, 그의 예언자적 소명 의식이 그렇게 아니할 수 없게 만들었던 것이다. 즉 그가 살았던 시대의 한반도의 꼴이 그를 가만히 앉아 있게 내버려두지 않았던 것이다. 모세(Moses)의 고전적인 예를 보더라도 그가 이스라엘 민족 해방의 지도자가 되기까지는 부지기수의 망설임이 있었다. 진짜 지도자, 진짜 예언자는 하나님의 부르심, 민중의 요구에 선뜻 응하기를 매우 주저한다. 함석헌의 사회적 활동도 그가 원해서가 아니라 시대의 상황이 그럴 수밖에 없었다. 그것은 그때까지 그가 가꾸어 열매맺은 열매들이 무르익어 터져 나온 씨앗들이 저절로 땅에 떨어진 새 생명 운동이었다. 즉 1956년까지의 피눈물나는 정신적 신앙적 성숙의 열매가 드디어 익어 떨어지면서 그 씨앗들이 사회의 밭에, 정치의 밭에, 언론의 밭에, 교육의 밭에, 종교의 밭에 자연스럽게 뿌려진 것이었다.

그의 생애 제5기에 접어들면서 이 나라 각계각층의 거의 모든 사람들이 함석헌이라는 인물을 주목하게 되었고 이 나라 안에서만이 아니라, 나라 밖에서도 함석헌이 누구냐고 묻기 시작하였다. 그의 이름이 온 세상에 알려지게 된 결정적인 계기는 아마도 5·16 쿠데타 직후에 쓴 「5·16을 어떻게 볼것인가」와 2년 뒤에 쓴 「삼천만 앞에 울음으로 부르짖는다」는 두 글이었을 것이다. 그때까지 함석헌의 이름은 일부

기독교인이나 지식인 사회에 한정되어 있었는데, 이제는 그의 이름이 널리 알려지게 된 것이다. 지금까지 그의 이름을 모르다가 새로 알게 된 그들에게는 함석헌은 뜻밖에 홀연히 나타난 혜성과 같은 존재였다. 거기서 함석헌은 여러 부류의 사람들 사이에 화젯거리가 되었는데, 그가 어떤 사람인가가 사람들에게 회자(膾炙)되면 될수록, 그는 진정한 참 애국자라는 것, 그의 학문과 지식은 동서고금의 역사와 철학, 문학과 종교에 통달한 높은 지경에 있다는 것, 그는 기독교 신자이지만 그의 종교사상은 어느 종파나 교파의 신학이나 교리 따위에 얽매여 있지 않고 대단히 자유롭다는 것, 그리고 한평생의 실제 생활이 의가 아니면 결코 따르지 않고 불의에는 목숨을 걸고 항거하고, 항상 눌린 자와 없는 자의 편에서 그들과 고락을 같이해 온 고결한 인품의 야인이라는 것 등, 함석헌의 과거가 널리 알려지게 되었다.

그의 이름이 그처럼 세상에 널리 알려지는 시기에 우리나라에서 가장 중대한 사건은 1960년 4·19학생혁명과 1961년 5·16 쿠데타, 그리고 그것이 낳은 정치 문제였다. 따라서 사람들의 가장 큰 관심과 걱정의 대상도 정치였다. 거기서 함석헌의 이름도 널리 알려지게 되었던 것이다. 그리하여 그의 이름을 그때 비로소 처음 알게 된 사람들은, 함석헌 사상의 알맹이가 무엇인가를 보기 전에, 그의 용감무쌍하고 당당한 정치적 활동에 압도되어 그를 우리 시대에 보기 드문 독특한 스타일의 존경스러운 정치운동가 내지 사회운동가로 인식하게 되었다. 그것은 너무나 당연한 일이었다. 그리하여 함석헌이

1960년대 시국 강연장에서 윤보선, 김영삼과 함께 (사진 13)

라면 다른 그 무엇보다도 민주화 운동의 선봉장이라는 인식이 많은 사람들의 뇌리에 박히게 되었다.

1963년 세계여행을 중단하고 귀국하여 대광학교교정에서 5·16군사 정권을 비판하는 함석헌 선생(사진 14)

하지만 진짜 함석헌을 알려면 함석헌의 속 알맹이를 알아야 하고, 그 알맹이를 알려면 그것이 어떤 토양에서 어떤 자양을 빨아먹고 자라서 드디어 원대한 열매로 익어갔는가를 알아야 할 것이다. 이 시기에 씨ᄋᆞᆯ(민중)들이 대지를 향해 힘차게 돌진하는 늠름한 기상을 보여주는 세 편의 글이 「생각하는 백성이라야 산다」「5·16을 어떻게 볼까」「삼천만 앞에 울음으로 부르짖는다」이다. 이 세 편은 그 후 잇따라 쉴새없이 땅에 떨어질 함석헌사상의 그 많은 노후작(老後作)의 프롤로그(prologue)이다.

노명식은 이렇듯 함석헌의 생애를 5단계로 나누어 설명하는데 그쳤지만 정작 제5단계 이후 쏟아진 함석헌의 노후작들과 그의 사상의 심도 있는 진화 및 그의 영향력은 심대하기 때문에 본 연구자는 이 시기를 제6단계로 보고 싶다. 1960년대부터 1989년까지는 함석헌이 미국·영국 퀘이커들과 활발하게 영향을 주고받던 시기였고, 동시에 그가 가장 직접적이고 왕성하게 남한의 정치·사회적 민주화와 씨ᄋᆞᆯ의 인권 향상을 위해 일하던 시기였다. 이 기간에 그는 한국 사회의 민주화를 위해 군사 정권에 온몸으로 저항하는 한편, 사상적으로는 열렬히 퀘이커주의에 심취하여 한국의 평화를 위해 분투 노력하였으며, 1970년 4월에 창간된 월간 《씨ᄋᆞᆯ의 소리》를 통해서는 그의 민주·평화 사상을 끊임없이 선포하였다. 따라서 이 단계야말로 그가 그동안 연마해 왔던 지식과 사상 그리고 영성을 구체적 행동으로 보여주는 그의 인생의 절정의 시기였다고 보아야 할 것이다.

3) 문하생(박선균)의 증언[10)]

1901년 3월 13일, 함석헌은 평안북도 용천군 부라면 원성동(일명 사자섬)에서 아버지 함형택과 어머니 김형도 사이의 장남으로 태어났다. 어릴 때 아명으로 "애놈"이라 불렀다고 한다. 1905년 4살 때부터 천자문을 시작으로 하여 서당에서 한문을 배우다가, 그 서당이 "덕일 소학교"로 바뀌어 신식 기독교교육을 받으며, 1914년 덕일 소학교 4년을 졸업했다. 그 후 양시공립보통학교 5학년에 편입하여 2년 후, 1916년 관립 평양고등보통학교에 입학한다.

함석헌은 평양고보 3학년 때(1919) 3·1 만세운동에 가담한다. 그는 그때 이미 태극기를 정확하게 그릴 줄 알았다고 한다. 밤을 새워 태극기를 찍어내어 돌리며 만세운동에 적극 가담했다. 3·1운동 이후, 학교로 돌아오려면 반성문을 써야한다는 말에 평양고보를 자퇴하고, 부모님이 계시는 용암포에 내려가 한동안 있다가, 1921년 4월 사립 오산학교 4학년에 편입한다. 여기서 남강 이승훈 선생과 다석 유영모 선생을 만나게 된다. 1923년 오산학교 졸업 후 남강 선생 등 여러 사람의 주선으로 일본 동경 유학길에 오른다. 동경에서 1년간 입학자격고시를 준비한 후 동경고등사범학교(4년제)에 입학하여, 1928년 동경고사 문과 1부를 졸업한다.

함석헌의 아버지는 이름 있는 한의사였고, 어머니는 확실하게 알려진 바가 없지만, 외삼촌의 사진으로만 봐도 품위 있고 존경받을 만한

---

10) 박선균, 「함석헌을 말한다」, 같이살기 평화운동 편, 『같이 살기』(서울: 고욤나무 글방, 2010), 23-32쪽 참조.

가정이 아니었나 생각한다. 1917년 8월, 어머니의 적극 권유에 의해 17세 때, 황 부자 집 딸인 황득순과 결혼한다. 그 후 40세가 될 때까지 2남 5녀를 둔다. 그러나 월남할 때, 아버지는 이미 돌아가셨지만 어머니와 장남 장녀는 월남하지 못했다. 월남은 함석헌이 먼저 했고, 부인과 1남 4녀가 후에 내려왔다. 북쪽의 장남과 장녀는 작고한 것으로 알려졌고, 직계 장손과 증손까지도 있는 것으로 전해지고 있다.

함석헌은 1928년 동경고사(동경고등사범학교)를 졸업하고 귀국하여 모교인 오산학교에서 1938년까지 10년간 교사로 일한다. 그가 월급 받는 직업을 가진 것은 오산학교 교사가 처음이요 마지막이라 할 수 있다. 함석헌은 일제의 탄압으로 더 이상 교사노릇을 할 수 없어서, 교사 된지 10년 만에 오산학교를 사임한다. 오산을 그만둔 후 학교 근처에 있는 과수원을 맡아 2년 동안 경영했다. 말하자면 함석헌의 말대로, 그때부터는 '순 농사꾼'이 된 것이다. 그 후 1940년부터는 평양 교외 송산리에서 '농사학원'도 운영했다. 함석헌은 월남이후 천안 씨ᄋᆯ농장과 강원도 안반덕 씨ᄋᆯ농장도 경영했다. 그는 농부가 아닌 것 같지만 밭에서 직접 김을 매고 농사일을 하는 농부였다. 함석헌의 손은 글을 쓰기도 했지만, 그의 손은 농부의 손이었다.

함석헌의 집필활동은 오산학교 재직 시절 친구 김교신이 주간으로 발간 된 《성서조선》이라는 잡지에 기고하면서부터 시작한다. 그는 1934년 2월부터 1935년 12월까지 《성서조선》지에 '성서적 입장에서 본 조선 역사'를 29회 발표한다. 그 후 1936년 5월부터 1940년까지 '성서적 입장에서 본 세계역사'를 기고한다. 원래는 함석헌이 성서적 입장에서 본 조선역사와 세계사를 쓰고, '교회사'까지 3부작으로 완성했다고 한다. 그런데 교회사 원고는 아깝게도 잃어버렸다. 함석헌은 일반적인 글만 쓴 것이 아니라, 시를 쓰고 시집을 냈으나 이점은 많이 알려지지 않았다. 1945년 11월 소련군 감옥에 투옥되었을 때 쓴 '쉰날'이란 시집이 있었는데, 지금은 전하지 않는다. 1947년 1월에도 수감 중에 쓴 '쉽은 날'이란 시집 이야기가 있으나 그것도 지금은 알 수 없다. 지금 전집에 수록된 '수평선 너머'는 월남 이후 새로 쓰고, 흩어졌던 여러 시들을 한데 모은 것이다.

함석헌이 월남한 이후 세상에 알려지기 전에 노평구 선생이 주간한 《성서연구》지라든가, 《영단》이라는 잡지에 여러 편의 글을 투고한 일이 있다. 그리고 1954년 7월에 《말씀》이라는 그의 개인잡지를 창간하여 6권까지 발간한 일이 있다. 함석헌이 세상에 알려지기 시작한 것은, 1956년 1월 자유당시절, 장준하 선생이 발행한 잡지 《사상계》지에 글을 발표한 때부터이다. '한국기독교는 무엇을 하고 있는가?' 이 글이 사상계에 발표된 첫 번째 글이다. 그 후 '할 말이 있다.' '윤형중 신부에게는 할 말이 없다.'(1957년), '생각하는 백성이라야 산다.'(1958년), '한 배움'(1959년), '5·16을 어떻게 볼까?'(1961년 7월), '비폭력 혁명'(1965년) 등 수많은 글들을 폭포수와 같이 쏟아냈다. 함석헌이 《사상계》에 집필을 하면서, 사상계는 날개 돋친 듯 팔려나갔고, 그 또한 혜성같이 세상에 알려졌으나, 군사정권은 사상계를 탄압하고 각종 방해공작을 하는 가운데, 결국 사상계는 문을 닫고 말았다. 함석헌은 1958년 8월에 월남 이상재 언론상을 수상했다. 그 후 함석헌은 1970년 4월 19일, 4월 혁명 10주년 기념일을 창간일로 하여, 월간 《씨올의 소리》를 창간했다. 『씨올의 소리』는 1980년 7월호까지 5·16 군사정권과 맞서서 온갖 탄압과 싸우며 10년을 지나오는 가운데, 신군부정권의 강압에 의해 95호로 마감된다.

함석헌은 월남 이후 1948년부터 서울 YMCA, 에비슨관 등에서 일요집회를 시작했고, 56년에는 부산에서 장기려 박사를 중심으로 월1회

정기모임을 가졌다. 1971년 7월부터는 고전모임을 시작하여 1988년 5월까지 노자와 장자 강의를 7년간 계속했다. 그리고 1948년부터 이호빈 목사가 설립한 중앙신학교(지금은 강남대학교)에서 1970년까지 동양학 특강을 기회 있을 때마다 했었고, 안병무 박사가 한국신학대학에 있는 동안 거기서도 동양철학 강의를 계속한 일이 있다. 그리고 민주화 운동이 한창이던 1970~80년대 함석헌은 민주화 운동의 중심에 서서, 거의 모든 대학, 모든 민주화운동 집회에 그는 주 강사였다. 함석헌은 서거하기 전까지 잠자는 씨ᄋᆞᆯ을 깨우치고, 학생들을 가르치는 일을 계속했다고 할 수 있다.

우리가 보통으로 알기에는 함석헌은 평생을 보통사람으로 교사일을 하다가 농부가 되고, 집필활동을 하고, 순수한 씨ᄋᆞᆯ로, 야인으로 살았지만, 그는 아주 중요한 고위직에 올랐던 일이 있다. 그것은 1945년 8월, 해방과 더불어 함석헌은 임시정부 평안북도 자치위원회 문교부장에 취임하게 된 것이다. 말하자면 평안북도에 있는 모든 교육기관의 최고 책임자가 된 것이다. 그는 그해 11월 23일 신의주학생사건이 일어날 때까지 고작 3~4개월 밖에 그 자리에 있지 않았지만, 그 때 함석헌에 대한 민중의 관심이 대단했던 것으로 알려지고 있다. 그때 그는 말을 타고 민정시찰을 나간 일이 있는데, "내가 눈이라도 빼달라면 빼줄 것 같더라." 했다. 그때 해방을 맞은 감격과 더불어 함석헌 같은 지도자를 보고 민중들이 얼마나 감격하고 환영했던가를 짐작할 수 있다.

함석헌의 신앙역정은 덕일소학교에서부터 시작한다. 덕일학교는 기독교학교였다. 그는 일찍부터 장로교회에 나갔고 어렸을 때 '학습'은 받았지만 세례 받은 일은 없었다. 세례는 일본에 있는 동안 우치무라 간조의 집회에서 받았다고 한다. 우치무라는 목사가 아니니까 짐작컨대 공식적인 세례형식은 아니었을 것으로 본다. 함석헌은 귀국해서 무교회에 몸담았다가, 1961년부터 퀘이커모임에 참석하기 시작했고, 마침내 퀘이커에서 두 차례나 노벨평화상 후보로 추천받은 일이 있다. 결국 그는 장로교회로 시작해서 무교회를 거쳐 퀘이커까지 옮겨갔다고 할 수 있다. 따라서 함석헌은 평생을 기독교를 벗어난 일이 없다고 생각한다. 기도를 해도 그만큼 깊이 한 사람을 찾기 어렵고, 성경을 읽고 연구하는 일도 그만큼 깊이 한 사람을 찾기가 어렵다고 본다.

함석헌의 삶은 평탄치 않고 고난의 삶이었다. 여기 고난이니 수난이니 하는 말은 함석헌이 세상을 사는 동안 불의한 권력의 손에 끌려 다니고, 갇히고 매 맞고 형 받은 일을 말한다. 함석헌의 수난은 1923년 9월 일본 관동대지진이 일어났을 때, 조선인이라는 이유로, 일본경찰서 유치장에서 하룻밤을 새고 나온 일에서부터 시작된다. 그 후 귀국하여 1928년 9월 일제하에서 오산고보 졸업생들이 공산당으로 몰리게 되는 소위 ML당 사건과 관련되었다하여 정주경찰서에 끌려가서 1주간 유치된 일이 있다. 그 후 본격적인 수감생활은 1940년 8월 계우회(鷄友會) 사건에 연루되었다하여 평양대동경찰서에 끌려가서 1년간 투옥된다. 이때 함석헌의 아버지가 돌아가셨는데, 그가 장례식에 참석 못하게 되자, 친구 김교신, 송두용 두 사람이 함석헌 대신 상주노릇을 했다는 일은 눈물겨운 일화이다. 그리고 1942년 5월 '성서조선 필화사건'으로 다시 끌려가서 서대문형무소에서 미결수로 1년간 복역했다. 다음 1945년 해방의 기쁨을 누릴 새도 없이, 그해 11월 23일, 앞에서 언급한 신의주 학생사건의 배후 주동자로 지목되어, 소련군 감옥에 수감되어 50일간을 또 수난당한다. 이때 함석헌은 정신을 잃을 정도로 구타당하여, 정말 살아서 나갈 가망이 없다는 생각까지 했다고 한다. 또 1946년 오산학교 반정부 전단 살포사건 배후 혐의로 다시 30일 동안 수감된다.

1947년 2월 26일, 더이상 함석헌이 북한에 그대로 있다가는 살아남을 수가 없다고 생각한 여러 사람의 권유로 월남을 결행한다. "내 걱정은 말고 어서 떠나거라" 한 기막힌 어머니의 말씀을 뒤로한 채 박승방의 안내로 3월 17일 서울에 도착한다. 함석헌이 월남한 이후 그를 잘 아는 어떤 이가 말하기를 "함 선생님이 북에서 남으로 오셨으니 이제는 남쪽이 더 무거워졌다."고 했다 한다. 그것은 함석헌의 인물 크기가 얼마나 무게가 있고 큰가를 말하는 것인데, 그때 남쪽에서는 그를 알아보는 이가 손에 꼽을 정도였다. 함석헌이 월남한지 3년만인 1950년 6·25 한국전쟁이 일어난다.

앞에서 말했듯이, 함석헌은 1956년부터 《사상계》지에 집필하기 시작했는데, 1958년 8월호에 '생각하는 백성이라야 산다'는 글로 필화사건이 일어난다. 당시 자유당정권은 그의 글을 문제시 했다. "남쪽은 북쪽을 가리켜 소련·중공의 꼭두각시라하고, 북쪽은 남쪽을 가리켜 미국·영국의 꼭두각시라 하니, 다른 사람이 볼 때 있는 것은 꼭두각시뿐이지 나라가 아니다. 우리는 나라 없는 백성이다."라는 말을 문제삼아 함석헌은 끌려가서 뺨까지 맞고, 20일간 수감된다.

그 후 1960년 역사적인 4·19혁명이 일어나서 자유당의 12년 독재가 끝났고, 민주당정권이 들어섰다. 이제는 봄이 오고 새 시대가 열리는가 했으나 그것이 아니었다. 4·19 바로 다음해인 1961년 5·16 군사 쿠데타가 일어났다. 함석헌은 군사 쿠데타를 인정하진 않았지만, 그들의 혁명공약 중 곧 민정이양을 하고 군 본연의 자세로 돌아간다는 말은 믿었던 것 같다. 그러나 그것이 아니었다. 군사정권 10년이 지나도록 물러갈 생각보다는 아예 영구집권을 위해 1972년 '유신헌법'을 만들고, 공포분위기 속에서 국민투표에 부쳐 유신헌법을 통과시킨다. 함석헌에게는 이때부터 본격적인 수난의 시대가 시작되었다. 1971년 씨ᄋᆞᆯ의 소리 10월호에 쓴 "군인정치 10년을 돌아본다."는 글에서 함석헌이 어떤 생각과 각오를 가졌는가가 너무도 분명하게 나타나 있다. 당시 군인정치를 반대하는 권위 있는 성명서나 선언문 맨 앞에는 언제나 '함석헌'이라는 이름 석 자의 서명이 들어있었다. 마침내 1976년 3월 1일 민주구국선언 사건으로 입건되어 징역 8년 자격정지 8년을 받았고, 최종판결에서 징역 5년 자격정지 5년을 받았다. 그러나 함석헌은 조금도 흔들림이 없이 민주화운동 중심에 서있었고, 당시 어떤 민주화운동 모임에도 빠지는 일이 없었다. 이러다 보니 그는 미행, 감시, 도청, 연금, 연행, 가택수색, 집회방해 등등 헤아릴 수 없는 국가권력에 의한 불법행위를 당했다.

그러나 함석헌의 예고와 같이, 1979년 10월 26일 박정희 대통령은 군사정권 18년 만에 김재규의 총탄에 쓰러진다. 이번에는 봄이 오는가 했으나, 이번도 아니었다. 당시 함석헌은 퀘이커 세계대회 참석차 해외에 나갔다가 급히 귀국한다. 귀국하자마자 'YWCA 위장결혼 사건'에 연루되었다 하여, 전두환 신 군부정권에 또다시 끌려가서 16일간 수난을 당한다. 이때 신군부는 함석헌에게 강제로 군복을 입히고, 온갖 모욕을 다 주었다. 결국 불구속 입건되어 1년 형을 선고받고 나중에 복권되었다. 신군부 전두환 정권 8년간은 함석헌에 있어서는 수난의 절정이었다. 너무 가혹한 때였다. 정보부나 삼청교육대가 무서웠지만, 그보다도 더 무서운 것은 언론통폐합이었다. 한 마디 말도 없이 『씨올의 소리』를 비롯한 모든 언론을 폐간시키고, 함석헌에게는 글을 못쓰게 하고 말을 못하게 했다. 그의 붓을 꺾고 입을 봉한 시대였다.

그러나 열화 같은 1987년 6월 민주항쟁이 있은 후 6·29선언이 나왔고, 그해 12월, 양 김 씨(김대중·김영삼)의 후보단일화 실패로 노태우 대통령 당선 때, 함석헌은 서울대병원에서 담도암 절제수술을 받고 투병하고 있었다. 함석헌은 수술이후 예상 밖으로 건강이 빨리 회복되어 전과 같이 활동하기 시작했다. 그는 1988년 1월 1일 쌍문동 자택에서 세배 받은 것을 시작으로 하여, 동년 8월 12일 돌이킬 수 없는 마지막 입원을 하기까지, 8개월 동안 함석헌의 마지막 활동을 보고 놀라지 않을 수 없다. 김재준 박사 일주기 추도회에서의 말씀, KBS 제3방송(?)에서 "뜻으로 본 인류역사" 강연 4회, 고당기념관에서 "나의 스승 남강과 고당" 등 강연 21회, 노자강의 13회, 김동길 박사 등 대담 4회, 도합 38회나 된다. 병상에서 김영호 교수와 가진 대담까지 합하면 40회가 훨씬 넘어간다. 그리고 잊을 수 없는 또 하나의 일은 함석헌이 병상에서 투병을 할 때, 88서울올림픽 평화대회 대회장으로 추대된 일이다. 주위의 반대가 있었음에도 불구하고, 그는 "평화를 위해서는 이것저것 따질 것 없다"하고 불편한 몸으로 그 대회에 참석했다. 이때 함석헌은 인촌 언론상을 수상했지만, 상금 모두를 남강재단에 헌납했다.

1988년 12월, 『씨ᄋᆞᆯ의 소리』가 복간이 되었으나 함석헌의 생생한 글을 기대할 수는 없었다. 마침내, 1989년 2월 4일 새벽 5시 25분, 함석헌은 서울대병원 입원실에서 서거했다. 햇수 88세, 날수 32,105일을 살고 이 땅을 떠났다.

끝으로, 함석헌이 남긴 말 중 가장 중요한 세 마디 말을 소개한다.

한마디 : "이제 씨ᄋᆞᆯ의 소리는 여러분의 소리가 되기를 바랍니다."
두마디 : "씨ᄋᆞᆯ은 죽지 않습니다."
세마디 : "씨ᄋᆞᆯ 뒤에는 하나님이 계십니다."

4) 문하생(김동길)의 증언

김동길 교수와 함석헌 선생의 만남은 예사롭지 않은 매우 소중한 만남이었기 때문에 김 교수는 그의 책에서 '만남의 의미'라는 주제로 아버지뻘 되는 연세의 함 선생님과의 관계를 생동감 있게 또 의미깊게 서술하고 있다. 이 글을 통해서는 단순한 연대기적 지식이 아니라 인격 대 인격의 모범적인 인간관계 그리고 스승과 제자의 관계가 어떤 것인가를 강하게 시사받을 수 있다.

김동길은 북한 출신으로 미국 보스톤대학교에서 에이브라함 링컨(Abraham Lincoln)의 민주이념 연구로 박사학위를 했고 오랫동안 연세대학교에서 교수생활을 하였다. 같은 기독교인으로서 함석헌과 매우 가까운 사이였으며 『씨울의 소리』 편집위원으로서 함석헌을 많이 도왔었다. 그리고 나라를 함께 걱정하는 동지였었다. 더 나아가 분단된 조국을 함께 염려하여 그 어려운 상황에서도 동분서주하며 민족교육에 힘쓰셨던 큰 그릇, 함 선생님을 진심어린 글로써 소묘하고 있기에, 오래된 글이지만 주옥과 같은 이 내용을 첨삭없이 여기에 그대로 실었다.[11)]

"내가[김동길] 함석헌 선생님을 처음 만난 것은 아마도 1948년의 어느 여름날이었던 것 같습니다. 선생님은 1901년생이시니까 내가 처음 뵈었을 때에는 50도 채 되기 전의 장년이셨지만 20을 갓 넘었던 대학생의 눈에는 연세가 많은 분으로 보였던 것이 사실입니다.

내 친구에 송석중이라는 학생이 있었는데 그의 아버님이 동경 유학시절에 우찌무라(內村鑑三)로 비롯된 일본의 무교회(無敎會) 신앙에 관여하여 김교신(金敎臣), 함석헌 등 여러 분들과 교분이 두터웠고, 김교신이 주간으로 일제 때 펴내던 《성서 조선》을 창간호부터 다 가지고

---

11) 김동길, 『하느님 나의 하느님』(서울: 동광출판사, 1979), 231-235쪽 참조.

있었습니다. 나는 그 잡지들을 송형으로부터 빌려서 문자 그대로 독파하였습니다. 함 선생님께서는 《성서조선》에 〈성서적 입장에서 본 조선 역사〉라는 글을 연재하셨으므로 그 글들을 통하여 함석헌이란 분이 어떤 분인지를 알 수가 있었습니다. 함 선생님은 평안북도 정주(定州) 오산(五山)학교에서 여러 해 교편을 잡으셨고, 본시 동경고등사범 역사학과 출신으로 말과 글이 함께 빼어난 분이라는 사실도 알게 되었습니다.

그 당시는 아직 해방 후의 혼란이 그대로 있던 때라 준비된 일꾼이 매우 부족하였습니다. 그만한 학벌과 학문적 실력을 가지고 대학의 교수 자리를 하나 얻는다는 것은 과히 어렵지도 않았을 것입니다. 그러나 선생님은 "내가 무슨 실력으로 대학에서 가르쳐?" 하시면서 상아탑에 자리잡을 생각은 전혀 하지도 않으시는 것 같았습니다. 그리고 계속 이 겨레의 가슴 속에 한 낭인(浪人)으로 머물러 계신 것입니다. 가끔 이런 부질없는 생각도 해보곤 하였습니다. 만일 선생님께서 그때 낭인생활을 청산하시고 연희대학이나 고려대학의 역사 교수로서 자리를 잡으셨더라면, 그리고 유럽이나 미국 같은 나라에 유학이라도 하시고 유수한 대학의 박사학위라도 가지고 돌아오셨더라면…. 그렇게 하셨더라면 선생님의 일생은 물론 조국의 역사도 많이 달라졌을 것은 분명합니다. 내가 그렇게 말할 수 있는 것은 선생님의 영향이 대한민국의 해방 후의 역사에 크게 작용한 사실을 잘 알고 있기 때문입니다. 생각의 힘은 참으로 무서운 것입니다. 그렇기에 일찍이 미국 철인 에머슨(Ralph Waldo Emerson, 1803-1882)이 "혁명도 처음에는 어느 한 사람의 가슴 속의 생각에 지나지 않았다."고 하였을 것입니다.

6·25를 전후하여 당시의 대학생들이 가장 많이 찾던 연사가 함석헌이었습니다. 선생님은 늘 한복차림으로 단 위에 서서 자작시(自作詩)

한 편을 읊고 풀이하시는 것으로 강연을 시작하셨습니다. 그 글과 그 말은 당대의 아무도 따를 수가 없었습니다. 종로 YMCA에서는 매주 일요일 오후에 성서강해를 중심으로 말씀을 하셨는데 아마 당시 기독교에 관심이 있던 젊은이로서 그 모임에 나가보지 않은 사람은 없을 것입니다. 불타기 전의 중앙기독교 청년회의 큰 강당에 청중이 꽉꽉 들어차곤 하였습니다. 그때에도 집이 신촌이고 교통이 매우 불편하여 시오리길을 걸어서 다녀오는 일이 흔히 있었지만, 그래도 크게 보람있는 시간이었던 것을 지금도 기억합니다. 6·25사변이 터진 그 일요일에도 종로 Y에서 집회가 있었읍니다. 끝나고 나서 회관 어느 작은 방에 몇 사람이 선생님을 모시고 둘러앉았을 때, 선생님께서는 "전쟁이 크게 번질지 모르겠다"고 하시며 그 표정이 매우 심각했던 일이 생각납니다.

그때 내가 다니던 학교에서는 내가 학생회장이었는데, 6월 26,27,28 3일간 전교생을 상대로 선생님의 강연이 예정되어 있었습니다. 26일 낮, 학교 노천강당의 상공을 인민군의 비행기가 폭음을 지르며 날아가고 있었고, 선생님은 그 비행기를 손으로 가리키며 (어느 쪽의 비행기인지도 모르시고) 저것도 저러다 가는 것이니 거기 정신을 팔지 말자는 내용의 말씀을 하셨던 것 같습니다. 30년 전의 일이라 아득하게만 느껴집니다. 27일에는 휴교가 선언되었으므로 선생님의 강연은 그것으로 끝이 났지만, 민족의 비극을 배경으로 어엿하게 서 계시던 그 모습은 그대로 내 뇌리에 새겨진 채 영원히 지워질 수 없을 것입니다.

선생님의 생각이 그래서 그런지 혹은 성격 탓인지 선생님은 관심의 초점을 성서에서 『바가바드기타』로, 간디로, 노자(老子)로, 장자(莊子)로, 퀘이커로 옮겨 온 것이 사실이고 집회와 장소도 많이 바꾸었습니다. 종로 YMCA는 물론 저 유명한 대성빌딩, 서울역전 세브란스의

에비슨 홀 등등. 요새도 선생님의 강의 장소는 일정하지 않은 것이 특색입니다. 거기에는 또 그럴 만한 사정이 있으십니다. 선생님이 기독교라는 테두리를 벗어나려고 하시는 것은 (그래도 내가 뵙기에 선생님은 여전히 기독교 신자이십니다.) 타고나신 천품이 시적(詩的)인 것이기 때문입니다. 선생님은 시인이시지 이론가가 아닙니다. 꿈꾸는 분이시지 행동가는 더욱 아닙니다. 어떻게 보면 현실에는 매우 부적당한 인물이십니다. 첫째, 밥벌이 할 생각은 전혀 안 하시는 어른이니까. 하여튼 오산학교의 교원으로 계시던 시절 외에는 취직이란 것을 해보신 일이 없으시니 말입니다. 그래서 아들 딸의 교육도 남들처럼 시키지 못하셨고, 아직도 친구들이 마련해 주었다는 원효로 언덕 위의 초라한 간이주택으로 어린애와 개들의 똥, 오줌으로 얼룩진 좁은 골목길을 추어 올라가야 선생님을 뵈올 수 있는 것입니다.

내가 뵙기에 선생님은 매우 외로우신 분인 것 같습니다. 독일의 괴테가 노년에 이르기까지 〈사랑〉 때문에 번민한 것처럼, 인간 함석헌에게도 계속 사랑이 문제가 되는 것은 어쩔 수 없는 외로움 때문인 것으로 풀이가 됩니다. 독일에 태어나셨더라면 괴테가 되셨을 것을 요 답답한 한반도에 태어나셨기 때문에 선생님은 때로 뜻하지 않은 스캔들에 휘말려 들기도 하십니다. 오호통재! 사랑이 무엇이 죄라고 저렇듯 야박하게 구는 것일까?

선생님은 《사상계》라는 잡지에 글을 쓰시면서부터 장준하 씨와 무척 가까운 사이가 되셨고, 장형이 정계에 투신한 탓으로 선생님마저 오해의 대상이 되었던 것입니다. 그러나 두 분이 다 정치할 소질은 타고나지 못한 게 사실이고 더우기 함 선생님은 돈이나 권력에는 전혀 욕심이 없는 분인 것을 내가 하나님 앞에서라도 증언할 수 있을 것입니다. "위대한 것은 이해되지 않는다."는 미국 철인의 말을 곰곰이 되씹게 됩니다. 한국의 교회가 좀더 선생님을 너그럽게 대해 주었더라면! 한국의 정치가 좀더 선생님을 옳게 대접할 줄 알았더라면! 가끔 이런 생각에 잠기기도 합니다. 위인의 말로가 너무도 쓸쓸해 보이기 때문입니다. 그래도 이 나라가 함석헌을 가진 것은 얼마나 큰 자랑인가! 기쁨인가!

선생님을 만난 지 30년도 더 되었습니다. 선생님을 만나지 않았더라면 내가 무엇이 되었을지 알 수는 없으나 지금보다도 더 변변치 않은 인간이 되었을 것만은 확실합니다. 언젠가 천안에 가서 선생님과 함께 강연을 하게 되었는데 단에 오르시더니 뜻밖에도 이런 이야기를 하시는 것이었습니다. "내가 해방 후에 월남하여 많은 사람들을 만나는 가운데 젊은 대학생 두 사람을 장차 쓸 만하리라고 점을 찍어 두었던 것인데, 그 중의 한 사람은 6·25 때 잃고, 여기 김 박사가 하나 남아 있다." 고 하시니 이건 뵈온 지 30년에 처음 듣는 말씀이었습니다. 그런 줄도 전혀 모르고 살아온 30년이 부끄러웠습니다. 왜 그런 말씀을 단 한 번도 안 해 주셨을까? 그러나 그런 눈으로 나를 보시고 사랑하시고 아껴 주신 그 뜻이 가슴 벅차게 고맙기도 하였습니다.

선생님은 나로 하여금 신앙의 눈을 뜨게 해주셨고, 그 시야를 넓게 해주셨습니다. 선생님을 만나지 못하였더라면, 전통적 기독교의 분위기에서만 자란 나는 이단(異端)을 용납 못하는 독선적 고집불통의 인간이 되었을지도 모릅니다. 내가 〈씨ᄋᆞᆯ〉에 관심을 가지고 "탁류에 몸을 던져 빠지는 자를 구하려는 용사처럼" 되기를 힘쓰게 된 것도 선생님이 내 가슴속에 그 꿈을 심어주셨기 때문입니다. 선생님을 만나지 못하였더라면 아마 내가 지금쯤 유정회의 국회의원이나 어느 대학의 총장 자리에라도 앉았을지 모를 노릇입니다. 그러나 내가 나를 찾지는 못하였을 것이 분명합니다. 나는 사람 구실을 못 하고 말았을 것입니다. 선생님을 만났기 때문에 나는 나를 찾았고 또 나는 내가 될 수 있었다고 믿습니다. 내가 오늘이 있는 것은 내가 선생님을 만났기 때문입니다."

5) 함석헌의 생애 연표(김경재)[12)]

연도	한국의 통치권력	세계와 한국의 주요사건	함석헌 생애의 주요사건
1901	조선왕조		평북용천에서 태어남
1904		러일전쟁	
1906			기독교계통 덕일소학교 입학
1910	일본 제국주의	일제의 한국강점	
1916			(관립)평양고보 입학
1917			중매결혼
1919		3·1운동	3·1운동에 참가
1921			오산학교 편입학 이승훈, 유영모 등을 만남
1923		동경 대지진	동경유학, 첫 감옥생활 경험
1924		일본에 사회주의, 공산주의 무정부주의의 전성기	동경고등사범학교 입학 우찌무라 간조의 무교회 모임 참석
1927		김교신 『성서조선』 창간	
1928			귀국, 오산학교의 역사 교사가 됨. 일제에 의해 수감됨.
1931		일제의 만주침략	
1933			「성서적 입장에서 본 조선역사」 집필

12) 김경재, 「함석헌 : 4월의 문화인물」, 『씨ᄋᆞᆯ의 소리』(2001. 4), 문화관광부·한국문화예술진흥원, 48-50쪽.

연도	한국의 통치권력	세계와 한국의 주요사건	함석헌 생애의 주요사건
1938		중일전쟁	오산학교에서 퇴임 당함 농사학원 시작
1940		2차 세계대전	3번째 수감. 부친사망
1942			4번째 수감
1945	남한 미군정 북한 소군정	2차대전 종전 한국 독립	평북 문교부장 취임 소련군에 의해 수감됨
1946			소련군에 의해 재수감
1947		여운형, 장덕수 암살됨	남한으로 탈출
1948	남 이승만 북 김일성	대한민국과 조선민주주의 인민공화국 건국	대중을 상대로 성경공부 시작
1950		6·25 한국전쟁	피난지에서 성경공부 계속
1953		6·25 휴전	
1955		박태선 전도관 시작	『말씀』 잡지 창간
1956			『사상계』에 집필시작
1957			씨올농장 창설
1958		남북한 냉전 가속	국가보안법으로 수감 간디 공부모임 창설
1960	장면 정부	4·19혁명	스캔들 문제
1961	박정희	5·16 군사쿠데타	퀘이커모임 참석 시작
1963		제3공화국 시작	반독재운동 전개
1965		한·일 국교정상화	단식 투쟁
1967		장준하 국회의원 당선 (옥중당선)	장준하를 위해 선거유세
1970		유신헌법제정	『씨올의 소리』 창간
1971		국회해산	노자모임 및 민주수호국민 협의회 창설
1973		김대중 납치사건	퀘이커리즘 공부모임 창설

연도	한국의 통치권력	세계와 한국의 주요사건	함석헌 생애의 주요사건
1974		민청학련사건	민주회복국민회의 창설 『바가바드기타』 공부모임 창설
1976			3·1구국선언
1978		반정부데모 확산	부인 황득순 여사 별세
1979		10·26 박정희 대통령 피살사건	위장결혼사건으로 수감 노벨 평화상 후보
1980	전두환	5·18 광주민중항쟁	가택연금
1984			남강문화재단 설립
1985		반정부데모 확산	노벨 평화상 후보
1987	노태우	6월항쟁	암으로 입원, 인촌언론상 수상
1988		서울올림픽	서울평화올림픽 위원장으로 추대
1989			별세

1988 서울올림픽 평화대회 추진위원회 위원장으로 대회사를 하는 모습(공식행사로는 마지막 장면이다)(사진 15)

서울올림픽 평화대회 추진위원회 시절 노태우, 사마란치와 함께한 평화의 불 점화식에서(1988년 9월 12일)(사진 16)

필자가 중학교 1~2학년 때, 함 선생님이 광주 소재 우리학교에 강사로 초빙되어 전교생이 모인 강당에서 강연하셨던 것으로 기억된다. 흰 머리와 흰 수염, 흰 두루마기 차림의 어떤 노인이 오셔서 강연을 했던 것으로 생각되는데 아쉽게도 강의 내용은 거의 기억나지 않는다. 고등학교 학생이었을 때(1962~1964년)도 광주 YWCA 강당에서 개최된 함 선생님 초청강연회에 참석했으나, 역시 강의 내용은 생각나지 않지만 신선(神仙) 같은 어르신이 오셔서 강당을 가득 메운 청중 앞에서 칠판에 한자를 많이 써가면서 열심히 강의하셨던 모습은 생각난다.

광주 무등산 자락에서 의재 허백련 화백과 함께(1975년 12월 1일)(사진 17)

또 우리 고등학교 선생님 가운데 한 분(강춘기 선생님)이 수업시간에 자주 함 선생님을 언급하셨기 때문에 그 분이 유명한 분이라는 사실을 알고 있었고, 특히 민주화를 위해 노력하시는 어른일 것으로 짐작은 했었다. 나중에 알고 보니 함 선생님은 이따금 광주, 전남에 오시곤 했었는데 무등산에 거주하시던 의재 허백련 선생님 및 오방 최흥종 목사님, 그리고 해남에서 목회하시던 이준묵 목사님과도 특히 교분이 두터웠던 것으로 추정된다. 이밖에 당시 사회복지시설 성빈여사의 설립자이며 광주 YWCA 총무였던 조아라 여사와 광주 YMCA의 간사(?)였을 김은경 양의 이름이 거론되고, '광주로 보내는 글'에 '박선생'이 언급되는 것으로 보아 광주에 지인(知人)이 꽤 있었던 것으로 짐작된다.[13)]

그러나 마침내 함 선생님을 직접 만날 수 있는 기회가 있었다. 서울에서 대학 다닐 때(1966년), 그 때는 전차가 있었는데 예배가 있는 어느 날 필자는 마포종점(전차)에서 내려 마포강변을 따라 용산구 원효

13) 『함석헌 저작집 22』, 108, 351, 355쪽; 『전집 10』, 299-308쪽 참조.

로에 있는 필자가 다니던 개척교회에 가는 도중 함 선생님이라고 추정되는 분이 혼자서 나의 방향과 같은 쪽으로 가시기에 용기를 내어 인사를 드리고 접근했었다. 내가 출석하던 교회신자 가운데 한 아가씨가 함 선생님의 집에서 가사를 돕는, 요즘말로 '가사도우미'였기 때문에 교회에서 가끔 아가씨로부터 함 선생님의 자택이 교회에서 가까운 원효로 4가에 있다는 사실과 함 선생님의 가정 분위기에 대해 약간이나마 들은 바 있으므로 자신 있게 그 훌륭한 분에게 접근해 보고 싶었던 것이다. 드디어 "혹 함석헌 선생님 아니십니까?" 하고 인사를 하며 접근을 했더니 "예, 맞습니다. 그런데 댁은 뉘시오?"라고 하시면서 접근을 허용하는 것이었다. 그래서 나는 내가 다니고 있는 대학과 전공(신학) 그리고 우리 대학의 소속 교단(기독교대한 성결교회)을 밝혔다. 그랬더니 당장 "성결교회도 '기성'과 '예성'으로 나뉘어졌다면서요?" 하시면서 "우리나라 기독교는 큰 일 났어요. '예수'하고 '그리스도(基督)'가 서로 싸우니까 말이예요." 하시는 것이었다. '예성'은 "예수교 대한 성결교회"의 줄임말이고 '기성'은 "기독교 대한 성결교회"의 약어로서 같은 교단끼리 대립하는 양상을 띠니까 하시는 말씀인 줄 나는 곧장 이해할 수 있었다. 그 짧은(약 20분?) 마포강변 길에서의 첫 만남이었

원효로 자택 화단에서 함석헌, 황득순 부부(1963년)(사진 18)

《씨알의 소리》를 내던 서울 용산구 원효로 4가 70번지 자택. 지금은 흔적조차 남아 있지 않다.(사진 19)

지만 매우 비판적이고 뼈있는 말씀을 하셨던 것이다. 나는 그 이후에야 비로소 철이 들어 함 선생님에 대해 주목하게 되었는데 그 분의 일거수일투족은 보통이 아니라고 생각하게 되었다. 아닌 게 아니라 보아하니 함 선생님은 그 무능하고 부패한 이승만 자유당 정권을 향해, 또 형식적이고 위선적인 천주교와 기독교에 대해, 더 나아가 정당성이 미약한 박정희 군사 정권을 향해 말, 글, 행동으로 저항하면서 정의를 외쳤던 성경의 인물 세례요한과 같은 존재였던 것이다. 1947년 월남하기 전에는 북한의 김일성 정권을 향해 자유·평등·정의 등 자유민주주의를 부르짖었던 그야말로 진정한 프로테스탄트(protestant)였던 것이다. 따라서 한 마디로 그의 삶은 한평생 시종여일 청빈한 가운데 정의의 사도였다고 볼 수 있다. 1901년에 태어나시어 1989년에 유명을 달리하셨는데 결과적으로 그는 암울했던 한반도의 20세기를 온통 독재, 폭력, 불의에 항거하는 깨어있는 삶을 사신 분이었다. 그는 늘 공부하면서 민중을 위해 정의와 평화실현을 향해 분골쇄신하신 분이다. 항상 약자 편, 정의 편, 씨올 민중 편에서 예언자처럼 청렴한 생애를 마치신 분이다. 따라서 그는 20세기의 한국의 풍류객, 선비, 삶의 철학자의 모본을 보였다고 할 수 있다. 백제의 왕인(王仁), 신라의 원효, 최치원, 고려의 정몽주, 조선의 퇴계, 율곡, 고봉, 근세의 정약용, 최제우를 우리 민족의 사상 계보로 본다면 현대(20세기)의 사상가로는 감히 함석헌을 운위할 수 있지 않을까라고 생각해 본다.

2. 영적 순례

함석헌의 삶과 사상은 그의 종교적 삶과 뗄 수 없이 결합되어 있다. 함석헌의 종교편력을 모르고 그의 삶과 사상을 말할 수 없으며, 함석헌의 삶과 사상을 떠나서 그의 종교를 논할 수 없다. 그렇다면 함석헌의 종교사상은 어떻게 형성되고 발전되었을까? 함석헌의 종교사상을 이해하려면 먼저 그의 종교적 역정을 알아볼 필요가 있다.

유년시절부터 임종할 때까지 함석헌의 기본적 중심신앙은 기독교(Protestant)였다. 우리나라에서는 개신교(改新教)라고도 하는데 개신교의 원조는 독일인 종교개혁자 마틴 루터(Martin Luther, 1483~1546)였다. 루터에 이어 요한 칼빈(John Calvin, 1509~1564)도 종교개혁에 앞장섰었다. 거의 같은 이념이지만 약간의 차이로 전자는 루터교, 후자는 장로교의 창시자가 되었다. 그런데 함석헌이 처음 접한 개신교는 루터교가 아니라 장로교였다.

마틴 루터(Martin Luther)
(사진 20)

존 칼빈(John Calvin)
(사진 21)

1) 장로교 신앙 (7세~22세)

함석헌은 일곱 살 때부터 장로교계통 기독교 학교에서 기독교 신앙을 접한 이후 22세까지는 이른바 정통 장로교 신자로 지냈다고 볼 수 있다. 함석헌의 어린 시절 그곳에는 감리교회나 성결교회 등 다른 교파가 없었다. 그럼 함석헌의 청소년 시절 전후의 한국의 장로교는 어떤 성격을 띠고 있었을까?

한국 장로교의 역사는 1870년대 초반 만주에 선교사로 와서 1879년에 네 사람의 한국인에게 세례를 베푼 로스, 매킨타이어 등 스코틀랜드 연합장로교회 선교사들로부터 시작한다. 로스, 매킨타이어로부터 전도를 받은 한반도 서북지방의 신자들은 훗날 이 지역을 선교지역으로 했던 미국 북장로교회(1884)의 영향 하에 들어가게 되었다. 한국 장로교는 그 뒤 호주 장로교회(1889)와 미국 남장로교회(1892) 및 캐나다 장로교회(1898)의 선교를 수용하여 이루어지게 된다. 장로회 4개 선교부는 교계예양(教界禮讓)을 통해 광범위한 선교지역을 확보했고, 네비우스(Nevius) 선교방법[14]을 적극 수용하고 활발한 전도활동을 통해 큰 교단으로 성립되어 갔다.

장로회 총회의 기원은 이들 4개 장로교단 선교사들이 공의회를 성립시키는 데로 거슬러 올라간다. 한국에 파송된 선교사들은 선교에 관한 정보를 나누며 서로 협력하기 위해 협의회를 결성하게 되었다. 그 첫 협의회가 1889년 미국 북장로회 선교부와 호주 선교부가 조직한 '연합공의회'였다. 이 공의회가 호주 선교사 데이비스 목사의 사망(1890)으로 더 이상 존속하지 못하게 되자 1892년 미국 남장로회 선교사의 내한에 따라 그 이듬해 1월에 미국 남북장로교 선교사들 사이에 '선교부 공의회'(장로회 정치기구를 채용하는 선교부들의 공의회)를 조직하게 되었다. 호주선교사 데이비스 목사의 사망 후 뒤를 이어 내한한 호주 장로교 선교사와 1898년에 내한한 캐나다 장로회 선교사들

14) 미국의 감리교회와 장로교회를 비롯하여 캐나다, 호주, 영국 선교사들이 한국에 옴에 따라 선교지 분할 및 선교방식의 문제가 대두되었다. 그래서 1890년 중국에서 선교활동을 하던 네비우스(John Nevius, 1854~1893) 목사부부를 초빙하여 2주 동안 함께 지내면서 선교사들이 앞으로 명심하고 실천할 선교방법의 원칙을 제공받았는데 그 내용은 다음과 같았다. ①자립선교 ②자립정치 ③자립보급 ④성서의 중심성 ⑤다른 교회나 기관과의 협력 ⑥피차 간섭 배제 ⑦그러나 피차 돕기 등(민경배, 『한국기독교회사』(서울: 연세대출판부, 2005, 10쇄), 195-196쪽.

도 이 공의회에 가입함으로 4개 교단 선교협의회로 발전하였는데 목적은 조선 땅에 기독교 신조와 장로회 정치를 사용하는 연합교회를 설립하는 것이었다.이 공의회는 전권(專權)으로 전국교회를 치리하는 상회(上會)가 되어 네 교파의 최고치리기구로서 행세하게 되었다.

1901년(함석헌이 태어난 해) 이 공의회는 '장로회공의회'라 부르고 한국인 대표(조사, 장로)가 참가하여 교회를 운영하는 훈련을 받았다. 이 때 공의회를 합동공의회, 한선연석회의(韓宣聯席會議)라 했고, 정식 명칭은 '대한(조선)야소교장로회공의회'였다. 이 공의회는 한국어회의와 영어회의가 있었으나 한국인들은 한국어회의에만 참석했다. 1906년까지 계속된 이 시기의 공의회를 이중회의 혹은 연합공의회라고 부르기도 했다.

1905년을 전후하여 당시 한국에 체재하던 감리교회와 장로교회 선교사들이 장·감연합의 한국복음주의교단을 세우려고 노력했지만 현지 선교사들의 의도대로 되지 않았다. 4개 장로교단 선교부는 독립적인 예수교(자유)장로교단을 창설하기 위해 본국 선교부에 청원, 한국인 목사가 탄생되어 노회 구성원의 과반수가 한국인으로 되는 시점인 1907년 9월에 조선예수교장로회노회를 조직하는 것을 허락받아 단일한 노회를 탄생시켰다. 1907년 9월 17일 평양 장대현 교회에서 조선예수교장로회노회가 조직되고 그때 마펫 목사를 노회장에 선출하였다. 이 때 성립된 노회는 독노회(獨老會)로 불렀는데 이는 단일하다는 의미도 있지만 '독립적인 노회'(Independent Presbytery)라는 의미가 강하다. 조선예수교장로회 제1회 총회는 1912년 9월 1일 상오 10시 30분 평안남도 평양 경창문안 여성경학원에서 개최했다.[15)]

---

15) 이만열, 「한국장로교, 그 보수적 체질과 분열의 역사적 맥락」, 대한기독교서회, 『기독교사상(2012. 09)』, 10-11쪽.

한국장로교회는 미국의 대각성운동(Enlightenment)의 바람을 타고 복음의 능력에 붙잡힌 선교사들이 대거 내한해 성경중심의 복음적인 신앙으로 사경회와 부흥회 전통을 병행하면서 네비우스(Nevius) 선교정책을 채택함으로써 자립, 자족, 자급의 삼자(三自)원리를 적용하여 독특한 자립선교를 성공적으로 이끌어갔다. 또한 학교를 설립하고 복지시설, 병원들을 설립하여 인재를 양성하고 복지선교를 효과적으로 전개하였다. 신분계급 타파, 여성교육과 인권의 신장, 금주·금연 등 절제운동, 미신타파, 관혼상제 간소화 등 사회개혁 운동에도 앞장섰다. 또한 일제강점기에는 민족주의와 기독교신앙운동이 결합하여 민족교회의 성격을 띠면서 민족의 사랑받는 교회가 되었다. 그러나 기독교가 민족주의 성격을 띠면서 1919년 3·1독립운동에 중심세력으로 부상함으로 일본제국주의의 계획적인 핍박 속에 신사참배를 강요당하게 되었고, 신사참배 참여자와 불참자를 분리하면서 친일세력과 항일세력을 형성하여 해방 후에 장로교단의 첫 분열을 맞았다. 그래서 1953년에 신사참배 문제로 인한 '고신교단'의 분열 이후 1956년 '기장교단', 1959년 '합동'과 '통합교단'으로 분열되는 아픔을 겪게 되었다.

한국기독교는 특히 1960년대와 1970년대에 민주화와 산업화 운동에 큰 기여를 했음에도 불구하고, 수준 미달의 목회자 양산과 개교회주의로 말미암아 각종 부작용이 생기게 되었다. 그 결과 , 한국교회는 전세계를 놀라게 한 폭발적 성장의 영광을 뒤로 한 채, 사회적인 책임과 다원화된 사회 속에서 성숙한 신앙적 태도를 보여주지 못하여 사회적 비난과 교인 감소라는 위기를 맞이하게 된 것이다. 한국교회의 성장과 위기의 한복판에서 중심적 역할을 해왔던 장로교회이기에 한국 장로교회는 이러한 결과에 대한 책임에서 자유로울 수는 없었다.

본래 장로교회는 종교개혁자 츠빙글리, 칼빈, 존 녹스로부터 시작하여 특히 스코틀랜드에서 장로교회(Presbyterian Church)가 시작되었다. 장로교회란 말은 한국에서 "장로들의 교회"(Elder's Church)라는 오해가 있지만 "장로회주의를 좋아하는 사람들의 교회"(Presbyterian Church) 또는 "대의제도를 좋아하는 사람들의 교회"라는 뜻이다. 장로교회의 특징은 로마 가톨릭이나 영국 성공회와 같은 감독제도와는 달리 개교회의 독립을 유지하는 동시에 다른 한편으로는 회중교회와 같은 무제한적인 자유를 피한다. 즉 감독교회 제도의 장점과 회중교회의 장점을 이상적으로 접합해서 총회와 노회, 그리고 지교회의 느슨한 상호관계를 유지하면서 개교회의 자율성을 최대한 보장한다.16)

함석헌은 이와 같은 복음적이고 보수적인 장로교회라는 울타리에서 어린 시절 기독교신앙을 시작하였다. 장로교는 종교개혁자 칼빈(John Calvin)의 사상을 따르는 프로테스탄트의 주요교파로서, 특히 칼빈이 주장한, 하나님에 의한 인간 운명의 예정론을 강조한다. 그리고 교회정치로는 장로제를 채택한다. 그런데 함석헌의 고향 평안북도(서북지방)는 장로교가 일찍 들어왔으며 또 1907년 평양에서 대부흥 운동이 일어나 그 지역 분위기는 새로운 종교인 기독교의 열기가 강했었다고 짐작할 수 있다. 함석헌의 어린 시절 그의 가정은 기독교 가정은 아니었으나 어린 함석헌은 친척 함석규 목사의 권유로 일곱 살(1907) 때 교회에 나가 일찍이 기독교 영성훈련을 시작했다. 그리고 기독교계통의 학교인 덕일소학교에 입학하였으므로 여기서도 기독교 교육을 받았을 것이다. 더 나아가 청소년기에는 평북 정주에 있는 남강 이승훈이 설립한 기독교 학교인 오산학교에 다니면서 기독교정신을 접하게 되었으며 거기에서 진보적이고 종교다원적 사상을 지녔던 유영모 교장을 만나 끈끈한 사제지간이 된다.

16) 손인웅, 「한국장로교 총회 100년과 한국교회의 나아갈 길」, 대한기독교서회, 『기독교사상』(2012. 09), 6-7쪽.

2) 무교회 신앙 (23세~56세)

우치무라 간조(사진 22)

이와 같은 장로교회전통 안에서 성장한 함석헌은 1923년에 일본으로 건너가 1년 동안 준비하고 1924년부터 동경고등사범학교를 다니는 동안 우치무라 간조(內村鑑三, 1861~1930)에게 무교회(Non-Church) 신앙을 배웠다. '무교회'는 제도적인 '교회주의'를 반대하여 우치무라 간조가 창립한 기독교 운동이었다. 우치무라 간조는 특히 '2J'를 강조한 신앙인이었는데 2J란 Japan(일본)과 Jesus(예수)를 의미한다. 그러니까 그는 그의 나라 일본과 그가 믿는 예수를 철저하게 강조하고 신봉한 사람이었다. 후일 함석헌이 귀국하여 민족과 종교신앙을 강조한 것은 우치무라 간조의 영향과 무관하지 않을 것이다. 우치무라 간조의 2J개념에 힘입어 함석헌은 2C를 강조했던바 그것은 Corea(혹은 Chosun)와 Christ였다. 우치무라 간조는 위선적이고 형식적이었던 당시의 일본 교회를 떠나 자유롭고 진실한 신앙생활을 추구했던 사람이다. 그의 무교회 신앙은 제도적인 기존 교회에 대해서는 자유로웠지만, 십자가에 의한 속죄(대속)를 강조하는 전통적인 성격을 지닌 신앙이었다. 따라서 함석헌의 무교회주의 신앙은 대체적으로 우치무라 무교회주의의 사상적 틀 안에 있었다.

그렇다면 어떠한 계기를 통해 함석헌은 우치무라 무교회주의의 틀에 의문을 품게 되었을까. 그것은 우치무라 별세후 무교회의 분열과 깊은 관련이 있었다. 1930년에 우치무라가 타계하자, 무교회주의자들은 그의 무교회주의를 교회론과 관련된 하나의 교파적 주장인가 혹은 기독교 전반에 관련된 정신인가를 둘러싸고 대립했다. 또한 1931년 만주사변을 일으켜 중국침략을 개시한 일본의 침략전쟁에 대한 대응양식을 둘러싸고도 분열되었다. 전자의 중심에는 성례전의 배제와 인위적 구원 장치로서 제도 교회를 배제하는 것을 구원의 원리로까지 철저화시킴으로써, 구원은 오직 무교회에만 있다고 주장하는 츠카모토가 있었다. 뿐만 아니라 그는 기성교회와 투쟁하여 복음을 선명히 하는 것이 무교회의 사명이라고 주장하며 일본의 침략전쟁에 대해 저항하기를 거부했다.

우치무라에게 커다란 신임을 받았고 우치무라가 그의 제자 가운데 가장 먼저 독립시켜 커다란 집회를 가지고 있던 츠카모토는 우치무라 사후 일본 무교회의 맏형이라고 할만한 존재였다. 그러한 그가 일본의 중국침략이라는 중대한 현실문제에 대해서는 눈을 돌려 버린 것이었다. 한편 츠카모토와 함께 무교회의 대표적인 연장자의 한 사람인 아제카미도 "전쟁문제는 그리스도교에서 본다면 제2의 문제다"라고 하며 같은 입장에 섰다. 교회 2세대의 내부에서 일어난 이러한 분열은 전쟁이 확대되자 더욱 심화되었다. 그리고 1937년 중·일전쟁이 발발한 후에는 복음만을 논하겠다던 사람들이 결국 전쟁협력의 길로 나갔다. 이러한 무교회의 분열은 함석헌을 비롯한 조선 무교회주의자들을 실망시키기에 충분한 것이었다.[17]

우치무라의 사상적 특징의 하나는 모든 것으로부터 독립 자주한 주체로 선다는 복음주의의 입장을 사회 정치적 영역으로 최대한 확대해 예언과 병행시키고, 이것을 근대 일본사 속에서 몸으로 살아내려고 한 점이었다. 또 다른 하나는 기독교를 서구적 전통과 교단으로부터 분리시킬 수 있다는 발상을 하게 함으로써, 각각의 민족이라는 역사 문화공동체가 기독교 수용의 주체가 될 수 있다는 것을 가능하게 한 점이었다.

---

17) 양현혜, 「함석헌과 무교회를 둘러싼 종교 사상적 모색」, 한국종교학회, 『종교연구』 제67집(2012. 여름), 148-149쪽.

김교신과 함석헌은 우치무라 사상의 이 두 가지 측면을 주체적으로 계승했다고 볼 수 있다. 김교신이 조선적 기독교의 존재 양식을 모색했다면, 함석헌은 조선사의 구원사적 의미를 규명하고자 했던 점에서 그렇게 볼 수 있다. 이 두 사람의 이러한 사상적 작업은 개별적이라기보다는 《성서조선》의 발간과 무교회주의 모임의 집중 성서 연구를 통한 철저한 팀워크 속에서 이루어진 것이었다. 우치무라에게 전통적 문화 양식이 무사도(武士道)였다면 김교신은 유교와 기독교의 관계를 축으로 자신의 역사 문화 전통과 기독교를 직결시키고자 했다. 반면에 함석헌은 고난의 역사 철학을 전개하면서 조선 역사의 세계사적 의의와 사명을 탐구했다. 이 과정에서 양자의 사상적 전망은 우치무라 사상의 한계인 근대 국민 국가의 집단 이기주의와 서구 근대 우월주의를 초극해 갔던 것이다. 이것은 그들이 우치무라에게 촉발된 방법적 시각을 근대 서구의 가장 큰 한계인 식민지라는 공간에서 살아낸 자신들의 체험을 분석하고 그 대안을 모색하는 주체적인 사유의 틀로 전유함으로써 가능했던 것이었다.[18)]

예언자적 역사 참여를 기독교신앙의 본질의 하나로 중시했던 김교신과 함석헌에게 일본의 침략전쟁 앞에서 무교회 지도자들이 '복음만을 설교한다'는 명분 속에 숨어 현실의 악으로부터 눈을 딴데로 돌린 것은 커다란 충격이었다. 따라서 함석헌의 동료인 김교신은 츠카모토 등의 입장에 대해 "평화시절에는 예언자 대접도 거부하지 않다가 비상시국을 당한즉 별안간에 예언자가 아니고 복음자라느니, 신앙만으로 구원받는다느니 사명이 다르다느니 변명"한다면서, 마침내 1936년 5월에는 야마모토타지로의 무교회 잡지 《성서강의(聖書講義)》에 「무교

18) 양현혜, 「김교신, 함석헌 그리고 우치무라 간조」, 박경미 외, 『서구 기독교의 주체적 수용』(서울: 이화여자대학교 출판부, 2006), 149-150쪽.

회 신도에 대한 희망」이라는 글을 실어 "만주와 이디오피아가 어떻게 되더라도, 동경 한복판에서 무엇이 일어날지라도, 국민 전체를 향해 분노를 토로하는 것과 같은 손해되는 일은 하지 않고 내버려 둔 채, 다만 소수의 무교회 팬들에 대해 무교회를 연창하고" 약한 교회를 상대로 싸우는 것이 무교회라면, "무교회의 간판을 내려주지 않겠는가" 라고 공개적으로 비판하기를 주저하지 않았다.[19)]

김교신 못지않게 함석헌의 실망 역시 컸다. 젊은 날 우치무라의 '예레미야서 강의'를 들은 이래 무교회주의적 기독교 신앙이야말로 보편적 정의에 입각하여 일의 성패에 상관하지 않고 진리를 죽기까지 실천하게 하는 '영원의 진리, 보편적 정의'에 이르게 한다고 생각했던 그 신념이 무너져 내렸을 때, 함석헌은 무교회 잡지를 계속할 필요성도 잃어버린 것이었다.

그럼에도 불구하고 함석헌은 스승 우치무라가 강조했던 "나를 모방하지 말아라. 모방하려면 나의 독립을 모방하라"고했던 말을 유념하였기에 이제 함석헌은 우치무라의 눈이 아니라 그 자신의 눈으로 조선의 현실과 기독교 신앙을 다시 고쳐 보아야 하는 때에 이른 것이었다. 자기 눈으로 자신과 역사와 신앙을 새롭게 보기 위한 커다란 시도가 1933년 12월에서 1934년 1월에 걸쳐 조선 무교회 동계수련회에서 발표된 '성서적 입장에서 본 조선 역사'였다고 할 수 있다. 여기에서 함석헌은 일본과는 다른 조선의 역사에 대해 주목했다.[20)] 이제 그에게는 기독교를 무교회주의적 정신에 의거한 참다운 기독교로 만드는 것은 작은 문제였다. 함석헌에게 중요한 것은 사분 오열되어 있는 한민

19) 양현혜, 「함석헌과 무교회를 둘러싼 종교 사상적 모색」, 『종교연구』 제67집 (2012. 여름), 150쪽.

20) 상게서, 151쪽.

족을 어떻게 하나의 정치적 통일체로 만들어 가느냐는 것이었다. 즉 종교의 차이, 계급의 차이, 이데올로기의 차이를 넘어 한민족을 어떻게 정치적으로 하나로 묶어 가느냐하는 것이었다.

따라서 함석헌은 다양한 욕망과 이해관계를 가진 사람들을 하나로 묶어내기 위해서는 먼저 정신적 통일을 이루어 낼 수 있는 위대한 '산 정신'이 필요했다. 그것은 자기 초월을 이야기하는 종교에서 구해질 수밖에 없는 것이었다. 그러나 그러한 종교는 먼저 기독교냐, 불교냐, 유교냐 하는 기존 종교의 편협한 집단적 배타성을 뛰어 넘는, 보다 커다란 '참'의 종교여야만 했다. 그러기 위해서 함석헌은 그 자신부터 먼저 기독교만이 참 종교라는 종래의 배타적 진리 주장에서 해방되지 않으면 안 되었다. 이를 위해 '성서조선 사건'으로 감옥에서 읽었던 불교 경전과 노자와 장자를 통한 깨달음은 그에게 커다란 도움이 되었다. 거듭되는 사색을 통해 그는 '종교는 하나'라는 결론에 이르게 되었다. "이단이니 정통이니 하는 생각은 사실 케케묵은 생각이다. 허공에 길이 어디 따로 있을까? 끝없이 나아감, 한없이 올라감이 곧 길이지, 상대적인 존재인 이상 어차피 어느 한 길을 갈 터이요, 그것은 무한한 길의 한 길밖에 아니 될 것이다. 나는 내 가는 길을 갈 뿐이지 길 그 자체를 규정할 자격은 없다. 이단은 없다. 누구를 이단이라는 맘만이 이단이라면 유일의 이단일 것이다"[21]라고 하며, 세상의 모든 종교는 결국 참 큰 하나의 종교의 눈에 보이는 꼴에 불과하다는 것이었다. 이제 함석헌은 "기독교는 위대하다. 그러나 참은 보다 더 위대하다. 참을 위해 교회에 죽으리라.……내 즐겨 낡은 종교의 이단자가 되리라"[22]고 하며, 기독교라는 종교적 배타성의 틀을 깨고 앞으로 나아갔다.

---

21) 『전집 4』, 197쪽.

22) 「대선언」, 『전집 6』, 257, 259쪽.

한편 종교의 자기초월성을 증명하는 자리를 바로 정치라고 본 함석헌은 '조직'이라는 문제에 대해서도 종래와는 다른 생각을 갖게 된다. '산 정신'으로 정치적 통일체를 이루어 가는 데는 "하나되는 믿음으로 새 조직을 일으켜야 한다. 사귐이 생겨야 한다"는 자각이었다. 무교회 운동 속에서는 각각의 자유·독립을 존중하며 평등성을 유지하기 위해 조직해체로 일관했지만 모두의 자유와 평등과 자존이 보존되는 새로운 정치 공동체를 만들어 가기 위해서는 각자가 신(神) 앞에 단독자[23]로 서기 위한 조직해체에 집중하기보다는 '최소한도의 조직'을 꾸리는 것이 필요했다. 복잡한 조직은 속이는 조직, 죽이는 조직이라면 살리는 조직은 간단한 조직이다라고 생각했다. 즉 사랑의 연대와 자발성을 해치지 않는 비폭력성과 개방성을 견지하는 인격적인 조직이 필요하다고 인식한 것이었다. 결국 분단과 한국전쟁의 체험 속에서 함석헌은 기독교라는 종교적 배타성의 탈피와 정치의 영역에서 종교의 자기초월성의 입증, 그리고 비폭력성과 개방성을 견지한 조직의 필요성의 자각을 통해, 우치무라가 주장한 무교회의 틀을 벗어나게 된 것이다.[24]

그래서 함석헌은 제국주의 국민의 눈으로 역사를 본 우치무라와는 달리 세계사적 서열 취하위의 식민지라는 노예의 자리에서 역사를 보기 시작했다. 그리고 어떠한 노예도 없는 세계를 열어갈 새로운 '보편적 이상'을 추구했다. 여기에서 그는 하나님과 자신을 직결한 신앙은 타자의 고통에 자발적으로 연대하는 '사랑'의 실천으로 구체화되어야 한다는 것을 인식하고 종래의 대속신앙을 재해석하기에 이르렀다. 즉 그리스도의 대속(redemption)을 '우러러보고 믿기만 하면 된다'는 타율적 신앙을 경계하고 사랑의 실천을 통해 일하는 믿음을 강조함으로써,

---

23) 실존주의 철학자 키에르케고르가 강조했던 말

24) 양현혜, 전게서, 162쪽.

신앙의 주체성과 책임성을 환기시키고자 했다. 수직의 독립·자유뿐아니라 그것이 사랑에 의한 수평의 연대로 환원되어야함을 강조하면서, 함석헌은 하나님과 인간의 수직의 외줄기 선을 강조하던 우치무라의 틀을 벗어나게 되었는데, 이러한 사상적 확장은 분단과 한국 전쟁의 체험을 통해 더욱 가속화되었다.[25)]

함석헌에게 무교회 신앙은 일제 강점의 암흑기를 이겨내는 정신적 힘이 되었던 것은 사실이다. 30여년의 세월을 무교회 신앙 동지들과 함께 지내며 순수한 신앙과 민족애를 키워나갈 수 있었다. 신앙 동지인 김교신 등과 함께 《성서조선》이라는 잡지를 냈다가 1년 동안 옥고를 치른 것도 이 시기다. 그런데 무교회 신앙은 루터의 만인사제설과 '믿음만으로'(sola fide)라는 교리를 철저하게 따름으로써 교회 제도와 의식(儀式)을 배격한 개인 중심적 신앙이었다. 따라서 일제강점기 당시 함석헌은 우리민족이 살 길은 참 믿음에만 있다고 생각했으며 개인이 바로 되면 사회는 저절로 바로 된다고 생각했던 것이다. 그러나 자신의 지성적 양심에 성실했던 함석헌은 끝까지 무교회 신앙에 머물 수 없었다. 그가 오랜 신앙 동지들과 아픈 결별을 감수해야 했던 이유는 무엇일까? 함석헌은 세 가지 이유를 들고 있다. 첫째, 우치무라 간조를 맹목적으로 추종하는 신앙 태도를 지양하고 독자적이고 주체적인 신앙을 갖고자 했다. 우치무라 간조를 스승으로 존경하면서도 그를 흉내 내는 데 만족할 수 없었고, 자유로운 인격으로서 자신의 체험과 사상에 맞는 신앙을 원했던 것이다. 둘째, 독특한 우리나라의 현실에 대처하려면 우리 현실에 맞는 우리의 종교가 필요했다는 것이다. 셋째, 급변하는 역사 속에서 졸고 있는 한국의 민중을 깨우려면 기성 종

25) 상게서, 163쪽.

교에 안주할 수 없었고, 협잡꾼이라는 소리를 들으면서라도 어릿광대 노릇을 해야 했다는 것이다.

3) 퀘이커 신앙 (60세~88세)

무교회 신앙을 떠난 후 4~5년 동안 함석헌은 어느 종교 단체에도 소속하지 않고 지내다가 성경을 강의하는 주일 모임을 그만두게 된 1960년부터 퀘이커 모임에 참여하기 시작했다. 1967년에 가서야 비로소 퀘이커의 회원이 되기로 결심했지만, 신앙의 변동이 있거나 종파에 매였기 때문은 아니었다. 함석헌은 어느 종파나 교리에 대해서도 자유로운, 독자적인 종교적 경지에 이른 상태였다. 그가 퀘이커의 일원이 되기로 결심한 것은 무엇보다도 세계 퀘이커교인들의 두터운 우의에 책임감을 느껴서라고 했다.

조지 폭스(George Fox)
(사진 23)

함석헌이 퀘이커교를 맨 처음 접하게 된 것은 1919년 3·1운동 후 오산학교에서 면학에 힘쓸 때인 1921년으로 거슬러 올라간다. 그 때 그는 칼라일(Thomas Carlyle, 1795~1881)의 『의상철학』을 통해서 퀘이커주의에 관한 글을 읽었다. 이 때 그는 퀘이커의 창시자 조지 폭스(George Fox, 1624~1691)에 대해서도 큰 인상을 받았고, 이 일을 계기로 그는 폭스의 『일지』(Journal)를 읽게 되었다. 이 때 함석헌은 퀘이커주의에 대해 약간의 호기심을 갖게되었으나 깊은 흥미는 못 느꼈다. 그 후 함석헌이 유학차 일본에 있을 때(1923~1928) 그는 처음으로 우치무라 간조, 니토베 이나조(1862~1933)와 함께 일본 퀘이커 모임에 출석했다. 하지만 이 때 그가 일본 퀘이커모임에서 별로 큰 영향을 받은 것 같지는 않다. 그것은 아마도 함석헌이 니토베에게서 별

감동을 못 받은 때문인 것으로 추측된다. 니토베는 젊은 시절 독일과 미국에서 공부했고, 미국에 갔을 때 미국 퀘이커 여성과 결혼하고 일본의 첫 퀘이커 교도가 되었다. 니토베는 훗날 만주사변 후 일본의 침략 전쟁을 비판하기보다는 오히려 미국을 방문해 만주 침략의 정당성을 국제 사회에 강변했다. 니토베의 이런 행동 양식이 함석헌에게 별 감동을 못 준 것으로 짐작된다. 그래서 그런지 그 후 퀘이커주의에 대한 함석헌의 관심은 해방 직후인 1947년까지 약 20년 동안 잠복기를 가졌다. 1947년 함석헌은 북한에서 막 월남한 상태에서 서울 YMCA 총무 현동완으로부터 서구 퀘이커들의 평화사상과 양심적 병역 거부 운동에 대해 듣고 놀랐다. 수많은 젊은이들이 사람 죽이기를 목적으로 하는 전쟁에는 같이할 수 없다는 생각에 징병령을 반대하는 대신 기꺼이 감옥에 들어가고, 남아 있는 교도들은 책임을 지고 그들의 뒤를 돌봐 주며 운동을 전개해 나가는 모습에 감동을 받은 것이다.[26)]

태평양전쟁을 겪으면서 함석헌은 민족주의를 앞세운 국가 폭력으로부터 세계 평화가 얼마나 절실한지 그 중요성을 실감했다. 더구나 북한에서 맞이한 해방의 감격이 채 가시기도 전에 그가 소련 군정하에서 겪은 야만적 폭력과 수감 생활은 그에게 비폭력과 평화의 중요성을 몸으로 깨우쳐 주었다. 더구나 그 후 함석헌은 국가 폭력의 절정인 6·25한국전쟁을 체험했는데, 전쟁 기간 중 여기저기 피난 생활을 하면서 평화롭게 공존하는 것이 얼마나 중요한지 절박하게 느꼈을 것이다. 그래서 6·25를 겪은 그는 "이제 일을 결정하는 것은 국민도 아니요, 민족도 아니요, 계급도 아니다. 세계다"[27)]라고 탈민족주의, 탈이념주의, 세계주의를 선언한다. 이런 와중에 함석헌이 서양 퀘이커 교도들

26) 「옮긴이의 말」, 『전집 15』, 352쪽.

27) 「6·25」, 『전집 1』, 287쪽.

을 직접 만나게 된 것은 6·25전쟁 직후 전북 군산 도립병원에서였다. 1953년 한국전쟁직후 함석헌은 전북 군산병원에서 한국의 피난민들을 위해 의료봉사단으로 온 영·미 퀘이커 교도들을 만날 기회가 있었다. 이들은 20~30대의 젊은이들로서 전쟁으로 인하여 과부와 고아가 되어 버린 한국인들을 돕기 위해 1953년부터 5년 동안 자원봉사를 위하여 내한한 의사와 간호사들이었다. 함석헌은 그러한 서구의 젊은 퀘이커들에 대한 첫인상을 이렇게 술회했다.

1950년대 한국(군산)을 찾은 퀘이커 평화봉사단 단원들과 함께 땀 흘리는 함석헌 (사진 24)

> 6·25 직후…… 그들이 군산에서 파괴된 도립병원 복구공사를 했는데 거기 우리나라 젊은이들이 참가해 처음으로 퀘이커를 알게 되었었지.… 나는 그 사람들을 만나게 되어 그들로부터 시작이 된 거지요.[28]

함석헌이 퀘이커주의에 흥미를 느끼게 된 계기가 문헌이나 사상에 감동해서가 아니라, 그들의 '직접적 행동' 때문인 것은 주목할 만하다. 이것은 폭스(George Fox)가 주장한 '네 삶으로 말하라'(Let your lives speak)라는 퀘이커주의의 핵심이 그대로 함석헌에게 전달된 것으로 볼 수 있다. 아울러 1958년 2월 15일은 한국 퀘이커 역사에서 기록될 날짜였다. 한국에 와있던 미국인 퀘이커 미첼(Arthur Mitchell)의 집에서 처음으로 한국인들을 위한 퀘이커 예배 모임이 시작되었다. 전 대한적십자사 총재인 이윤구 등이 이 모임에 참여했으며, 이어 1958년 7월

28) 함석헌, 「퀘이커와 평화사상」, 『전집 3』, 152쪽.

이윤구는 한국사람으로서 첫 퀘이커 회원이 되었다. 1959년 8월부터는 세계 최초로 한글 타자기를 발명한 공병우가 자신의 집을 퀘이커 예배모임 장소로 제공해 주고 참여하기도 했다.[29)]

함석헌이 퀘이커주의와 극도로 가까워지게 된 동기는 그가 절박한 상황(여성 문제)에 처해 있었을 때 퀘이커들이 다정한 그의 '친구'가 되어 주었기 때문이다. 점차적으로 퀘이커들과 직접적인 만남을 통해 함석헌은 사상적으로도 퀘이커주의에 많은 공감을 느끼게 되었다. 함석헌이 퀘이커 교도가 되기로 결심한 배후에는 또 다른 이유들이 있다. 함석헌은 퀘이커들의 주요 관심이 죽은 후에 하늘나라에 가는 것보다는 지금 이 세상에서(here and now)의 세계 평화와 사회 정의에 집중한 것에 공감을 느꼈기 때문이다. 더 나아가 함석헌이 말년에 기독교인으로서의 자기정체성을 지켜가면서도 퀘이커신앙 모임이라는 단체 안에 몸을 담근 이유는 일체의 제도적 권위적 종교형태와 조직으로부터 대체로 자유롭고, 타율적 속죄신앙보다는 참여적 일치 신앙형태를 강조하고, 말 많음보다는 침묵과 고요시간을 강조하고, 신앙 따로 생활 따로가 아니라 신앙이 곧 삶인 점에서 공통점이 많기 때문이었다.[30)]

그런데 서구 퀘이커에 대한 함석헌의 관심은 그만의 짝사랑이 아니었다. 서구 퀘이커들도 흰 수염, 흰 두루마기, 흰 고무신을 신은 '신비한 동양의 현인' 같은 함석헌의 모습에 깊이 끌려들었다. 그들은 아마도 6·25전쟁 후 누더기가 되다시피한 '은둔자'의 나라에서 해맑은 영혼의 소유자를 만나며, 무더운 사막 한가운데서 시원한 오아시스를 만

29) 김성수, 「한국기독교사에서 퀘이커주의와 함석헌의 위치」, 박경미 외, 『서구기독교의 주체적 수용』(서울: 이화여자대학교 출판부), 170쪽.

30) 김경재, 「함석헌 사상에서 그리스도교와 불교의 만남」, 『함석헌 연구』 제4권 (2013. 하반기), 198쪽.

난 것 같은 환희를 느꼈을 것이다. 함석헌은 서구 퀘이커주의가 얼마나 동양적인 성격을 띠고 있는가를 재삼 강조한 바도 있다. 이 점에서 함석헌은 퀘이커교에 매료되었을 법하다.

> 서양 사람에게서 나온 종교 중에서 동양 사람에게 제일 가까운 사상이 바로 퀘이커주의라고 할 수 있어요.[31]…하워드 브린턴(Howard Brinton)이 [퀘이커주의를] 서양에서 난 종교 중에서 가장 동양적인 것을 가진 종교다 그랬는데……하여간 비슷하게 동양적인 그런 게 있는 것은 사실이오. 신비를 인정하는 거지요.[32]

그래서 아마도 함석헌이 서구 퀘이커주의와 동양 고전 사상 사이에 많은 공통점을 보았던 것 같다. 특별히 함석헌은 퀘이커들이 하느님의 말씀을 듣기 위해 침묵 예배(silent worship)를 드리는 것이나 불교 신자가 불도를 터득하기 위해 참선(meditation)하는 과정이나, 노자가 강조한 명상을 모두 유사한 영적 행위로 보았다. 그리고 노자가 주장하는 마음을 비운다는 것과 퀘이커의 침묵 명상을 함석헌은 기성 사상, 기성 윤리, 기성 신조를 다 버리는 것으로 이해했다. 이런 면을 고려할 때, '궁극적으로 모든 종교는 하나다'라는 함석헌의 종교적 보편주의 선언은 그가 지극히 자연스럽게 도달할 수 있는 결론으로 보인다. 더불어 그는 인간 정신의 발달이 조직적 세뇌나 권위적 억압을 통해서 오는 것이 아니라, 열린 마음과 자유스러운 사상 교환 및 토론을 통해서 온다고 믿었던 것이다.

이렇게 함석헌과 '열애'에 빠진 미국 퀘이커들은 1962년 필라델피아

---

31) 함석헌, 「퀘이커와 평화사상」, 『함석헌 전집 3』, 154쪽.

32) 함석헌, 「예배모임의 뜻」, 『함석헌 전집 15』, 51쪽.

펜들힐(Pendle Hill) 퀘이커 연구소로 10개월간 그를 초청했다. 다음해인 1963년 봄, 영국 퀘이커들도 그를 버밍엄 우드브루크(Woodbrooke) 퀘이커연구소로 3개월간 초청했다. 이렇게 펜들힐과 우드브루크에서 함석헌은 퀘이커주의를 본격적으로 공부할 수 있는 소중한 기회를 가졌다. 미국과 영국의 퀘이커연구소에서의 생활을 통해 함석헌은 퀘이커들의 자율적 원칙에 깊이 매료되고 많은 공감을 느꼈을 것이다. 이렇듯 함석헌이 서구 퀘이커들에게서 많은 사상적 공감을 느꼈음에도 불구하고, 당시 그는 의아스럽게도 특별하게 퀘이커 회원이 되고 싶은 마음은 없었다. 이것은 아마도 그의 1953년 「대선언」 이후 함석헌이 어떤 특정 종교 조직에 가입하는 것을 꺼려했기 때문이었을 것으로 추정된다. 이 때 함석헌은 그 자신을 외딴 들판의 고독한 방랑자로 묘사했다.

> 나는 소속된 집이 없는 승려처럼, 밤에는 시원한 뽕나무 아래서 한숨 자고, 다음날 아침 길을 계속 가는 나그네 같은 삶을 살았습니다.[33)]

미국 북캐롤라이나 주 길포드 대학에서 열린 세계 퀘이커 대회 때(1967년 여름)(사진 25)

그러던 중 1967년 그는 태평양 퀘이커 연회(Yearly Meeting) 초청으로 미국 북캐롤라이나의 세계 퀘이커 대회에 참석하게 되었다. 이 때 함석헌은 비로소 퀘이커 회의의 정식 회원이 되기로 결심하게 된다. 그러면 무엇이 '종파 기피증'에 있었던 함석헌을 퀘이커회의 공식 회원이 되도록 만들었을까. 그는 당시 자신의 심경을 이렇게 토로했다.

33) 박경미 외, 『서구 기독교의 주체적 수용』(이화여자대학교 출판부, 2006), 175쪽 재인용.

> 나는 퀘이커들의 우의(friendship)에 대해 책임감을 느꼈습니다. 나 자신으로 하면 새삼 교파에 들어가는 것도 아니요, 회원이 되고 아니 된 것을 따라 다름이 조금도 있을 것 없이 나는 나지만 그들이 나를 대해 주기를 아주 두텁게 대해 주는데 내가 언제까지나 옆에서 보는 사람으로 있는 것은 너무도 의리상 용납될 수 없는 일, 너무도 무책임하고 잔혹한 일이라 생각했습니다.……퀘이커주의는 신비파 운동에서 일어났지만 다른 모든 신비파들이 빠지는 극단의 주관주의에 빠지지도 않고, 그렇다고 다른 모든 큰 교파들이 하는 것처럼 권위주의에 되돌아가지도 않습니다.……내가 지금 나가는 방향에서 그렇게 하는 것이 마땅하다는 말입니다. 그 다음은 모릅니다.[34]

퀘이커주의는 신비주의적 신앙 체계를 지니고 있으나 신비주의가 간과하기 쉬운 사회·윤리적 실천을 중시하므로 퀘이커주의는 '단체적이고 윤리적이며 상식적 신비주의'의 양상을 강하게 띠고 있다. 퀘이커주의의 이러한 면에 함석헌은 매료되었던 것이다.[35] 비록 함석헌은 퀘이커들의 비형식주의, 반교리주의, 검소함, 평등주의, 세계 평화, 사회 개혁적인 태도 등에 매료되었지만, 그가 퀘이커의 회원으로 가입하기 이전에 함석헌은 벌써 그 안에 이러한 요소들을 모두 지니고 있었다고 볼 수 있다. 함석헌은 그가 왜 퀘이커주의를 좋아하는지를 솔직하게 털어놓았다.

> 나는 갈수록 퀘이커가 좋습니다. 좋은 이유는 그들은 형식을 차리지 않기 때문이요 교리나 신학 토론에 열중하지 않기 때문입니다. 목사도

34) 「옮긴이[함석헌]의 말」, 『함석헌전집 15』(말씀/퀘이커 300년), 354-355쪽, 이 '옮긴이의 말'은 퀘이커교와 함석헌의 관계를 잘 설명하고 있다.

35) 김성수, 「한국 기독교사에서 퀘이커주의와 함석헌의 위치」, 박경미 외, 『서구 기독교의 주체적 수용』, 176쪽.

없고 신부도 없고 아무 차별이 없습니다. 모든 사람이 똑같은 자격으로 앉아 누가 누구를 가르치겠다는 것도 누가 뉘게 배우겠다는 것도 없이 둘러앉아, 그저 하나님께서 그 가운데 나타나 계시기를 기다리는 것 뿐입니다. 그리고 '우리 교회에 오셔요', '이것 아니고는 구원이 없습니다.' 식의 전도가 없고, 있다면 그저 밭고랑에 입 다물고 일하는 농부처럼 잘 됐거나 못 됐거나, 살림을 통해서 하는 전도가 있을 뿐입니다. 그리고 무엇보다도 마음에 드는 것은 종교 냄새가 별로 나지 않는 것입니다. 그들은 자연스럽고, 속이 넓으면서도 정성스럽습니다. 누가 와도, 불교도가 오거나 유니테리언이 오거나 무신론자가 온다 해도, 찾는 마음에서 오기만 하면 환영입니다. 그러니 참 좋지 않습니까? 정말 사랑으로 빛을 지는 곳입니다.[36)]

함석헌과 퀘이커 사이에는 뚜렷한 신앙적 공통점이 있었다. 양쪽 모두 과학적이고 이성적인 생각을 중시하면서도, 인격적 합일과 내면적 체험을 강조하는 신비주의적 경향을 띠고 있었다. 함석헌이 종교의 신비주의와 상식주의 요소를 모두 다 중요시한 만큼 그는 퀘이커들의 '이성적 신앙'에 많은 공감을 가졌다. 함석헌은 미래의 종교가 광신적이기보다는 과학적·합리적이어야 하고, 감정적이기보다는 현실 감각을 지니면서 영적이어야 한다고 믿었다. 그래서 이런 함석헌에게 합리적 이성을 결핍한 종교는 맹목적 광신과 다를 바 없었다. 그는 과학과 종교 가운데 하나만 택하는 상황이 오면 차라리 과학을 택할 것이라고까지 고백한다. 그러면서도 종교의 세계는 과학으로만 이해될 수 없다는 상호 보완적인 말도 덧붙인다. 이러한 맥락에서 함석헌이 서구 퀘이커들과 직접적으로 접촉하게 되었을 때, 동서 문화의 차이와 역사

36) 『전집 8』, 377-378쪽.

적 이질성에도 불구하고, 그는 퀘이커들의 종교관과 그 자신의 신앙관에 많은 공통점이 있음을 깨달았다.

서구 퀘이커들이 고정된 교리보다는 다양하게 변해 가는 '내면의 빛'(Light within)을 강조한 것처럼, 함석헌 또한 그의 영적 행로를 통해서 경직된 교리나 형식주의보다는 유연하고 초월적 양상이 강한 내적 신앙을 중요시 했다. 함석헌이 퀘이커주의를 가까이 알기 전인 1953년, 한국 기독교인들이 교리에 그저 복종하기보다는 다변적으로 변화해 가는 삶을 주체적으로 받아들일 것을 역설한 바 있다.[37]

삶은 끊임없이 변하기 때문에 그는 '영원의 미완성'이라 노래했고 그래서 고정된 교리를 갖지 않은 퀘이커주의와 근원적 공명을 느꼈을 것이다. 이렇게 모든 것이 변화된다는 것을 염두에 두고 그는 현대인들의 신(神)에 대한 관념도 고대인들이 가지고 있던 신에 대한 고정관념과는 달라야 한다고 믿었다. 그는 이러한 시대 변화에 따르는 필요성을 태아와 산모의 비유를 통해서 설명했다.

> 아기가 어머니 뱃속에 있을 때는 어머니 몸에서 오는 것으로 살지만, 생명이 자라서 어느 시기에 오면 거기가 도리어 죽는 곳이요 어서 거기를 탈출해야 된다는 지혜가 솟게 됩니다. 그래서 죽을 각오를 하고 거기를 빠져나오면 일순간에 새 살림이 시작됩니다.[38]

함석헌의 이런 비유는 과거의 아무리 생동하는 종교적 영감일지라도, 그것이 끊임없이 오늘의 시대정신에 맞게 재적용되지 않고서는, 오히려 인간의 자유분방한 정신 활동을 질식시키는 사슬과 화석화된

37) 김성수, 전게서, 182쪽.

38) 『전집 8』, 473쪽.

교리에 불과하다는 교훈을 준다.[39)]

함석헌은 퀘이커 신앙에서 단체적 신비주의(group mysticism)를 새롭게 배웠다고 볼 수 있다. 예를 들어 동양의 선불교에서는 여러 사람이 모여서 참선을 하고 명상을 하더라도 어디까지나 개인으로서 하는 데 반해, 퀘이커는 하나님과 하나 됨뿐 아니라 동료들과 하나 됨을 예배 속에서 추구한다. 함석헌과 퀘이커 사이에는 평화를 위한 사회봉사의 실천을 앞세운다는 공통점도 있었다. 이러한 여러 공통점 때문에 모든 기성 종교에서 탈퇴함을 선언했던 그가 퀘이커의 일원이 될 수 있었다. 성직자도 없고, 특별한 종교의식도 없고, 교리도 간단한 공동체, 예배 속에서 하나님의 임재(臨在)를 직접 경험하며 소박하고 겸손한 생활을 하는 작은 공동체, 사회봉사를 위해 앞장서는 공동체, 이런 퀘이커교가 미래의 종교라고 단언할 수는 없지만, 미래를 건져낼 수 있는 종교가 있다면 퀘이커와 비슷한 방식의 종교일 것이라고 함석헌은 생각했다.

여기까지 살펴본 함석헌의 종교적 영적순례는 다양한 듯 하지만 깊이 고찰해 보면 단순하고 명료하다. 왜냐하면 대체로 성서적이고 기독교(개신교)적이기 때문이다. 따라서 김성수는 함석헌의 사상적 기초를 다음과 같이 요약하였다. 첫째, 기독교신자 남강 이승훈(1864~1930)으로부터 한국 독립의 중요성을 배웠다. 둘째, 구약성경의 영향, 즉 이사야서 53장의 고난받는 종(suffering servant)의 영향을 크게 받았다. 함석헌의 조선사 해석이 보여주는 독특함은 조선의 역사가 고난의 여왕(Queen of suffering) 또는 '세계의 하수도'라는 다만 굴욕의 처소일 뿐 아니라 세계의 불의를 정화시킬 희망의 거처라고 본 데 있다. 셋째, 신

39) 김성수, 전게서, 183쪽.

약성경, 특히 요한복음으로부터의 영향, 예컨대 '친구'라는 호칭에 동감했다.

> 이제부터는 내가 당신들을 종(servant)이라고 부르지 않겠습니다. 종은 주인이 하는 일을 모릅니다. 오히려 내가 당신들을 '친구(friend)'라고 부른 것은 내가 하느님께 들은 것을 모두 당신들에게 알려 주었기 때문입니다.[40)]

위의 성구는 퀘이커 텍스트(Quaker Text)라고도 한다. 종(servant)이 아닌 친구(friend)라는 개념은 민주적인 평등사상을 강조한 것으로 풀이 할 수 있다. 간과할 수 없는 한 가지를 더 추가한다면(넷째), 다석 유영모의 씨ᄋᆞᆯ사상이 그것이다. 함석헌은 유영모의 씨ᄋᆞᆯ사상의 영향을 받아 그것을 한국 민주화의 기초개념으로 삼았으며 한국의 독특한 신학으로서의 '민중신학'의 관건(keyword)이 되게 하였다.

이렇듯 함석헌의 일생은 기독교를 중심으로 이뤄져 그 깊이를 심화시키고 넓이를 더해가는 여정이었다. 그에게 기독교는 원심력과 구심력으로 작용하여 그의 느낌과 생각과 믿음의 토대를 형성하였다. 그는 9살에 장로교 학습교인이 된 이래 기독교 안에서 성장하였고 21살에 정주 오산학교에서 다석 유영모를 만나면서 동양사상과 철학에 눈을 뜨게 되고 24살에 동경고등사범학교에 가게 되면서 무교회주의자인 우치무라 간조를 만나 민족과 신앙의 일치를 배우게 된다. 그 후 귀국하여 그의 모교인 오산학교에서 10년간 역사교사를 하면서 자신 속에 잠재되어 있던 내재적 초월의 욕구가 성장하게 되고 해방, 공산치하, 소련의 압제를 겪고 월남하여 동족상잔의 6·25를 통해 신앙의 껍질벗

40) 요한복음 15:15

기를 하게 된다. 이것이 1952년에 발표한 장편 시 〈흰손〉이고 1953년에 발표한 〈대선언〉이라는 장편 시이다. 여기서 그는 40여년이 넘도록 몸담았던 정통 기독교와 무교회의 십자가 대속(代贖)신앙과 예수만이 그리스도라는 정통기독론의 울타리를 과감하게 벗어나게 된다. 이후 그는 약 90평생이 되도록 동양적 사유와 인도적 사유와 퀘이커 등의 둥지를 순례하면서 넓고 깊은 종교적 사유의 지평을 추구하는 여정을 걸으며 모든 씨ᄋᆞᆯ과 하느님이 어우러지는 세계종교의 꿈을 꾸게 된다.

더욱이 함석헌은 다만 종교인에 머물지 않고 학자적 면모를 드러내게 되는데 그는 서구 퀘이커에 관한 대표적 역사서인 하워드 브린톤의 『퀘이커 300년』을 번역 출판했고, 중동의 레바논계 미국인 종교사상가 칼릴 지브란(Kahlil Gibran)의 산문시 『예언자』와 『사람의 아들 예수』를 1960년과 1976년 각각 번역 출판하기도 했다. 이러한 번역작업을 통해서 함석헌은 지브란의 종교적 신비주의에 끌렸고 지브란이 동양과 서양을 종교적으로 소통시키고자 노력한 것을 높이 평가했다. 뿐만 아니라 함석헌은 간디의 자서전을 번역하기도 했는데 이 작업 역시 학자적 면모를 드러내기에 충분한 것이며 이를 통해 간디의 비폭력 저항운동에 힘입어 함석헌 자신의 민주화 운동방식에 박차를 가하는 요인이 되기도 하였다.

함석헌의 이러한 폭넓은 여러 종교와 사상에 대한 이해는 함석헌으로 하여금 종교인으로서 사회-정치적 참여가 왜 그렇게 중요한지를 깨우쳐 주었을 것이다. 그가 자신의 생애를 한 마디로 요약해 “하나님의 발길에 채어서”라고 한 것은, 사회정의를 추구하기 위해서는 종교인이 받아야 할 피할 수 없는 고난을 암시한 것이었는지도 모른다.[41]

41) 김성수, 「서구기독교와 동양사상의 융합」, 함석헌 기념사업회 편, 『민족의 큰 사상가 함석헌 선생』(한길사, 2001), 200쪽.

4) 종교문학에의 심취

칼릴 지브란의 자화상(사진 26)

함석헌은 특히 칼릴 지브란(Kahlil Gibran, 1883~1931)의 종교문학 사상에 크게 매료되고 영향을 받았을 것으로 생각된다. 즉, 지브란의 역동적인 생애와 삶, 그리고 그의 작품 『예언자』와 『사람의 아들』을 번역하는 과정에서 함석헌은 크게 감동하여 그의 사상과 삶에 자양분이 되었을 것이다.

시인, 화가, 철학자, 예언자, 신비주의자, 종교인 등 많은 별명을 가진 지브란은 지중해 동부지역 레바논(Lebanon)에서 태어나 그곳에서 살다가 12세 때 가족과 함께 미국 보스톤으로 이주하여 빈민가에서 지냈다. 그후 프랑스 파리에서 3년간 그림을 공부한 그는 다시 뉴욕으로 건너가 그곳에 살면서 그의 유명한 작품 『예언자』(1918)를 발표하고 생애의 대부분을 거기에서 보냈다.

젊은 시절의 지브란은 오스만 터키(Ottoman)의 압제와 착취에 신음하는 조국을 구하기 위해 작은 화산처럼 분노를 폭발시킨 '반항하는 정신' 이었으며, 빈곤과 불의와 부패, 제도화된 폭력을 규탄하여 인권이 주목받지 못했던 시대에 인간의 존엄을 강조한 열렬한 인권 옹호자였다. 또한 자신의 영혼 속에 동양의 신비주의를 간직하고 있었던 지브란은 문학을 통해 동양과 서양을 한데 녹여 기독교와 이슬람, 영성과 물질주의를 높은 차원에서 결합시킴으로써 신비로운 자신의 철학을 만들어 냈다. 그리하여 그는 "인간이 빵만으로도 살 수 있다."고 믿었던 시대에, 영혼의 양식이 결핍된 황량한 시대에는 신(神)의 세계가 인간의 양식임을 외로운 음성으로 소리쳤다. 그가 쓴 『예언자』

(Prophet)가 바로 그 책이다. 그런데 지브란은 매우 애석하게도 1931년 48세로 일찍 세상을 떠났다.[42)]

지브란은 기독교를 계시로 받아들이고 예수를 모범으로 인정하고 『성경』을 계시된 영적인 책 그리고 도덕적 진리의 보고로 인정했음은 의심의 여지가 없다. 왜냐하면 그는 어린시절 레바논의 마로나이트(Maronites) 교회[43)]에서 자랐기 때문이다. 하지만 수피(Sufi)의 추종자들이 그렇듯이 지브란도 기독교만을 유일한 종교로 인정할 수는 없었다. 그는 종교의 합일과 존재의 합일에 대해 확고한 신념을 가지고 초교파 운동에 정열을 쏟았다. 따라서 그의 신조에는 다양한 신앙의 요소가 들어 있다. 『우파니샤드』, 신플라톤주의(Neoplatonism), 유대-기독교 신비주의, 이슬람의 수피주의(Sufism), 바하이교(Bahai)의 보편적 사랑과 종교의 합일에 대한 가르침 등이 그것이다. 지브란은 "모든 종교는 하나"라고 보고 여러 종교전통과 윌리암 블레이크(William Blake, 1757~1827)를 결합하여 자기만의 영적 철학을 구축했다.[44)]

함석헌이 지브란의 저서 『사람의 아들』과 『예언자』를 번역한 것을 보면 지브란에 대한 함석헌의 관심이 얼마나 컸던가를 짐작할 수 있다. 지브란의 생애와 환경 그리고 사상은 함석헌의 것과 매우 유사한

---

42) 황필호, 「함석헌은 누구인가」, 함석헌 학회, 『생각과 실천』(함석헌 사상의 인문학적 조명), 경기도 파주: 한길사, 2011, 85-86쪽.

43) 마로니파는 예수 시대의 전통을 지키면서 성직자(神父)의 결혼을 허용하는 것이 큰 특징으로서 레바논 크리스찬의 대부분(약 30%)은 마로니파라고 한다. 그런데 지브란의 어머니는 이 마로니파 성직자(神父)의 딸이었다. 따라서 지브란의 피속에는 레바논의 오랜 종교적 전통, 피압박민족의 눈물, 성직자의 혈통과 교양이 내재되어 있었다고 볼 수 있을 것이다.(칼릴 지브란 / 강은교 옮김, 『예언자』, 서울: 문예출판사, 1996, 117쪽)

44) 황필호, 「함석헌은 누구인가-지브란, 함석헌, 셸리를 중심으로」, 『생각과 실천』, 98쪽.

점이 많다. 이런 점으로 미루어 함석헌은 자신보다 17년 먼저 태어난 지브란의 삶과 작품으로부터 크게 영향을 받았다고 볼 수 있다.

함석헌은 『예언자』의 '옮긴이의 말'에서 지브란의 영향을 서술하고 있다. 특히 함석헌이 이성문제로 어려움에 직면했을 무렵 이 작품을 번역한 것으로 추정되는데 작품 내용이 그를 많이 위로해 주었을 뿐만 아니라 번역에 정성을 쏟음으로써 고통을 다소 완화할 수 있었던 것으로 사료된다. 결국 완전히 코너에 몰렸던 신천옹을 똥간에서 구해준 그의 어머니처럼 지브란이 그의 사기를 북돋아 주었던 것이다. 따라서 신천옹은 지브란에게 다음과 같이 한 없이 감사하고 있다.

> 한 많은 1960년이 오마자마 아직도 채 녹지 않은 눈 위에 새 꿈을 그리는 하룻날, 내 60년 쌓아온 모래탑은 와르르 무너졌다. 나와 함께 그 모래탑을 쌓던 바로 그 사람들이 무너뜨렸다....
> 누가 꼭 일으켜 주어야만 될 것 같은데, 조금 부축만 해주면 꼭 일어설 것 같은데 아무도 오지 않았다. 이따금 저 멀리서 귓결에, 어서 일어나라는 소리가 들려는 왔지만, 원망스러울 지경이었다. 원망은 아니하기로 힘썼다.
> 십자가도 거짓말이더라.
> 아미타불도 빈말이더라.
> '우리가 우리에게 죄 지은 자를 사하여 준 것 같이 우리의 죄를 사하여 주옵시고'도 공연한 말 뿐이더라.
> 무너진 내 탑은 이제 아까운 생각이 없건만, 저 언덕 높이 우뚝우뚝 서는 돌탑들이 저물어가는 햇빛을 가려 무서운 생각만이 들었다.45)

'모래와 거품'을 노래하는 지브란은 자기도 그 거품을 마시고 그 모래

45) 『함석헌 전집 16』, 213-214쪽.

를 뒤집어쓰는 사람이 되어서 나를 일으켜 주었다. 그의 심장의 뛰놂이 내 가슴에 있었고, 그의 숨이 내 얼굴에 와 닿았고, 그리고 그는 나를 알아주었다. 죄인의 친구를 처음으로 만났다. 나는 내 어릴 적에 똥간에 빠졌던 일을 돌이켜 생각하지 않을 수 없었다.[46)]

이제 생각해 보니 지브란(Gibran)이라는 말의 뜻이 '영혼의 위로자' 혹은 '고치는 자' 아니던가?[47)]

필요한 것은 짐승잡아 피흘려 하는 제사도 아니요, 화 있을진저 하는 책망도 아니요, 칼날같은 비판도 아니요, 두더지같이 하는 지하운동도 아니요, 타락한 중에도 믿어주고, 무지한 중에도 알아주고, 넘어진 중에서도 붙들어 일으켜주고, 흙이 묻은 손으로나마 서로 털어주는 혼의 아름다운 빛 뿐이다. 구약의 예언자가 늦은 가을 몰아치는 서풍같다면, 지브란의 예언자는 이른 봄에 얼음을 녹이는 봄바람이다.[48)]

그는 내가 빠진 밑바닥, 지옥바닥, 멸망할 자만이 있다는 그 바닥에 내려와서 따뜻한 손으로 일으켜 거기서도 오히려 일어설 수 있게 함으로써 내 정신을 한층 깊게 하여주었다. 지옥 밑바닥에서 보는 하늘은 유난히 높았다. 내가 스승이 없지 않고 친구도 없지 않았으나 아무도 그 이름들을 가지고 나를 찾아주는 이는 없었다. 그리하여 석가도, 예수도, 공자도, 맹자도, 노자도, 장자도, 톨스토이도, 간디도, 남강(이승훈)도, 우찌무라도 다 내가 이름도 부를 수 없이 되었다. 이젠 나는 무슨 교도도, 누구의 제자도, 누구의 친구도 될 자격이 없고 다만 한 개의 깨어진 배이다. 다만 칼릴 지브란만은 들의 한 송이 작은 풀꽃같이 이름이 없었으므로 아무도 독점하려 하지 않았고 자유로 그 외로운 나그네의 옆에 올 수 있었다.[49)]

---

46) 상게서, 215쪽.

47) 상게서, 217쪽.

48) 상게서, 219쪽.

49) 상게서, 220쪽

『예언자』는 다양한 문제에 대하여 읊고 있는데 주로 다음의 주제들이 신천옹을 크게 위로하고 동시에 영향을 끼쳤을 것으로 짐작된다; 사랑에 대하여, 결혼에 대하여, 기쁨과 슬픔에 대하여, 죄와 벌에 대하여, 자유에 대하여, 이성과 감정에 대하여, 고통에 대하여, 선악에 대하여, 아름다움에 대하여, 종교에 대하여, 죽음에 대하여 등. 이 가운데 '결혼에 대하여'를 감상해 보자.

〈On Marriage〉

Love one another, but make not a bond of love :
Fill each other's cup but drink not from one cup.
Sing and dance together and be joyous, but let each one of you be alone,
Give your hearts, but not into each other's keeping.
And stand together yet not too near together :
For the pillars of the temple stand apart, And the oak tree and the cypress grow not in each other's shadow.[50)]

함석헌은 이것을 다음과 같이 번역하였다.

〈결혼에 대하여〉

서로 사랑하라, 그러나 사랑으로 얽어매지는 말아라.
서로 서로의 잔을 채워주라. 그러나 한 잔에서 같이 마시진 말라.
노래하고 같이 춤추고 즐기라. 그러나 서로서로 혼자 있게 해주어라.
너희 마음을 서로 주라. 그러나 서로 아주 내맡기지는 말라.

50) Kahlil Gibran, *The Prophet*, New York: Alfred a Knopf, 1988, pp.15-16.

같이 서되 너무 가까이는 말라. 성전의 기둥은 서로 떨어져 서는 것이요, 참나무와 사이프러스 나무는 서로서로의 그늘 밑에서는 자라지 않는 법이다.51)

신천옹이 평생을 두고 마음에 지녀온 노래가 있었다. 그것은 영국시인 셸리(P.B.Shelley, 1792~1822)의 '서풍의 노래'(Ode to the West Wind, 1819)52)이다. 그는 1937년에 이 시를 번역했고 35년이 지난 1973년에 다시 '서풍의 노래'를 들려주었다. 특히 이 시의 마지막 구절 "겨울이 오면 봄이 어찌 멀었으리오.(If winter comes, can spring be far behind?)"은 함석헌에게 큰 희망을 주었던 시구(詩句, Stanza)였다.

〈서풍의 노래〉

오 사나운 서풍이여
너 가을 생명의 입김이여 …
사나운 영이여, 아니 가는 곳이 없는 이여
무너뜨리면서 또 간수해 주는 이여
들어라, 오 들어라!

내 이 죽은 사상을, 마치 시든 잎새처럼
하늘가에 몰아쳐, 새 생명 넣어주려므나.

---

51) 『함석헌 전집 16』, 230-231쪽.

52) 셸리(1792-1822)는 영국의 낭만파 시인이었다. 향년 겨우 31세, 그 짧은 생애도 전반을 영국 사회의 소외에서 지냈고, 후년은 이탈리아에서 지냈으며, 선박 여행 중 갑자기 배가 전복되어 요절한 박명 시인이었다. 그는 무신론자로 알려져 있다. 함석헌이 셸리를 좋아하는 이유는 세 가지다. ①감수성이 예민했다는 점 ②열정적이었다는점 ③외적 세력에 반항적이었다는 점. 특히 셸리는 서풍과 마찬가지로 자유분방했었다. 함석헌은 셸리 시의 두 가지 특성을 첫째 권위에 반항, 둘째 미래에 대한 희망으로 보았다.(『전집 5』, 24-25쪽)

그리하여, 부르는 이 노래의 소리로,

영원의 풀무에서 불꽃을 날리듯이,
나의 말을 인류 속에 날려 흩어주려무나
내 입술을 빌어 이 깨지 못하고 있는 지구 위에
예언의 나팔이 돼 주려무나!
오 바람아,
겨울이 만약 왔거든, 봄이 어찌 멀었으리요?

바람은 영이다. 사나운 서풍은 아니가는 곳이 없는 사나운 영이다. 가을마다 불어재치는 서풍은 모든 것을 쓸어 버리고 무너뜨린다. 그러나 동시에 여문 씨올들을 실어다 땅 속에 고이 묻어, 오는 새봄 싹을 낼 때까지 고요히 간수해 주는 이다.

서풍은 혁명적 창조의 바람이다. 시들고 마른 잎새처럼 죽어가는 세상의 문명과 사상을 휘몰아 무너뜨리고 하늘의 생명으로 다시 태어나게 하는 바람이요 영이다.

서풍에 힘입어 새싹을 창조하는 힘은 씨올 속에 있다. 모든 시대를 죽음에서 건져내어 새 문화로 부활하게 하는 영원한 역사의 메시아는 씨올 속에 숨어 있다. 다만 하늘소리 땅소리가 그 속에서 결합되지 않으면 안된다.[53]

그런데 구원의 메시아는 이 세상에서 고난을 당하지 않을 수 없다. 씨올은 죽음으로써 새싹을 창조해내는 것이다. 인류를 대표한 그리스도가 그러했듯이 우리 한민족은 세계를 새롭게 하기 위해 고난의 역사를 겪어오고 있는 것이다. 고난과 죽음의 겨울이 지나면 부활의 봄이 오게 된다. 이것을 가능하게 하는 것이 하늘의 영이요 바람이다.

---

53) “서풍의 소리”, 『전집 5』, 서풍의 노래, 12쪽.

십자가 고난의 의미를 터득했던 신천옹은 철저한 부활 신앙 속에 살았다고 볼 수 있다. 인생의 가을을 지나 겨울을 맞이할 무렵 신천옹은 '서풍의 노래'에서 백조의 노래(Swan song)를 그려 보았고, 혹 누군가가 자신의 비문을 새긴다면 그 노래의 마지막 구절을 기록해도 좋을 것이라 했다. 그는 활기찬 새 봄을 바라보며 인생의 겨울을 맞이했다.[54]

함석헌 자신은 스스로를 전문적인 문학가로서의 시인은 아니라고 강조한다. 그럼에도 불구하고 그의 90평생 기간 중 가장 어려웠던 고난과 시련의 기간에 석류알 터지듯이 그의 심령에서는 놀라운 시들이 쏟아져 나왔다. 그의 시들은 억제할 수 없는 생명의 약동, 앞과 뒤로 치솟아 나아가려는 생명충동, 새로움을 맛보고 지어가려는 의지적 지향성, 입자들의 법칙에 따른 운동이라기 보다는 사면 팔방으로 퍼져나가는 파동같은 운동으로서 생명과 인간 삶을 노래하고 있다.[55] 이렇게 본다면 함석헌은 태생적으로 시와 문학을 좋아했기 때문에 외국의 시와 문학도 좋아했고 그러한 소질 때문에 수많은 시를 썼을 것으로 생각된다. 이를테면 문학에의 소질, 그 중에서도 종교문학에 관심이 심대했던 것으로 짐작된다.

그렇다면 함석헌이 직접 지은 시 몇 편을 감상해 보자.

함석헌은 구도자(求道者, seeker)로서 일평생 진리, 평화, 민주화, 씨올을 추구했다. 잘 알려진 그의 명작시 "그 사람을 가졌는가"는 그의 구도정신과 진리를 향한 간절한 마음을 역력히 보여준다.

---

54) 유동식, 『풍류도와 한국의 종교사상』, 연세대출판부, 2007년 4쇄, 350쪽.

55) 김경재, "낭만주의적 삶의 철학자로서 함석헌의 면모", 『함석헌 연구』 제5권 (2015), 서울: 함석헌 기념사업회, 82쪽.

〈그 사람을 가졌는가〉

만리길 나서는 길
처자를 내맡기며
맘놓고 갈만한 사람
그 사람을 그대는 가졌는가

온 세상이 다 나를 버려
마음이 외로울 때에도
"저 맘이야"하고 믿어지는
그 사람을 그대는 가졌는가

탔던 배 꺼지는 시간
구명대 서로 사양하며
"너만은 제발 살아다오" 할
그 사람을 그대는 가졌는가

불의(不義)의 사형장에서
"다 죽어도 너희 세상 빛을 위해
저만은 살려두거라" 일러줄
그 사람을 그대는 가졌는가

잊지못할 이 세상을 놓고 떠나려할 때
"저 하나 있으니" 하며
빙긋이 웃고 눈을 감을
그 사람을 그대는 가졌는가

온 세상의 찬성보다는
"아니" 하고 가만히 머리 흔들
그 한 얼굴 생각에

알뜰한 유혹을 물리치게 되는
그 사람을 그대는 가졌는가 (1947.7.20.)

여기에서 거듭 거듭 되묻는 "그 사람"은 과연 누구일까? 불의와 쉽게 타협하거나 그것에 굴종하지 않는 그 사람은 도대체 누구일까? 예수, 남강 이승훈, 도산 안창호, 고당 조만식, 평생 동지 김교신(1901~1945), 장준하 아니면 그의 마음 속 깊은 곳을 이해해 줄 수 있는 어떤 여인이 아닐런지![56]

〈대선언〉

기독교는 위대하다.
그러나 참은 보다 더 위대하다.
참을 위해 교회에 죽으리라.
……
생명은 난 끝에 있나니
레바논 백향목의 자람 그 순 끝에
역사의 나감 시대의 뾰족한 끝에
거룩한 영의 피어남 맘의 픗 끝에
묵은 가지의 짙은 그늘을 수북이 두고
생명의 원줄기는 사정없이 올라만 가나니
……
어렴풋한 느낌을 서슴치 말고 내 외치자
물냄새 맡고 달리는 사막의 약대처럼

56) 2014.12.8.「함석헌 사상과 오늘의 한국사회」세미나 자료, 원광대학교 숭산기념관 제1세미나실, 윤영천(인하대 교수), "함석헌의 시 - 동정과 비유", 70-71쪽. 장준하와 어떤 여인을 덧붙인 것은 필자의 추측이다.

스며든 빛 잡으려 허우적이는 움 속의 새싹처럼
가쁜 숨으로 떨리는 맘으로

이와 같은 <대선언>의 몇 구절은 함석헌이 기존의 정통교리 종교에 갇혀 있는 기독교의 답답함을 거절하고, 오로지 '영과 진리' 안에서만 예배하는 참 신앙에 다가서고자 하는 신앙시의 한 구절이다. 그러나 그 정신은 단지 종교영역에서만이 아니라 인간의 세계관과 사회정치 제도를 포함해서 심지어 객관적이고 불변적 지식 축적물이라고 흔히 확신하는 자연과학의 실재관도 새로운 패더다임에 자리를 내주고 물러가야 한다고 본 것이다.[57)]

함석헌은 그의 시 "미완성"을 통해 그의 가슴 속에 불타고 있는 영원한 이상(理想)의 추구, 성공과 실패를 아랑곳하지 않는 영원한 도전정신, 현실에 안주하는 안일주의에 저항하는 구도자 정신, 자연과 역사의 통일적 파악, 일체의 양적 물량주의를 거부하면서 지극히 작은 것 안에서 그리고 순간적 삶 속에서 꽃피는 영원의 불꽃과 승리와 자기실현을 마음껏 노래한다.[58)]

아울러 이 시는 키에르케고르의 '실존(Existence)'이 함의하는 도상적 존재(途上的 存在)로서의 인생을 노래하는 듯도 하다. 이렇게 본다면 결국 키에르케고르가 주장한 세 단계의 실존 중 최고단계인 종교적 실존, 그것도 종교성 A가 아니라 종교성 B의 단계가 아닐까 하는 생각을 할 수도 있을 것 같다.

---

57) 김경재, 「낭만주의적 삶의 철학자로서 함석헌의 면모」, 『함석헌 연구』 제5권, 서울: 함석헌 기념사업회, 2015, 83쪽.

58) 김경재, 「함석헌 종교시에 나타난 낭만적 요소들」, 『함석헌 연구』 제5권(2015), 69쪽.

〈미완성〉

……

영원의 이상, 영원의 찾음,
영원의 씨름, 영원의 벌어짐,
아아, 우주야 인생아 생명아
너는 영원한 미완성이더냐?

완성은 반갑다고 누가 그러나?
끝맺음은 아름답다고 누가 그러나?
얻어들음은 즐겁다고 누가 그러나?

자연은 언제나 완성할 줄 모르는
영감(灵感)의 거장(巨匠)
역사는 영원히 끝날 줄 모르는
절대의 의지

영원의 미완성
영원히 자라는 혼의 타는 그 가슴엔
지극히 적은 부분의 불꽃마다
제대로 무한한 즐거움
끝없이 닫는 영의 헐떡이는 염통엔
찰나 찰나의 고동의 울림마다 그대로 영원한 이김

영원히 미완성품 만세!
영원히 높아가고 확대해 가는 정신만세
영원히 영광을 더해가며 벌어져
나가는 생명의 불바다 만세
아킬레스 거북을 쫓아 잡지 못하듯이
그칠줄 모르고 닫는 인생아

네 걸음 걸음에 무한한 기쁨
있을 지어다.[59)]

〈수평선 너머〉

바다, 넓이 끝없이 까만
깊이 한없이 아득한

바다 또 바다
저 바다 너머는 또 무엇이 있나?

물결, 앞에도 앞에도 푸른 푸른
옆에도 옆에도 하얀 하얀
물결 또 물결

저 물결 뒤에는 또 무엇이 있나?

소리, 하늘 울어 천둥, 땅 울어 지둥
흔들고 뒤흔드는
저 소리는 누가 흔드는 소리인가?

바다 아닌 바다
물결 아닌 물결
바람 아닌 바람
소리 아닌 소리
거기가 가고파서 그리워서[60)]

---

59) 『전집 6』(시집: 수평선 너머)(서울: 한길사, 1988 제4판), 124-125쪽.
60) 『전집 6』, 104쪽.

신천옹(信天翁)이 그리워하며 추구해 온 곳은 바다와 물결을 넘어선 세계였다. 유(有)의 물결, 아득한 수평선, 뽀얀 지평선을 넘어선 천평선(天平線)이었다. 그곳은 마음과 역사를 넘어선, 그러면서도 종교와 역사가 하나로 녹아든 하나님의 나라요, 예술의 세계였을 것이다.

> 끝없는 바다 끝없는 모래밭
> 그칠줄 모르는 떨리는 교향악,
> 수평선 지평선 넘겨다보며,
> 그 서품에 천평선 기대고 서서,
> 어부는 영원히 영원을 내다보더라.[61]

어부는 신천옹 자신이 아닐까! 어부는 수평선 넘어오는 소식 들으려 숨을 죽이고 서 있는 시인 함석헌이 아닐까?[62]

3. 사상적 토대

1) 철학사상의 매트릭스(matrix)

(1) 실존주의 철학과 성서적 역사관

우선 실존철학 중 특히 '지금 여기'(here and now)라는 실존적 시공(時空) 개념이 함석헌 사상의 기저를 이루고 있는 것으로 보인다. 이것은 "실존(existence)이 본질(essence)에 앞선다"는 실존주의 철학 명제와

61) 상게서, 111-112쪽.

62) 유동식, 『풍류도와 한국의 종교사상』, 서울: 연세대출판부, 2007 4쇄, 340-341쪽. 유동식은 이용도 목사를 신앙의 예술가로 보는 반면 함석헌을 '풍류도인'으로 본다.

도 맞아 떨어지는 개념이다. 다음의 내용이 이것을 잘 말해준다.

> 여기다, 여기가 거기다. 여기는 나무 숲도 아니오 에덴 동산도 아니다. 여기는 하나님 눈 앞이다. 눈 앞이 아니오 눈 속이다. 눈 속이 아니라 손 속이요, 입 속이요 뱃속이다. 이제 보았다, 들었다, 잡혔다. 먹혔다, 죽었다, 살았다. 여기말고 또 다른 곳이 있는 것 아니다. 여기가 단 하나의 곳이요, 단 하나의 시간이다. 여기가 참이다. 천지가 막막한 것은 여기 하나가 없기 때문이다. 세월이 유유한 것은 어기 하나를 못 찾았기 때문이다. 여기 하나 없으면 갈 곳도 많고, 할 일도 많다. 살 길도 많고 죽을 길도 많다. 헤매고 또 헤맨다. 여기 하나 나타나면 천지도 없고 시간도 없다. 여기는 곳이 아니오, 시간이 아니오, 일도 아니다. 여기서는 하나가 있을 뿐이다. 여기 핑계도 없고, 후회도 없고, 도망도 없고, 소망도 없다. 여기 계획도 없고, 성공도 없다. 하나님은 모세보고 "너 선 곳은 거룩한 땅이니 네 발에서 신을 벗으라" 하셨다고 한다. 여든이 되도록 헤매던 모세도 그제서야 '여기'를 발견한 것이었다. 제 설 자리, 정말 땅, 거룩한 땅, 하나님을 만날 곳이다. 종교는 '여기'서야 시작된다. 나라도, 모든 사업도, '어디'를 찾는 마음도 아직 하나님을 아니 찾는 마음이다. 하나님은 예루살렘에 있는 것도 아니요, 사마리아에 있는 것도 아니다. 하나님은 영이기 때문에 영으로야, 참으로야 만난다. 영은 곳이 없다. 그러므로 늘 여기. 참은 시간이 없다. 그러므로 늘 이제 때가 오려니와 지금도 그 때라. '지금 여기'가 하나님을 만나는 자리다. 하나님 성당에 있다 하면 하나님을 가두는 일이다. 하나님 간 곳마다 있다 하면 하나님을 내쫓는 일이다. 하나님은 다만 여기서 만난다. 여기는 내 자리요 하나님 자리다. '여기'하면 갈 곳이 없는 사람이다. 그러므로 여기는 나 죽는 자리다. '여기'하면 분명한 확신의 자리다. 그러므로 여기는 사는 자리다.[63]

63) 『전집 3』, 374쪽.

그리고 함석헌의 역사관은 성서에 많이 의존하고 있는 바, 예컨대 구약성서 이사야 53장의 '고난받는 종'(suffering servant)에 기초하여 씨ᄋᆞᆯ 민중과 고난받는 씨ᄋᆞᆯ들이 결국에는 메시아됨을 강조한다든지, 신약의 경우에는 요한복음 15장에 나오는 '친구' 개념으로부터 민주주의의 핵심개념인 '평등'사상을 찾고 있기 때문이다. 또 진정한 예배 태도로서 신령(in spirit)과 진정으로(in truth)라는 내용도 요한복음에 의존하고 있다. 아울러 새 윤리, 새 교육, 새 종교를 거듭거듭 강조함으로써 인간혁명(회개와 거듭남을 연상케 함)을 통한 새시대를 염원하였다. 그리고 그의 모든 사상과 이상은 마침내 인간들의 삶이 평화로운 가운데 민주적·자주적으로 상생하는 것을 기원하고 있다고 보겠다. 즉 민주적 평화 세상을 이 땅에 실현하려는 강한 의지를 가지고 민중의 삶에 장애물이 되는 모든 부조리한 요소들을 제거하기 위해 몸소 실천에 옮긴 것이 인도 간디의 영향을 받은 비폭력 저항(nonviolence(영어), ahimsa(힌두어)) 운동이었다. 이것은 곧 함석헌의 영성적 삶의 구체적 발현이었다. 따라서 북한 고향에서는 공산당 정권에 대한 비판, 월남한 후 남한에서는 빗나간 그리스도교에 대한 비판, 부패한 자유당 정권에 대한 저항, 이어서는 군사독재 정권에 대한 비판과 저항을 함으로써 일곱 번이나 감옥에 가는 고초를 당했었다. 그럼에도 불구하고 함석헌은 민초에 해당하는 씨ᄋᆞᆯ 사상 강조와 민중신학의 단초를 제공함으로써 비민주적인 20세기 한국사회의 정치구조에 획기적인 변혁을 가져오게 하려고 심혈을 기울였고 또 그 뜻이 많이 성취되기도 했다.

하지만 좀 더 구체적으로 함석헌 종교사상의 씨줄과 날줄이 어떻게 형성되어있는지를 정리해 볼 필요가 있다. 즉 함석헌의 기본철학이 무엇인지 그리고 그의 폭넓은 종교사상의 기저는 무엇이며 그의 영성적 삶의 원동력이 무엇인지를 포괄적 견지에서 정리해 볼 필요가 있다고 보는 것이다.

(2) 정신 우위 및 합리주의(rationalism)

함석헌은 물질, 힘, 시간의 근원을 정신으로 보았고 정신을 자유로운 주체, '스스로 하는 나'로 보았다. 또한 만물을 정신과 변화 과정에 비추어 파악했는데 정신은 물질, 빛, 몸과 긴밀하게 연결되어 있으며, 물질과 몸의 중심 및 주체라는 입장이다.

함석헌은 평소 과학을 중시하던 사람으로서 현대 원자물리학의 이론에 따라 물질을 과정과 사건으로 이해하며, 상대성원리에 따라 시간을 4차원적으로 이해한다. 또한 한 걸음 더 나아가서 물질과 시간을 정신의 관점에서 이해한다. 이에 따르면 물질은 '입자와 파동의 생성적 사건'이며 시간은 '정신에서 비롯된 것'이다. "우주, 세계는 생성하는 과정과 사건이다. 물질은 운동의 굳어진 것이고, 시간은 정신이 폭발하고 나가는 뒷파동이다."[64]

생명, 하나님, 인간, 역사, 물질 등 이 모든 것은 '스스로 있는 것'이고 '스스로 하는 것'이다. 스스로 함의 주체는 정신과 의식이다. 정신과 의식, 영이 물질보다 근원적이기 때문에 생명의 주체적인 의식과 정신이 없으면 시간도 없다. 물질적 현상의 변화 과정이 있더라도 정신과 의식이 없으면 그것을 시간으로 느낄 수가 없다. 따라서 생명 의식에서 시간 의식이 생성된다. "물질은 운동이 굳어진 것"이라는 말에서 물질의 실체를 고정된 것으로 보지 않고 운동으로 보는 함석헌의 역동적 사고를 알 수 있다. 또한 시간을 정신이 폭발한 결과로 보는

---

64) 『전집 2』, 187쪽.

것에서 함석헌의 철학이 철저한 정신 철학임도 알 수 있다.[65)]

함석헌은 '생각, 뜻, 이성'을 철저하게 강조함으로써 '합리론'의 입장을 취하고 있다. 따라서 그의 논리는 유물론과 유심론이 변증법적으로 교차하고 있긴 하지만, 그는 유물론자가 아니라 유심론자로 분류될 수 있을 것이다. 그의 저서명이면서 그의 외침이기도 한 『생각하는 백성이라야 산다』가 그것을 잘 대변해 준다. 이때의 '생각'은 단순히 각종 마음의 작용을 의미하기 보다는 깊은 통찰력, 사려 깊음, 데카르트적인 cogito, 임마누엘 칸트의 순수이성 및 이론이성 사상을 내포하고 있다고 보아야 할 것이다. 아울러 성서 요한복음에 나오는 "태초에 말씀이 있었다"에서의 '말씀'은 기독교적으로는 하나님 또는 예수그리스도를 의미하지만 그 말의 원 뜻은 '로고스'(λογος)로서 이성(理性)에 해당하는데 이것과도 무관하지 않을 것으로 보인다. 그런데 함석헌은 '생각'하는데서 한걸음 더 나아가 '꿈틀거리는' 백성이 되어야 함을 강조했다. "꿈틀거려라, 행동하라, 뭉쳐라, 결속하라, 하나가 되라."[66)]

> 정신이란 귀한 것이요 생각은 하기 힘든 것이다. 재목은 숲에서야 나고 인물은 종교의 원시림에서야 얻을 수 있다. 그런데 우리 민족의 종교가 본래 깊지 못하다. 이것은 몽고민족의 통폐이다. 원나라가 세계를 휩쓸었으나 회오리바람처럼 지나가고 만것은 깊은 정신문명이 없었기 때문이다. 반대로 그리스는 손바닥 같은 반도지만, 그 문화는 아직 살지 않나? 일본이 크게 못된 것도 그 종교의 작고 옅음에 있다. 만주족이 중국을 온통 정복해 300년을 갔지만 아무런 깊은 것이 없는 것도 그 때문이다. 여러 말 할 것 없이 우리 고유한 종교가 시원한 것이 없지 않은가? 화랑도라 하지만 그 윤리적 철학적인 내용은 다른 데서 배

65) 박재순, 『함석헌의 철학과 사상』, 75-76쪽.

66) 『함석헌 선집 3』, 330쪽.

운 것이요, 그 외의 것은 이른바 화랑으로 그치고 말지 않았나. 화랑도 역사를 살리지는 못할 것이다. 너무 옅다. 너무 평면적 낙천적이다. 그러면 우리의 역사적 숙제는 이 한 점에 맺힌다. 깊은 종교를 낳자는 것, 생각하는 민족이 되자는 것, 철학하는 백성이 되자는 것. 깊은 종교, 굳센 믿음을 가져라. 그리하여 내가 되어라. 그래야 우리가 하나가 되리라. 세계 역사는 이제 하나 됨의 직선 코스에 들고 있는 이때에.[67]

이렇게 함석헌은 철저하게 생각(사유)를 강조한다. 그래서 그는 "죽어도 생각해야 한다"고 까지 생각을 강조했다. 잘 지적했다고 생각된다. 왜냐하면 철학의 알파와 오메가는 생각, 사유, 성찰이기 때문이다.

(3) 생명 중시 사상

함석헌은 생명의 기본 원리를 '스스로 함'(self-acting)으로 보았다. "생명의 근본 원리는 스스로 함이다. 하나님은 스스로 하는 정신이기 때문에 지은 그 세계도 스스로 하는 생명에 이르기를 바란다."[68] '스스로 하는' 생명의 기본 특징은 '지어냄(창조)'에 있다. 생명은 고정되거나 정지된 것이 아니라 "끊임없이 새것을 지어내려는 줄기찬 힘의 움직임이다. 생명은 자람이요, 피어남이요, 낳음이요, 만듦이요, 지어냄이요, 이루잠이다."[69] 생명의 창조 활동은 스스로 하는 자발적 활동이다. 이러한 '함'의 강조는 신청옹의 성(姓)과 동일한 발음으로서 기묘한 연관성을 갖는다.

생명은 스스로 제 길을 제가 여는 것이므로 격류처럼 흐르는 것이지 '산속의 호수 같은 것'이 아니다. 이러한 생명의 평화는 '격동 속에

67) 『전집 14』, 116쪽.
68) 박재순, 『함석헌의 철학과 사상』, 48쪽.
69) 『전집 2』, 210쪽.

서 자기를 잃지 않는 것'이며, '죽음 속에서 두려워 아니하는 것'이다. 격동하는 생명 속에서 이루어지는 평화의 동적 성격에 대해 함석헌은 "순간도 가만히 있을 수 없는 복잡한 생명의 약동에 음악적인 조화를 이루는 것"[70]이라고 했다.

자발적 창조 활동을 하는 생명은 저마다 스스로 하는 주체인 '나'를 가진 존재다. 주체를 지닌 생명의 본질은 물질 안에 있으면서 물질적이지 않는데 있다. 생명은 물질이면서 물질을 초월한다. 스스로 하는 주체로서 생명은 자기 안에 존재이유를 가지고 있으며 물질적 인과관계를 초월한다. 주체로서 생명은 제 자신이 저의 까닭이다. 이렇게 함석헌은 주체인 정신에 초점을 둔 생명철학을 제시했다. 함석헌은 "내가 길이요 진리요, 생명이다"라는 예수의 말을 일반화했다. 생명의 주체인 '내'가 길과 진리와 생명의 근원이며 길과 진리와 생명을 결정한다.[71]

함석헌은 생명을 자유로운 주체(정신)의 관점에서 보면서도 '스스로 함'을 방임적인 자유로 보지는 않았다. 주체로서의 개별적 생명체는 우주전체의 신적 생명으로부터 생의 명령과 의무를 지고 있다고 보았다. 생명(生命)이란, 말 그대로 '살라는 명령(生一命)'이다. 생은 생과 사를 스스로 선택할 수 있는 존재가 아니라 전체 생명으로부터 "살아라" 하는 절대의 명령을 받고 사는 존재다.[72] 또한 생명은 물질적 조건과 제약을 초월하는 존재이면서 전체 생명과 뗄 수 없이 깊은 결속을 가지고 있다. 따라서 생은 절대 자유이면서 절대 의무다.

함석헌의 이런 주장은 관념론처럼 보일 수도 있다. 그러나 서양에서처럼 물질과 정신, 현실과 관념을 이원론적으로 갈라놓은 것은 아니

70) 박재순, 『함석헌의 철학과 사상』, 76쪽.

71) 상게서, 76-77쪽.

72) 『전집 14』, 29쪽.

다. 독일 관념론, 특히 헤겔의 철학에서는 인간의 정신을 자연의 주인과 주체로 본다. 자연은 정신의 외화(外化)이고, 인간정신에게 자연은 정복·극복·소유의 대상이며, 인간의 정신은 자연의 주인이고 지배자다. 따라서 근대 서양철학은 자연을 극복과 소유의 대상으로 본다는 점에서 함석헌의 자유와는 구별된다. 함석헌의 사상에서는 자연이 극복의 대상이 아니다. 인간의 정신은 자연 생명 세계와 일치되고 자연 생명 세계를 실현하고 완성한다.[73]

(4) 생명의 본질로서의 '사랑'

함석헌은 생명의 본질을 사랑과 양심 그리고 우주의 천지정기(天地正氣)로 보았다. 생명 자체가 약하고 상처받기 쉬운 것이고, 사랑과 양심도 연약하고 부드러운 것이며 상처받기 쉬운 것이다. 또한 천지정기도 눈에 뵈지 않는 약한 것이다. 이렇게 생명의 본질은 다 약하고 부드러운 것이다. 그러나 생명은 물질적 한계와 제약을 초월하며 개체와 전체를 하나로 통합하는 것이기도 하다. 생명은 이러한 본질 때문에 물질과 신체 속에 있으면서 물질적 한계와 제약을 초월해 전체 하나로 이어진다. 그런데 사랑은 생명의 가장 자발적이고 주체적이며 초월적인 본질이고 행위다. 사랑은 기독교의 아가페, 유교의 인(仁), 불교의 자비를 나타낸다. 사랑이 생명과 역사를 새롭게 창조하는 근원과 힘이다.[74] "이것(사랑)이 우리의 알갱이요, 또 인류의 알갱이, 따지고 보면 우주 진화의 알갱이입니다."[75]라고 함석헌은 말한다.

사랑의 본질인 생명은 자기포기와 내어줌으로써 자기의 존재와 본

---

73) 박재순, 『함석헌의 철학과 사상』, 77쪽.

74) 상게서, 79쪽.

75) 『전집 5』, 18-19쪽.

질을 가장 잘 드러낸다. 생명이 자기주장만 하면 자기의 본질인 사랑을 부정하고 파괴하는 것이므로 생명은 존재할 수 없다. 일방적인 자기주장인 폭력은 자기와 남의 생명의 본질을 파괴하고 유린하는 것이다. 자기를 포기하고 내어주는 자기초월적인 사랑의 행위에서 생명은 존재하고 심화하고 발전한다. 따라서 생명은 사랑으로 생성되고 실현되며 자라고 새로워지는 것이다.

물질적 힘과 자본에 근거한 현대 문명의 근본 문제는 생명과 역사의 통일성을 깨뜨린 데 있다. 함석헌은 생명과 역사를 사랑으로 보았기 때문에 생명과 역사는 하나의 통일체라고 할 수 있다. 생명과 역사, 민족과 세계는 처음부터 하나의 산 유기체로서, 전체로서 존재했다. "전체는 분자의 모인 것이 아니라 전체가 분자로 존재하고 있다. …… 그것이 곧 생명의 특성이다."[76] 생명의 세계에서 전체는 부분과 분자 속에 주체로서 존재한다. 생명은 근본적으로 주체이며 전체다. 전체의 통일이 깨지면 개체들의 주체도 병들고 자기를 잃는다. 함석헌은 우주와 생명을 하나의 큰 전체 속에서 조화와 협동을 이루는 것으로 보았다. 우주와 생명은 살아 있는 전체로서의 하나이고 통일성을 가진 것이다. 따라서 하나이며 전체인 생명 세계의 통일이 깨진 것이 현대 문명의 위기이고 병이다.[77]

생명은 물질과 신체 속에 있으면서 물질과 신체를 초월하는 자유로운 존재다. 함석헌은 이러한 생명의 활동을 세 가지로 규정한다. 첫째, 물질과 물질적 조건에 맞춤이다. 둘째, 물질과 물질적 조건에 맞섬이다. 셋째, 스스로를 새롭게 지어냄이다. 생명이 살기 위해서는 자기를

---

76) 박재순, 전게서, 79-80쪽.

77) 위와 같음.

환경에 맞추어야 하고, 생명의 자유로운 주체를 지키려면 물질적 속박과 죽음이라는 환경과 타자에 맞서고 대들고 싸워야 한다. 또한 생명이 자유로운 주체로서 자기를 실현하려면 늘 새롭게 자기를 지어내야 한다. "맞춤 뒤에 대듦이 있듯이, 대드는 바탈 뒤에는 끊임없이 새것을 지어내려는 줄기찬 힘이 움직이고 있다.[78]

함석헌은 생명원리를 '스스로 함', '자람(새로움)', '전체(큰 하나)를 이룸'으로 파악했다. 그는 생명과 역사와 신을 자란다는 시각에서 보았고 변화·발전·생성의 동적 성격을 '……려 함'으로 나타냈다.[79] '……려 함'은 새로운 삶을 향해 솟구치는 생명 의지를 나타낸다. 생명은 변화하고 자라고 되는 것이다. 영원히 새롭게 되려는 것이기 때문에 끊임없이 자기부정을 하지 않을 수 없다.[80] 생명은 끊임없는 자기부정을 통해서 자기초월을 함으로써 스스로 하는 존재가 될 수 있다.

생명은 맞서는 것이고 새롭게 되기 위해서 자기와 싸우고 자기를 부정하는 존재이기 때문에 고난을 피할 수 없다. 그러므로 고난은 삶의 또 다른 본질이다. 함석헌은 고난과 병과 죽음을 삶의 일부로 받아들인다. "우리는 고난 없는 생을 상상할 수 없다. 죽음은 삶의 한 끝이요, 병은 몸의 한 부분이다. 십자가의 길이 생명의 길이다."[81] 병과 죽음을 사랑하지 않고 삶을 사랑할 수 없다. 병, 죽음은 삶의 한 부분, 한 면이다. 생명의 입체적 깊이와 전체에서 보면, 평면의 논리나 시비 판단에 매이지 않고 삶과 사물을 볼 수 있다. 이런 맥락에서 보면 진리

78) 『전집 2』, 210쪽.

79) 상게서, 52쪽.

80) 상게서, 208-210쪽 참조.

81) 김진 엮음, 『너 자신을 혁명하라』, 145쪽; 박재순, 『함석헌의 철학과 사상』, 85쪽 재인용.

도 마찬가지다. 진리는 생의 깊이와 전체를 드러내는 것이므로 "잘못된 이론도 진리의 한 부분, 한 면이다."[82] 모든 이론과 주장은 그 나름으로 생을 드러낸다.

개인이나 사회의 고난과 병도 평화로운 생명에 이르는 과정과 계기다. 고난과 병을 겪으면서 절망하고 원망하면 갈등과 다툼에 빠지고 좌절과 죽음에 이르지만, 고난과 병을 새로운 삶의 계기로 보면 평화로운 삶을 이룰 수 있다. 함석헌은 병을 앓음에서 앎이 나오고, 알면 살 수 있다고 했다. 세계의 아픔은 연약한 사람들이 앓게 마련이고 세계의 병을 앓다 보면 나 자신뿐만 아니라 남을 알게 되고 '한 생명의 님'을 알게 된다. 나와 남과 한 생명의 님을 알게 되면 살 길이 열린다고도 했다.[83]

(5) 주체와 전체의 문제

함석헌의 사상에서는 자연과 인간 사이에 대립과 갈등이 없다. 왜냐하면 그는 물질과 정신, 현실과 관념(생각, 뜻)을 통전적으로 보기 때문이다. 다만 정신과 뜻에 비추어 물질과 현실을 본다. 정신과 뜻은 물질의 주체이며 의미다. 함석헌에게는 물질과 정신이 통일되어 있다.

> 몸과 마음에는 떼지 못하는 관계가 있다. 인격은 몸, 마음이 하나 된 것이다. …… 우주가 무한하다 하여도 그 중심은 나요, 만물이 수없이 버려져 있다 하여도 그것을 알고 쓰는 것은 나다. 내가 스스로 내 몸의 귀함을 알아야 한다. 욕심의 하자는 대로 끌려 내 몸을 허투루 다루는 것은 내 몸을 천대함이다. 중심이 되고 주인이 되는 이 몸, 이 마음을

82) 『전집 9』, 309쪽.

83) 상게서, 284-285쪽.

> 허투루 하면 우주와 만물은 차례와 뜻을 잃고 어지러워하고 맞부딪칠 수밖에 없을 것이다. 몸조심이란 몸공경이다.[84]

함석헌은 정신을 전체(하나님)와 직결된 것으로 본다. 그는 하나님, 전체, 아가페의 관점에서 우주와 역사, 생명을 보았다. 하나님을 부르면 '나'와 우주가 하나로 통전된다. 믿음은 전체의 자리에 서는 것이다. 하나님, 전체, 우주를 모신 '나', 몸과 마음이 우주의 중심이다. '나'는 코로 우주의 숨을 쉰다. "내가 하나님의 콧구멍이요, 우주의 숨통이다."[85] 함석헌은 인간의 몸과 마음을 우주의 중심에 놓으면서도 인간중심주의에 빠지지 않고 몸과 마음, 정신과 물질, 인간과 우주 자연의 일치와 통전을 말한다.[86]

한 생명의 님, 즉 하나님은 주체와 전체의 일치다. 주체와 전체가 일치하는 자리에서 삶의 길이 열린다. 자기를 초월해 새롭게 되려는 생명은 물질에 기초해 사는 자기와의 싸움, 물욕과 집착에 대한 부정과의 싸움을 피할 수 없다. 이것은 남의 주체들을 희생시키면서 내 뜻대로 하려는 자기중심과 싸우는 것이며, 나의 주체와 남의 주체를 함께 세우고 살리는 전체(하나님)를 향해 나아가려는 싸움이다. 서로 주체가 되어 나는 나답고 너는 너답게 살려면, 고난은 피할 수 없다. 고난은 탐욕과 편견에 물든 생명을 정화하고 심화하고 승화하는 계기다.[87]

생명은 자유롭고 고유한 몸을 지닌 주체(개체)이면서 서로 이어지고 감응하는 유기체적인 전체다. 생명은 저마다 주체와 깊이를 가지면서 전체의 일치와 연대 속에 있다. 전체의 자리에서 본 함석헌에게는 '남'

84) 『전집 2』, 313쪽.

85) 상게서, 307쪽.

86) 박재순, 전게서, 78쪽.

87) 상게서, 86쪽.

이 없고 '나'와 '남'이 하나의 생명이고 얼이다. 생명의 핵심을 숨(天地正氣)으로 본 함석헌은 생명을 유기체적 전일체로 파악하고 자연 생명 세계를 공생과 상생의 조화로 보았다. "우주를 꿰뚫는 사랑의 생명이 있을 뿐"[88]이라는 그의 표현이 이를 뒷받침한다.

자연 생명 세계에도 현상적으로는 생존경쟁과 먹이 사슬의 관계가 있으나, 그 바탕에는 생태학적 공존과 상생의 대조화(大調和)가 있다. 다양한 생명 세계는 서로 이어져 있고 감응하며 공명한다. "삶은 되풀이인 듯하면서도 늘 새롭고, 한없이 많은 듯하면서도 하나다."[89] 함석헌에 따르면 생명은 아무리 작고 낮아 뵈는 버러지의 것이라 할지라도 하나하나가 전체의 나타남이다. 그러므로 생명은 '너'와 '나'의 구별 없는 '하나'다.

> 생명은 하나입니다. 그러기 때문에 죽음을 보면 그것이 사람의 것이거나 짐승이나 버러지, 풀의 것이거나 할 것 없이 저절로 슬퍼하고 놀라는 마음이 있습니다.[90]

함석헌은 생물학적인 유기체만을 생명체로 보지않고 민족, 사회, 나라, 교회와 같은 공동체도 '단순히 개인이 모여서 된 것만이 아니라 독특한 생명을 가지는 보다 높은 생명체'로 본다. 그리고 이 생명체가 "살고 자라기 위해서는 신령한 정신적 호흡이 있어야 한다"[91]고 했다. 역사도 우주도 통일된 중심을 지닌 '한 생명'이다. 생명의 통일적 주체

---

88) 『전집 9』, 327쪽.

89) 『전집 2』, 216쪽.

90) 『전집 8』, 60쪽.

91) 김진 엮음, 『너 자신을 혁명하라』, 24쪽; 박재순, 『함석헌의 철학과 사상』, 87쪽 재인용.

와 중심을 지닌 '한 생명의 님'을 함석헌은 하나님이라고 한다.[92]

하나로 이어지는 우주 생명 세계에서 고난받는 자의 비명은 전체 생명세계를 울린다. 주체와 전체의 일치, 주체와 타자의 감응과 공명은 주체의 자아를 부정하고 초월함으로써 이루어진다. 함석헌에 따르면 주체의 '나'를 깊이 파고들어 속이 비워지고 뚫림으로써 '나'를 초월해 전체를 이루고, 타자와 감응하고 공명하는 공동체적 자아를 이룬다. 이것은 '내'가 죽음으로써 새로운 '나', 공동체적인 전체의 '나'로 다시 태어나는 것이다.

이렇게 전체의 주체로 태어난 '나'는 자유로운 초월적 주체이면서 세상에 대해서 무한 책임을 지는 존재다. 전체의 자리에 선 '나'는 개체로서 '나'안에 갇힌 존재가 아니다. 이러한 '나'는 '너'를 '나'라고 할 수 있는 '나'다. 그리고 '너'와 '내'가 공존하고 상생할 수 있는 공동체적 '나'다.[93] 이와 같은 함석헌의 사상은 파스칼(Pascal)의 '생각하는 갈대'로서의 나, 데까르트(Descartes)의 'Cogito ergo sum'(생각하는 존재로서의 나), 그리고 부버(Martin Buber)의 Ich und Du(나와 당신)의 사상이 기저에 깔려있는 것으로 보인다.

(6) 함석헌의 진리관

진리 아닌 것을 거부하고, 오직 참을 앞세우고 참에 충실하자는 것이 함석헌의 근본정신이었다. 그에게 진리는 생명과 역사의 진리였다. 역사는 생명의 본성에서 나온 것이다. 살아 있는 생명의 역사는 새롭게 변하는 것이고 앞으로 나아가는 것이다. 고정된 것, 하지 않는 것, 새롭게 되지 않는 것은 진리가 아니다. 함석헌에게 생명과 역사를 외

---

92) 상게서, 87쪽.

93) 『전집 4』, 344쪽.

면한 진리는 진리가 아니다.

함석헌에 있어서 진리는 참이다. 참은 생명과 역사의 씨알맹이, 속알맹이다. 본래 '참'은 생명의 씨알, 속 알이 차는 것, 즉 '알 참'이다. 반대로 거짓은 생명의 거죽에 머문 것, '거죽'이다. 함석헌은 껍데기, 거죽에 머문 거짓을 미워하고 알맹이에 충실한 참을 사랑했다. 생명과 역사의 속알맹이, 씨알맹이가 무엇인가? 정신, 혼, 얼이다. 얼이 살아야 생명이 살고 역사가 새로워지고 앞으로 나아갈 수 있다. 함석헌에게는 기독교의 형식과 제도, 조직과 교리, 성경의 문자는 다 껍데기인 반면에 기독교의 경전인 성경의 진리는 생명의 진리, 속알맹이, 정신과 혼과 얼의 진리였다. 함석헌은 성경을 참생명의 화산이 분출하는 분화구로 보았다.

함석헌에게는 생명과 역사의 진리, 속알맹이, 참이 하나님이다. 생명과 역사의 속의 속이 하나님이다. 하나님은 영혼의 속의 속이고 생명과 역사의 공동체적 전체다. 하나님은 생명의 가장 주체적이고 가장 전체적인 존재다. 하나님 안에서 생명의 씨알인 영혼의 속의 속이 드러나고, 생명 전체가 하나로 되는 공동체적 삶에 이른다. 또 함석헌에게 참은 '지금 여기'의 삶, 오늘의 삶에 충실한 것이다. 죽은 과거에 머물지 않고 오지 않은 미래에 매달리지 않고 오직 '지금 여기' 오늘의 삶에 충실함으로써 새 미래를 열어가는 것이다.[94] 이러한 견해는 종교철학자 내지 조직신학자 틸리히(Paul Tillich)가 강조한 '영원한 지금'(eternal now) 사상과 직통하는 것으로 볼 수 있을 것 같다.

생명의 근본 원리를 영원히 스스로 함과 창조적 전진과 인격적·영적 자람이라고 보는 함석헌은 역사판단 규범을 자연히 한 개인과 공동체의 삶 속에 '자유와 정의'가 얼마나 꿰뚫어 관철되고 있느냐로 삼는다. 따라서 함석헌에 있어서 자유와 정의는 아무리 강조해도 부족하

94) 박재순, 『함석헌의 철학과 사상』, 258-259쪽.

다. 왜냐하면 자유와 정의는 진리의 척도(barometer)이기 때문이다.

여기까지는 함석헌의 기본철학 사상을 정리해 본 것인데, 함석헌의 철학적 서술 방식은 서양에서 사용하는 正·反·合의 양적 논리 체계보다는 역설적(paradoxical)이고 질적인 진술방식을 따르고 있다고 보여진다. 따라서 헤겔식 논리보다는 키에르케고르식 논리가 함석헌의 논리에 더 가까운 것으로 여겨진다.

2) 종교사상의 매트릭스

함석헌에게 정신적 가치의 원천은 두말할 나위 없이 종교와 신앙이었다. 종교는 인류가 발견하고 축적한 지혜의 보고였고 신앙의 핵심은 신(神, 하나님)이었다. 그래서 함석헌은 종교가 기저를 이루는 가치와 원리가 인간의 삶과 사고(思考)의 기준이 되어야 한다고 믿었다. 그 결과 그는 종교인(종교가), 종교사상가, 종교철학자라고 일컬어지게 되었다.[95]

함석헌의 종교사상은 유교, 불교, 도교; 유태교의 예언자들; 신약성경에 나타난 예수, 요한, 바울; 종교개혁자 마틴 루터의 프로테스트 정신; 한국의 진보적 기독자 이승훈, 조만식, 유영모; 일본 무교회의 우치무라 간조; 영·미 퀘이커교의 무계급적, 집단적 신비사상 그리고 힌두교에 바탕을 둔 간디의 비폭력 저항정신이 복합되어 있는 것으로 보인다. 하지만 가장 오랜 역사를 지니고 우리민족의 '한'을 달래주었던 무속신앙(shamanism)에 대해서는 별로 관심을 갖지 않는 것으로 보이는데, 그 주된 이유는 그것이 이성적이지 않고 미신적 요소가 강하기 때문인 것으로 생각된다. 그럼에도 불구하고 일반적인 종교문화에 대한 이해는 꽤 깊었었다고 볼 수 있다. 왜냐하면 '종교'라는 항목을 통해 종교와 문화, 종교의 기원, 종교의 의미, 제사 등을 심도있게 서

95) 김영호, 『함석헌사상 깊이읽기 ①』, 10쪽.

술하고 있기 때문이다.[96)]

이와 같은 다종교적 접근은 결국 그가 정의, 자유, 사랑, 빛(광명), 평화, 생명을 향해 부단히 전진한 삶을 살았음을 의미한다. 다시 말하면 민중을 억압하는 모든 불의한 세력에 대항하여 싸움으로써 민중(씨올)이 살만한 세상을 만들기 위해 각고의 도정을 걸었음을 의미한다. 한 마디로 그는 "民心이 天心"임을 믿고 그것을 입증하기 위해 그의 일생을 바친 것이다. 따라서 함석헌의 역사이해 근저에는 다양한 종교적 요소에다가 기독교의 성서적 요소가 짙게 깔려있다.

함석헌의 종교적 사관은 그의 종교적 통찰의 지평이 확대·심화되어 가는 과정을 따라 그의 나이 40·50대를 중심으로 해서 그 이전과 이후로 크게 달라진 것을 볼 수 있다. 그의 자서전적 진술이 그것을 드러내 준다.

> 그러나 그것만이 문제는 아니었다. 그보다 중대한 문제가 있었다. 내 믿음이 달라진 것이다. 처음에 역사를 쓸 때에 나는 기독교신자, 그 중에서도 무교회 신자였다. 기독교만이 참 종교요, 그 기독교는 성서에 있다고 생각하였다. …… 그래서 책 이름도 『성서적 입장에서 본 조선 역사』라 했고, 참 의미의 역사철학은 성경에만 있다고 주장하였다. … 1961년 그 셋째판을 내려 할 때에 나는 크게 수정을 하기로 하였다. 고난의 역사라는 근본 생각은 변할 리가 없지만 내게는 이제는 기독교가 유일의 참 종교도 아니요, 성경만 완전한 진리도 아니다. 모든 종교는 따지고 들어가면 결국 하나요, 역사철학은 성경에만 있는 것이 아니다. 나타나는 그 형식은 그 민족을 따라 그 시대를 따라 가지가지요, 그 밝히는 정도의 차이는 있으나, 그 알짬되는 참에 있어서는 다름이 없다는 것이다.[97)]

96) 『전집 9』, 149-169쪽 참조.

97) 『전집 1』, 17-18쪽.

함석헌의 생애에서 위와 같은 전환 곧 "종교사상의 테두리가 넓어지고 깊어지고 더 멀리 내다보는" 전환이 온 때는 그의 나이 40대 초 일제말 감옥살이 중에서(1940, 1942) 생각을 깊이 파고드는 가운데 일어났고, 50대 초 6.25를 겪는 중에(1950) "아주 결정적으로 달라지게 되었다." 그래서 나온 것이 '대선언'이요 '흰 손'이라는 시(詩)였다.[98)]

그러나 함석헌이라는 한 인격의 용광로를 버티고 있는 세 개의 버팀목은 '믿자는 의지(신앙)', '나라에 대한 사랑', '과학적이려는 양심' 세 가지였다. 다시 말해서 기독교적 신앙, 민족주의적 인간애, 객관적인 과학정신은 함석헌 사상의 기저에서 울리는 세 가지 음향이며, 그 기조음은 고난을 통한 생명의 '자기통전' '자기창조' '자기초월'의 운동이었다.

그러므로 그의 사상적 전환이 40·50대에 있었다는 참뜻은 그의 사상과 마음이 기독교적 종파주의나 교파주의의 테두리에는 갇혀 있지 않겠다는 뜻이며, 이른바 정통적 서구 기독교, 정통 신학 테두리에서 벗어나 보다 주체적인 사색을 하게 되었다는 뜻이다. 그러나 그의 역사이해는 기독교 또는 성서적 요소를 떠나서는 성립되지도 않고 이해되지도 않기 때문에 그의 사상과 사관은 철저히 성서적·기독교적인 영향에 의해 그 틀과 색조와 관점과 방향이 놓였다고 보아야 할 것이다. 김경재는 그 이유를 몇 가지로 간추린 바 있다.

첫째, 역사의 기조를 고난으로 본 점 (기독교 메시아 사상의 민족집단적 인격화) 둘째, 역사의 변화운동을 나선형의 창조적 과정으로 본 점 (기독교의 목적론적 섭리사관의 역사 내재화) 셋째, 역사의 주체와 신국(神國) 실현의 장(場)을 씨올생명의 자기실현으로 본 점(하나님 나

98) 『전집 1』, 18쪽.

라의 구체화·성육화) 넷째, 역사적 실재를 '궁극적 실재'(하나님)의 자기창조적 외화과정으로 본 점(기독교 창조주 신앙의 현대적 관철) 다섯째, 역사를 자유와 정의를 핵으로 하는 인격적 생명 주체의 저항과 개혁과정으로 본 점(프로테스탄트 정신과 예언자 정신의 현재화)[99] 등이 그것이다.

함석헌의 사상과 행동 속에는 특히 종교 개혁자 마틴 루터의 프로테스트 정신이 충만해 있다. 프로테스탄트라는 이름의 근본이 되는 프로테스트(protest)라는 말은 번역하면 '반항한다' '항의한다' '선언한다' '공증한다' 등인데 대체로 말해서 자기의 주장을 공공연히 드러내는 전투적(militant) 성격이 짙은 말이다. 곧 의가 불의에, 진리가 사론(邪論)에, 선이 악으로부터 강압을 받을 때 프로테스트가 일어난다.[100]

역사의 맥박을 자유로운 인격체, 얼의 의연한 분출과 의로운 진리의 구현 여부로 진맥하는 함석헌은 한국사의 기조를 고난사로 보면서도 이 민족이 영 망해버리지 않는 이유를 참얼의 명맥을 이어온 최영·사육신·임경업·홍경래·전봉준의 동학농민혁명·3.1독립운동·4.19혁명 속에서 찾는다. 5.18 광주항쟁은 그것의 또 다른 분출일 것이며, 민족통일의 열망을 안고 반통일적 악법에 스스로 몸을 던져 저항하고 몸으로 말하는 이 시대 청년들의 삶도 모두 들사람 얼의 분출이며, 함석헌이 역사에서 중요하게 보는 프로테스트 정신의 표현이라고 본다.

함석헌의 역사철학이 '뜻'을 핵으로 하는 생명의 전진과 자람이라고

---

99) 김경재, 「함석헌 사관의 기독교적 요소」, 『민족의 큰 사상가 함석헌 선생』(한길사, 2001), 366-367쪽.

100) 『전집 9』, 179-188쪽. '프로테스탄트의 정신'이라는 주제 하에 기독교의 갈래, 프로테스탄트의 기원, 프로테스탄티즘 운동의 원천, 오늘의 프로테스탄트, 프로테스탄트의 미래 등 함석헌이 생각하는 프로테스탄트의 개념이 소상히 정리되어 있다.

할 때 혹자는 함석헌의 사관을 쉽사리 관념론이라 매도하기 쉽다. 그러나 역사가이며 과학정신을 신봉하는 이성주의자 함석헌은 '사실 위에' 그의 역사이해를 정초한다. 그러면서도 '사실'을 물적 토대 자체로 보는 경제결정론이나 사적 유물론의 계급사관을 함석헌은 분명히 거절한다.

> 이와 같이 사람의 살림도 앞으로 발전·발달하고 위로 올라가려면 우선 자리잡고 서서 없음 속에서 빨아올려 있음을 만들어내는 뿌리가 있어야 한다. 그럼 뿌리가 뭐냐? 생각함이다. 어디에다 뿌리를 내리라는 말이냐? 사실의 대지에다 내리라는 말이다. 사실(事實)은 나보다는 큰 객관적 존재요, 나는 사실보다는 참된 주관적 삶이다. 그 둘이 하나가 되어야 '살림'이다. 그것을 하는 것이 사색이다. 사실은 두 면이 있다. 인생과 역사다…… 하나를 나무의 씨라면 하나는 숲이다. 씨를 메기자는 것이 숲이며, 숲을 이루는 것이 씨다.[101)]

인생과 역사는 인간의 이해라는 해석학적 과정을 통해 비판적으로 창조적 현재 사건 속에서 끊임없이 합성·부활·재생하면서 거듭거듭 새로운 사건으로 발생하여야 한다. 생명의 근본 원리가 창조적 전진과 자람이며, 스스로 함인데 그것을 근원적으로 가로막는 저항물은 온갖 자유정신, 창조정신, 모험정신을 마비시키는 권위주의요, 형식주의이다. 그러므로 함석헌의 역사의식은 온갖 형태의 생명억압과 형식주의에 대해 '대들고 겨루는' 프로테스탄트 정신과 비판적 예언자 정신을 빼고는 이해될 수 없다.

평생을 들사람 얼, 야인정신을 지니고 살았던 함석헌에게는 "삶은 싸움이고, 진짜 싸움은 얼의 싸움"이었다. 들사람 얼의 온전한 화신을 예수라는 생명체로 본 함석헌은 예수가 영원한 생명 자체인 아버지

---

101) 『전집 1』, 26-27쪽.

하나님과 그 바탈과 얼에서 완전히 혼연일체가 되었기에 생명의 자유와 의로움의 도를 억누르는 일체의 성전(Temple)종교, 율법종교, 정치종교의 세력에 맞서 영원한 생명혁명을 완수했다고 본다. 그의 역사이해 밑바닥에는 항상 순수한 형태의 예언자 정신과 종교개혁의 원리가 있으며, 그것들의 온전한 성취요 구현체인 예수의 '통체로서의 참사람, 그이'의 얼과 혼이 꿈틀거리고 있다. 역사과정을 생명 본 바탈을 지켜가고, 키워가며 완성시키려는 생명 그 자체의 자기분출로서 저항과 영원한 개혁운동의 원리로 보는 그의 사관은 기독교 특히 프로테스탄티즘의 요소라고 볼 수 있다.[102] 이렇게 본다면 이웃종교(타종교)에 대한 그의 입장은 종교끼리 평행선을 긋는 무정한 평행주의나 독자적인 배타주의가 아니라 자신의 신앙(프로테스탄티즘)을 챙기면서 이웃종교를 포괄하는 포용주의(inclusivism), 더 나아가 다원주의적 태도가 아닐까 생각한다.

3) 영성(靈性)의 매트릭스

함석헌은 기독교신앙의 바탕 위에서 여러 이웃종교들을 섭렵하고 그것들을 그의 실제적 삶에 원용하였다. 그는 그의 글들을 통해 영성의 개념을 확연하게 설명하지는 않는 것으로 판단된다. 그렇지만 그가 말하는 영성이란 곧 신실한 신앙을 의미하는 것으로 여겨진다. 왜냐하면 다음 그의 말 속에 이성, 영성, 신앙이라는 용어가 상호관계성을 갖고 있기 때문이다.

---

102) 김경재, 「함석헌 사관의 기독교적 요소」, 『민족의 큰 사상가 함석헌 선생』(한길사, 2001), 374-375쪽.

> 인격은 반드시 장벽에 부딪치고야 만다. 그것이 인생문제라는 것이다. 거기 가면 이성은 이미 손을 거두고 할 수 없음을 자인한다. 그럴 때 생명은 자기 본래 가지고 있는 영성(靈性)에 의하여 그 장벽 밖의 세계를 직감한다. 그것이 신앙이다. 그것은 인간 자기의 이성으로 되는 것 아니요, 자기와 그 유한 밖의 세계를 한 가지로 성립시키는 영으로써 주어지는 것이므로 그 힘은 위에서 주어지는 것으로 느껴진다. 이리하여 지(知)와 신(信)의 세계가 수직적으로 연접한다. 이성이 갈 곳까지 간 후에 신앙의 세계가 열린다.[103]

참으로 규정하기 어려운 것이 바로 인간의 영성이다. 그것은 마치 하나님을 규정하기 어렵고 성령을 규정하기 어려운 것과 마찬가지이다. 왜냐하면 인간의 영성은 인간이 소유한 특수 자질이거나, 인간을 구성하는 인간 존재의 일부분이 아니고, 하나님의 현실 또는 성령의 활동과 관련된 인간 생명의 신비한 현상이기 때문이다. 김경재에 따르면, 영성의 정의는 어렵지만 인간의 삶 속에서 체험하는 영성적 특징을 몇 가지로 살펴볼 수는 있다고 하면서 다음 일곱가지를 유추하였다. 인간의 삶 속에서 체험하는 영성적 특징을 깊은 관심을 가지고 살펴보자는 것이다.

첫째로 인간생명의 특징은 자기초월적 존재라는 점이다. 인간은 역사적 존재요, 하이데거의 말대로 철저한 '세계-내-존재'임에는 틀림없지만, 사람은 모든 자기규정을 뛰어넘어 새로움을 희망하고 존재를 예기한다. 둘째로 인간 영성은 인간의 지성, 도덕성, 예술적 감성과 밀접한 관계 속에서 나타나지만, 본질적으로 영성은 그것들의 차원과 다르며 그 모든 기능들의 존재지반으로, 또는 그 모든 기능들의 통전된 승화 형태로 나

103) 『전집 3』, 232쪽.

타난다. 영성적 황홀경험 속에서 지성은 부정되는 것이 아니라 황홀한 이성이 되어 자신의 한계를 인식한다. 셋째로 인간의 영성은 하나님의 영과 접촉될 때 어린아이같은 단순성과, 난초같은 유연함과, 하늘이 온통 그 안에 비취는 고요한 호수같은 생명으로 사람을 성숙케 한다. 넷째로 기독교의 영성은 기독교의 색깔을 띠는데, 결국 예수의 향기를 발산한다. 고난당하는 자의 고난에 자기를 일치시키고, 고난을 나눠지며, 억압당하는 자와 억압하는 자를 동시에 짓누르는 그 악의 정체를 사랑의 힘으로 저항하여 극복하고 생명을 해방시킨다. 복음은 진리의 영 안에서 자유한 사람들의 행진이다. 다섯째, 환히 꿰뚫어 비취는 성숙한 영성은 결국 생명들이 서로 통하여 있고, 서로 의존하여 있고, 서로 빚지고 있음을 꿰뚫어 보는 직관력을 갖기 때문에 서로를 밥으로서 내어주고 사랑하고 사랑받는다. 시간과 영원이, 거룩함과 속됨이, 이 세상과 저 세상이, 육의 몸과 영의 몸이, 역사(歷史)와 신국(神國)이 서로 각각 자기의 자리를 가지면서도 서로 통해 있고, 공속적 관계 속에서 창조적 생명의 파노라마가 전개되고 있음을 보며, 지극히 신비하신 중심자 하나님을 찬양한다. 여섯째, 성숙한 영성을 지닌 사람은 주객구조의 이분법을 인식론적으로 극복할 뿐만 아니라, 자율과 타율의 이분법도 극복한다. 깨달음과 깨우침, 해탈과 은혜, 자유와 운명, 개인구원과 사회구원 등 모든 이분법적 도식이 아직 성숙하지 못했을 때의 좁은 소견이었음을 자각하게 된다. 일곱째, 성숙한 영성을 지닌 사람은 그러므로 무엇을 이루려는 조급한 마음과 염려에서 해방된 사람이다. 무슨 위대한 일이나 큰 일이 따로 있는 것이 아니고, 하나님 앞에서는 모든 일이 위대하고, 또 모든 일이 아무것도 아니라는 것을 안다. 그러므로 평범한 것을 사랑하고 일상적인 작은 일들이 위대한 일임을 알고 그 일에 최선을 다한다. 하나님이 오늘도 일하시니 나도 일한다는 심정으로 일상적 삶에서 성실한 사람, 그가

곧 성숙한 영성을 지닌 사람이다.[104)]

송기득의 경우, '영성'을 정의해 보려고 무척 노력하지만 그것이 마음대로 잘 안되는 모습을 보여주고 있다. 송기득은 영성이란 '영적 추구능력', '삶의 원동력', '거룩함(holiness)과 황홀함(ecstasy)' 같은 것이 아닐까 유추하면서 이러한 영성을 획득하기 위한 방법으로서 피정센터나 기도원에서 하는 명상이나 기도를 꼽고 있다. 그러나 진짜 영성 훈련의 현장은 바로 '일상살이에서'라고 말한다. 아울러 영성을 산다는 것은 온몸으로 성실하게 사람을 살아야 한다고 한다. 즉 사람답게 사는 것이 영성이다는 말이다. 아울러 이와 관련해서 함석헌의 영성을 유추하는데 그것은 곧 '씨ᄋᆞᆯ답게 사는 것'이라고 하면서 그러기 때문에 인간성(humanity)을 씨ᄋᆞᆯ다움(Ssiality)으로 옮기면 어떨까라고 운을 뗀다.[105)]

최근에는 '사회적 영성'이라는 말까지 출현하였다. 김진호 외 13명이 공저자인 『사회적 영성』(세월호 이후에도 '삶'은 가능한가)이라는 저서가 그것을 말해준다. 이 책에서 사회적 영성의 개념을 엿볼 수 있다.

> 신학적으로 '영성'은 타자화된 자, '속하지 못한 자'에게 품는 배려의 감정이고, 그런 이들과 친밀함과 지지 감정을 나누며, 그러한 공감의 감정에 기반을 둔 모든 실천들을 함축하는 개념이다. 영성은 신의 형상 해체를 시사하는 신학적 기호다. 즉 영성은 신학적 개념인 동시에 탈신학, 반신학의 개념이다. 교회를 넘어서서 기독교를 넘어서서 타자되기의 감성, 그러한 사회적 실천을 함축하고 있다.[106)]

---

104) 김경재, 『종교다원주의 시대의 기독교 영성』, 12-15쪽 참조.

105) 송기득, "영성에 대하여", 《씨ᄋᆞᆯ의 소리》(2015. 9·10월호), 134-140쪽 참조.

106) 김진호 외, 『사회적 영성』(2014), 242쪽.

가톨릭교회에서는 오래전부터 영성생활과 관련하여 묵상(meditation)과 관상(觀想, contemplation)이라는 용어를 사용했음은 물론 그에 따른 경건한 행위를, 특히 수도원을 통해서 수행해왔다. '묵상'은 내가 하느님을 보는 단계이며, '관상'은 내가 하느님과 하나 되어 하느님의 시야에서 나와 이웃 및 사물을 보는 상태를 뜻한다.[107] 그리스도교의 경우 영성문제는 매우 중요하고 범위가 넓기 때문에 최근에는 따로 논의하는 경우가 많은데 이른바 '영성신학'이 그것이다. 이렇게 오늘날 자주 사용되어지는 영성신학이라는 용어를 노영상은 다음과 같이 서술하고 있다.

> 영성신학이란 하나님의 계시적 진리들과 각 개인의 종교적 체험에 비추어 초자연적 생활의 본성에 대하여 정의하고, 그것의 성장과 발달에 대한 지침을 구성하며, 영적생활의 시작으로부터 그것의 충분한 완덕에 이르기까지 영혼들이 전진하는 과정에 대해 서술하는 신학의 한 분야이다.[108]

그리스도교 외의 수많은 종교 가운데 어떤 종교들이 이와 동일한 용어 혹은 이와 흡사한 용어를 사용하는지 그리고 영성적 삶과 동일하거나 비슷한 삶이 무엇인지를 고찰하는 것은 추후로 미룬다. 왜냐하면 예컨대 샤머니즘에서의 신들림, 여러 종교들의 신비주의, 종교인들의 구별되고 거룩한 성품과 생활 등에 관한 것들이 이 분야에 속한다고 보여지는데 그 범위는 광대할 것이기 때문이다.

---

107) 노영상, 「영성신학의 방향과 전망」, 장로회 호남신학교, 『신학이해』(제4집, 1986), 7쪽; Edited by John Bowker, *The Oxford Dictionary of World Religions*(Oxford University Press, 1997), p.631 참조.

108) 장로회 호남신학교, 『신학이해』(제3집, 1985), 31쪽.

함석헌은 서구의 신학을 전문적으로 학습하지는 않았다. 그러한 면에서 그는 전문 신학자는 아니다. 그렇지만 그의 사상적 틀은 분명히 신학적이었고 많은 영향을 끼쳤다. 다만 서구신학적이지 않을 뿐이다. 그동안 함석헌의 사상에 대해서는 종교, 씨알, 민중, 역사, 평화, 윤리 등의 제 차원에서 다양한 논의들이 진행되어 왔으나, '신학적' 차원에서는 별로 소개되지 않았다. 특별히 민중신학의 전거로서 씨알 사상은 많이 다루어졌으나 실제로 함석헌의 영성과 그의 신학 자체는 알려진 바 없다. 그렇지만 그의 '신학'을 지탱하고 있는 성서적-한국적 영성은 매우 주목할만하다. 그의 전반기(《성서조선》잡지시대)를 중심으로 고찰할 때, 신(神) 절대중심의 복음적 영성 신학, 저항의 영성신학, 역사적 영성신학, 그리고 고난의 영성신학이 그의 사상 안에 녹아 있는 것을 발견할 수가 있다. 물론 영성의 정의에 대해서는 의견이 다양하다. 그렇지만 여기서 말하는 영성은 주로 그리스도교적 영성을 의미하는 것으로서 구약시대의 예언자들, 신약시대의 사도들의 신앙적 정신을 함의한다. 그렇다고 해서 다른 종교들의 영성을 부인하는 것은 아니다. 단 미신적인 요소에 대해서는 함석헌이 거부반응을 일으킨다. 왜냐하면 함석헌은 이성을 매우 중시하기 때문이다.

함석헌의 이러한 신학적 특징들은 보다 더 심도있게 연구되어야 할 것이다. 또한 『뜻으로 본 한국 역사』와 《씨알의 소리》를 중심으로 이어진 함석헌의 후기 신학도 정당히 소개되어야 하는 것은 두말할 나위가 없다. 그러나 전반기에 형성된 그의 복음적 신학에 대한 명료한 이해 없이 후기의 영성을 다룰 때, 그의 후기 사회변혁 사상, 보편적 종교론, 더 나아가 종교다원주의적 관점이 곡해될 염려가 없지 않기 때문에 이 점에 신중을 기해야 할 것이다.[109]

---

109) 최인식, 「함석헌의 성서적-한국적 영성에 대한 문헌신학적 고찰」, 강남대학교

이와 같은 최인식의 고찰에 사족을 첨가한다면 함석헌 신학사상의 전기(《성서조선》)에서는 개인적 영성을 굳게 다지고, 후기(『뜻으로 본 한국역사』, 《씨울의 소리》에서는 전기에 다져진 개인적 영성을 사회적으로 실천하는 '사회적 영성'이라고 볼 수도 있을 것으로 생각한다. 실제로 함석헌은 이 후기에는 어수선한 한반도의 정치, 사회적 부조리에 대해 예언자적 기능을 유감없이 발휘했기 때문이다. 박정은(미국 홀리네임즈대학 교수)은 한국의 사회적 영성의 뿌리로 여길 수 있는 것은 민중신학이라고 보았다. 그런데 이 '민중신학'의 실마리를 제공한 자가 바로 함석헌이었음을 앞에서 언급하였다. 『사회적 영성』(2014)에서는 이점을 분명히 하고 있다.

> 서남동과 안병무 등 여러 신학자들은 민중신학의 신학적 기틀을 마련했다. 민중신학은 민중의 영원한 생명력을 이야기한다. 즉 한국의 역사 속에서 민초들은 끊임없이 짓밟혔으나 죽지않았고 그 생명력은 면면히 이어져 왔다고 이야기한다. 민중신학은 바로 여기에서 예수의 삶과 영원성을 보았다. 그리하여 민중신학은 신학의 자원을 서구에 의해 폄하되었던 우리 고유의 문화, 무속이나 가면극 등에서 가져왔고, 가난한 사람들이 함께 공유하는 경험에 관심을 두었다는 점에서 가장 사회적 영성에 가까운 신학이다.[110]

함석헌은 그의 인생 후반기를 퀘이커교도로서 살았는데, 바로 이것은 그가 영성적, 신비주의적 삶을 살았다는 것을 의미한다. 그것도 선불교의 개인적 신비주의와는 달리 퀘이커의 단체적 신비주의(group mysticism) 속에서 개체보다는 전체를 중시하면서 살았음을 뜻하는 것

신학대학 편, 『종교와 영성』(서울: 도서출판 한들, 1998), 333쪽.

110) 김진호 外, 『사회적 영성』(서울: 현암사, 2014), 188-189쪽.

이다. 따라서 함석헌은 우리나라 고유 종교적 영성(풍류)[111]과 서구기독교의 영성이 융합된 영성적 삶을 영위했다고 볼 수 있기에 그의 사상과 삶의 기저에는 두말할 나위 없이 영성(spirituality)이 넘쳐나고 있다고 볼 수 있을 것이고, 그것이 곧 그의 삶의 원동력이었다고 생각된다.

종교학자 강돈구는 「함석헌 종교사상의 계보」라는 논문을 통해 함석헌 종교사상의 연원과 흐름 및 특성을 체계있게 정리한 바 있다. ①톨스토이(1828~1910)의 종교일치사상, ②우치무라(1861~1930)의 무교회주의, ③간디(1869~1948)의 종교조화사상, ④유영모(1890~1981)의 종교다원주의 사상이 함석헌의 사상 속에 녹아있다는 분석이다. 나중에는 함석헌이 퀘이커교에 가담한 것도 퀘이커교가 무교회주의와 유사하기 때문일 것으로 보았다. 하지만 함석헌 신앙의 마지막 계보인 퀘이커의 특성에 대해서는 부연설명을 하지 않고 있는데, 무교회와 비슷하면서도 무교회와는 다른 특성을 지니고 있다. 그것은 곧 국제적 평화주의와 단체신비주의를 매우 중요시한다는 점이다. 60세부터 88세 때 서거하기까지 28~9년을 퀘이커로 머물렀으니 함석헌의 친기독교적 종교다원주의는 퀘이커에서 열매 맺었다고 해도 과언이 아닐 것이다. 간디와 관련해서 부연한다면 진리파지(Satyagraha)와 비폭력(ahimsa) 저항정신이 함석헌의 사상과 행동 속에 큰 비중을 차지하고 있다고 본다.

강돈구는 함석헌을 종합적으로 다음과 같이 평가하였다.

---

111) 흔 혹은 한(韓)은 우리 민족 정신생활의 등뼈다. 이것의 본체를 최치원은 풍류도(風流道)라 했고 풍류도는 유·불·선 삼교(三教)를 포함한 포월적 양상을 가진 것이라 했다. 민족주의에 투철한 함석헌에게는 민족적 영성인 풍류도가 그의 얼이었고 바로 그 자리에서 기독교와 종교를 보게 되었다(유동식, 『풍류도와 한국의 종교사상』, 324쪽).

> 함석헌은 한 마디로 종교적 지성인이었다. 사실 우리 시대는 함석헌 같은 종교적 지성인을 필요로 한다. 특정종교를 신봉하면서 그 종교에 관한 지식만을 소유하는 것이 아무렇지도 않고 오히려 당연시되는 분위기는 현재 우리의 종교 상황에 적절하지 못하다. 특정종교를 신봉하면서도 타종교에 대한 지식을 아울러 겸비하고 타종교에 대한 지식을 통해서 스스로의 신앙을 보다 잘 키워 나갈 수 있는 그러한 분위기가 우리에게 절실히 필요하다. 아울러 특정종교를 신봉하지 않더라도 종교 일반에 대한 지식은 인간, 사회, 문화를 이해하는 데 반드시 필요하다. 함석헌이라는 거대한 봉우리에서 우리 시대에 걸맞는 종교적 지성인의 모델을 볼 수 있었던 것은 분명 이 시대를 사는 우리들의 행운이다.[112]

위의 지적은 현대 한국의 종교 상황에 비추어 볼 때 참으로 적절하고도 필요한 지적이라고 생각한다.

그 밖에도 생애의 여러 단계에 따라 함석헌은 다양한 외국 사상가들의 생각과 관점을 배우고 흡수하였다. 그는 비폭력 원칙을 인도의 간디로부터 배웠고 영국의 시인 셸리(P.B.Shelley, 1792~1822)로부터는 불타는 저항정신을 배웠으며 종교와 과학 간의 융합에 대해서는 프랑스인 테야르 드 샤르댕(Pierre Teilhard de Chardin, 1881~1955)에게서 배웠고 이상적 무교회주의 운동에 대해서는 일본의 우치무라 간조로부터 익혔다. 절대평화주의와 사회개혁정신은 영미의 퀘이커들로부터, 세속의 잡다한 문제를 초월해서 보는 달관의 정신은 중국의 노자(老子)와 장자(莊子)를 통해서 배웠다. 인도주의(Humanitarianism)의 정신은 러시아의 톨스토이(Leo Tolstoi)로부터 배웠고 구속받지 않는 자유

112) 한국종교학회, 『종교연구』 제23집(2001 여름), 22쪽.

민주정신에 대해서는 미국의 월트 휘트먼(Walt Whitman, 미국의 시인, 1819~1892)으로부터 배웠다. 종교적 신비주의에 대해서는 중동의 레바논 사람 칼릴 지브란(Kahlil Gibran, 1883~1931)과 퀘이커교로부터 배웠고 역사적 낙관주의와 세계주의 정신은 웰스(Herbert George Wells, 영국의 소설가, 문명 비평가, 1866~1946)로부터 배웠으며 '서로 사랑하라, 하나님은 곧 사랑이시다'라는 가장 큰 계명은 예수에게서 배웠다.[113] 그밖에 에머슨(Ralph Waldo Emerson, 1803~1882), 헉슬리(Aldous Huxley, 1894~1963) 등에도 매료되어 그들의 저서들을 탐독함으로써 지식을 넓혀갔다.

이와 같은 그의 폭넓은 지적 편력에 기초하여 그는 당시 암울하고 무질서한 한국 사회에 눈을 돌렸는데, 특히 그의 눈에 비친 부조리한 현상은 한국 기독교의 문제점과 자유당 정권의 부패, 그리고 군사 독재의 횡포와 인권유린이었다. 물론 월남하기 이전에는 북한 공산주의에 이미 환멸을 느낀 것은 두말할 나위도 없다. 이와 같은 사회정세와 특히 그가 속한 기독교의 왜곡된 방향에 대해 더 이상 참을 수 없어 수많은 강연과, 끊임없는 집필을 통해서 민중을 계도함은 물론 조국을 건져내려고 혼신을 다했다. 이러한 과정 속에서 보수 기독교 주류로

서울시민회관(현 세종문화회관)에서 열린 시국강연회에서(1963년 7월 22일)(사진 27)

113) 김성수, 「서구기독교와 동양사상의 융합」, 함석헌 기념사업회 편, 『민족의 큰 사상가 함석헌 선생』(한길사, 2001), 223쪽.

부터는 이단자로 취급받고 자유당 정권과 군사독재 정권으로부터는 사상의 의심을 받아 끊임없이 탄압을 받았다. 그럼에도 불구하고 그의 열정은 식을 줄을 몰라 그가 주로 활용했던 대중 강연 장소는 전국 YMCA나 YWCA, 각종학교, 각종 집회였고, 그의 사상은 《사상계》라는 수준 높은 잡지를 통해 표상되었으며 그 뒤에는 그가 친히 만든 《씨알의 소리》라는 잡지를 통해 그의 뜻을 내뿜었던 것이다.

종합적으로 볼 때 신천옹 함석헌은 20세기 한국이 낳은 인문학의 종합이요 선구로서 세계적 사상가 혹은 철학자의 반열에 올랐다고 볼 수 있다. 최근에 출간된 『한국철학사』들은 대부분 강단철학자로는 박종홍을, 비강단 재야철학자로는 함석헌을 내세우고 있다. 이 가운데서 함석헌에 더 큰 비중을 둔다. 그 기준은 철학자로서 사상의 순수성과 실제적 삶의 태도와 민중을 위한 비전(Vision)제시의 여부가 관건으로 보인다.

제3장
이웃종교 섭렵과 원용

1. 과거 한민족의 종교접근 방식 비판

함석헌에 따르면 고래로 우리 민족에게 종교가 없었던 것은 아니지만 그것을 키우지 못했기 때문에 종교다운 종교가 없었다고 말한다. 이와 관련해서 함석헌은 다음과 같이 꼬집어 말한다.

첫째로 선인, 선비, 도령 같은 종교(인)가 있었는데 발달하지 못하고 퇴화해 버렸다는 것이다.

> 고구려 시대에는 선인이라든가 선비, 도령이라는 말이 있었는데 이는 모두 우리나라 말이지 중국에서 온 말이 아니야요. 특히 도령은 종교하는 사람을 가리키는 말이었지요, 도령은 지금 있는 무당같은 따위의 종교인인데 제대로 발달을 못하고 퇴화해 버렸는데 이는 장자의 사상과 공통된 점이 상당히 있지 않나 보여집니다. 이능화씨는 이를 설명하면서 최치원의 말을 빌어 우리나라에는 본래부터 현묘한 도가 있어 포함 3교라, 유·불·선을 다 포함하고 있다고 했지요, 최치원은 그 당시 당나라까지 다니면서 국제적 지식을 가진 사람인데 근거없는 소리가 아닐 것입니다. 이 도교사상이 평화주의야요. 우리나라의 선비사상도 그렇고 단군신화에 전쟁 이야기가 안나오는 것은 주의할만한 일입니

> 다. 고대 건국신화에는 모두 영웅적인 싸움이 있는데 그 말을 아니한 것보면 우리 민족의 근본은 평화적으로 된 사람들인데 그 후에 옳은 발전을 못해서 남의 식민지로만 돌아가게 되었지요.[1]

둘째, 우리 민족은 깊이 생각하는 힘이 부족해서 있던 것을 제대로 간직하지 못했다는 지적이다.

> 한국 사람은 심각성이 부족하다. 파고들지 못한다는 말이다. 생각하는 힘이 모자란다는 말이다. 깊은 사색이 없다. 현상 뒤에 실재를 붙잡으려고, 무상(無常) 밑에 영원을 찾으려고, 잡다(雜多) 사이에 하나인 뜻을 얻으려고 들이파는, 캄캄한 깊음의 혼돈을 타고 앉아 알을 품는 암탉처럼 들여다보고 있는, 운동하는, 생각하는, brooding over(곰곰이 생각하는)하는 얼이 모자란다. 그래 시 없는 민족이요, 철학 없는 국민이요, 종교 없는 민중이다. 이것이 큰 잘못이다. 이 때문에 역사극의 각본이 중간에 변동이 되었다.[2]

셋째, 우리 민족에게 종교가 있긴 한데 거의 다른데서 가져온 것들이라고 한다.

> 종교가 없지 않다. 그러나 그것은 다 남에게서 빌어온 종교지 우리에게서 나온 것이 아니다. 유교가 그렇고 불교가 그렇고 기독교도 그렇다. 근래에 오다가 동학이요, 천도교요 하나, 요컨대 밖에서 들어온 남의 사상을 이리 따고 저리 따서 섞어 놓은 비빔밥이지 정말 우리의 고유한 것이 아니다. 대종교(大倧敎)까지도 이러한 잘못에 눈이 팔려 이미 다 식은 화로에서 불꽃을 찾자는 그러한 마음은 갸륵하지만, 과연 어느 만큼 졸가리 있는 것인지가 의문이다. 첫째, 민족의 혼에 확하고

1) 『전집 3』, 162쪽.
2) 『전집 1』, 94쪽.

불을 달구지 못하는 데에 그 무슨 잘못이 있는 것 아닐까?[3)]

넷째, 사실 따지고 보면 우리에게도 고유한 종교가 있었는데 그것을 다듬지 못했다고 지적한다.

고유한 종교가 있다. 무언가? 길가에 앉은 점장이요, 명태 대가리를 들고 춤을 추는 무당이요, 줄을 넘는 광대요, 활량이다. 이것은 원시 종교다. 샤머니즘이다. 고구려에 선인(仙人)이 있었고 신라에 화랑이 있었고, 고려 때까지만 해도 국선(國仙)·국사(國師) 소리가 있었다. 그것이 정말 우리나라의 고유한 종교요, 사상인데, 내려오다가는 그렇듯 타락해 버리고 말았다. 종교의 역사를 보면 어느 민족이나 그 원시시대에 있어서는 모두 요술·마법·물령숭배(物靈崇拜)·점치기 아닌 것이 없다. 그러다가 그것이 고상한 종교로 발달하는 것은 도덕적으로 철학적으로 깊이 생각하고 수련하고 체험하는 데서 된다. 우리 고유한 종교가 타락하고 만 것은 그 힘씀이 부족하였기 때문이다. 그것이 위에서 말한 파고드는 성질, 생각하는 힘이 부족하다는 것이다. 역사에 기록된 것을 보면 우리나라 옛날 제사를 지내는 때는 "군취가무 주야부절(群聚歌舞 晝夜不絶)"이라 "연일가무(連日歌舞)"라 하였다. 매우 낙천적이다. 그러나 거기 깊은 정신적인 것은 없다. 아마 밖에서 온 종교가 있었기 때문에 거기서 정신적 요구를 만족시키고, 그 때문에 종교는 유치한 원시 형태대로 남고 말았을 것이다. 그러나 스스로 깊이 파지 못하는 그 성격 때문에 그 받아들인 종교도 정말 내 것을 만들지 못하고 말았다. 이것이 우리나라 유교·불교·기독교가 다 민중을 건지지 못하고 마는 근본 원인이 아닐까? 종교가 그렇게 된 다음에는 철학이나 시는 말할 것도 없다. 그래 우리는 어지간히 문명인의 옷을 입고 다니기는 하나, 제 철학, 제 시를 가지지 못한 민족이 되고 말지 않았나.[4)]

---

3) 『전집 1』, 95쪽.

4) 같은 쪽.

그런 가운데서도 민족의 자존심을 살려 보려는 두 종교가 발생했는데 그 대표적인 예가 천도교와 대종교라고 보았다. 그러나 이에 대한 함석헌의 평가는 또한 매우 날카롭다. 함석헌은 이러한 내용을 『뜻으로 본 한국 역사』에서 일찍이 다음과 같이 비판하였다.

1) 동학(천도교)

> 기독교 개신교와 그것을 타고 온 민족주의 사상, 그 때 바야흐로 일어나는 자본주의적 개척·개발 사상의 영향을 받아 사회가 한번 큰 혁신을 해보려고 움직이는 때에, 또 한편에서는 동학(東學)이 일어났다. 이것은 그 이름이 표시하는 대로 서학(西學) 곧 천주학에 대한 반동으로 일어난 것이다. 그 사상이나 교리에는 반드시 새롭고 독특하다 할 만한 것이 있는 것은 아니다. 그러나 이것이 밖으로부터 오는 자극에 영향을 받아 깨어나는 일종의 자각운동이라는 데 그 의미가 있다. 순 종교적이라기보다는 제폭구민(除暴救民)이라는 표어와 그 후의 전봉준(全琫準)의 일이 보여 주는 대로, 한 개의 혁명운동이었다. 그러므로 그 주창자인 최제우(崔濟愚)는 잡히어 사형을 당하였다. 그러나 그 안에 많은 미신적인 요소를 가지고 있던 것으로 인하여 진보적이라 할 수 없었다. 민중을 깨우지 못하였다.[5)]

이렇듯 동학은 1860년 최제우가 창시한 후 최시형, 손병희(천도교로 개명), 박인호에 의해 잘 계승되다가 일제의 탄압을 받다보니 세력이 약화되었으며 해방 후 다시금 부흥되는 듯 했으나 분단되면서 '민족종교'라는 특징 외에 크게 성장하지 못하고 있다. 천도교는 1919년 3·1 독립운동 당시에는 괄목할 만한 역할을 했었다. 그때는 신도수도 많았

5) 『전집 1』, 261쪽.

고 독립선언서 서명자 33명 가운데 15명이나 서명을 함으로써 조국 광복을 위해 크게 힘을 썼었다.

2) 대종교(大倧教)

다음 내용은 나철(전남 보성 출신)에 의해서 중건된 대종교에 대한 함석헌의 평가이다.

> 그 다음 동학과 아울러 생각할 만한 정신운동의 하나는 대종교다. 혹은 단군교(檀君教)라고도 한다. 단군 할아버지 내림으로 오는 우리 옛날 종교를 우리는 거의 완전히 잃어버렸다. 고구려 시대의 선인·선비, 신라시대의 화랑이 그 모습을 전하는 것일 것인데, 그 때 중국으로부터 흘러들어온 유교·도교·불교의 자극을 받아, 우리 예로부터 오는 '한·밝음·맑음'의 사상을 고갱이로, 한 개 체계 있는 철학·도덕·신앙을 발전시켜 보려고 애썼음이 그것일 것인데, 그만 그것을 크게 이루지 못하고 말았다. 고려시대에 와서 대위국(大爲國)(?) 운동에서 한번 마지막 발버둥을 쳐보다가 유교파에 못 견디어 실패한 다음에는 이조에 들어와서는 아주 잊어버리고, 겨우 가난한 민중의 집에 모시는 제석님·성주님, 시골길 고개턱에 조이 조각, 신짝에 매달리는 국수당, 산 속 절간의 외로운 뒷방에 더부살이를 하는 산신령님, 동구 밖 한 구석에 두세 그루 노목을 지키는 서낭님[城隍], 산당에 그 없어지다 남은 모습을 머물렀을 뿐이었다. 그나마도 이것이 우리나라 조상 내림의 신앙의 끄트머리인 줄 아는 사람도 별로 없었다. 그러던 것을 지금으로부터 몇십년 전에 와서 서양으로부터 들어오는 민족주의 사상의 영향을 받아 우리도 잊어버렸던 할아버지 단군을 찾게 되면서부터, 더구나도 아마 기독교의 자극을 받아 일어난 것이 이 대종교다. 먼저 이것을 주창하고 나선 이는 나철(羅喆)인데, 그는 어디서 단군 이래 고구려로, 발해로 전하여 내려오던 삼일신고(三一神誥)를 찾아냈다 하고, 그것을 중심으

로 교리·의식을 짜냈고, 그 자신은 구월산(九月山) 삼성사(三聖祠)에서 자결을 하였다. 그것도 아마 예수의 십자가 사상의 영향인지도 모른다. 이것이 어느 정도 예로부터 오는 가르침인지 모른다. 그러나 아무튼 민족정신의 깨는 한 귀절인 것은 틀림없다. 그러나 그것이 종시 민중의 마음을 붙잡지는 못하고 말았다.[6]

이처럼 우리민족은 종교성은 강한데 '심각성', 즉 생각 혹은 철학이 부족하여 우리 고유의 종교를 제대로 지키지도 못하고 발전시키지도 못했기 때문에 그 바탕위에 외래 종교들이 번갈아가며 자리를 잡게 된 것을 함석헌은 개탄한다. 이러한 딱한 처지를 절감한 최제우와 나철은 '우리'의 종교를 가져보려고 몸부림 친 끝에 천도교(동학)와 대종교를 창안하였으나 이것 역시 미흡하다는 것이다. 그렇다고 해서 함석헌 자신이 새로운 종교를 만들려고 한 것은 아니었고 자기가 이미 갖고 있던 기독교(개신교)신앙을 지키면서 유·불·도가 및 도교, 더 나아가 힌두교와 간디까지지도 깊이 공부함으로써 진정한 종교가 어떤 것인가를 끊임없이 탐구하였다.

우리의 무속신앙은 미신적 요소를 아주 많이 내포하고 있긴 하지만 한(恨)많은 민중을 위로해 준 공로가 많다는 점을 고려하여 무속신앙에 대한 평가를 다소 신중하게 했을 법한데 그렇지를 않았고, 동학(천도교) 역시 습합이 심하긴 하지만 최제우, 최시형, 손병희 등에 의해 주체적인 민족종교로 승화시키려는 노력을 많이 했음에도 불구하고 이에 대한 평가도 혹독한 것으로 보인다. 그러나 다행히도 전과는 달리 최근에는 무속신앙과 천도교(동학)에 대한 관심이 점차 향상되어가는 추세이다. 함석헌이 지금 생존해 있다면 무속신앙과 동학에 대한

6) 『전집 1』, 261-262쪽.

관심도 많이 변했을 것이다. 왜냐하면 무속신앙과 동학은 특히 씨올들이 의지했던 종교이기 때문이다. 그렇다면 함석헌은 그 밖에 다른 종교에 대해서는 어떤 방식으로 접근했으며 어떻게 수용 내지 원용했는지도 살펴볼 필요가 있다고 생각된다.

2. 유교의 경우

거대한 유교를 간단명료하게 설명하기란 쉬운 일이 아니다. 하지만 함석헌과 유교의 관계를 논하기 전에 먼저 유교 전문학자의 유교관의 한 단면을 살펴보자.

> 유교가 종교인가 아닌가에 대한 논란은 끝이 없다. 유교를 신봉하는 사람들 사이에서도 유교가 종교가 아니라는 주장이 강하다. 어떤 사람들은 유교는 종교적인 조건을 충분히 갖추고 있지 못한 불완전한 종교라 지적하기도 하고 또 다른 사람들은 유교가 과거에는 종교였다 하더라도 이제는 종교적 생명이 끊어졌다고 주장하기도 한다. 그러나 매우 소수의 사람들은 유교는 종교로서 매우 세련된 본질적 조건을 갖추고 있다고 주장한다.
> 나[금장태]는 유교의 종교성을 부정하는 주장에 대해 애써서 유교는 종교라고 해명해 왔다. 무엇보다 유교는 우리의 일상생활의 가장 사소한 데까지 젖어들어 있는 종교라고 생각한다. 아침에 눈을 뜨면서 유교적 삶이 시작된다. 세수하고 머리 빗는 단장도 부모님에 문안하는 일도 모두 유교적 수양의 조목이다. 거리에 나오면 모든 사람을 큰 손님 모시듯 공경하는 마음으로 만나야 하는 자세도 유교의 가르침이다. 유교는 세속적인 일상생활 밖에 있는 것이 아니라 세속 속에 열려 있다. 신성성은 세속성을 넘어서 있는 것이 아니라 세속성을 이끌어 도

달할 수 있는 것이다. 유교가 자신의 신념을 고집하여 다른 종교를 배척하였던 일도 있다. 맹자가 양주와 묵적의 신념을 배척하였고 조선 초에 성리학으로 불교를 배척하였으며 조선 후기에 천주교를 배척하기도 했다. 그럼에도 불구하고 유교의 본래 정신은 종파의 극단적 대립을 지양하고 양극단을 포용하는 중용을 실현하는 것이다. "진리가 함께 행하더라도 서로 어긋나지 않는다." 〈중용〉의 이 한 마디에서도 유교의 열려 있는 자세를 읽을 수 있다.

"귀신을 공경하면서 멀리하라." 이 말씀도 유교가 신을 경건하게 숭배하지만 신을 너무 쉽게 입 밖으로 끌어내는 태도가 아님을 보여준다. 조심스럽게 받드는 경건성과 항상 자신을 성찰하는 마음은 자신을 내세우기에 앞서서 부끄러워할 줄 아는 '염치'를 강조한다. 한 마디로 유교는 차분히 가라앉은 마음에서 신앙심을 발견하고 열린 마음으로 진리를 드러내는 종교라 하겠다. 유교가 지난 세기 말에 노쇠하여 쇠잔하였던 것은 사실이다. 그러나 이제 이른 봄 얼음 밑으로 시냇물이 흐르듯 흙 속으로 씨가 껍질을 깨고 나오듯 다시금 우리 마음속에서 유교가 싱싱하게 살아움직일 수 있는 봄이 멀지 않았음을 믿는다.7)

한국인의 심성과 생활 전반에 걸쳐 오랫동안 뿌리 깊게 스며있는 유교전통속에 초기 천주교가 한국에 전래될 때 갈등이 적지 않았다. 하지만 유교는 종교성은 약하더라도 윤리적 측면에서 천주교와 공통점이 많았으므로 세월이 흘러감에 따라 일정부분 습합이 이루어졌다고 볼 수 있다. 그 내용이 변선환에 의해 다음과 같이 잘 정리되어 있다.

유교는 전통종교문화 중에서 종교성이 가장 희박한 것이다. 조선의 정치이념이 되었던 주자학이 천(天)개념을 이(理)라는 철학적 개념으로

---

7) 금장태, 『한국유교의 이해』(서울: 민족문화사, 1993), 31-32쪽.

재해석하였을 때에 유교는 더욱 세속화되었다. 그러나 ① 유교는 인간관계의 불변의 도(道)가 결국 천도(天道)에 참여하는 길이라는 종교사상에 근거하고 있다. 초기 한국 천주교의 유학자들은 요순(堯舜)을 비롯하여서 공경하던 상제는 천주이며 천주는 대부(大父)이기 때문에 천주경사(天主敬思)가 최고의 효(孝)라고 보았다. 효사상을 가지고 천주공경을 당연한 것으로 수용한 것이다. 그러므로 효사상을 통하여 천도(天道)에 참여하는 인륜의 길을 존중하게 될 때 유교의 예(禮)사상이나 염치개념은 기독교화 된다. ② 불교의 윤회사상과 도교의 상선벌악적(賞善罰惡的) 원리와 함께 유교의 인과응보적인 도덕관념은 기독교의 내세(심판) 사상을 수용하기 쉽게 하였다. 유교의 도덕적 종교관은 인간의 현세의 삶을 내세와 관계시키면서 윤리적인 삶을 보다 철저화시키려는 기독교 신앙에 도움을 준다. 성리학에 의하여 한때 유교가 소위 외면 존엄의 윤리가 되었던 때가 있었다. 그러나 새롭게 연구해 보면 유가는 내면성과 형식성의 조화를 그 이상(理想)으로 하였고, 실제에 있어서 덕의 수양, 곧 인(仁)을 최고 목표로 하며 내면성이 상당히 강조되고 있다는 것이다. ③ 가족단위의 제사의식을 저주하지 말고, 유교의 가족윤리의 장점인 가족의 단합과 조상에 대한 효를 신앙의 차원으로 승화시켜서 새로운 공동체 형성에 이바지하도록 하여야 한다. ④ 주자의 경제잠(敬濟箴)에 대월상제(對越上帝)라고 하며 마음을 가다듬어서 거하기를 상제를 대하는 것같이 하라고 하였듯이, 군자(君子)가 되기 위한 유교의 수양의 길(敬)을 기독교의 수덕과 훈련으로 발전시켜야 한다. 신앙의인(信仰義認)을 너무 강조한 나머지 기독교 신앙은 타력적인 것이 되어서 天이 인간에게 부여한 덕, 곧 본성을 다하여 인간성을 발전시킴으로써 天을 알고 天을 섬기는 인간의 윤리적 책임성이 유교보다 약화되기 쉬운 한계를 지니고 있다. 그러나 덕의 완성인 仁과 인간관계에 나타내야 하는 禮의 조화를 강조하는 유교, "자기가 원치 않는 일을 남에게 시키지 말라"(子曰 己所不欲 勿施於人, 論語) 혹은 "자기가 서고 싶으면 남도 서게하여 주라"(子曰 己欲立而立人, 論語)

고 말하는 충서(忠恕)의 황금률을 말하는 유교, 동양의 청교도라고 베버[Max Weber]가 높였던 유교윤리에는 초월자 체험에서 오는 은총의 강한 능력이라는 면이 결여되어 있어서 사랑의 넓이를 실질적으로 가족 이상으로 넓히기 어려운 약점을 가지고 있다. 물론 수기안인(修己安人)이나 수신치국평천하(修身治國平天下)라는 이상은 인격완성을 넘어서 사회적 정치적 이상을 밝히고 있다고 하여도 말이다.[8)]

개신교(기독교)에서도 유교의 핵심 사상을 적극적으로 원용하여 한국의 실정에 맞게 토착화하려는 움직임이 있었다. 이른바 감리교회의 신학자 윤성범에 의한 '誠'의 신학이 그것이다.

1960년대 초에 한국 교회에서 처음으로 신학 논쟁의 쟁점으로 대두되었던 토착화의 문제는 윤성범과 유동식이라는 두 감리교 신학자에 의하여 제기되었다. 본래 바르트(Karl Barth) 학파에 속해 있었던 윤성범은 『한국적 신학: 성(誠)의 신학』(1973)과 『효 – 서양 윤리·유교 윤리의 비교 연구』(1976)를 펴냈다. 그의 성의 신학에 의하면 유교의 성(誠)은 글자 그대로 "말씀이 이루어짐"을 뜻한다. 결국 유교가 가리키고 있는 궁극적 실재인 성은 십자가 위에서 예수가 "다 이루었다"(요한복음 19:30)고 하셨던 것처럼 말씀이 육신이 되신 예수 그리스도의 복음에서만 완전하게 성취된다는 주장이다. 이러한 관점에서 본다면 유교와 기독교는 배타적인 관계가 아니라 상호보완적일 필요가 있다는 것이다. 이와 관련해서 윤성범은 다음과 같이 진술하고 있다.

기독교가 하지 못한 효(윤리적 차원)를 유교가 그나마도 유지해 왔다는 사실에 반하여 유교가 자칫하면 잃기 쉬웠던 하늘에 대한 신앙(종

---

8) 변선환, 『한국적 신학의 모색』(서울: 한국신학연구소, 1997), 42-43쪽.

교적 차원에서의 효)을 기독교가 유지해 왔다고 말할 수 있을 것이다. 그렇다면 유교와 기독교는 하나가 다른 하나를 배제할 것이 아니라 겸허하게 각기 다른 쪽을 배워야 될 형편에 놓여 있다고 해야 옳을 것이다.[9]"

그렇다면 비주류 개신교인이었던 함석헌은 유교를 어떻게 원용했을까? 함석헌은 탄탄한 한자(漢字)실력을 바탕으로 한 유교 경서 이해를 통해 이미 유교가 몸에 베어있었다고 보아도 좋을 것이다. 그리고 스승 유영모를 통해 유교를 심도 있게 접근한 것으로 볼 수 있다. 함석헌은 유영모 선생의『대학』첫 구절 해석을 소개하면서 다음과 같이 말했다.

> 대학은 큰 것을 배움이요, 하나를 배움이다. 참 큰 것은 하나일 것이요, 하나란 하나 둘의 하나가 아니다. 그 이상, 그 이외에 다른 것을 생각할 수 없는 것이 하나다. 이른바 하나님이다. 그러므로 하나는 참이다.[10]

또 그는 왕양명의 명문인『대학문』(大學文)을 들어서 대학의 공부가 우리 마음속의 속알인 '仁'을 키워서 천지만물이 하나 됨(天地萬物爲一體)의 경지를 이루는 일임을 강조하였다. 그러면서 오늘날의 대학 교육이 이러한 전체로서의 종합, 하나 됨을 잃었고, 대학의 본 뜻은 '바탈'을 찾는 데 있다는 사실을 저버렸다고 통탄한다.[11]

---

9) 상게서, 273쪽.

10) 함석헌,「한 배움」,『씨알은 외롭지 않다』(서울: 휘문출판사, 1978), 65쪽.

11) 이은선,「仁의 사도 함석헌 선생님」,『함석헌 연구 4』(2013 하반기), 150쪽 재인용.

초월과 궁극의 하나님을 이 세상, 참(실재), 씨알과 나, 민중 등과 급진적으로 등가화 시키는 함석헌의 '이단'적 신앙을, 유교 전통의 '성'(誠)의 개념만큼 잘 드러내주는 것은 없다. 『中庸』의 핵심 개념인 '誠'은 '이상(言)이 형상화 되어 나타난 것(成)', '뜻과 이유(言)가 실현된 것(成)', 또는 말이나 행위가 실제(言)와 부합되는(成) '참과 정직', 또 다른 의미로는 약속한 것이나 계획한 것을 실현시키기 위해서 끝까지 인내하는 '지속성', 이와 더불어 지금 현실과 눈에는 보이지 않지만 진정한 본체와 알맹이(言)가 실현될(成) 때와 그날을 믿는 '믿음', 그리고 그것을 지금 여기서 눈앞의 실제로 볼 수 있는 상상력과 창조력 등으로 풀 수 있다. 함석헌의 삶과 신앙, 행위와 언어 속에 이 모든 것이 스며들어 있으며, 우리는 그가 기독교나 교회의 좁은 울타리를 넘고, 편협한 인간중심주의, 민족주의, 과거와 현재의 속박을 넘어서 한민족의 미래와 세계와 인류의 앞날과 이상을 말할 때 이 誠의 덕이 지극하게 실현되고 실천된 모습을 본다.[12] 그렇다면 의(義)는 어떤가?

유교적 의(義)는 기독교적, 종교적 의(義)에 비해서 장기간의 삶의 과정 안에서 실천되는 특징을 지닌다. 그것은 생활적 삶을 요구하는 義이고, 일회적이거나 찰나적인 전환으로서의 칭의가 아니라 덕목과 지혜와 현실 삶에서의 행위력으로서 종교보다는 정치, 정치보다는 교육과 문화, 정치적 혁명보다는 건강한 가족적 삶을 구축하기 위해 노력하는 義의 실천을 말하는 것이다. 함석헌은 바로 이러한 유교적, 맹자적 義 사상에 영향을 받아 '농사'와 '교육'을 놓치지 않으려고 노력한

---

12) 상게서, 144쪽.
cf. 1960년대 서울 감리교 신학대학 교수였던 윤성범은 '誠'의 신학을 강조했었는데 '誠'이라는 글자가 기독교의 성육신(Incarnation)의 내용과 일치했기 때문이다. "말씀이 육신이 되다"(요한복음 1장, 言+成)

일, 어린 나이에 부모가 시키는 대로 결혼하여 역경을 견디고 해로하여 부인의 임종을 맞이한 일, "인정으로 사는 가정에는 법이 없다"고 말하는 것, "늙은이를 대학으로 보내고 젊은이를 일터로 보내라"고 한 말, "씨알이 씨알노릇을 잘하기 위해서는 옛글을 고쳐 읽어야 한다." 라고 말한 것, 그리고 "집에는 늙은이가 있어야 한다. 늙은이는 그 집 양심의 상징이다. 나라에도 늙은이가 있어야 하는데 우리나라에는 없다."라고 한 말 등은 모두 『중용』과 『맹자』 등에 나타난 유교적 진리를 다시 한 번 상기시켜주는 것이라고 하겠다. 또 "목적은 하늘에 있으나 일은 땅에 있다."고 한 말, "하나님을 믿는 것은 손을 묶고 앉는 일이 아니라 도리어 인간으로서 활동을 힘껏 하기 위해 생사 성패를 하나님께 맡기는 일이다."라고 한 말 등은 유교적, 동양적 義 이해의 표현이라고 볼 수 있다. 이것이 자연과 동물의 세계와는 다른 인간적 세계의 義이고 그럴 때만이 인간의 문화와 삶이 지속된다는 지혜이며, 이것이 오늘날 서구에서 비롯된 신자유주의 경제와 실리주의적 경쟁 원리를 뛰어넘는 대안임을 시사하는 대목으로 볼 수 있다.

더 나아가 함석헌의 씨울 사상과 생명관은 (신)유교적 이해와 매우 잘 상통한다. 그는 자신의 『뜻으로 본 한국역사』의 첫머리를 "사람의 살림은 뿌리가 있어야 한다"[13]는 말로 시작했다. 그에 의하면 이 말은 인간의 삶을 '나무'에 비유해서 한 말이라고 지적하는데, 그러나 그것이 단순한 비유만이 아닌 것은 그의 뛰어난 범우주론적 진화론적 생명관이 '나무'와 '짐승'과 '인간'을 모두 한 뿌리에서의 생명적 출현으로 이해하고 있기 때문이다. 그러면서 근본은 한 가지 바탈, 날자는 것이다라고 밝힌다. 이렇게 함석헌 스스로가 '한' 혹은 '얼' 혹은 '알'로

13) 『전집 1』, 25쪽.

표현하는 생명의 뿌리는 '땅에서 나온 것, 난 것'(나무)과 '기는 것'(김/짐승)과 '나는 것'(정신/자유)을 모두 포괄하는 우주적 생명의 근본으로 이해된다. 이와 관련하여 "공자의 생각으로 하면 '仁'은 곧 우주, 인생의 근본이다. 노자가 말하는 '도'나 '자연'도 이것일 것이요, 인도에서 말하는 '브라흐만' '아트만' 및 기독교에서 말하는 '아가페' '로고스'도 이것일 것이다. 그것을 유교식으로 말한 것이 '仁'이다. '인'은 식물에 있어서 하면 씨요, 알짬이요, 동물에서 하면 활동하는 생명력이요, 사람에게 하면 그 정신적 바탕이다. 그래 복숭아 씨를 '도인(桃仁)'이라 하고, 팔다리 못 쓰는 것을 '불인(不仁)'하다 하고, 맹자가 '인'을 설명하면 '인'은 '인야(人也)'라 한다. '인'은 사람의 본 바탕이다."[14]

그러나 무엇보다도 함석헌 씨알사상이 유교적 仁사상으로부터 깊이 연원함을 분명하게 드러내주는 일은 그가 "일루의 희망"이라는 서술을 통해서 한국 민족 역사의 세계사적 의미를 지시해 주는 일이라고 본다. 그에 따르면 우리의 역사가 도무지 희망이 없을 것 같고, 고난의 연속이고, '갈보이었던 계집'의 역사처럼 자기 자신을 잃고 제 스스로도 자신을 업신여기는 역사였지만 그럼에도 불구하고 우리에게 세계사가 지시하는 역사적 사명이 남아있는데, 그것은 바로 수 천 년의 고난의 역사 속에서 '민족적 성격'으로 영근 '착함'을 통해서라는 것이다. 그 '착함'이란 맹자가 전국시대 제(齊)나라의 선왕(宣王)에게 왕도정치의 술로서 가르쳐준 '차마 못하는 마음'(不忍之心)과 같은 것이라고 지적한다. 함석헌에 의하면, 그것은 우리 조상이 홍안령[15]을 넘기 전부터 가슴 속 깊이 간수하고 길러온 마음의 바탕이고, 그 후 수 천 년의

14) 이은선, 전게서, 129-130쪽 재인용.

15) 紅顏齡, 젊어서 혈색이 좋은 나이

역사 속에서 민족적 성격으로 자리잡았다는 것이다. 비록 이러한 아름다운 천성이 오랜 고난 속에서 많이 상한 점도 없지 않지만, 지난 수천 년 동안 한 번도 남을 침략한 일이 없고, 박해를 받지 않는 한 다른 민족을 배척한 일도 없는 역사 속에서 그것은 쉽게 사라지지 않는다는 것이다. 그리하여 앞으로 세계사에서 한국 민족이 하려고만 한다면 큰 사명을 감당할 수 있는데, 즉 세계의 불의를 담당함으로써 인류의 역사를 도덕적으로 한층 높이 올리는 일이라고 선언한다.[16)]

함석헌이 동경으로 유학을 가서 사범학교를 택한 것도 유교적 뿌리와 관련이 깊다고 볼 수 있다. 그는 의학, 문학, 철학, 서양미술 등 여러 가지 전공을 놓고 고민하다가 우리나라 형편을 보아 시급한 것은 '교육'이라고 생각해서 사범학교를 택했다고 밝히고 있다. 仁의 씨알을 싹틔우고 키우는 일이 '교육'이라고 생각했기 때문이며, 이는 꼭 『논어』나 『대학』, 『중용』등의 유명한 첫 구절을 들지 않더라도 유교가 '교육'을 자기정체성의 핵심을 이루는 일로 이해해온 영향이라고 생각한다. 하지만 동시에 교육이야말로 하나님의 발길질이라고 서술하는 함석헌에게 있어서, 교육은 종교와 불가분리의 관계였다. 그래서 그는 仁과 그 알맹이를 키우는 교육을 말하면서도 민족을 살리는 길은 믿음을 일으키는 데 있다고 하면서 진정한 교육은 바로 그 仁과 씨ᄋᆞᆯ에 대한 믿음임을 밝힌다. 함석헌은 자신이 버리지 못하는 세 가지(민족, 신앙, 과학)를 가지고 교육과 종교와 농촌을 하나로 연결하기 위해서 무진 애를 썼다. 그가 1928년부터 10년간 오산학교에서의 혼신을 다한 교원생활 후 다시 평양 교외 송산에서 농사학원을 맡은 일도 모두 같은 맥락이다. 그는 비록 나라가 일본에 합병되어서 교육이 그들의 손으로

---

16) 『전집 1』, 323-324쪽.

넘어갔지만 선한 것이 마지막에는 이기고 만다는 신념을 가지고 교육에 대한 믿음을 놓지 않았고, 남강(南崗), 도산(島山), 고당(古堂) 등 세 민족의 스승을 말하면서는 공자가 "가르치지 않고 싸우는 것은 백성을 버리는 것"이라고 한 말을 상기시켜 주었다.

함석헌의 씨올사상이 민중(民)과 민주주의 사상으로 전개될 수 있었던 것은 바로 '인격적 天'이해의 결과라고 볼 수도 있을 것이다. 함석헌은 한민족의 역사에서 1919년 3·1운동이야 말로 민중이 비로소 사상적으로 자각해서 씨올의 역사를 시작한 사건으로 이해한다. 당시 관립 평양고보에 다니던 함석헌 개인에게뿐 아니라 전 민족적으로 이 사건은 자주(自主)하는 민(民)의 역사가 시작된 것으로 보는데, 물론 민중이 죽지 않고 살았노라는 표시일 뿐이지 아직 완전히 깨어 힘을 가진 것은 아니므로 성공하지는 못했지만 그 운동은 바로 하나님이 말없는 민중에게 명(命)을 내리신 씨올의 역사가 시작되는 사건으로 이해하는 것이다.[17]

위에서 여러 가지 예를 들어 설명한 것처럼, 함석헌은 젊은시절 유교사상과 한자(漢字)문화의 영향을 크게 받았다고 볼 수 있다. 게다가 일본 유학을 통해서는 일본문화를 직접 체득할 수 있었고 또 거기에서 간접적으로 서양문화를 접함으로써 견문을 크게 넓힐 수가 있었다. 하지만 그는 그의 스승들, 즉 이승훈, 안창호, 조만식처럼 강한 민족의식을 가지고 있었기 때문에 유교문화나 일본문화를 주체적으로 원용했지 그대로 답습하지는 않았다고 보아야 할 것이다.

---

17) 이은선, 전게서, 132쪽.

3. 불교의 경우

1) 함석헌의 기본적 불교관

함석헌은 “내가 불교인에게 바라는 것”, “진리는 더 위대합니다”라는 주제 하에 글을 쓴 바 있는데 이 글에서 그의 불교에 대한 관점의 일면을 볼 수 있다.

> 나는 보편적인 자리에 섭니다. 모든 참된 종교의 알짬은 하나라고 믿습니다. 그러므로 종파, 교파는 하나의 편의지 목적이 될 수 없습니다. 그러므로 종파주의는 내버려야 한다고 믿습니다.18)

> 나는 본래 불교에 대해 아무것도 몰랐는데 일제 때 감옥에 들어가서 감방에서 책이라고는 그것밖에 없어서 『무량수경』을 읽다가 기독교 신앙과 불교 신앙은 본질에서 다를 것이 없다는 것을 알게 됐습니다.19)

이러한 함석헌의 전제는 그가 기독교인이지만 불교 내지 어떠한 종교에 대해서도 차별이나 편견을 갖고 있지 않음을 피력하는 것으로 보인다.

> 불교는 철학이지 종교가 아니라고도 합니다. 그러나 역사가 보여주는 것은 믿음에 이르지 않는 철학은 참 철학일 수 없고, 철학 없는 종교는 참 종교일 수 없습니다.20)

위와 같은 함석헌의 진술은 철학과 종교의 이분법을 배제함으로써

18) 『전집 5』, 333쪽.

19) 『전집 5』, 344쪽.

20) 『전집 5』, 343쪽.

양자의 불가분리의 관련성을 지적하여 건강한 종교의 모습을 상기시키고 있다. 그러면서 삼국시대에 불교가 어떻게 처신했는지에 대해 은근히 비판하면서도 일면 민중 속에 들어간 종교로서의 불교의 기여를 곱게 평가하고 있다.

> 불교만은 아니지만, 불교는 이날까지 우리 민족을 건져왔습니다. 우리 살 속, 뼈 속에 부처님의 길이 흐르고 있습니다. 사실 불교는 들어올 때부터 씨올의 종교는 아니었습니다. 정치의 길을 타고 지배계급 속에 들어온 것입니다. 그렇지만 진리는 언제나 넘치는 법입니다. 이용하려는 자를 도리어 정복하는 법입니다. 민족통일을 지향하는 삼국시대에 세 나라에 다 들어오면서도 종시 그 통일을 완성시키지 못하고 만 것은 국가를 초월하는 고등종교로서 불교의 실패라고 하여야 할 것이지만 그래도 아주 멸망을 면하고 기형적으로나마 통일이 된 데는 역시 씨올 속에 들어간 불교의 힘이 클 것입니다. 그것 없이는 소위 통일문화라고 하는 것은 없었을 것입니다.[21]

함석헌은 이능화 선생이 지적한대로 한국불교 발전의 저해요소를 지나치게 중국에 의존했기 때문이라고 본다. 일본은 불교를 일본적으로 전개한데 비해 우리는 불교를 한국적으로 전개하지 못했음을 아쉬어하고 있다.

> 대체로 우리나라 불교는 삼국시대 이래 올라가는 길을 걷지 못하고 내려가는 길을 걸었습니다. 물론 그렇게 된 데는 여러 가지 원인이 있을 것입니다. 그렇지만 불교는 죽은 학문이나 습관이 아니고 산 믿음입니다. 믿음에는 능치 못한 것이 없다고 모든 종교가 다 증거합니다. 불교

21) 『전집 5』, 334쪽.

> 자체가, 무엇보다도 먼저 스스로 그 책임을 져야 할 것입니다. 『불교통사』의 저자 이능화 선생은 그것을, 언제나 중국에 의존했기 때문이라고 했습니다. 일본은 '불교의 일본적인 전개'를 말하는데, 만일 한국적인 전개를 찾는다면 어떻게 말하여야겠습니까? 조선조에 와서는 유교가 성해서 정치적으로 누른 점도 있기는 합니다만 종교는 반드시 탄압에 못 견디는 것만은 아닙니다. 도리어 순교정신이야말로 역사를 빛내는 것입니다.[22)]

아울러 함석헌은 불교사상의 취약점으로서 염세적인 측면과 개인주의적인 측면을 지적하고 있다. 이것은 곧 불교가 낙관적일 필요가 있고 단체적 또는 공동체적일 필요가 있음을 지적하는 것으로 여겨진다. 다음 함석헌의 지적을 눈여겨 보자.

> 통속적으로 불교라면 이 세상은 허망한 것이라는 생각과 사람을 개개로만 보는 개인주의적인 사상이 농후하기 때문입니다. 지금의 사회는 유기적인 사회이어서 전체에서 독립한 개인이란 없습니다. 이것이 위에서 말한 인류가 성인기에 들었다는 말입니다. 그런데 불교에서는 아직도 인간을 철두철미 개인적인 것으로 보고 있지 않나 하는 것입니다.[23)]

2) 불교 공부에 심취 – 불교와 기독교의 유사성 발견

함석헌은 한문으로 씌여진 서적에 대하여 자유롭게 독해하는 능력을 지닌 지성인이었다. 요즘과는 달리 해방전후 한국불교계의 출판사업과 경전간행사업이 활발하지 못하던 때이지만, 그가 감옥에서 구입하여 읽은 불교서적은 한문으로 된 경서였을 것이고, 혹시 일본어로

---

22) 『전집 5』, 335쪽.
23) 『전집 5』, 337쪽.

된 해설서가 있었는지 모른다. 함석헌은 40대 이전에도 불교에 관하여 상식수준의 관심은 가졌을 터이나 본격적으로 불교를 탐구한 것은 그의 나이 40대에 이르러 사색의 원숙한 경지에서 동서고금의 철학 종교 사상을 창조적으로 융합하는 시기였다. 그 계기는 그가 《성서조선》 잡지사건으로 체포되어 김교신 등 12명과 함께 미결수로 서대문 형무소에서 수감생활을 하던 고난의 시기(1942~43)였다.

함석헌이 감옥에서 처음으로 접한 논서(論書)는 바로 일본의 친란(1173~1262)이 1224년에 쓴 『교행신증문류』 6권이며 줄여서 『교행신증(教行信證)』이라 부른다. 그 책 이름이 말하는 대로 교(教)란 붓다의 가르침 내용이며, 행(行)은 교(教)가 가르치는 바의 실천으로서 심신수행이며, 증(證)이란 위 두 가지 수행을 완성한 불자가 도달한 깨달음의 경지이다. 그런데, 친란은 전통적인 불교의 해탈의 방법 그 세 가지 외에 신(信)을 추가한 것이다. 추가정도가 아니라 '믿음'(信)이 가장 중요한 해탈의 길이라고 강조한 것이다.

불교를 자력으로 깨달음에 이르는 철학적 종교, 자력종교로서 이해하는 일반이해에 비하여 친란의 정토진종에서는 불자들의 신심(信心)이야 말로 두텁고 진지하고 순수해야 할 것을 강조한 것이다. 그 믿음의 대상은 정토진종에서는 아미타 부처였다. '나무아미타불'이라는 염불은 '아미타부처님께 귀의 합니다'라는 가장 단순하고도 짧은 기도문이요, 대중불교로 하여금 지식인들과 승려들의 고답적 귀족불교에 맞서도록 힘을 준 것이다. 친란의 정토진종에서 소의경전(所依經典)이 『무량수경』이었으며, 함석헌이 옥중에서 맨 먼저 읽은 경전이었다고 술회하는 불경(佛經)이다.[24]

---

24) 상게서, 184-186쪽.

『무량수경』(無量壽經)은 불교의 경전인 이상 그 내용은 석가모니부처의 설법형태를 갖추어 구성되어 있는데, 그 주 내용은 아미타(amitabha/無量光)요 아미타유(amitayus/無量壽)의 속성을 지니게 된 아미타부처님의 성불과정과 그 공덕으로 인한 중생들의 극락왕생하는 길이 오직 아미타부처에게 귀명(歸命)하는 길 뿐임을 가르친 경전이다.

무량수경의 중요한 핵심은 '극락왕생의 피안적 타력신앙'에 있다기보다는 모든 중생을 제도하고야 말리라는 '48대원'을 발원하고 그 서원을 성취했다는 점이다. 불교 수행의 최종목표인 반야지(般若知慧/판야, 프라쥬나)와 중생의 고통을 자기고통으로 알고 동병상린하여 구제하려는 '큰 슬픔의 자비심'(大悲心/카루나)을 통전시키는 '초역사적' 종교설화적 문헌양식(文獻樣式)의 경전이 『무량수경』이다. 여기에서 '초역사적 종교설화적 문헌양식'이라고 말하는 것은 그 경전이 이야기하는 수만억겁 이전 한 진리구도자 '법장스님'의 역사적 실재성은 오늘날 역사과학적 연구관점에서 볼 때 종교설화이지 객관적 사실역사는 아니라고 본다는 말이다. 그것은 구약성경의 에덴동산이야기가 진리를 말하려는 '종교설화'이지 객관적 사실역사가 아닌 것과 같다.

함석헌이 『무량수경』을 읽고 "불교와 기독교는 근본에서 다를 것이 없다"고 느꼈다는 것은, 불교에서나 기독교에서 표현이 다를 뿐이지, 비본래적인 삶의 고통 속에 있는 실존을 직시하고, 그들이 당하는 고난의 현실을 차마 포기하지 못하고, 자비심 혹은 아가페 사랑의 본심을 지닌 초인격적 존재(아미타부처, 하나님, 그리스도)가 삶의 현장에서 일하고 있다는 민중들의 신심(信心)을 함석헌이 보았기 때문이다. 교리적으로 보면 불교에서는 '서방십만억불토'인 피안의 극락세계를 설하고, 기독교에서는 '하늘나라'피안의 천국세계를 말하는 점에서도 통하지만, 함석헌의 관심은 불교의 핵심인 "깨달음과 자비심"이 항상

함께 간다는 점에 있었다.[25)]

함석헌이 감옥에서 읽었다는 불교경전은 주로 대승경전으로서, 그 첫번째 사상적 특징은 '반야지'에 투철하여 순수이념이나 관념 그리고 현실과 현상에 집착하거나 절대화하지 않고 '색불이공 공불이색, 색즉시공, 공즉시색'이라는 논리를 주장한다는 점이며, 둘째 특징은 바로 '보살사상'이다. 진정으로 만유가 '인연생기'함을 확신했다면, 불자는 중생과 동체대비의 관계에서 고난 속에 있는 생명들과 무한한 연대의식과 책임의식과 희생봉사정신으로 관계를 갖지 않을 수 없다. 함석헌이 불교경전에서 읽은 것은 바로 그러한 대승불교정신의 두 가지 기본핵심 정신이었던 것이라고 생각한다. 그러한 두 가지 핵심사상은 그의 철저한 기독교 신앙에서의 하나님 신앙, 예수의 아가페적 자기희생, 자발적 고난사상과 하등의 마찰을 빚거나 충돌할 필요가 없었던 것이다.[26)]

함석헌이 감옥에서 『무량수경』 다음으로 읽었다고 말하는 경전은 『반야경』이다. 불교학자들의 연구에 의하면, 대승불교가 그 이전의 부파불교시대를 극복하고 새로운 사상과 신앙운동으로 발전하기 시작한 것은 기원전 100년에서 기원후 400년경까지라고 말하는데, 이러한 대승불교운동과 더불어 형성된 경전이 '대승경전'인데 대승경전들 중에서도 가장 먼저 형성된 일군의 경전에 붙인 포괄적 이름이 『반야경』(般若經)이다. 잘 알려진 대표적 반야경으로서는 '금강경'으로서 약칭하는 『금강반야바라밀경』(金剛般若波羅密經)과 '반야심경'으로서 이른바 『마하반야바라밀다심경』(摩訶般若波羅密多心經)이다.

---

25) 김경재, 「함석헌 사상에서 그리스도교와 불교의 만남」, 함석헌기념사업회, 『함석헌 연구』(제4권 제1호, 2013 하반기), 186-187쪽.

26) 상계서, 191쪽.

『반야경』이 가르치는 핵심진리는 불교의 기본적 실재관인 '인연생기설'(因緣生起說)을 설파하는 것으로서, 삼라만상은 여러 가지 '원인과 관계들'의 집합적 구성체로서 지금 우리 눈앞에 그렇게 물건이나 사상으로 나타나 보이는 것일 뿐, 그것 자체로서의 불변적 실체 곧 '자성'(自性)은 없기 때문에 '공'(空)하다는 것을 설파하는 것이다.

함석헌이 『반야경』을 읽고 "불교와 기독교는 근본에서 다를 것이 없다는 생각이 들었다"는 감회는 이러한 대승불교적 기본세계관을 두고 한 말일 것이다. 기독교 성경에도 "모든 육체는 풀이요 그 모든 아름다움은 들의 꽃과 같으니, 풀은 마르고 꽃이 시듦은 야훼의 기운이 그 위에 붊이라… 풀은 마르고 꽃은 시드나 하나님의 말씀은 영원히 서리라"(이사야 40:6-8)는 말씀이 있다. "이 세상이나 세상에 있는 것들을 사랑하지 말라. 누구든지 세상을 사랑하면 아버지의 사랑이 그 안에 있지 아니하니 이는 세상에 있는 모든 것이 육신의 정욕과 안목의 정욕과 이생의 자랑이니, 다 아버지께로부터 온 것이 아니요 세상으로부터 온 것이라. 이 세상도, 그 정욕도 지나가되 오직 하나님의 뜻을 행하는 자는 영원히 거하느니라"(요한1서 2장 15-17절).

기독교 신앙도 가시적 세상에 집착하고 탐심의 노예가 되는 것을 경고하고 있다. 그러나 기독교가 현세를 비관하는 세상 도피적 종교가 아니라 생명과 진리와 정의와 평화가 온누리에 빛처럼 펼쳐지는 '하나님의 나라'를 추구하는 종교이듯이, 대승불교 경전을 감옥에서 읽고 대승불교의 정신이 또한 그러하다는 것을 함석헌이 확신했다는 것이다.[27]

끝으로, 함석헌이 후반기에 몸을 담은 퀘이커신앙과 선불교의 선수

27) 상게서, 188-189쪽.

행과 상호조명이 요청된다 하겠다. 함석헌이 불교경전을 감옥생활을 통해서 접하면서 '불교와 기독교가 하나다'라는 판단 근거는 대승불교적 보살사상과 파사현정하려는 선불교 정신이, 기독교의 하나님 아가페 신앙과 성경종교의 등뼈축이라고 할 '우상을 만들거나 섬기지 말라'는 우상타파정신과 통함을 절감했기 때문이었다고 본다.[28]

함석헌의 불교사랑은 일체를 비우고 단순하게 삶을 살아가는 '무욕정결'(無慾淨潔)의 삶의 자세에도 있지만, 그가 맨 먼저 애독한 불경이 『무량수경』이었다는 것에서 놓치지 않아야 할 점은, 아미타부처의 공덕에 귀의한다는 '타력신앙'에 있지 않고 아미타부처로서 성불하기 전에 한 사람 법장비구(法藏比丘) 스님으로서 가진 '고통당하는 중생들을 다 제도하기 전엔 성불하지 않겠다는 대비심의 서원정신'에 있다. 여기에서 함석헌의 고난사관과 회통을 느낀다.[29] 종교와 관련해서 함석헌이 말하는 세 가지 기본명제가 (i)모든 종교는 따지고 들어가면 하나이다. (ii)종교의 나타나는 형식은 민족 따라 시대 따라 여러 가지이다. (iii)종교들은 진리를 밝히는 정도에 있어서 차이가 있지만 알짬되는 참에 있어서는 다름이 없다. 함석헌의 퀘이커신앙과 선불교의 영성수행의 비교에서 느껴지는 점은 함석헌은 기독교의 인격주의 신관이 갖는 한계성과 문제점을 충분히 인지하면서도 단순히 철학적인 이법적(理法的) 신관, 하나님의 내재성만을 강조하는 신관이 꼭 옳은 것만은 아님을 강조한다는 점에서 함석헌은 예수계보를 따른 성경적 신앙인이라는 점을 다시 한 번 확인하게 된다.

28) 상게서, 203-204쪽.

29) 상게서, 205쪽.

4. 도가 및 도교의 경우

1) 유영모 선생으로부터의 가르침

'함석헌' 하면 우리는 흔히 '광야에 외치는 자의 소리', '죽어가는 시대의 양심' 같은 것을 떠올린다. 왜냐하면 그는 민중의 대변자로서, 때로는 시대의 예언자로서 씨ᄋᆞᆯ을 위해 씨ᄋᆞᆯ과 더불어 깊이 생각하고 멀리 내다보면서 가시밭길을 헤치고 살았던 인물이기 때문이다.

우리는 이 같은 함석헌의 삶 속에 노·장적 사유가 깊숙이 침윤되어 있다는 점에 주목할 필요가 있다. 함석헌이 『노자』(도덕경)를 처음 알게 된 것은 오산학교 시절 다석 유영모(당시 32세) 선생에게 배운 것이라고 한다. 이후 노·장사상은 그에게 생명수 같은 역할을 한다. 그렇다면 왜 함석헌은 노·장사상, 아니 좀더 크게 말하면 중국고전을 공부하기 시작했을까? 이와 관련하여 그는 다음과 같은 말을 했다.

> 나도 2차 대전이 끝나면서 우리는 동양고전 속에 지혜가 있지 않겠느냐. 자유하는 민중으로 가는 데 무엇이 있지 않겠는가 생각한데서 공맹이나 노장을 파기 시작한 거지요. 될 수 있는 대로 크게크게 생각하자는 거지요.30)

보다 큰 차원의 사고(思考)와 지혜를 찾기 위해, 자유하는 민중으로 가기 위해 함석헌은 동양고전을 공부하기 시작했다는 것이다. 그가 동양고전을 중시하는 또 다른 이유는 새로운 문명이 일어나야 한다면 동양고전에서 그것을 찾아야 한다는 것에도 있다. 그리고 이같은 사유의 밑바탕에는 우리의 것을 모르고 무시하기조차 한 자기반성과 이른

30) 『전집 17』, 409쪽.

바 근대화에 대한 무조건적인 추종에 대한 비판도 깔려 있다.[31)]

『도덕경』 1장에 나오는 "도가도비상도, 명가명비상명(道可道非常道 名可名非常名)에서 가장 문제가 되는 것은 도와 언어적 관계이다. 이 점에 대해 함석헌은 다음과 같이 이해한다.

> 모든 있음은 있음 아닌 데서 나온다. 하나님은 이름이 없다. 모세가 당신은 누구십니까 했을 때 온 대답이 "네가 왜 내 이름을 묻느냐? 나는 스스로 있는 자다" 했다. 천지만물은 자기 주장을 아니하는 이, 자기를 무한히 내주는 이, 스스로 희생하는 이가 있어야만 있을 수 있다. 그래 노자는 말 첫머리에 "道可道非常道 名可名非常名"이라 했다. 그러므로 이 모든 것의 근본이 되는 전체는 물건이나 일에 비하면 한없이 약해 보인다. 누구도 짓밟을 수 있는 것이 도 곧 길이요, 언제나 무시할 수 있는 것이 하나님이다.[32)]

천지만물을 창조한 하나님과 같이 모든 것의 근본이 되는 전체는 말로 표현할 수 없다는 것이다. '자기 주장을 하지 않는 이'나 '모든 것의 근본이 되는 전체'는 노자가 말하는 '도'라고 할 수 있다. 여기서 함석헌은 도를 길과 관련하여 이해할 때 언제나 무시할 수 있는 것이 하나님이라는 것이다. 우리는 도(道)에 대한 함석헌의 이같은 해석에 주목할 필요가 있다. 도나 하나님은 근본이 되는 것이고 증명할 수 없지만 우리와 멀리 떨어져 초월적으로만 존재하는 것이 아니라는 것이다. 함석헌은 노자의 도를 우주의 궁극의 자리, 모든 것의 근본이 되는 원리 혹은 실재 등으로 이해한다. 또 '도(道)'자를 '생(生)'자로 바꾸어 이

31) 조민환, 「노장철학의 창조적 변용」, 함석헌 기념사업회 편, 『민족의 큰 사상가 함석헌 선생』(한길사, 2001), 108쪽.

32) 『전집 20』, 46쪽.

해한다. 그 '생'역시 형용하여 말할 수 있는 것이 아니라고 한다. 그 도는 언어로 표현 불가능(言表不可能)하다는 것이다.[33]

2) 노·장사상에 대한 함석헌의 재해석

함석헌의 노·장사상에 대한 이해는 단순히 문헌학적 해석에 그친 것이 아니라 시대에 맞게 재해석하려고 노력하였다. 그의 『성경』을 포함한 고전에 대한 기본 입장은, 시대란 변하기 때문에 『성경』은 물론이고 동양고전도 항상 재해석되어야만 한다는 것이다. 즉 함석헌은 위기에 선 오늘날 우리의 살길이란 동양의 옛글을 시공을 뛰어넘어 고쳐 읽음으로써 문명의 새 방향을 찾을 수 있다고 생각하여 그 중에서도 노·장사상에 많은 관심을 보였다. 함석헌은 이런 점과 관련하여 다음과 같이 말한다.

> 그러기에 노자는 "옛날부터 있는 길(곧 진리)을 붙잡아 가지고 이제 '있는 있음(有)'을 부린다"(『노자』 14장, "執古之道 以御今之有")라고 했다. 마치 고삐를 잘 잡아야 사나운 말을 잘 부려서 수레를 몰아갈 수 있듯이, 이제 있는 이 천지만물과 인생 역사를 올바르게 이끌어가려면 예로부터 지금까지 뚫려 있어 변함이 없는 그 진리를 알아야 한다는 뜻이다.[34]

함석헌은 『도덕경』 한 장의 전문을 해석하는 경우와 『도덕경』 한 장의 부분을 인용하는 경우를 통하여 자신의 『도덕경』 이해를 밝히고 있다. 함석헌의 『도덕경』 한 장에 대한 전문해석은 주로 『씨ᄋᆞᆯ의 옛글

33) 조민환, 전게서, 119쪽.

34) 『전집 20』, 5쪽.

풀이』라고 편찬된『함석헌 전집 20』에 많이 나타난다. 물론 그 밖의 책에서도 전문을 해석한 경우가 있다. 전문 해석의 경우 "도가도비상도"(道可道非常道)를 말하는 1장, 자연에 나타난 복귀(復歸)의 철학을 말하고 있는 6장, "이것은 동양식「이사야」53장이다"라고 평가하기도 하는 노자만의 독특한 우(遇)의 철학을 전개하는 20장, 전쟁비판을 통해 평화주의를 말하는 31장, "부드럽고 약한 것이 굳세고 강한 것을 이긴다"(柔弱勝剛强)는 36장, '지자불언, 언자부지'(知者不言 言者不知) 및 '화광동진'(和光同塵)을 말하는 59장, "큰 나라 다스림은 작은 생선 지짐과 같다"(治大國若烹小鮮)는 60장, 노자의 '삼보'(三寶)를 말하는 67장 등이다.

부분적으로 인용하고 있는 것 가운데 자주 인용되는 것을 말하면 다음과 같다 '천지는 인자하지 않다'(天地不仁)를 말하는 5장, '썩 잘함은 물과 같다'(上善若水)를 말하는 8장, '제 몸 사랑하기를 나라 사랑하는 것보다 더 중히 아는 사람은 나라를 가져다 부탁할 만하다'를 말하는 13장, 도의 형이상학적 원리를 말하는 14장과 25장, '큰길 버려서 어짊 옳음 있고, 앎 슬기롬 나와서 큰 거짓 있다'(大道廢, 有仁義, 知慧出, 有大僞)를 말하는 18장, 성인의 경우 선악이 따로 없다(聖人常善救人, 故無棄人)를 말하는 27장, '나라는 성스러운 그릇이라 할 수 없다'(天下神器不可爲也)를 말하는 29장, '근본으로 돌아가는 것이 도의 움직임이다'(反者, 道之動)를 말하는 40장, '맑고 고요히 하여야 세상을 바로잡을 수 있다'(淸靜爲天下正)를 말하는 45장, 도의 '무위이무불위'(無爲而無不爲)를 말하는 48장, '어진 이는 지어 먹은 마음이 없고 씨울의 마음으로 마음을 삼는다'(聖人無常心, 以百姓心爲心)를 말하는 49장, '사람들이 언제나 죽음을 접허하지 않는다면 어떻게 죽이는 것 가지고 사람을 무섭게 할 수 있느냐'(民不畏死, 奈何以死懼之)를 말하는 74장,

'빳빳한 것이 죽은 것이고 부드러운 것이 산 것이다'(堅剛者, 死之徒, 柔弱者, 生之徒)를 말하는 76장, 유토피아인 '소국과민'(小國寡民)을 말하는 80장 등이다.35)

함석헌은 다석 유영모에게서 노·장사상을 배웠기 때문에 함석헌의 노·장이해에서는 유영모와의 상관관계를 고려해야 한다. 이런 점을 고려하더라도 함석헌은 노·장사상을 통하여 역사를 이해하고 자신이 살았던 시대의 아픔과 문제점을 공감하면서 극복하고자 했던 인물이었다고 말할 수 있다. 그것은 저항의 몸짓으로 나타나기도 하였는데, 왜 그는 저항하였는가? 저항하는 것이 곧 인간이라고 생각했기 때문이다. 그 저항의 밑바닥에 기독교 사상 외에 노·장철학이 진하게 깔려 있었다. 우리는 여기서 노·장이 있었기에 그 어려운 현실을 버티고 살아왔다는 다음과 같은 그의 말에 귀 기울일 필요가 있다.

> 이 몇십 년의 더러운 정치 속에서도 내가 살아올 수 있는 것은 날마다 노자·장자와 대화를 할 수 있었기 때문이다. 내가 만일 "썩 잘함은 물과 같다. 물은 모든 것에 좋게 잘 해주면서도 다투지 않고 누구나 싫어하는 (낮은) 곳에 있으려 한다. 그러므로 거의 도에 가깝다" 하는 노자의 말을 듣지 못했던들 씨올을 잊어버리고 낙심을 했을지도 모르고, 아침 저녁으로 장자를 따라 무용(無用)의 대수(大樹)를 아무도 없는 동리나 넓은 광야(無何有之鄉, 廣莫之野)에 심어 놓고 그 옆에 한가히 서성이며 그 밑에 거닐며 누워 잘 줄을 몰랐던들(『장자』「소요유」 참조), 이 약육강식과 물량 퇴폐의 독한 공기 속에서 벌써 질식이 되어 죽었을지도 모른다.36)

35) 조민환, 전게서, 113-114쪽.

36) 『전집 20』, 26쪽.

노·장은 함석헌에게 생명수와 같은 존재였다. 생명수와 같은 노·장을 그는 혼자서 맛보지 않았다. 그 생명수는 항상 씨ᄋᆞᆯ에 대한 사랑으로 연결되었다. 즉 함석헌의 기본적인 관심은 씨ᄋᆞᆯ이었고 민중이었다. 결국 노·장철학에 대한 관심과 이해도 기본적으로 이 씨ᄋᆞᆯ을 위한 철학에서부터 출발했다고 본다.[37)]

사실 노·장철학에는 절대평등, 개성해방을 추구하고, 불변을 추구하는 형이상학적 사유에 대한 비판, 비록 구체적인 행동으로 제시되지는 않았지만 변화에 바탕한 변혁의 철학, 평화를 추구하는 정신, '노'(no)라고 하면서 길들여지지 않고자 하는 정신, 다원론적 입장에서 바라보기에 다양하고 창조적 사유를 가능하게 하는 것, 함석헌이 말하는 씨ᄋᆞᆯ을 진정으로 위하는 무위정치 등과 같은 긍정적인 면이 있다. 함석헌은 이런 것들을 현실에 대한 인식의 바탕위에서 전개하였다. 따라서 그에게 노·장철학은 죽은 철학이 아니라 살아있는 철학이 될 수 있었다. 함석헌은 누구보다도 현실에 대한 인식에 기반하지 않는 철학이 현실에 대해 무엇인가 발언한다는 것은 있을 수 없다고 생각한 사람이었다.

최근 노·장사상과 관련하여 생태학, 신과학, 여성학, 21세기에 노·장이 어떤 역할을 할 수 있는가 등과 관련된 담론이 여기저기서 일어나면서 노·장에 대한 다양한 각도에서의 접근이 이루어지고 있다. 반면에 한·중·일 동북아 사회를 하나로 묶을 수 있다는 대안으로서 유가사상은 기본적으로 그 밑바탕에 한족(漢族) 중심주의 혹은 중화(中華) 중심주의가 깔려있어서 한계가 있다는 것이 지적된다.

함석헌은, 기본적으로 노·장이 무엇을 말하고자 한 것으로 이해하

37) 조민환, 전게서, 135쪽.

였을까? 노·장은 주지하다시피 중국의 춘추전국시대의 사람들이다. 따라서 일단 춘추전국시대라는 상황과 연계하여 노·장이 무엇을 말하고자 했는지 이해할 필요가 있다. 함석헌의 노·장이해도 일단 이 점을 무시하지 않는다. 노·장이 무엇을 말하고자 했는지를 일단 『장자』 「재유」에 대한 함석헌의 이해를 통해 보자. 함석헌은 『장자』 「재유」에서 "천하지만 맡기지 않아서는 아니 되는 것이 돈이요, 낮지만 따르지 않아서는 아니 되는 것이 씨올이다."를 다음과 같이 이해하면서 노·장이란 어떤 사람들이었는가를 말한다.

> 사람은, 존재는 개체로 존재하고, 생각도 개체로 하지만 생활은 처음부터 같이 사는 공동체 살림이다. 그러므로 인간적인 살림에는 질서가 없을 수 없다. 그 의미에서 정치는 필연적이다. 그러나 개인의 지혜가 깸에 따라 소박한 원시공동체 살림이 한 번 깨지고 전쟁 영웅이 일어나 재주와 폭력으로 인간사회를 휘두르기 시작하면서부터 정치는 타락일로로 내달았다. 문물은 발달하는 반면 인심은 점점 각박해졌고 제도와 법이 까다로워지는 대신 나라의 주체인 민중은 손발을 둘 곳이 없어졌다. 노자·장자는 춘추전국시대에 나서 이러한 경향과 싸우며 세상을 건지려고 애썼던 사람들이다.[38]

3) 공·맹사상에 비해 노·장사상을 높게 보는 이유

함석헌이 노·장사상을 공·맹사상보다 더 높게 평가하는 이유가 있다. 함석헌은 영웅사관이나 성인사관을 인정하지 않고 오히려 그런 사람들 때문에 민중이 고통받는다는 장자적 사유를 받아들인다. 함석헌이 이해한 노자와 장자는 나라의 주체이면서 고통받는 민중을 위해

38) 『전집 20』, 183-184쪽.

자신들의 사상을 피력한 사람이라는 것이다. 따라서 함석헌의 노·장 이해의 특징은 바로 노·장을 통해 민중을 위한 철학을 말하고 있다는 점이다. 함석헌의 이같은 이해는 춘추전국시대에만 국한되는 것이 아니라 오늘날의 현실에도 그대로 적용되는 바, 이같은 점에서 그의 노·장이해의 특징이 드러난다고 할 수 있다. 하지만 민중을 위한 사상을 노·장에만 적용시키지 않고 공자·맹자에게도 적용시킨다.

> 공·맹은 일반 실천도덕을 강조했던 분들이고 노·장은 춘추전국시대, 그 난세에 생의 깊이가 무엇이냐, 사람들을 어려움 속에서 건져내는 방법은 무엇이냐를 생각했던 분들이지요. 그분들 다 당대 현실을 걱정하고 어떻게 하면 백성들이 편안히 살 수 있을까를 연구했던 사람들입니다.[39]

어려운 당대 현실에서 백성의 안위를 걱정하고 세상을 건져보려고 애썼던 점은 노·장이나 공·맹 모두 같다는 것이다. 차이가 있다면 공자는 유위(有爲)의 방법, 즉 정치의 길로써 했고, 노자는 무위(無爲)의 방법으로 했다는 점이 다르다고 본다. 그리고 노자가 그러한 유위의 방법으로 안 될 것을 처음부터 밝게 깨달은 점에서는 공자보다도 노자에게 더 귀를 기울이지 않을 수 없다고 말한다. 왜 함석헌이 『도덕경』을 더욱 주목했는지는 이런 점을 통해 짐작할 수 있다.

함석헌은 자신이 노자와 장자를 높이 평가하는 것은, 그들이 애당초 정치하자는 생각은 없었고 이상론을 펼친 것이니 크게 정치에 영향을 미쳤다 할 수는 없지만 그것은 우주 근본의 깊은 데를 파고 들어간 말이었기 때문이라고 한다. 이런 점 때문에 『도덕경』오천 자 속에는 무

39) 『전집 17』, 407쪽.

한 영원으로 살아 움직이는 생명이 들어 있다는 것이 함석헌의 생각이다.[40]

함석헌은 노자가 『도덕경』 첫머리에서 "道可道非常道, 名可名非常名"이라 해서 '常'자를 내세우고 그 밖의 다른 여러 곳에서도 '常'을 높이 말하는 것에 주목한다. 함석헌의 『도덕경』이해의 특징 중 하나는 '常'자를 '상민(常民)'으로 이해하고 그것을 씨올과 관련지어 이해한다는 점이다.

> 우리말에서는 '상놈', '상스럽다'에서 보듯이 매우 좋지 않게 쓰는 '상'(常)을 그(=노자)는 아주 높이 쓴다. 그러나 노자야말로 인간사회를 바로 안 분이다. 내가 민, 곧 씨올을 강조하지만 그것을 노자의 말로 한다면 '상민'(常民) 혹은 '상인'(常人)이다. 내가 씨올을 말할 때 이따금 쓰는 맨 사람은 '常人'이라고 해도 좋은 것이다.[41]

송대의 사마광(司馬光)도 '常'자를 '상인'(常人)으로 이해한다. 하지만 사마광의 '상'자에 대한 해석은 함석헌이 '상'을 상민의 '상'으로 해석하는 것과 다르다. 그러므로 '상'을 상민의 '상'으로 해석한 것은 함석헌의 『도덕경』 이해에 나타난 특징이라고 할 수 있다. 함석헌이 말하는 '상'은 정신적인 면에서 본다면 '참'이다, '늘'이다, 또는 '영원'이라 할 수 있지만 구체적인 인간의 사회생활에서 본다면 '씨올'이라 해야 한다고 말한다. 이렇게 이해하면서 '바탈을 잃지 않고 지니고 있는 사람이 누구냐?'고 반문한다. '씨올'밖에 없다고 한다. 이것을 더욱 알기 쉽게 말하면 하늘말씀 받은 표적은 '상' 곧 보통사람, 씨올에 있다는

---

40) 『전집 20』, 32쪽.

41) 『전집 8』, 467쪽.

말이다. 즉 민중의 마음을 알아 그 자리에 서면 거기가 곧 공평, 고요한 하늘명령의 자리라는 말이다.[42)]

'常'과 관련지어 함석헌은 진정한 정치가에 대해 말한다. '상'은 다른 말로 하면 평민, 아무 지위도 큰 소유물도 가진 것 없는 맨 사람을 의미하고, 이런 점에서 정말 밝은 정치가는 인간 본성을 잃지 않는 인정 있고 도리를 아는 평범한 씨ᄋᆞᆯ을 이해하는 정치가라고 본다. 그렇게 해서 공평한 인권을 표시하는 것도 '상'이요, 그런 인권을 회복시킬 수 있는 자격도 '상'이라고 본다. 노자의 말대로 한다면 널리 속이 넓어 온 민중을 다 안을 수 있는 사람이 공(公)의 사람이며, 참 의미의 왕이며, 하늘 사람이며, 영원한 진리의 사람이라는 것이다. 함석헌이 노자의 '상'을 통해 말하고자 한 것은 씨ᄋᆞᆯ에 대한 사랑과 존중에 있었다고 할 수 있다.[43)]

장자의 경우는 장자사상을 대표하는 「소요유」(逍遙遊), 「제물론」(齊物論)을 풀이하고, 「거협」(胠篋)의 머릿부분 조금, 그리고 「재유」(在宥)의 전문을 풀이하면서 함석헌 자신의 장자 이해를 밝힌다. 여기서 우리가 주목할 것은 「재유」에 대한 전문을 풀이하고 있다는 점이다. 「재유」는 흔히 『장자』를 이해할 때 그다지 중요시하지 않는데 함석헌은 매우 중요시한다. 「재유」의 특징은 유가(儒家)를 심하게 비판하는 것에 있다. 특히 유가 성인의 업적에 대한 비판이 기본을 이룬다. 기본적으로 영웅사관, 성인사관을 부정하는 입장에 서 있는데, 이런 이해는 함석헌의 정치에 대한 견해에 극명하게 나타나다.

함석헌의 노·장에 대한 위와 같은 이해의 기본적인 입장은 씨ᄋᆞᆯ을

---

42) 조민환, 전게서, 122, 124쪽.

43) 상게서, 124-125쪽.

위한 올바른 정치, 평화에 대한 갈망, 온전한 생과 관련된 생명철학에 있다고 할 수 있을 것이다.[44)]

4) 도교와 함석헌

함석헌은 정작 장도릉(張道陵)에 의해 만들어진 하나의 종교로서의 '도교'에 까지는 나아가지 않고 있는 것으로 보인다. 아마 '도교'는 원시종교적 요소(미신적 요소)가 많기 때문에 의도적으로 배제했을 것으로 생각된다.

일종의 민간 종교로서의 도교는 노자와 장자의 글을 인용하지만 그 목적은 노·장사상과 정반대라고 해도 과언이 아니다. 도가 사상이 죽음과 삶의 문제에서마저도 초월하는 참자유를 추구하는 것에 반해 민간 종교로서의 도교는 육체적 생명을 최대한 연장하고 죽음을 맛보지 않는 육체적 불멸을 최고의 가치로 여기는 종교 전통이다. 이렇게 건강과 장수를 얻으려는 열망은 인간이 자의식과 더불어 생겨난 이후 계속 있어 왔지만, 중국에서 구체적인 운동이나 단체로 시작된 것은 2세기 동한(東漢) 사람 장도릉에 의해서다.

민간종교로서의 도교는 중국에서는 계속 맥을 이어오고, 지금 대만과 홍콩에서는 큰 사원들을 가지고 있는 괄목할만한 종교가 되어 있다. 한국에는 독립된 종교 단체로서의 도교는 없다. 한국에 전통적으로 내려오는 무속 신앙(샤머니즘)이 중국 도교의 역할을 대신했기 때문일 것이다.[45)]

---

44) 조민환, 「노장철학의 창조적 변용」, 『민족의 큰 사상가 함석헌 선생』(한길사, 2001), 114-115쪽.

45) 오강남, 『세계종교 둘러보기』(서울: 현암사), 170, 172쪽; 이찬수, 『종교로 세계 읽기』(서울: 이화여자대학교 출판부, 2007), 119쪽.

5. 힌두교 및 간디사상의 경우

힌두교(Hinduism)는 힌두(Hindu)라는 말에서 유래했는데 '힌두'라는 말은 인도(India)에서 가장 큰 강 '인더스 강 유역의 사람들'이라는 뜻이다. 힌두교는 세계 5대 종교 중의 하나로 인정되지만 보편적이기 보다는 인도 민족을 중심으로 한 민족종교의 성격이 짙다. 그러나 워낙 신자가 많고 역사가 깊기 때문에 세계 5대 종교 중의 하나로 인정받고 있다. 유신론(theism)종교이긴 하나 대표적인 다신교(polytheism)로서 3억 3천 정도의 신이 있다고 추정하며 그 가운데 대표적인 신은 셋으로 압축된다. 창조의 신 브라흐만(Brahman), 우주 유지의 신 비쉬누(Vishnu), 심판의 신 쉬바(Shiva)가 그것이다. 초기의 경전은 베다(Vedas), 그 뒤에 마누법전(The Law of Manu), 우파니샤드(Upanishad), 바가바드기타(Bhagavad-gita) 등으로 이어진다. 함석헌은 힌두교 자체보다는 힌두교의 경전들과 힌두교 신앙에 철저했던 간디(Gandhi)에 주목했다고 볼 수 있다.

어디에도 속해 있지 않다는 것은 모든 곳에 속해 있다는 것과 통한다. 두루뭉술하여 꼭 집어서 무어라 말하기 어려운 것이 함석헌의 말과 글이지만 또한 그의 사상이 대개의 종교사상과 통해 있는 것처럼 보이는 것은 이런 이유 때문일 것이다. 함석헌을 처음 만난 미국인 퀘이커 미첼(Arthur Mitchell)의 눈에 함석헌이 '퀘이커 회원이 되기 이전에 이미 퀘이커'로 보였던 것처럼, 어찌 보면 노자나 장자 같고, 어떻게 보면 우치무라 간조 같고, 또 어떻게 보면 간디를 닮았다. 워낙 다양한 사상들이 함석헌 속에 녹아 있기 때문이다. 만일 어떤 사람이 그에게 "도대체 당신 정체가 뭐냐?" 하고 묻는다면, 그는 틀림없이 "글쎄요"라고 대답했을 것이다. 그가 '뜨뜻미지근해서'가 아니라 죽을 때까지 그는 형성 도상에 있는(in the making), 그래서 늘 미래를 향해 열려 있는 씨올이었기 때문이다.[46)]

1) 『바가바드기타』에 심취

함석헌은 간디(Gandhi)에 심취하고 『바가바드기타』(Bhagavad-gita)를 읽기 전에 이미 인도사상가나 다름없었다. 그는 간디의 비폭력 정신이 당시 우리나라의 현실 속에 구현될 수 있기를 희망했지만, 꼭 간디 때문에 함석헌의 비폭력 투쟁이 있었다고 말하기는 어렵다. 원래부터 함석헌은 간디를 닮아 있었다고 볼 수 있다. 『바가바드기타』의 경우도 마찬가지이다. 우리나라의 종교사상 가운데 함석헌의 사상만큼 『바가바드기타』의 기본 정신에 근접해 있었던 사상은 없다 할 것이지만, 이것은 함석헌이 『바가바드기타』로부터 영향을 받아 그렇게 되었다는 뜻이 아니다. 그 전부터 함석헌의 내면에 깃들여 싹트고 자라나던 생각이 이미 『바가바드기타』의 사상을 닮아 있었고 나중에 『바가바드기타』와 마주치게 되었을 때 그것이 더 굳어지고 살찌게 되었다는 말이다.[47)]

함석헌의 씨올사상은 인도철학의 전체적인 경향과는 거리가 멀다. 존재(being)보다는 생성(becoming)에 천착하는 그의 사유구조는 인도사상의 존재론 보다는 오히려 서구의 테야르 드 샤르댕(Pierre Teilhard de Chardin, 1881~1955)이나 화이트헤드(A. N. Whitehead) 같은 과정사상에 더 가깝다고 볼 수 있기 때문이다. 그럼에도 불구하고 함석헌과 인도의 거리가 가까워지는 것은 특히 삶이며 종교다. 함석헌의 종교적인 삶은 매우 인도(印度)적이다. 간디가 삶의 지침서로 『바가바드

46) 이거룡, 「하나님의 발길에 채여 인도사상까지」, 『민족의 큰 사상가 함석헌 선생』(한길사, 2001), 140쪽.

47) 상게서, 153쪽.

기타』를 읽은 것처럼, 함석헌은 간디를 저항운동의 모델로 삼은 동시에 『바가바드기타』를 통하여 간디에 대한 이해를 심화했다. 함석헌이 간디와 『바가바드기타』를 접한 것은 무교회주의나 퀘이커리즘 혹은 노장사상에 비해 상대적으로 후기에 속하지만, 그가 받은 영향은 그 어느 사상 못지않게 컸던 것으로 보인다.[48)]

이렇게 볼 때 함석헌이 우치무라를 따르고, 노·장에 심취하며, 간디를 좋아했다는 것은 이들과 함석헌 간에는 공통점이 있다는 것이다. 무교회주의를 선호하고, 간디와 『바가바드기타』를 통하여 기쁨을 느낀다는 것은 결국 그들이 비슷하다는 것이다. 실제로 함석헌은 그 행동에서 간디와 비슷하며, 또한 그 생각에서 『바가바드기타』를 닮아있다고 이거룡은 말한다.

『바가바드기타』(기원전 2세기~기원후 3세기)는 인도에서 널리 애송되는 힌두교 경전이다. 권위로 따지면 베다(Veda)와 우파니샤드(Upanisad)가 『바가바드기타』보다 우위에 있다 할 것이나, 인도의 대중들에 대한 영향력 면에서 보면 오히려 그 반대라고 해도 과언이 아닐 것이다. 베다와 우파니샤드는 슈드라(Sudra) 이하의 하층민들이 접할 수 있는 경전이 아니며, 또한 일반 대중들이 받아들이기 어려운 비전(秘傳)이다. 이에 비해 『바가바드기타』는 언제나 일반 대중의 삶 속에서 함께 호흡해 온 대중들의 경전이다.

마하트마 간디에게 『바가바드기타』가 '영적인 지침서'였다는 것은 널리 알려진 사실이다. 간디는 삶 속에서 어려움에 직면할 때마다 마치 모르는 영어 단어를 영어사전에서 찾아보듯이 『바가바드기타』를 펼쳤다고 한다. 1785년 윌킨스(Charles Wilkins)의 영어 번역이 출간된

48) 상게서, 141-142쪽.

이래로 『바가바드기타』는 서양의 거의 모든 언어로 번역되었으며, 아시아의 여러 나라에서도 자국의 언어로 번역되었다. 이것은 『바가바드기타』가 인도의 경계를 넘어서 세계의 고전으로 널리 읽히고 있다는 증거다. 한글로 번역 소개된 최초의 힌두교 경전도 함석헌에 의한 『바가바드기타』였다. 그런데 의아한 것은 함석헌이 『바가바드기타』를 접한 것은 의도적인 것이라기보다 '우연'이라고 하는 사실이다.

> 마음에는 항상 기억하면서도 못 보고 있었는데, 6·25전쟁에 쫓겨 부산 가 있는 동안에 하루는 헌책 집을 슬슬 돌아보고 있던 중 우연히 어느 집 책 틈에 에브리맨스 문고판의 『바가바드기타』가 한 권 끼여 있는 것을 보았습니다. 그때의 나의 놀람, 기쁨![49]

그의 표현처럼 우연히 『바가바드기타』를 발견한 것이라 하겠지만, 그는 이미 그 전부터 『바가바드기타』를 들어 알고 있었고 마음속으로 그것을 찾던 중 그것을 보게 되었으니, 이런 점에서는 그가 부산의 어느 헌 책방에서 『바가바드기타』를 발견한 것은 단지 우연일 수 없는 것이다.

『바가바드기타』를 접하기 전에 이미 간디를 알고 있었고, 또한 그보다 더 이전부터 타고르(Tagore, 1861~1941)의 시를 읽었지만, 함석헌이 본격적으로 인도사상의 정수를 맛보기 시작한 것은 『바가바드기타』를 접한 후부터라고 해야 할 것이다. '모든 종교는 하나'라는 확신이 굳어진 것도 『바가바드기타』를 통해서이며, 간디를 더욱 잘 이해할 수 있었던 것 또한 그렇다. 처음에는 간디를 통해서 『바가바드기타』를 알았지만, 나중에는 역으로 『바가바드기타』를 통하여 간디를 보다 깊이

49) 상게서, 152쪽.

이해할 수 있었던 것이다. 간디의 비폭력 저항운동의 배경에 『바가바드기타』가 있었다는 것을 안다면 이것은 오히려 당연한 귀결이라 할 수 있다.

함석헌 사상과 『바가바드기타』의 공통점은 우선 아우르고 있는 사상의 다양성에서 발견된다. 온갖 다양한 사상들을 끌어들여 마침내 제 것으로 소화하는 메커니즘은 그 둘 모두의 특징이다. 일찍이 함석헌이 기독교, 유교, 도교의 정수를 두루 섭렵하며, 나아가 불교와 힌두교 사상까지 그 접촉의 폭을 넓힌 것처럼, 『바가바드기타』는 인도의 모든 사상들이 흘러들어 어우러졌다가 다시 강줄기를 이루어 신천지로 뻗어가는, 체계적인 인도사상의 원류라 할 만하다. 물론 이 둘에서 보이는 온갖 사상들의 아우름은 단순한 절충이나 수입이 아니라, 독자적인 사유체계를 바탕으로 남의 것을 소화해내는 특유의 방식으로 보아야 할 것이다. 『바가바드기타』가 고대 인도의 모든 종교사상들을 압축해 놓은 힌두교의 결정판이듯이, 함석헌사상은 한국사상 압축의 결정판이라고 해도 과언이 아닐 것이다.

『바가바드기타』의 입장과 마찬가지로 함석헌은 전체성과 다면성이라는 관점에서 진리를 접근한다. 이 점에서는 오히려 함석헌이 『바가바드기타』보다 더욱 적극적인 것처럼 보인다. 그는 어떤 경우에도 배타적인 종교관을 단호히 거부한다. 이 점은 그의 『바가바드기타』주석 여러 곳에서 보인다. 예를 들어 "어떠한 신자가 신앙을 가지고 어떤 형태의 신을 예배하기를 원하더라도 나는 그의 신앙을 튼튼케 해준다"(제7장 21절)는 구절을 주석하면서 그는 다음과 같이 말한다.

> '나 외에 다른 신을 두지 말라'는 기독교 신관을 가진 사람들에게는 이것이 아마 가장 이해하기 어려운 점일 것이다. 또 반대로 인도적인 생

각을 가진 사람에게는 유일신의 배타적인 생각이 가장 견디기 어려울 것이다. 그러나 그런 만큼 정말 긴요한 것은 그 사이에 이해가 어떻게 이루어지느냐 하는 데 있다. 기독교도는 사랑의 복음을 선포하는 자신들이 역사상 가장 잔혹한 전쟁들을 일으켰으며, 가장 악랄한 제국주의를 행했다는 것을 반성해 볼 필요가 있고, 아트만이 곧 브라흐만이라는 것을 믿는 인도 종교는 자기네가 세계에서 가장 부끄러운 계급주의를 유지해왔으며 가장 비겁한 식민지 백성 노릇을 최근까지 했다는 것을 생각할 필요가 있다. 이 대립은 사색과 행동이라는 두 쌍둥이 때문에 나오는 피치 못할 문제다. 그러나 그렇기 때문에 서로 부족을 보완해줌으로써만 온전을 향해 나아갈 수 있다.[50)]

이례적으로 긴 이 주석은 유일신론과 범신론이라는, 서로 대척점에 있는 듯한 두 입장조차도 오히려 상호보완으로 꿰어질 수 있다는 함석헌의 생각을 담고 있다. 같은 색이 아니라 다른 색이기 때문에 보화와 아름다움을 얻을 가능성이 있는 것과 마찬가지로, 종교의 경우에도 다르기 때문에 오히려 서로의 부족을 메울 수 있다는 것이다. 실로 회통(會通)의 참정신은 획일적인 동일(同一)이 아니라 상호보완이라는 것을 분명하게 보여주는 대목이라 하지 않을 수 없다.

2) 인도 사상과 퀘이커리즘의 유사성

함석헌이 그의 인생 후기에 받아들인 퀘이커리즘(Quakerism)은 인도 사상과 유사한 점이 많다. 퀘이커들이 하나님의 말씀을 듣기 위하여 침묵예배(silent worship)를 드리는 것은 힌두교의 명상 전통과 일맥상통한다. 실제로 함석헌은 서양 사람에게서 나온 종교 중에서 동양 사람에

50) 『전집 13』: 『바가바드 기타』, 207쪽.

게 가장 가까운 사상이 바로 퀘이커주의라고 말한 적이 있다. 퀘이커들이 성속(聖俗)을 구분하지 않고 삶 전체가 신성하다고 보는 점, 고정된 교리나 신경(信經)보다는 다양하게 변해가는 '내면의 빛'(Light within, Inner Light)을 중요하게 생각하는 점 등도 힌두교와 통한다. 힌두교는 고정된 종교의 교리나 형식주의보다는 탄력적인 내면의 신앙을 강조한다. 종교 냄새가 거의 나지 않는다는 점에서도 퀘이커리즘은 힌두교와 통한다. 함석헌은 퀘이커리즘에 끌린 이유를 다음과 같이 말한다.

> 나는 갈수록 퀘이커가 좋습니다. ……. '우리 교회에 오셔요', '이것 아니고는 구원 없습니다.' 식의 전도가 없고, 있다면 그저 밭고랑에 입 다물고 일하는 농부처럼 잘됐거나 못됐거나, 살림을 통해서 하는 전도뿐입니다. 그리고 마음에 드는 것은 종교 냄새가 별로 나지 않는 것입니다.[51]

이 점은 그대로 힌두교에도 적용된다.

세간의 삶과 초세간의 삶 혹은 종교적인 삶을 구분하지 않는다는 점에서도 퀘이커리즘은 힌두교와 상통한다. 퀘이커교도들이 현실문제에 관심을 가지고 현실참여에 적극적인 것처럼, 힌두교도들은 초세간의 삶 못지않게 세간의 삶을 중요시한다. 함석헌이 『바가바드기타』를 주석하면서 지적하고 있는 것처럼, 정통 힌두교도의 삶은 학생기(學生期), 가주기(家住期), 임서기(林捿期), 유행기(遊行期)라는 4단계를 거친다. 세간에서 잘 살아낸 사람만이 명상과 요가에 임할 자격이 있다는 것이 힌두교의 기본적인 자세다.

인도사상은 함석헌이 퀘이커교에 앞서 추구하던 '무교회주의'와도

---

51) 이거룡, 전게서, 144쪽.

맞아떨어진다. 힌두교는 그 자체로 '종교없는 종교'이며, 지금도 형성 도상에 있는 미완의 종교이기 때문이다. 힌두교는 창시자가 없는 자연 발생적인 종교이며, 힌두교인들은 포교나 개종의 필요성을 느끼지 않는다. 간디가 "힌두는 보다 훌륭한 힌두가 되는 것이고, 크리스천은 보다 훌륭한 크리스천이 되며, 무슬림은 보다 훌륭한 무슬림이 될 뿐" 이라고 역설한 것은 이를 단적으로 나타낸다. 어떤 의미에서 힌두교인들은 자신의 종교를 의식하지 않는다. 왜냐하면 삶 그 자체가 종교이기 때문이다.[52]

3) 이성을 중시하는 힌두교

함석헌과 힌두교의 또 다른 합일점은 이성적인 종교를 추구한다는 점이다. 힌두교의 신은 이법(理法)적이라는 특징을 지닌다. 주로 간디라는 프리즘을 통하여 힌두교를 이해하고 있지만, 이 과정을 통하여 힌두교가 다른 종교에 비해 이성적 신앙이며, 감정적이기보다는 현실감각을 지니면서 영적이라고 보았던 것 같다. 함석헌에게 있어서 이성을 결핍한 종교는 맹목적 미신과 다를 바 없었다. 함석헌이 퀘이커들의 이성적 신앙에 많은 공감을 가졌던 것처럼, 힌두교 혹은 간디의 이성적 신앙에 이끌린 것도 똑같은 이유 때문이라고 생각된다.

"진리는 하나지만 여기에 이르는 길은 여럿 있을 수 있다"는 힌두교의 오랜 전통 또한 함석헌의 종교관과 맞아떨어진다. "궁극적으로 모든 종교는 하나"라는 그의 말이 지니는 의미는 바로 이것이다. 종교는 진리 그 자체가 아니라 진리에 이르는 하나의 방편에 불과한 것이기 때문에 시대와 장소에 맞게 끊임없이 그 옷을 갈아입지 않으면 생

52) 상게서, 144쪽.

명을 상실한다는 것이다. 과거의 관념들은 그것이 아무리 살아 생동하는 종교적 영감이었다 할지라도 오늘의 시대정신에 적합하게 재해석되지 않으면 단지 죽은 화석에 불과하다는 입장을 드러낸다. 따라서 종교는 늘 형성 도상에 있을 수밖에 없다.[53]

사실 함석헌이 섭렵했던 모든 사상들은 상호 일치점이 있다. 퀘이커리즘과 인도사상, 나아가 노·장사상이나 무교회주의도 서로 동일한 멘탈리티를 지닌다고 볼 수 있다. 즉 이 사상들이 지니는 하나의 중심개념은 바로 합리성의 추구에 있었다. 이렇게 본다면 '다만 이성의 한계 안에서의 종교'를 부르짖었던 임마누엘 칸트(Immanuel Kant)의 사상과도 직통한다고 볼 수 있겠다.

4) 간디에의 심취

함석헌이 간디의 이름을 처음으로 접한 것은 1919년 3·1운동 때였고 1923년 일본에서 로맹 롤랑(Romain Rolland, 1866~1944)의 『간디전』을 읽고야 비로소 그의 생애와 그 운동의 대체를 알 수 있게 되었다.[54] 1958년 몇몇 사람들과 '간디 연구회'를 만들고 매주 일요일 오후마다 모여 『간디 자서전』을 함께 읽는 독회 모임을 가졌으며, 나중에는 『간디 자서전』을 우리말로 번역 출판하게 된다.(1982년 제1판)

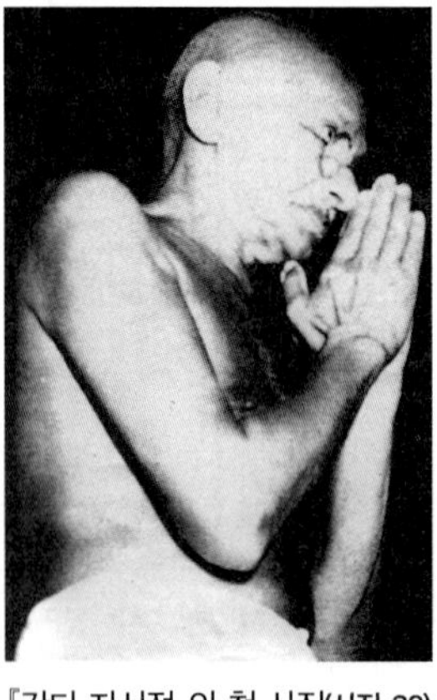

『간디 자서전』의 첫 사진(사진 28)

53) 상게서, 145쪽.

54) 『전집 7』, 36쪽.

이와 같이 함석헌이 간디에 깊이 심취하게 된 것은 무엇보다도 간디의 '비폭력 저항운동'이 당시 우리나라의 상황에 부합한다고 보았기 때문이다. 또 간디를 배워야 하는 가장 큰 이유는 우리나라와 인도(India)의 사정이 비슷한 점이 많기 때문이었을 것이다. 다른 민족의 지배 아래 있는 동안 지칠 대로 지쳐서 삶의 의욕을 거의 잃어버린 점에서 인도와 우리나라는 아주 흡사했다. 죽어가는 시체 같은 인도 민족에 새 정신을 불어넣어 그것을 하나로 통일하여 그 힘으로, 손에 바늘 하나 든 것 없이 순전히 정신의 힘으로 영국의 세력을 몰아낸 것이 인도다.[55]

함석헌은 해방 후 6·25 전쟁(1950~1953)도 겪어보고, 자유당 정권 밑에 신음도 해보고, 1960년 4·19 학생혁명도 치러보고, 1961년 5·16 군사정권 하에서의 삶이 어떤 것인가를 체험하면서 우리 민족이 어느 만큼 무지무력(無知無力)한 것이 뻔히 드러났기 때문에 오던 길을 버리고 새 길을 시작해야 한다는 생각이었는데 그 새 길을 찾는 것은 인도의 간디가 보여준 길을 따라가는 데 있다고 본 것이다.[56] 따라서 함석헌은 씨올들에게 간디를 스승으로, 친구로 소개 해주는 것이 글을 배운자의 책임을 감당하는 것으로 생각했다.

스스로 '민중의 대변자'이기 전에 진리를 추구하는 종교인으로 자인했던 함석헌에게 내면의 성찰과 저항의 조화는 가장 중요한 관심사 중 하나가 아닐 수 없었다. 내면과 저항을 동시에 추구한다는 점에서 함석헌은 간디와 맥을 같이 했었다. 저항에서 내면으로 또는 내면에서 저항으로 뛰어드는 사상가들과는 달리, 간디와 함석헌은 내면과 저항

55) 『전집 7』, 12쪽.

56) 『전집 7』, 10-11쪽.

을 동시에 추구하는 점에서 서로 통한 것이다. 양자의 경우 상구보리(上求菩提)와 하화중생(下化衆生)이 동시에 추구되며, 개인의 영성을 일깨우는 것과 사회의 구조적인 악을 제거하여 사회적 영성까지도 함께 추구되어야 했었다.

함석헌이 간디를 배우자는 또 하나의 이유는 간디에 있어서는 정치와 종교가 하나로 잘 조화되어 있었기 때문이다. 간디는 정치문제를 종교적으로 해결했다. 함석헌도 그것이 옳은 길이라고 확신한 것이다. 인류가 오늘날 당하는 고민은 종교를 무시하고 모든 문제를 정치적으로 해결하려 했던 결과로 오는 것이다. 원래 종교와 정치는 둘이 아니라 하나라는 것이 함석헌의 확고한 신념이었다. 그것은 마치 혼과 몸의 관계와 같기 때문이다. 이것은 그가 동서양의 여러 종교와 철학을 섭렵하는 종교적 순례자의 길을 걷는 가운데 얻은 결론이었을 것이다. 함석헌은 자유를 위한 저항운동가의 삶이 종교적 진리추구자의 삶과 별개일 수 없다고 생각했을 것이다. 종교적 양심이 결여된 사회가 이상적인 사회일 수 없는 것과 마찬가지로, 사회의식이 결여된 종교는 바람직한 종교일 수 없다는 것이 함석헌의 일생을 통한 믿음이었다.[57]

이 점은 함석헌이 간디의 비폭력 저항운동 혹은 진리파지(眞理把持, Satyagraha)에 대한 이해에서도 분명히 드러난다. 간디나 함석헌에게 비폭력 저항운동은 곧 진리파지 그 자체이다. 하나가 먼저고 다른 하나가 나중인 것이 아니라, 그 둘은 동시에 이루어진다. 간디의 투쟁의 핵심은 곧 '저(자아)를 드러냄'이며, 이러한 과정은 절대에 이를 때까지 계속되어야 한다는 것이다. 여기서 저항의 원동력은 폭력이 아니라 '혼의 힘'이며, 이로써 폭력에 기인하는 불의를 이긴다는 것이다. 혼

57) 이거룡, 전게서, 148쪽.

(Atman)의 힘을 드러내는 것, 그것이 곧 비폭력 저항이며, 그것은 '하나의 조직적인 사랑'이다. 저(자아)의 드러냄이 절대에 도달하는 것, 그것이 곧 범아일여(梵我一如)이며, 간디가 궁극적으로 추구한 것이었다. 함석헌은 여기에서 간디의 비폭력 저항주의라는 정치투쟁의 배후에 놓인 그의 종교적 믿음을 보았던 것이다. 그러므로 간디의 길은 밖으로는 정치인, 안으로는 종교, 즉 신앙인이었다.[58]

어떤 의미에서 함석헌은 간디의 비폭력 저항운동 자체보다는 그 배후에 놓인 간디의 신앙에 주목하였다. 함석헌이 보기에 간디는 외양으로 분주한 정치 활동을 하고 있으나 속살은 종교의 사람이었다. 낮에는 정치 활동을 하고 밤이면 종교라는 지하실에 내려가 내일의 활동을 위한 힘을 기른 사람이다.[59] 어떤 면에서 간디의 신앙은 매우 보수적이고 미신적인 것 같지만, 함석헌은 간디의 신앙이 '철두철미 뚫어비치는 이성의 신앙'이라고 평가한다. 이것은 간디가 그와 같이 위대한 신앙인이면서도, 어떤 신비적 체험이나 기적 같은 것이 전혀 없다는 사실에서도 알 수 있다. 왜냐하면 간디는 진리파지란 '과학'이라는 생각을 갖고 있었기 때문이다.[60]

간디가 지극히 '보통 사람'으로 내면과 저항을 동시에 추구하고 실현 했다는 점도 함석헌에게는 매력적이었다. 간디는 천재도 아니고 특별한 스승이 있었던 것도 아니고, 또한 그렇다고 간디만의 극적인 사건도 없었다. 한 마디로 간디는 자기를 스스로 계발한 사람이었다. 이 점에서 그의 길은 누구나 따를 수 있는 길이었다. 특별한 어떤 능력이나 신비체험을 한 사람만이 따를 수 있는 길이 아니라, 학력이 없어도

58) 『전집 7』, 11쪽.
59) 『전집 7』, 37쪽.
60) 『전집 7』, 38쪽.

생각만 깨면 따를 수 있는 길이었다.

함석헌은 간디의 사상과 삶을 주체적으로 수용하는 과정에서 간디의 방식을 원용하고 있는 부분도 많다. 이 과정에서 그는 특히 간디가 집회와 글을 통하여 민중들을 계몽하고 또한 체계적으로 지도자를 육성했다는 점에 주목한다.

> 간디의 인도 독립운동을 생각할 때 잊어서는 아니 되는 것은 사티아그라하요, 그 사티아그라하 운동을 생각할 때 반드시 주목해야 하는 것은 그가 발행했던 《청년 인도》(Young India)와 《하리잔》(Harijan)이라는 주간지와 곳곳에 세웠던 '아슈람'(Ashram)들이다. 특히 아슈람이다. 말하자면 이것이 새 인도의 산실이라 할 수 있다. 여기서 훈련된 정예분자 아니고는 그 대중을 옳은 방향으로 이끌 수 없었을 것이다.[61]

간디가 '민중교육'에 힘쓴 것처럼, 함석헌도 민중교육에 전념했다. '생각하는 백성이라야 산다.'는 것이 함석헌의 민중교육 신조였다. 나라가 새로워지려면 백성들이 단순히 복종할 것이 아니라, 제 스스로 뜻을 알고 자진해서 행동하는 운동이라야 성공을 거둘 수 있다고 보았다. 간디가 남아공에서 인도 국민회의를 조직하여, 자유라는 것을 모르던 지리멸렬(支離滅裂)한 인간 군상들을 깨워 국민의식, 역사의식을 갖게 하자는 운동을 펼친 것처럼, 함석헌도 그렇게 했다. 함석헌이 『뜻으로 본 한국역사』라는 명저를 남긴 것도 이런 맥락에서 이해될 수 있고 간디가 톨스토이 농장에 공동체 살림을 건설한 것처럼, 함석헌도 천안에서 씨ᄋᆞᆯ농장을 열었다. 물론 그 목적은 민중을 깨우는 데 있었다.[62]

61) 『전집 7』, 32쪽.

62) 이거룡, 전게서, 150-151쪽.

함석헌의 삶은 끊임없이 자신의 내면을 살찌워간(영적 근육을 키워간) 구도의 여정이었다. 그러다가 인도사상을 만난 것이다. 물론 그에게는 인도사상보다 『바가바드기타』가 먼저고, 『바가바드기타』보다 간디가 먼저였다. 따라서 그의 일차적인 관심은 간디였다. 간디가 그의 삶에 하나의 모델이 된 것은 무엇보다도 당시 함석헌이 처했던 시대적 상황 때문이라 할 수 있다. 간디가 영국에 대항하여 민중들과 더불어 저항해야 했던 것처럼, 함석헌은 억눌린 씨올들을 일깨워 한국의 독재 정권에 저항해야 할 필요가 있었다. 간디가 비폭력적인 방법으로 저항했던 것처럼, 한국의 씨올들도 그렇게 해야 한다고 함석헌은 믿었다.

그러나 간디가 함석헌에게 모델이었던 보다 근본적인 이유는 간디가 '내면'과 '저항'을 동시에 이룬 전형이라는 사실에 있다. 간디의 삶은 '내면으로 침잠'하는 동시에 '우주로 확산'하는 삶의 본보기였다. 그는 '침잠'과 '확산'이 서로 대척하는 역방향이 아니라, 같은 방향일 수 있는 가능성을 보여주었다. 따라서 함석헌이 『바가바드기타』에 심취한 것은 당연한 귀결이었다. 왜냐하면 『바가바드기타』는 내면으로의 침잠인 동시에 우주로의 확산일 수 있는 비밀을 담고 있는 경전이기 때문이며 아울러 힌두교의 면면은 결국 '범아일여(梵我一如, "Brahman is Atman")'를 모색해온 사람들의 발자취이기 때문이다.[63]

따라서 함석헌은 간디의 모습에서 진정한 힌두(Hindu)의 모습을 발견하고 아바타르(avatar)로서의 마하트마(Mahatma(위대한 영혼)) 간디의 인성(人性)을 다음과 같이 세가지로 압축하여 설명하였다. 첫째, 용기; 둘째, 겸손; 셋째, 참. 간디가 총탄에 맞아 쓰러졌을 때 부르짖은 "아이, 라마!"(오, 하나님)는 바로 참(眞)외에 다른 것이 아니었다.[64] 이

63) 상게서, 157쪽.

64) 『전집 7』, 17-23쪽 참조.

렇듯 간디에게는 종교와 도덕과 정치가 따로일 수 없었다. 왜냐하면 그는 정신적인 자기 수련의 지침으로써 『바가바드 기타』의 행동주의 철학인 카르마 요가(Karma-yoga)의 사상을 생활 속에서 실천하고자 했기 때문이다.[65]

간디는 그의 『자서전』 머리말에서 다음과 같이 부르짖었으며 무엇이 자기를 괴롭히고 있는 줄도 알고 있었다.

> 나같이 불쌍한 그렇게 악하고 못난 것이
> 세상에 또 어디 있을 수 있느냐?
> 내 창조주를 내버렸었구나.
> 그토록 나는 믿음이 없었구나.

> 왜냐하면 그분께서 내 생명의 숨의 마디마디를 다 주장하고 계시며 나를 낳으신 것이 그분임을 내가 분명히 알고 있는데, 그분에게서 내가 아직도 이렇게 멀리 떨어져 있다는 것은 내게는 끊임없는 고통이기 때문이다. 나를 붙들어 그분에게 못 가게하고 그분으로부터 멀리 있게 하는 것이 내 속에 있는 저 나쁜 정욕인 것을 알고 있다. 그러면서도 나는 그것을 떼어버릴 수가 없다.[66]

그러면서 또한 간디는 그 고통에서 벗어나는 해법도 알고 있었다. 그의 『자서전』 마지막 부분에서 이러한 고백을 한다.

> 자기 정화의 길은 좁고 험하다. 완전한 정화에 이르려면 생각으로나, 말로나, 행동으로나 절대적으로 정욕을 버려야 한다. 사랑과 미움, 친

---

65) 길희성, 『인도철학사』(서울: 민음사, 1984), 257쪽.
66) 『전집 7』, 55쪽.

밀함과 소원(疏遠)함의 대립이 이어지는 세속의 흐름을 초월해야 한다. 나는 내가 끊임없이 쉬지 않고 노력은 하면서도 아직도 내 속에 그 세 겹의 정결이 되어 있지 못함을 안다. 세상의 칭찬이 내게 달갑지 않은 것은 이 때문이다. 그뿐만 아니라 가슴을 찌르는 때가 많다. 교활한 정욕을 정복하기란 내가 보기에는, 무력을 가지고 세계를 정복하는 것보다 더 어렵다. 인도에 돌아온 후에도 언제나 내 속에 보이지 않게 정욕이 잠재해 있는 것을 경험하곤 한다. 그것을 알게 될 때 낙심은 하지 않지만 부끄러움을 느낀다. 경험과 실험은 나를 붙들어 버티게 해주고 기쁨을 준다. 그러나 아직도 지나가야 하는 험난한 길이 내 앞에 있음을 안다. 나는 나를 무(無)에까지 내리지 않으면 안된다. 사람이 스스로 자기를 피조물 중의 맨 끝에 세우지 않는 한 구원은 있을 수 없다. 아힘사는 겸허의 궁극점이다.[67)]

이 고백은 기독교 이론의 초석을 놓은 사도 바울(St.Paul)의 외침과 아주 비슷하다.

내가 원하는 바 선은 행치 아니하고
도리어 원치 않는 바 악을 행하는도다.(19절)
… 오호라 나는 곤고한 사람이로다.
이 사망의 몸에서 누가 나를 건져내랴.(24절)[68)]

함석헌도 한 때 큰 어려움에 직면했을 때 이와 똑같은 심정이었을 것이다.

---

67) 간디, 『간디자서전』(나의 진리실험 이야기), 함석헌 옮김(경기도 파주: 한길사, 2011, 제3판 제26쇄), 641-642쪽.

68) 신약성경 로마서 7장 19절, 24절.

제4장
한국그리스도교 비판

1. 그리스도교의 전래, 전개과정 그리고 신학계의 흐름

1) 천주교의 경우 : 천주교의 전래와 박해

함석헌은 초창기 한국 천주교에 대한 관점을 다음과 같이 서술하였다.

> 정조 7년, 1783년 겨울, 동지사(冬至使)의 서장관(書狀官)으로 갔던, 그 때 스물 일곱 살의 청년인 이승훈(李承薰)이 북경에서 천주교사의 전도를 듣고 입신하여 영세를 받고 돌아오매, 우선 그의 인척 되는 이가환(李家煥)·정약종(丁若鍾)·정약용(丁若鏞) 등 남인(南人) 중의 유식자가 많이 공명하여 믿게 되었고, 점점 퍼지어 열심 있는 신앙단체가 성립되었다. 이것이 한국 천주교의 제일석(第一石)이다.[1)]
> 핵심이 한번 생기자 이 새 종교는 맹렬한 형세로 퍼져 나갔고, 그 퍼져 나가는 신앙의 불길은 드디어 썩은 물웅덩이같이 침체되었던 사회에 큰 파문을 일으키기 시작하였다. 처음에 천주학이 일종의 학문으로 학자의 책상 위에 있을 때는 아무 힘 있는 것이 되지 못하였고, 나라에서

1) 『전집 1』, 248-249쪽.

도 별 간섭을 하지 않았으나, 점점 실천을 명하는 신앙으로 되어 기독교의 본색을 나타나게 됨에 따라 사회에서는 이 이상한 교풍(敎風)에 대하여 싫어하는 생각을 품는 사람이 많고 더구나 그 교도들이 재래 사회 제도와 종교의 중심이 되는 조상의 제사를 그만두고 위패(位牌)를 버리는 것이 크게 인심을 격동시켜, 천주학을 사론(邪論)이라 배척하는 소리가 차차 높아가게 되었다. 그리하여 나라에서도 이승훈이 북경서 입신(入信)하고 온 3년 후인 정조 10년에 천주교 금지의 영을 내리고 중국으로부터 거기 관한 책을 사들이는 것을 엄금하기로 하였다.

이 금지령에 첫 번 희생으로 걸려들어 맨 처음의 순교의 영광의 관을 쓴 것은 전라도 진산(珍山) 사람 윤지충(尹持忠)·권상연(權尙然) 두 사람이었다. 그들은 양반 출신으로 벼슬을 한 일도 있었던 사람들로서 믿게 되었는데, 제사를 폐하였다는 이유로 고발이 되어, 조상의 위패에 절하고 이교(異敎)를 버리면 용서한다는 관리의 강요하는 말을 단연 물리치고 선뜻 목을 잘리었다.

이 일이 있은 후 교도들은 지도자의 필요를 느껴 북경 천주교당에 선교사를 보내 달라고 청을 하였다. 북경에서 핍박이 심하니 생김새가 한국사람 비슷한 사람을 보내는 것이 좋을 것이라 하여 중국 사람 신부 주문모(周文謨)를 보내었다. 그는 소주(蘇州) 출생으로, 어려서 부모를 잃고 일찍이 천주교 교육을 받아 신부가 되었더니, 1794년 겨울 역부(驛夫)로 변복을 하고 압록강을 건너 왔는데, 그 때 나이 24살의 청년이었다. 서울에 온 후, 숨어 있으면서 7년 동안을 힘써 전도를 하였고 후에 잡히어 순교의 거룩한 죽음을 하였다.

이 때 임금 정조는 탕평책(蕩平策)을 써서 남인 시파(時派)에 속하는 채제공(蔡濟恭)을 들어 쓰고 신임하였는데, 시파는 천주교와 가까운 인연이 있었으므로 그의 있는 동안은 큰 핍박이 일지 않았다. 그러나 1799년과 그 이듬해에 제공과 정조가 다 세상을 떠나가매 서인(西人)이 다시 세력을 얻고 남인을 타도하기 위하여 천주교에 대하여 큰 탄압을 내리었다. 때는 1801년 순조(純祖) 원년(元年) 신유(辛酉)의 일이다. 이승훈·이가환·정약종이 죽고 그 밖에 죽은 자가 3백 명이나 되었다. 저 유명한 학자 다산(茶山) 정약용이 유배를 당한 것도 이 때의 일이다. 주문모는 위태하여지자 일단 압록강까지 갔으나 영감을 얻어 다시 돌아와 자수하고 노량진에서 형을 받아 죽었다.

주문모는 죽을 때 앞으로 30년간 한국의 교도는 목자(牧者)를 잃으리라고 예언을 하였다고 전하는데, 과연 그 후 30년 동안 남아 있는 교도가 힘도 썼건만 종시 교사가 오지 못하였고 교도가 흩어지는 상태더니, 1836년에 비로소 프랑스 사람 신부 모방이 의주(義州)로 몰래 들어오는 데 성공하고, 그 뒤를 이어 샤스탕·앙베르 두 사람이 오매 다시 교세가 떨치기 시작하였다. 그러더니 1839년 헌종(憲宗) 5년 기해(己亥)에 갑자기 핍박이 다시 일어나 세 사람 교사가 잡히어 온갖 고초를 겪은 후 사형을 당하고, 교도 중에서도 죽은 자가 수십 명이었다.

이 후 얼마 동안은 경계가 심하므로 교세는 가만히 숨어가는 형편이다가 처음으로 한국인 신부가 된 김대건(金大建)의 활동으로 1845년에 다시 선교사가 오게 되고, 그 후 철종 때에 정치가 풀어짐을 따라 선교사가 연이어 들어오게 되어 12명이 되게 되었고, 교도도 몇 만을 헤아리게 되었다. 그러다가 고종 3년 병인(丙寅)에 대원군의 큰 학살에 몇 만 신도와 아홉 사람의 외국인 선교사가 죽었고, 그로 인하여 양란(洋亂) 사건이 생겨 쇄국령(鎖國令)을 내리더니, 대원군이 쫓겨나고 나라를 열게 됨에 핍박이 차차 없어지게 되었다.[2)]

2) 개신교의 경우

1885년 4월 5일은 한국 프로테스탄트 역사의 한 기억할 만한 날이었다. 이 날 한국 감리교의 개척자인 아펜젤러(Henry D. Appenzeller) 목사

2) 상게서, 249-251쪽.

부부와 한국 장로교를 개척한 언더우드(Horace G. Underwood) 목사가 처음으로 인천에 상륙하였기 때문이다. 아펜젤러는 정동 제일교회와 배재학당을 설립하고 선교와 교육에 힘썼으며, 언더우드 역시 새문안 교회와 육영공원을 세우고 선교와 교육에 종사하였다. 언더우드는 특히 탁월한 교육가로서 1907년에는 연희전문학교를 창설하고 많은 인재를 길러냈다. 한편 아펜젤러와 함께 미국을 출발한 스크랜턴(William B. Scranton)은 장로교의 알렌(H. M. Allen)과 함께 병원을 열고(세브란스 병원의 전신) 의료사업에 종사함으로써 한국 선교의 길을 열었다. 이리하여 기독교가 한국에서 개척한 3대 사업, 곧 선교, 교육, 의료의 기초를 형성하였던 것이다.[3)]

그 후 1889년에는 호주장로교회와 침례교, 1890년에는 성공회, 1892년에는 미국남장로교회, 1893년에는 캐나다 장로교회, 1904년에는 안식교, 1907년에는 성결교, 1908년에는 구세군(Salvation Army)의 순서로 각각 그 선교사들이 계속적으로 한국에 들어와서 선교 활동을 개시함으로써 한국에는 프로테스탄트 교회의 일대 붐이 일어나게 되었다.

그러나 기독교의 선교 역시 평탄한 길만 걸은 것은 아니다. 여전히 관헌의 압박은 한편에 살아 있었으며, 민중은 기독교가 선조에 대한 제사를 거부하고 재래의 사회풍습을 무시한다는 데에 반감을 품고 기독교를 멸시하였다. 또 일부에서는 천주교도들과의 알력마저 있어서 그리 순탄한 길은 아니었다. 그러나 대체로 보아 당시 개국과 함께 서양 문명을 받아들이게 된 한국의 시대적 풍조를 타고 기독교는 놀라운 속도로 발전해 나가고 있었다.

많은 교파의 선교사들이 들어오게 되자 선교사업의 혼선을 피하기 위해 그들은 선교구를 획정(劃定)하였으며, 한편으로는 선교사들의 협의체를 구성하기도 하였다. 1893년에는 장로교 선교사들의 연합체인 선

---

3) 유동식, 『한국종교와 기독교』(대한기독교서회, 2006), 118-119쪽.

교공의회를 조직하고 한국에서의 선교정책을 채택하였다. 이것은 한국 프로테스탄트 선교의 대표적인 선교 정책이라고 보아야 할 것이며 그 내용은 대체로 다음과 같다. 첫째는 근로대중과 부녀자들을 먼저 전도의 대상으로 하고 차츰 상류층으로 올라가도록 한다는 것, 둘째로는 한국인 교역자를 양성한다는 것, 셋째로는 성경을 중심으로 한글 문서운동을 통한 선교, 넷째로는 교회의 자급과 자치, 다섯째로는 의료사업을 통한 선교였다. 이 속에는 1890년에 중국에서 초청하여 온 선교사 네비우스(John Nevius)의 선교방책이 반영되어 있다. 그의 방책의 중심은 교회의 자치제도를 장려하는 것인데 이것은 경제적 자급만을 의미하는 것이 아니라, 성경 연구를 중심으로 교인들을 훈련하여 모든 신도들이 각각 자기가 처해 있는 곳에서 전도할 수 있도록 신앙적인 자치인이 되게 한다는 것이다.

이러한 선교정책이 곧 한국교회의 성격과 특색을 형성하는 중요한 요인이 되었다. 무엇보다도 한국 교회의 구성원이 대체로 사회적 신분이나 지적 수준이 낮은 계층에 속한 대중과 부녀자라는 점이 그 하나다. 이것은 선교 정책에서 책정한 선교 대상층이 그러했을 뿐만 아니라 교역자의 양성을 위한 교육방침이 또한 그러했기 때문이다. 둘째로는 한국 교회의 선교열이다. 이것은 처음부터 한국의 선교는 한국인으로 하여금 담당케 하자는 선교적 자치를 목적으로 교인들을 훈련하는 정책을 쓴 데 기인한 것이다. 이것이 중국이나 일본과는 달리 짧은 선교역사를 가지고 있음에도 불구하고 양적으로 가장 성공한 한국 교회의 현상을 빚어낸 중요한 요인이 된 것이다. 셋째로, 한국 교회의 특색은 이것이 언제나 사회 문화 활동의 중심이 되어 왔다는 점이다. 사경회와 한글 성경은 한글문화를 발전시킨 중요한 계기가 되었으며 교육과 의료사업은 생활문화 향상의 센터였다.[4]

4) 상게서, 119-121쪽.

한국의 선교활동은 단순히 교회 확장 운동이 아니었다. 이것은 전반적인 문화 활동을 동반함으로써 한국 근대화의 도관의 역할을 담당하고 있었던 것이다. 그 중요한 활동 분야를 살펴보면 다음과 같은 것들이었다. ⑴ YMCA(1903), YWCA(1922)의 청년운동 : 이것은 소년기에서 직접 장년기로 넘어감으로써 청년기가 없다는 한국인에게 실로 청년 형성의 중요한 역할을 한 것이었다. 근대 한국의 민족 지도자의 대부분이 Y 출신이었다는 데에는 이 청년성의 문제가 작용하고 있는 것이다. ⑵ 여성해방운동 : 유교적인 보수주의 밑에서 어두운 세월을 보내고 있던 한국 여성을 해방하고 교육한 것은 실로 기독교였다. 1886년에 시작된 이화학당이야말로 한국 최초의 여성 교육기관이었다. ⑶ 신교육사업 : 한말까지의 일반교육이란 벼슬아치가 되기 위한 서당 교육이 있었을 뿐이었다. 그러나 이것을 지양하고 서구식 현대 신교육 방법을 이 땅에 도입하여 일반화한 주동체는 기독교(개신교)였던 것이다. 그것은 1885년 배재와 이화의 두 학당이 설립된 이후의 일이었다. 현대식 교육 없이 현대문화의 발전을 기대할 수는 없는 일이었다. 이러한 점에서 한국의 근대문화 발전의 개척자는 실로 한국의 기독교였던 것이다. ⑷ 의료사업 : 개신교가 들어오기까지의 한국의 의료기관이란 한방의와 무당이 있을 뿐이었다. 서구식 현대 의술을 도입하고 보급케 한 것은 기독교였다. 1905년에는 의학교육을 시작하였으며 1920년에는 이미 24개의 주요도시에다 병원을 설립하였다. ⑸ 문서운동 : 한글을 발전시키고 보급하게 한 것은 기독교의 성경과 찬송가였다. 1900년까지의 약 20년간에 걸친 성경의 반포수만도 약 700만 부에 달하였던 것이다. 한편 1890년에 '대한기독교서회'가 창설된 이후 1897년에는 최초의 한영사전이 간행되었으며, 또한 주간지 「조선그리스도인회보」, 「기독신보」, 그리고 한국 최초의 월간지인 「교회」 등이 발간되었다.

이상과 같은 광범위한 문화활동이 전개되는 반면에 또한 신앙운동도 활발히 전개되었다. 특히 1903년과 1906년에 원산에서 개최된 선교사들의 사경회를 계기로 전국에는 일대 부흥전도운동이 전개되었다. 때는 1910년 한일강제합병 직전의 불안한 시대였다. 기독교는 이때의 한국인에게 마음의 안정과 평화와 위안을 줄 수 있는 유일한 종교였다. 그리하여 1907년에는 '대부흥'이 일어났다. 이것은 한국교회의 한 초석을 마련한 중요한 사건이었다. 이 부흥의 결과에 대해서 백락준은 다음과 같이 말하고 있다. 첫째로, 기독교가 당시 민중의 정신적 요구를 충족시켜 줄 수 있었다는 점에서 한국 전체의 지도적인 종교임을 입증할 수 있었다. 둘째로는, 선교사의 우월감과 한국인의 열등감에서 거리를 느끼고 있었던 것이 이 부흥을 통해 서로 가까이 이해할 수 있었다. 셋째로는, 한국인이 가졌던 종래의 봉건주의적인 윤리관을 타파하고 새로운 윤리관 형성에 한 전환점을 가져왔다. 넷째로는, 이 부흥의 출발점이 사경회였다는 점에서 이 부흥회를 통해 성경 공부가 한국 교인들의 한 중요한 관습이 되었다.5)

한국 개신교의 전개 상황을 좀 더 구체적으로 살펴보면 다음과 같다.

(1) 일제 강점기의 한국교회 상황

유동식은 일제 강점기에 한국교회가 처해있던 상황을 소상하게 진술하고 있다. 한·일합병하던 1910년에는 백만인 구령(救靈)운동을 전개하기로 하고 감리교회와 장로교회가 이에 적극 참여하였다. 당시 20만정도의 기독교인들이 100만명 전도를 목표로 선교에 매진하였다. 그때의 중요한 선교 방법으로는 대대적인 부흥회를 여는 것과 전도문서를 반포하는 것, 더 나아가 방문하는 일이었다. 100만 장의 전도지와 70만 부의 쪽복음을 전국에 돌렸으며, 모든 신도들은 이 전도운동

---

5) 상게서, 121-122쪽.

을 위하여 자기의 일정한 날을 정하고 헌신하였다. 목표한 대로 많은 신도를 얻을 수는 없었으나 전국 방방곡곡에 기독교가 무엇인가를 전할 수 있는 좋은 기회였다. 그리고 성의 있고 꾸준한 기독교의 이러한 선교운동은 놀라운 성과를 거둘 수 있었다.[6)]

쇄국적인 전제정치의 오랜 암흑세계 속에 있던 한국에 복음의 빛이 들어온 셈이다. 한국은 기독교를 통하여 인간성을 많이 회복하였으며 민중은 인권과 민족적인 자각을 갖기 시작하였다. 그러나 당시 한국의 정치와 사회는 이미 구제 불능의 상태, 즉 부패하고 무능해진 가운데, 멸망 직전에 놓여 있었다. 한편 급변하는 국제정세의 영향을 피할 수 없어 결국에는 일본에게 합병당함으로써 주권을 잃고 나라가 망한 것이다. 그러나 다행히도 이때에 민족의 권리와 인권을 찾고 일어서려고 한 주체가 종교인들로서 기독교인과 천도교인이 중심이 되어 전국적인 독립운동을 전개한 것이 1919년 3·1 독립운동이었다. 이로 인해 일본 관헌에게 학살된 기독교인의 수가 2천여 명이요, 투옥된 수가 2천여 명이며, 40여 개의 교회가 파괴되었다. 그 후 일본 관헌은 기독교회를 민족운동의 온상으로 보고 계속 탄압하였다.

그러나 기독교회는 일본의 핍박에도 불구하고 진흥일로를 걸어갔다. 거기에는 다음과 같은 몇 가지의 원인을 생각할 수 있다. 첫째는 국가를 잃은 불안한 민족들이 종교에서 소망을 얻고자 한 것, 둘째는 3·1운동을 통해 기독교가 민족의 지도적 위치에 있음을 민중이 더욱 실감할 수 있었다는 것, 셋째는 기독교 자체의 강력하고 조직적인 전도운동이 있었다는 것 등이다. 한국기독교를 파괴한 일본은 한걸음 더 나아가 한민족을 말살하려고 하였다. 1937년 일본이 아시아 침략전쟁

6) 상게서, 121-123쪽.

을 일으킨 이후 그들은 한국의 학교에서 한국어 교육을 금지함으로써 우리의 말을 없애려고 한 점과 또한 창씨 개명을 강요하여 민족의 뿌리조차 없애려고 한 것이다. 하지만 이러한 모든 외적인 강압정책 속에서도 민족정신의 최대 보루로 남은 곳이 바로 기독교였다. 이것을 알게 된 일본은 한국에서 기독교를 제거하고 민족의 혼을 없앨 목적으로 적극적인 강압을 강행하였다. 그 하나가 곧 일본의 우상인 신사(神社)에 대한 참배를 강요하는 것이었다. 이에 대해 한국교회는 교회자체와 민족의 운명을 걸고 대결하지 않으면 안 되었다.

대부분의 기독교 지도자들이 신앙과 민족의 지조를 지키고 적극적인 투쟁을 전개하는 가운데 제2차 세계대전 중에 일본관변에 체포되고 투옥된 기독교 지도자가 2,000여 명, 옥사한 순교자가 50여 명이었으며 200여 교회가 폐쇄되었다. 그러한 교회 탄압 속에서도 자신의 입신출세를 꾀하고 부역하는 소위 교회 지도자라는 무리들이 꽤 있었던 것이다. 미·일전쟁이 나던 전 해인 1940년에는 선교사 전원이 본국으로 돌아갔다. 1942년에는 각 교파를 없이하고 소위 혁신교단이라는 일본총독부의 주구집단(走狗集團)을 창설하여 관헌과 내통하였다. 그들은 3천여 개의 교회 종을 떼어다가 무기를 만들도록 일본에 자진 헌납하고 신사참배는 물론 교회당 안에까지 일본의 신주인 천조대신을 모셔 놓았다. 그 중에는 이것이 하나님보다 높다고 주장하며, 아침마다 이에 절하는 자들도 있었다. 그들은 성서중에서 묵시록(요한계시록)과 모세 오경 등을 말살해 버릴 것을 주장하며, 한편으로 황도문화관(皇道文化館)이라는 어용단체를 만들어 가지고 동료 교직자들을 유인하기도 하였다.

우리는 여기서 한국 교회가 겪은 최대의 수난을 보는 것이며, 이러한 비극은 그토록 강력하였던 한국 초대교회의 순교정신이 무색해지는 대목이다. 이리하여 일제 말엽의 한국 교회는 황폐해지고 교인 수는 절반으로 격감하는 상황에 이르렀다.[7]

(2) 해방 직후의 상황

한국교회가 극도로 피폐하였을 즈음(1945)에 8·15 해방이 찾아왔다. 이것은 민족의 해방인 동시에 교회의 해방이었다. 해방이 되자 투옥되었던 교회 지도자들이 풀려나왔으며 탄압받던 교회 집회는 자유롭게 실시할 수 있게 되었다. 그러나 지도체계와 이념이 결여된 채 해방과 독립을 맞이한 한국의 사회는 일대 혼란 속에 빠졌으며 기독교회 역시 마찬가지였다. 이러한 교회의 혼란에는 몇 가지의 주된 원인이 있었다. 첫째는 한국의 남북분열이다. 공산주의자들에 의해 점령당한 이북에는 비록 해방이 왔다고는 하나 교회활동이라는 점에서는 전혀 그 사정이 달랐다. 6·25 동란을 계기로 북한에는 유례없는 최대의 기독교 박해가 찾아와 한국 기독교의 중심지였던 북한에는 교회의 존재조차 없어지게 되었다. 남북의 전쟁이었던 6·25 사변을 계기로 이북의 대부분의 교회 지도자들은 학살당하고 남은 신도의 대다수는 남하해 버린 것이다.(6·25 사변 전 북한에는 2,000교회와 30만 신도가 있었다.) 6·25 동란의 피해는 이남에서도 컸다. 한때 북한군에게 대부분의 남한지역이 점령되었던 사실을 생각하면 거기에 있었을 교회의 피해가 얼마나 심각했겠는가를 가히 짐작할 수 있다.

해방된 한국 교회에 혼란을 가져온 둘째 원인은 교회의 분파작용이었다. 일제하에 신사참배 문제를 계기로 이에 복종한 부역 교역자들과 이에 항거하고 투옥되었던 교역자들과의 사이의 알력이었다. 혁신교

7) 상게서, 123-125쪽.

단을 중심으로 부역하였던 교역자들은 해방 후에도 교계를 여전히 장악하려 하였고 반면에 출옥한 교역자들은 또한 그들의 권리를 주장함으로써 여기에 분열작용이 일어난 것이다. 또, 교권쟁탈욕에 의한 분쟁이 결과한 분파 작용이었다. 이것은 직접 그 정체를 드러내지 않는 반면에 다양한 형태로 오랜 세월을 두고 작용하였다. 아울러 신학적 사상 빈곤에서 오는 소위 보수와 진보의 대립도 시작하였다. NAE (National Association of Evangelicals, 보수)와 에큐메니컬(Ecumenicals, 진보)의 대립이 그것이며 교파마다 '예수교파'와 '기독교파'로 갈라지는 한국 교회의 기이한 현상이 바로 그것이다. 더 나아가 선교사들의 선교정책 빈곤과 졸렬성에서 오는 한국 교회의 혼란을 지적할 수 있다. 실은 위에서 지적한 보수와 진보의 대립이라는 것도 흔히는 선교사들의 정책혼란과 관계되어 있었다. 아울러 박태선 장로가 이끄는 전도관, 문선명의 통일교회, 나운몽 장로 등의 신흥종파 운동은 한국교회의 혼란상황에서 빚어진 또 하나의 새로운 현상이었던 것이다. 이러한 요인들이 작용하여 한국 교회에는 많은 분파가 일어나게 되었고 설상가상 격으로 외국의 많은 소교파들이 들어와 무질서한 선교를 하게 됨으로써 한국에는 기독교의 명칭 아래 헤아릴 수 없이 많은 교파 또는 분파가 발생하게 된 것이다.[8)]

그러나 이러한 혼란을 거듭하면서도 한국교회는 양적으로는 비약적인 성장을 계속하였다. 6·25 사변 후 1952~4년은 한국교회의 일대 부흥기였다. 물질적으로는 외국 선교회들로부터 막대한 원조가 있었으며 정신적으로는 대대적인 심령부흥회가 진행됨으로써 교회와 신도수는 급진적으로 증가하게 되었다. 한국 교회는 단순히 교회 확장에만

8) 상게서, 125-127쪽.

그 성장을 보인 것은 아니었다. 6·25 동란 후 급성장하고 있던 한국교회는 한국의 문화, 교육, 사회사업 등 여러 분야에 걸친 활발한 활동을 동반하였다. 예를 들면 1951년에는 국군 내에 군종(군목)제도를 실시하게 되었으며, 학원 내에는 일찍부터 싹트던 기독학생운동이 본격적으로 전개되었다. 이리하여 사회, 문화 각 분야에서 기독교 문화의 기운이 활기를 띠게 됨에 따라 한국전쟁 이후의 한국은 마치 서구 기독교문화권을 방불케 하였다.[9)]

그렇다면 한국에서의 기독교 붐의 원인은 무엇이었을까?

신앙적으로 생각한다면 복음 자체에 그 원인이 있다고 해야 할 것이다. 소위 성령의 역사가 아니고는 도저히 교회의 성립이나 성과를 기대할 수 없기 때문이다. 하지만 상대적인 역사적 환경과 한국인의 심성에서 그 중요한 원인을 몇 가지로 더듬어 볼 수가 있다. 첫째, 한국의 재래종교를 배경으로 한 한국민의 심성이 기독교의 복음을 쉽게 이해하고 받아들이도록 준비되어 있었다는 점이다. 예컨대 한국의 민속신앙인 샤머니즘이 기독교의 하나님과 영계를 쉽게 이해할 바탕을 마련해 주었다고 볼 수 있으며 가까이는 유교가 하늘을 섬기고 이웃을 섬기라는 기독교의 윤리를 받아들이도록 그 터전을 닦아 주었다고 생각할 수 있다. 그리하여 기독교를 도입한 초대 한국 신자들은 유교 출신의 신진 학자들이었으며, 후에 기독교가 뿌리를 내린 곳은 민속신앙에 젖어 있던 한국의 대중이었다.

둘째, 한국 역사가 당면하고 있던 시대적 요청에 기독교가 부응할 수 있었다는 점이다. 조선말인 19세기의 한국은 정치, 경제, 사회, 문화 할 것 없이 온통 걷잡을 길 없이 쇠퇴하고 있었다. 그뿐 아니라 민

---

9) 상게서, 127-128쪽.

중의 정신적 지주가 될 아무런 종교도 없는 때였다. 이러한 무종교 상태와 무정부 상태 속에서 불안한 민중은 한결같이 그들이 의지할 구원의 종교를 찾고 있었던 때에 새로운 생명의 빛을 가지고 힘 있게 파고 든 것이 기독교였다.

셋째, 망국 후의 민중의 도피처가 기독교였다는 점이다. 한국의 기독교 특히 개신교가 20세기 초에 이르러 급작스럽게 부흥된 데에는 분명히 이러한 특수 사정이 있었던 것을 간과할 수 없다. 나라를 잃고 의지할 곳 없이 된 한국 민족이 의지하고 도피할 곳은 종교였던 바, 그 중에도 인격을 고창(高唱)하고 현대적 조직 활동을 가능케 하는 종교는 기독교라고 여겨졌던 것이다. 그리하여 많은 민중은 인권과 국권의 회복이라는 꿈을 함께 안은 채 교회로 찾아들었다. 이러한 점에서 실국(失國)은 역설적으로 한국 교회의 진흥에 한 큰 원인이 되었다.

넷째, 기독교가 한국에 있어서는 현대문명의 도관이요 근대화의 선구자였다는 점이다. 한국 현대교육의 개시를 위시하여 의료사업과 청년운동 등 현대 서구 문명을 한국에 도입한 중심세력은 기독교였던 것이다. 비록 후진국가이기는 하나 19세기 후반 이후 세계문화의 조류를 따라 현대문명을 도입하고 근대화하지 않으면 안 된다는 것이 한국의 한 운명적인 대세요, 한편으로는 지상명령이기도 하였다. 따라서 자연스럽게 기독교가 차지하고 있던 위치와 비중은 극히 중요하고 큰 것이었다. 이에 민중은 기독교를 기대하는 가운데 교회는 날로 성장해 나갔다.

다섯째, 한국에서의 적극적인 선교정책이다. 오랜 쇄국주의 한국이 문호개방하던 때를 기하여 미국을 중심으로 한 각국의 프로테스탄트 선교부에서는 경쟁적으로 한국 선교에 나섰던 것이다. 그뿐 아니라 한국에 들어온 초대 선교사들은 사명감에 투철한 인물들이었으며 또한 이에 호응하는 한국인들 역시 열성을 지녔기 때문에 한국의 선교는 한결같이 역동적으로 진행되었다. 사경회와 부흥회가 한국 교회의 중요한 특색을 이루고 있었다는 것은 바로 이러한 적극적인 선교열과 선교 정책에 기인하는 것이다.[10)]

한국교회 급성장의 요인을 다른 각도, 즉 한국 여성들의 종교적 특성과 관련하여 지적한 사례도 있다. 한국 기독교인의 약 2/3는 여성이 차지하고 있는데 왜 이렇게 여성들이 새로운 종교인 기독교에 많이 모여들었는가? 한 연구에서는 그 이유를 다섯 가지로 진단하고 있다. ①주로 여성들이 한 가정의 기복자(祈福者) 역할을 담당하고 있었으므로, ②기독교회의 남녀 평등사상의 매력 때문에, ③끝없는 불안(내란, 전쟁, 기아)속에서 살아왔기 때문에, ④신앙을 만병통치약과 같은 것으로 보았기 때문에, ⑤기독교회는 동병상련의 집단으로 인식되었으므로.[11)]

일제 강점기 다수의 자유주의 신봉자들은 기독교인들이었다. 이들은 선교사들을 통해 서구 사상을 학습하고 조선 역시 개화를 통해 서구의 계몽주의 사상을 받아들임으로써 근대화 당위성의 논리를 갖게 되었다. 그러므로 기독교는 하나의 종교로서 수용된 것 외에 문명화의 수단으로서 받아들여지기도 했다. 특히 단발령 이후로 조선에서의 유림 세력은 더 이상 집단적인 세력을 유지할 수 없게 되었고, 그 결과 기독교만이 조선인이 기댈 수 있는 종교로 인식되었다. 장석만에 따르면, 일제에 의한 조선의 병합으로 말미암아 유교는 '망국의 종교'로 인식된 반면 기독교는 '문명의 종교'로 인식되었다는 것이다.

---

10) 상게서, 130-132쪽.

11) 조병갑, 『아무도 비판할 자격이 없는 한국 한국인』(서울: 도서출판 개미, 1999), 192-199쪽 참조.

> '유교 망국론'은 조선의 멸망에 대한 해답을 추구하던 이에게 효과적인 설명 방법으로 여겨졌으며, 치욕의 과거와 단절하고 새로운 대안을 찾고 있던 이에게 생각을 정리할 수 있도록 해 주었다. 적지 않은 이들이 개신교를 통해 새로운 대안을 찾을 수 있다고 생각했고, 이런 점으로 인해 개신교는 한국 사회에 뿌리를 내릴 수 있었다. 이제 개신교는 한국 사회에서 자랑할 것 없는 과거와 단절하고 전혀 새로운 희망의 미래를 보장해 주는 몫을 자임하게 되었다 개신교의 이런 몫을 인정해 주는 한, 한국인들은 신자건 아니건 상관없이 개신교에 함축된 세계관을 암암리에 받아들이면서 내면화하게 된 것이다.[12)]

그러나 기독교를 받아들임으로써 서구의 계몽주의를 내면화하겠다는 이들의 기대는 현실화되지 못했다. 그 원인은 기독교를 전파하고자 했던 선교사들의 입장과 기독교를 근대화의 도구로 받아들였던 한국 기독교인들의 서로 다른 입장에서 찾을 수 있다. 많은 한국인들이 기독교를 받아들임으로써 서양과 같은 수준의 문명을 달성할 수 있을 것이라고 기대한 데 반해서, 대부분의 선교사들은 종교적인 면에 한정시켜 개신교가 문명의 종교임을 강조했을 따름이었다. 다시 말해, 한국인들은 근대화를 통해 일본의 통치로부터 벗어나기를 원했던 반면, 서양의 기독교 선교사들은 정교분리의 원칙에 따라 일본의 통치를 용인하면서 종교적인 자유만을 강조했다.…

개신교뿐만 아니라 천주교 역시 종교적인 선교에만 관심을 가졌을 뿐 한국 신도들이 갖고 있었던 민족적 문제에는 거의 무관심했다. 이러한 천주교의 입장을 다음과 같이 정리할 수 있을 것이다. 첫째, 일제의 식민 통치 시절 프랑스인 주교의 관할권 영역에 속해 있었던 한국

---

12) 장석만, 「돌이켜보는 망국의 종교와 문명의 종교」, 『전통과 서구의 충돌』(역사비평사, 2001), 203쪽.

천주교회의 외국인 선교사들은 한국인 신자들에게 일제의 식민 통치에 대해 저항하지 말 것을 권고했다. 왜냐하면 선교사들은 일제의 통치가 한국의 기독교 발전에 기여할 것이라고 생각했기 때문이다. 둘째, 천주교회는 오직 초월적이고 경건주의적 신앙만을 강조했다. 그리하여 개인의 영혼 구원에만 관심을 갖게 했고, 교회가 현실 문제에 참여하는 것은 영성(靈性) 생활을 저해하는 위험한 것으로 판단했다. 이러한 서구 기독교 지도자들의 비정치적인 태도로 말미암아 상당수의 한국인 기독교 신자들은 곧장 기독교에 실망하고 교회를 떠나게 되었으며, 일부는 사회주의 운동을 통한 무력적 조국 통일에 더 많은 관심을 갖게 하는 결과를 초래하였다.[13)]

(3) 신학계의 흐름

한국 교회의 양적 성장에 비해 한국 신학계의 흐름이 어떠했는가도 살펴볼 필요가 있다. 감리교 신학자 최병헌의 신학활동은 1901년(함석헌이 태어난 해)에 그가 《신학월보》에 한국인으로는 최초의 논문인 「죄의 도리」를 발표함으로써 본격적으로 시작되었다. 그는 사회개혁, 기독교변증, 교회와 민족의 자주독립을 위해 힘썼다. 그는 평생을 동양종교사상과 기독교와의 만남을 위하여 바쳤다고 해도 과언이 아니다. 또한 그에게는 교파차별의식이 거의 없었던 반면 교파 분립에 대해서는 매우 비판적이었다.[14)]

장로교의 길선주 목사는 성서에 대한 부동의 신앙, 기도의 열심, 그리고 적극적인 전도열을 가지고 있었다. 그는 전형적인 보수 신앙의

---

13) 서현선, 「한국적 근대성에 대한 비판과 종교적 대안들에 관한 연구」, 박경미 외, 『서구 기독교의 주체적 수용』, 69-71쪽.

14) 송길섭, 『한국신학사상사』, 231-232쪽.

소유자로서 당시 그의 영향력은 막강했었다. 그렇지만 의외로 함석헌은 길선주 목사의 설교를 꼭 한 번 들었다고 했다. 길선주 목사는 박치록 장로와 함께 한국의 새벽기도회를 맨 처음 시작(1907년)한 목사였을 뿐만 아니라 말세에 대한 관심이 많았던 사람으로서 예수의 재림시기를 1974년으로 예언까지 했던 순진한(naive) 사람이기도 했다. 그는 2만 번 이상의 설교를 통해 380만 명에게 복음을 들려주었고 그가 세례를 베푼 수는 3000명, 그가 설립한 교회는 60여개, 그의 대표적 저서로는 『만사성취』(1916), 『강대보감』(1921), 『말세학』(1930) 등이 있다.[15)]

한국의 메이첸(Machen)이라고 불리우는 박형룡 목사는 우선 보수적이었다고 평가할 수 있는데 거기에는 긍정적인 면과 부정적인 면이 확연하였다고 송길섭은 다음과 같이 지적한다. 긍정적인 측면에서는 한국 교회에서의 칼빈주의적 정통신학 확립에 결정적 역할을 하였다는 점과 한국교회에 보수신앙을 심어줌으로써 일제말기의 어려운 시기를 견디어 낼 수 있도록 했다는 점, 부정적 측면에서는 미국선교사들이 전해준 복음을 절대화함으로써 신학적 종속관계를 형성한 측면과 신학적 흑백론에 빠져 독선적 배타성을 조장한 점이 그것이다.[16)] 박형룡이 1930년대에 한국교회의 보수신학을 수립하였다면, 같은 시기에 감리교의 정경옥은 자유주의 신학을 정립한 신학자였다. 정경옥에 따르면 기독교 경험은 개인의 구원경험에서 오는 감격에서부터 시작하여 죄악된 이 세상으로부터의 도피가 아니라 적극적으로 이 사회에 참여하여 사회를 변혁시키고 더 나아가서 이 세상이 하느님의 나

15) 상게서, 274쪽.

16) 상게서, 328쪽.

라가 되도록 끝까지 노력하고 투쟁하는 기독교를 강조하였다. 그는 리츨(Ritschl, A.)의 신학 전통에 가깝게 기독교의 도덕성을 강조했던 신학자이기도 했다.[17)]

조선신학원은 1940년 4월 19일 서울 승동교회에서 역사적인 개원을 했는데 김재준이 이곳 교수로서 한국신학의 수립을 위해 정열을 쏟게 되었다. 김재준은 외국선교사의 배제와 평양 장로회신학교의 폐쇄, 조선신학교 창설의 불가피성, 단절된 한국교회사의 새로운 시작을 내세우면서 5대 신학이념을 내세웠는데 ①세계적 수준의 신학 사상및 복음의 전파, ②경건과 연찬을 통한 칼빈신학의 재확인, ③성서연구 방법에서의 비판학의 채택, ④한국신학의 건설적 실현과 교권 남용의 근신 등이 그것이다.[18)]

성결교, 침례교, 구세군, 성공회에도 신학자들이 없는 것은 아니었으나 장로교와 감리교에 비해 교세가 약한 이 교파들은 특별히 다른 목소리를 내지 않고 복음에 입각한 온건한 보수적 기독교의 사상을 전파하고 있었다고 볼 수 있다.

1963년부터 한신대와 감신대 그리고 연세대 신과대를 중심으로 토착화의 문제, 1965년 이후에는 세속화론, 기독교의 비종교화론, 신 죽음의 신학, 희망의 신학, 혁명의 정치신학, 생태신학에 관한 이해와 소개가 있었다. 이와는 다르게 한국의 독자적 신학을 시도한 저서와 논문들도 출현하게 되는데 유동식의 『한국종교와 기독교』, 윤성범의 『기독교와 한국사상』, 문상희의 「신흥종교와 샤머니즘의 상관성」, 박봉배의 『한국 기독교의 토착화』, 변선환의 「종교신학」 그리고 이어

17) 상게서, 330쪽.

18) 민경배, 『한국기독교회사』(서울: 연세대학교 출판부, 2005), 507-508쪽.

서 등장한 것이 '민중신학'이라고 볼 수 있을 것이다. 그런데 민중신학의 중심 개념인 '민중'은 다석 유영모와 신천옹 함석헌이 제기한 민(民)과 씨ᄋᆞᆯ에서 비롯되었다.

특히 함석헌은 씨ᄋᆞᆯ 민중론을 주장하면서 이것을 통해 한국의 민주화를 강하게 시도하였다. 그는 새로운 시대의 중책은 양반이나 군부가 아니라 주체성을 자각하는 '씨ᄋᆞᆯ 대중(민중)'이라고 주장했다. 함석헌은 어떠한 권위에도 종속되지 않는 개인의 주체성에 강조점을 두고 있지만, 동시에 그러한 개인이 사회의 일원이라는 점도 잊지 않고 있다. 또 그가 피력하는 새 시대의 종교인 씨ᄋᆞᆯ종교는 구시대적인 교권 및 차별 의식을 부정하는 진정한 근대정신의 산물인 평등 정신에 기초하고 있음을 다음과 같이 강조하였다.

> 씨ᄋᆞᆯ의 종교가 독선적이고 종파적이고 교리적이고 제도적인 기성 종교를 거부하는 것은 자명하다. 또 씨ᄋᆞᆯ의 종교에서는 성직자와 평신도의 구별이 있을 수 없다. 아무도 하나님의 말씀을 독차지할 수 없다. 다 하나님의 자녀이다.[19]

이러한 개념에 기초하여 서남동은 조직신학적으로, 안병무는 신약성서신학적으로 민중신학을 정초하였다. 민중신학을 논할 때, 필히 언급하지 않을 수 없는 학자들이 많은데 현영학, 서광선, 김용복, 송기득, 김경재, 박재순, 권진관 등이다.

---

19) 서현선, 「한국적 근대성에 대한 비판과 종교적 대안들에 대한 연구」 박경미 外, 『서구 기독교의 주체적 수용』, 73쪽 재인용.

2. 한국그리스도교에 대한 함석헌의 비판

1) 천주교에 대한 비판

우선 『함석헌 전집 1』(뜻으로 본 한국역사)에 나타난 함석헌의 천주교 비판의 소리를 들어본다.

> 양반들이 자기네의 지배하는 특권을 영구히 가지기 위해 우선적으로 한 것은 계급사상을 강조하는 것이었다. 사농공상(士農工商)이요, 7천(賤)이요, 8천이요 하는 것을 만들어 놓고는 그 뒷받침을 유교에 구하였다. 그리하여 글을 배우는 선비에게는 어려서부터 특권 의식을 넣어주고 일반 백성에게는 복종하는 것을 하늘이 내린 법으로 가르쳐서 영구히 종으로 부리려 하였다. 천주교로써 정말 한국 민족을 건지려면 반드시 이것과 맹렬한 싸움을 했어야 마땅했다. 그런데 교회에서도 양반은 여전히 양반이요, 상놈은 여전히 상놈이었다.
> 그 다음 특권 계급이 또 민중 압박으로 쓴 방법은, 중국을 아주 대국으로 섬겨야 한다는 사상을 가르쳐 준 것이다. 그들은 그렇게 하여서 민중을 중국에 팔아먹은 대신, 그 짜 먹는 지위를 가지고 그 대국의 세력을 빌어서 자기네의 지위를 튼튼히 하고, 그 대신 반도 안에서는 마음 놓고 마음껏 짜 먹었다. 우리나라 농민이 특별히 발달하지 못한 것은 이 두 겹의 착취를 당하였기 때문이다.[20]
> 그 다음 또 양반 계급들이 한 것은, 불교를 내리 누르고 예로부터 오는 사상을 모두 천대한 것이다. 이조에서는 유교 하나로 나갔고 불교를 눌러 버렸다. 세조가 불교 장려를 했다 하나 그것은 제가 사람을 많이 죽였으니 그 죄를 면해 볼까 하는 생각에서였지 국민 정신을 위한 것이라 할 수 없다. 그 후로 줄곧 불교를 천대하였고 나중에는 중은 사회적으로 아주 천한 계급으로 대접하여 버렸다. 그랬으므로 불교가 말이

20) 『전집 1』, 254쪽.

> 아니었다.[21)]
>
> 미신은 어느 사회나 있지, 없지 않다. 그러나 우리나라처럼 심한 곳은 없다. 그런데 그 원인이 무어냐 하면 민중의 정신이 기운을 펴지 못하고 옴츠려 음성으로 자라게 된 것이 그 원인이다. 내놓고 뻐젓이 공부하고 믿을 수 없고, 압박자의 밑에서 어떻게 살아날까 그것만 생각하니 혁명할 실력은 없고 세상이 언제 바뀌나 그 생각만 하니, 자연 발달할 것은 미신밖에 없다. 그런데 정치는, 정당한 종교를 주지 않는 미신을 자꾸 장려하고 이용하였다. 그러므로 민중은 아주 정신적으로 등뼈를 잃어버렸다.
>
> 그랬으니 천주교 신자가 정말 눈이 있었다면 이 미신을 없애기 위해 맹렬한 싸움을 시작했어야 할 것이다. 사실 하기도 하였다. 그러나 그것도 조상 숭배를 미신이라 하여 제사하지 말라는 것만 강조했지 그 근본되는 숙명적 마술숭배적인 것을 힘있게 때리지는 못하였다. 조상 제사에도 폐해가 없는 것은 아니나, 그것은 동양을 잘 모르는 서양 신학자의 옅은 소견에서 한 판단뿐이요, 그실 거기는 도덕의 부리가 적지 않게 들어 있는 것이었다. 그것을 건드리므로 도리어 민중에까지 들어가기가 어렵게 되었다. 그보다는 민중교육을 힘썼을 것인데, 천주교는 그것을 하지 않고 옹기점에만 붙어 있었다. 사실 그 때 과학적으로 떨어진 한국이 그에 대한 요구는 컸을 것인데, 그것을 잘 이용하였더라면 큰 개혁운동을 할 수 있었을 것이다. 천주교 실패의 큰 원인이 이 민중교육을 하지 않는 데 있다.[22)]

위 비판은 거시적인 것이고, 미시적인 비판은 따로 있다. 윤형중 신부와의 논쟁 및 서창제 교수와의 논쟁이 그것이다.[23)] 가톨릭 자체에

---

21) 상게서, 255쪽.

22) 상게서, 256쪽.

23) 『전집 3』, 51-108쪽 참조.

대한 비판도 만만치 않다. 우선 신부(神父)들에 대한 비판이다.

> 신부들은 다 교회라는 제도 밑에, 교황이라는 낮도깨비 앞에 제 인격의 존엄성을 내 놓고, 의지의 자유를 빼앗기고, 판단의 자유를 팔아버린 사람들이니, '제 말'이라고는 한 마디를 할 수 없는 이들이다. 제 말이 없는 사람들에게 종교가 무슨 종교요, 진리가 무슨 진리일까?[24]… 가톨릭은 그 조직에 있어서 사실상 로마제국의 재현이다. 로마제국의 히브리적 표현 그것이 곧 가톨릭이다. 그러므로 엄정한 의미에서 가톨릭은 히브리적인 에클레시아(교회)가 아니고 한 개의 정치다. 거기는 권력이 중심이지 결코 신앙이 중심이 아니다.[25] 거기는 의인의 모임인지는 몰라도 죄인을 오라는 곳은 아니다. 천재가 믿을 종교인지 몰라도 민중의 종교는 아니다.[26]…가톨릭은 무슨 주의일까? 두말할 것 없이 고린내 나는 봉건주의 아닌가? 그야말로 똥 묻은 개, 겨 묻은 개다. 아직 봉건시대의 꿈을 못 깨는 것은 대낮에 도깨비에 들린 것 아니고 무엇인가?[27]…가톨릭의 교회주의를 비해 말한다면, 서울역 앞에서 야미표(암표) 장사하는 자와 같다. 암표 장사는 친절하게 굴지만 그것은 내 주머니를 노리는 자요, 나를 눈 없고 손 없는 자로 대접하는 자다.[28]

위에서 쏟아낸 함석헌의 나무람은 주로 1957년도에 쏟아놓은 것이다.[29] 그러나 1983년에 있었던 『마당』지와의 대담을 보면, 함석헌의

24) 『전집 3』 66쪽.

25) 상계서, 86쪽.

26) 상계서, 96쪽.

27) 상계서, 99쪽.

28) 상계서, 106쪽.

29) 연구자가 확보한, 함석헌과 윤형중 신부간의 논쟁을 담은 『사상계』: ①1957년 3월호(함석헌, 할 말이 있다), ②1957년 5월호(윤형중, 함석헌 선생에게 할 말이 있다), ③1957년 6월호(함석헌, 윤형중 신부에게는 할 말이 없다) ④1957년 7월호(윤형중, 함석헌씨의 답변에 답변한다) 참고.

태도가 달라져 있음을 알게 된다. 왜냐하면 개신교는 가톨릭보다 더 못하다고 생각했기 때문이다.

> 나 믿으면 그만이지 남 아니라고 할 것 없다고 생각했지요. 지금은 오히려 가톨릭 편이 좀 나은 편이고, 개신교 편은 아주 규모가 없고 법이 없어요. 제멋대로야. 신부는 탈선하는 경우가 별로 없는데 목사라는 사람들 형편없이 보수적이고 모자라는 인간들이 많은걸요.[30]

이러한 진술은 그동안 가톨릭이 보여준 '사회참여'를 옳게 평가한 탓이라고 볼 수 있다. 민주화 운동, 사회정의와 인권을 위한 투쟁 같은 것이 그것이다. 그리고 거기에는 남의 신앙을 평가하는 것보다 자기 믿음에 성실한 것이 더 좋다는 그의 초연한 자세가 깃들여 있다.[31]

그의 비판의 초점은 그리스도교와 그 교회가 사회의식이나 역사의식이 없어서 본디 그리스도교가 지향했던 민중의 종교로서 해야 할 구실을 제대로 못했다는 데 있다.

이러한 함석헌의 비판은 지나치게 극단적이고 편협한 면이 없는 것은 아니다. 또 그 비판의 대상은 한국교회 전체가 아니라 일부에 국한된 것이기도 하다. 아울러 우리는 그리스도교에 대한 함석헌의 비판이 1950년대 끝 무렵에서 1970년대 첫 무렵에 걸친 한국교회의 상황을 전제로 해서 이루어진 것임을 유의할 필요가 있다. 예언자다운 비판은 언제나 구체적인 대상을 겨냥하기 때문이다. 하지만 그의 비판의 목소리는 오늘날까지, 아니 앞으로도 살아 움직이는 생명의 말, 행동하는 '말씀'으로 길이 남아 교회개혁과 역사변혁에 크게 이바지할 것으로

---

30) 함석헌, 「퀘이커와 평화사상」, 『전집 3』, 169쪽.

31) 송기득, 앞의 글, 『민족의 큰 사상가 함석헌 선생』(한길사, 2001), 296쪽.

보인다. 지금 우리에게는 그 어느 때보다 '예언자'가 필요하다. 교회비평가가 필요하고, 사회비평가가 필요하다. 그러한 필요를 느낄수록 우리는 함석헌의 비판이 유효하다고 본다. 그의 태도와 정신과 행동이 지금처럼 요청되는 때가 없었다. 그는 우리 현대사에 우뚝 선 말씀의 보루라고 할 수 있다.

함석헌은 1956년 1월호 『사상계』에 「한국의 기독교는 무엇을 하고 있는가」라는 글을 게재했었다. 이 글의 파장이 만만치 않았던 것으로 보인다. 기독교(개신교) 측 반응은 어떠했는지 모르겠으나 천주교로부터는 민감한 반응이 있었는데 윤형중 신부의 비판과 신창제 교수(천주교 신자)의 비판을 예로 들 수 있다. 윤형중 신부는 가톨릭 서울지구 출판부장으로서 1957년 5월호 『사상계』에 게재한 글을 통해 함석헌을 비판하였다.

윤형중 신부가 함석헌을 향해 비판했던 내용의 요점을 함석헌은 다음과 같이 간추렸다. 첫째, 윤신부는 함석헌을 향해 말을 많이 한다고, 즉 "세말(世末)까지 하여도 못 다할 것"이라며 빈정댔다는 것; 둘째, 함석헌은 남을 중상하려고 일부러 사실을 왜곡해서 독설을 퍼붓는 험구가라는 것; 셋째, 함석헌은 일부 기독교도들의 비행이나 경거망동을 기독교 전체에 뒤집어씌운다는 것; 넷째, 함석헌은 쌍스럽다고 했다는 것; 다섯째, 함석헌은 파괴적이라고 했다는 것; 여섯째, 함석헌은 가톨릭을 미워한다는 것; 일곱째, 함석헌에 대해서 공산당의 오열(五列)이라고 한다는 것 등. 그런데 이들 항목에 대해 함석헌은 여러모로 해명을 시도했다.

그렇지만 함석헌은 작심한 듯, 보다 심도있게 가톨릭을 비판했다. 비판에 앞서 자신의 위상을 밝힌다. 성직자도, 교육자도, 예술가도, 학자도 아닌 자신은 단지 민중, 민초, 풀로서 세례요한처럼, 마이다스 왕의 이발사처럼 할 말이 있는데 그 대상은 독재자, 귀족주의자, 주체성 없는 자, 젊은 민중들 이라고 했다.

그동안 우리나라의 민중들은 말을 못하고 벙어리처럼 살아왔는데 그래도 간간히 터져나온 민중이 있었던 바, 사육신(死六臣), 홍경래, 최제우, 전봉준, 3·1운동 참여자 등 이라고 지적하고서, 함석헌 자신도 하나의 민초로서 할 말이 있다는 것이다. 함석헌은 먼저 포괄적으로 가톨릭을 비판한다.

> 거기는 권력이 중심이지 결코 신앙이 중심이 아니다. 가톨릭이 성경만 아니라 전통에도 권위의 근거를 두는 것은 이 이교적인 힘의 요소를 보호하잔 것이 그 주요 목적이다. 여러가지 복잡한 의식, 마리아 숭배, 성인 숭배, 이런 것들은 다 이교적인 '땅의 종교'의 유산이다. 가톨릭이 교세가 강한 것은, 사람들이 '믿으려면 천주교를 믿겠다'하는 것은 그것이 순수한 하늘적인 종교여서라기 보다는 반대로 땅의 달콤한 맛을 가미하여 많은 세속주의적인 인간의 구미에 맞기 때문이다.[32)]

위와 같은, 윤형중 신부와 함석헌 선생의 신경질적 논쟁은 1950년대 후반에 있었던 것인데 그 당시에는 양교간의 이해가 매우 부족했었고 타종교에 대한 배타적 태도가 지배적이었었다. 함석헌의 천주교 비판은, 당시의 천주교(구교)에 대한 프로테스탄트의 전형적인 비판 유형으로 보인다.

그리고 가톨릭 신자인 서창제 교수와의 논쟁도 있었는데 그 논쟁의 발단은 서창제 교수가 함석헌을 향해 '무교회주의자'로 몰아 이단자로 간주한데 대한 것이었다. 이 글의 제목은 「사자냐 아메바냐」인데 사자

---

32) 『전집 3』, 86쪽; 『사상계』, 1957, 6월호.

는 가톨릭을, 아메바는 무교회를 비유한 것이었다. 이 글에서 함석헌은 자신은 결코 무교회주의자는 아님을 강변하면서 가톨릭을 여전히 심도있게 비판한 것을 볼 수 있다.[33)]

여기에서 주목할 점은, 다종교를 수용하고 연구하며 교파싸움을 혐오했음직한 함석헌이 왜 가톨릭에 대해서는 유독 포용적이지 않았는지 의아스럽다. 반가톨릭적 프로테스탄트 정신이 아직도 충만했기 때문일까? 함석헌은 비그리스도교 계통의 종교에 대해서는 관대하면서 그리스도교 계통의 종교(가톨릭, 기독교)에 대해서는 혹독한 비판을 가하는 경향이 있는데, 이것은 역차별로서 엄연히 종교차별적 태도로 보이는데, 함석헌이 그때까지는 아직 종교다원주의의 성숙한 단계까지 이르지 못했거나, 자신이 믿고 있는 그리스도교를 너무 사랑한 나머지 그리스도교 근본정신에서 많이 빗나간 양교(兩教)를 채찍질하는 차원에서 그렇게 하지 않았을까라고 추정된다. 그러나 이보다 더 근본적인 것은 윤형중 신부와의 논쟁에서 빚어진 신경전이 이런 파장을 가져오지 않았을까라고 생각되기도 한다.

2) 기독교(개신교)에 대한 비판

(1) 참 종교의 원리에 따른 비판

함석헌은 참 종교의 원리에 바탕을 두고 한국그리스도교의 문제점을 비판했다. 한국의 그리스도교는 사회의식도, 역사의식도 없어서 민중의 종교로서 해야 할 그 구실을 다하지 못했다는 것이다. 그 까닭은 한국그리스도교의 원리나 그 가르침에 문제가 있다기보다 한국교회 자체에 문제가 있기 때문이다. 따라서 함석헌이 한국그리스도교를 비

33) 『전집 3』, 89-108쪽 참조.

판한 것은 '한국교회 그 자체'를 비판하려는 데 초점이 있었다고 보는 것이 옳을 것이다.

함석헌이 한국교회를 비판한 것은 교회가 하나님을 그 안에 가두어 놓고, 그 하나님을 독점하여 그 이름을 팔아 민중을 이용하고 착취하는 기관이 되었다는 데 있다. 이것은 마치 예수가 예루살렘 성전에 대해서 비판한 것과 비슷하다. 예루살렘 성전의 권력자들은 '하나님은 예루살렘 성전에만 있다'는 식의 이데올로기를 내세워 민중을 착취했었다. 성전세를 법제화하고, 성전에 바칠 제물을 팔고 제물을 사는 데 필요한 돈을 교환해주면서 이익을 챙겼었다. 그리고 하나님의 제단 위쪽에 로마 황제를 위한 제단을 두었었다. 성전의 영지(領地)를 소작에 부쳐 농민을 수탈하기까지 했었다. 그래서 예수는 예루살렘 성전을 숙청하는 사건을 일으킨 것이다. 제물을 팔고, 환전하는 자들의 상을 뒤집어엎고 그들을 성전 밖으로 내쫓았다. 그 까닭은 성전 운영자들이 하나님의 집을 강도의 소굴로 만들었다고 보았기 때문이다. 그래서 예수는 "이 성전을 허물라. 그러면 내가 다시 세우겠다."(요한2:19)고 했으며, 이 성전 건물은 "돌 하나도 돌 위에 포개 놓이지 않고 다 무너지고 말 것이다."(마가13:2)라고 외쳤다. 예루살렘 성전에는 이미 하나님이 없다는 것이었다. 그렇다면 하나님은 어디 계시는가? 그곳은 '사마리아'도 아니고 '예루살렘'도 아닌 다만 거룩하고 진실하게 예배드리는 곳에는 어디에나 계시며 하나님은 거룩하고 진실한 분이므로 신령하고(in spirit) 진실하게(in truth) 예배드리는 자를 찾고 계신다(요한4:20~24)는 것이었다.

함석헌도 예수와 같은 생각에 선다. 한국교회는 이미 자본주의와 타협했을 뿐 아니라 교회 그 자체가 자본주의화되었다는 것이다. 하나님 대신 '돈'이라는 우상을 섬기고 있어 맘몬이 지배하는 교회가 되었다고 본 것이다. 예수는 하나님과 맘몬을 겸해 섬기지 못한다고 분명히 말씀해 주셨건만, 한국교회에서는 기독교의 탈을 쓴 맘몬은 환영해도 좋은 줄로 착각하여 과거에는 천당이 화가 됐던 것처럼 지금은 달러(돈)가 화근이 됐다는 것이다. 수억의 돈을 교회 운영에만 쓰고 사회 밑바닥 사람들을 위해서는 거의 쓰지 않는 오늘의 '대형교회'를 함석헌이 보았다면 어떻게 평가했을까? 아마도 "이 따위 성전은 허물어버리자. 여기에는 하나님이 계시지 않는다"고 소리치면서 함석헌은 예수처럼 "하나님은 거룩한 분이니, 거룩하고 진실되게 예배드리자"고 했을 것이다.

그런데 성전에서 쫓겨난 그 하나님은 어디에 계신다는 것인가? 함석헌은 예수의 말을 따라 하나님은 '너 안에' 있다고 한다. 함석헌의 '너'는 인격이며 정신이며 영이다. 바로 이러한 '너' 속에서 하나님을 볼 수 있으며 하나님은 하늘 아닌 하늘, 우리의 혼 안에, 우리의 마음 안에, 정신에, 인격에 계신다는 말이다. 그래서 우리가 하나님을 만나기 위해서는 껍질을 벗고 마음을 깨끗하게 갖추어야 하며 하나님을 모실 집 〔성전〕을 새롭게 짓는 일인데, 그 새 집에는 언제나 참과 자유와 평등이 있고 또한 평화와 즐거움과 거룩함이 넘친다는 말이다. 함석헌이 말한 '너'에는 우리가 함께 사는 공동체의 뜻이 담겨있으며 공동체란 '나'와 '너'의 만남이다. 이런 경우 '너'는 또 하나의 '나'이므로, 이 만남은 인격의 만남이며, 뜻의 만남이며, 참의 만남이다. 또 함석헌은 함께 사는 운동을 내세웠는데 이것은 '너'와 '나'가 함께 사는 '우리'라는 공동체의 삶을 이루자는 것 외에 다른 것이 아니다. 함석헌의 '나와 너'는 '우리' 안의 것이다.[34]

---

34) 송기득, 「함석헌은 그리스도교를 어떻게 챙겼는가?」, 『민족의 큰 사상가 함석헌 선생』(한길사, 2001), 283-285쪽.

함석헌이 한국교회를 비판한 것은 한국교회가 죽었다고 보았기 때문이며 교회가 '죽었다'고 한 뜻은 교회가 이미 권위를 잃어버렸고, 기백을 빼앗겼다는 것을 가리킨다. 종교란 본디 사람의 살림 전체에 걸쳐서 절대의 권위를 가지는 가르침인데, 그리스도교 교회는 정치, 경제, 교육, 문화 쪽은 그만두더라도 그 자체 안에서조차 권위를 가지고 있지 않다는 지적이다. "모든 기독교회가 서가는 것은 기독교 때문이냐? ……결코 그렇지 않다"는 것인데 그것은 '경제' 때문이고 '정치' 때문이라는 것이다. 결국 교회가 유지되는 것은 돈 있는 기업가들의 손에 의해서 되어가고 있다는 사실이 이것을 증명한다. 그리고 교회는 그 자체가 정치에 의해서 이루어지고, 정치권력에 기대서 유지된다는 사실도 그 증거의 하나이다. 또 교회에 돈을 많이 내는 사람은 자기 믿음을 과시하기 위함이고, 교회라는 단체의 힘을 이용하려는 심리가 깔려있다. 교회는 믿음을 바탕으로 하는 공동체인데 점차 정치수단으로 이끌어가는 집단이 되어가고 또한 교회는 불의한 정권을 정당화하는 데 참여하기까지 한다는 사실이다. 함석헌은 이러한 교회를 '천하대장군'에 견주면서 교회도 죽어야 한다고 역설(力說)한 것이다. 그래야 믿는 이의 믿음도, 그 믿음을 믿는 사람도 구원이 된다는 것이며 교회가 세상을 올바로 인도하는 빛이 되지 못한다면, 그 따위 교회는 없어져야 함이 당연하다는 주장이다.[35)]

더 나아가 오늘의 교회는 전혀 기백이 없다고 평가한다. 함석헌에 따르면, 오늘의 교회는 사회악과 싸울 생각은 하지 않고 천당만 찾으며 교세 확장과 자체 안보에만 급급하다. 어째서 그럴까? 함석헌은 그 까닭을 '믿음'이 없는 데 돌린다. 이때의 믿음이란 절대의 물음에 대답

---

35) 송기득, 같은 글, 『민족의 큰 사상가 함석헌 선생』(한길사, 2001), 286-288쪽.

하는 것으로, '절대'의 요구는 사회의 불의와 부정을 없애고, 정의의 나라를 세우라는 것이며 그러기 위해서 교회는 언제나 들이치는 형세를 갖추어야 한다고 말한다. 그래서 함석헌은 교회가 사회악과 싸울 수 있는 기백을 다시 살려야 하는데 그 길은 기도와 노력과 실전(實戰)밖에 없다고 한다. 실전이란 고양이 목에 방울을 다는 일인데 고양이 목에 방울을 다는 길은 하나밖에 없다. 구원은 개인 구원이 아니고 민중 전체의 구원인데, 전체의 구원을 위해서는 이러한 자기희생이 필요하다. 함석헌은 비겁한 그리스도인들에게 싸울 것을 요구한다. 싸울 때는 바로 지금이며 싸울 곳은 사회의 밑바닥이다. 사회의 밑바닥에 내려가면 그 싸움은 언제나 있다. 그 인간의 찌꺼기, 역사의 하수도에 내려가 그들을 정복하는 것이 그 싸움이다. ……거기에는 도덕이 미치지 못하는 곳이다. 그러므로 그들(민중)을 정복하는 방법은 그들과 같이 먹고 마시며 그들과 친구가 되고 하나가 되는 데만 있다. 그런데도 오늘의 교회는 민중을 외면하고 중류계급의 권익을 위해 나서고 있는바, 이것은 교회 자체가 이미 부르조아화하고 있다는 증거이다.[36)]

한국교회에 대한 함석헌의 또 다른 비판은 교회당이 날로 늘어가고, 교회의 운영이 아주 잘못되었다는 것이다. 교회당이 늘어간 것이야 조금도 탓할 것이 못 되지만 교회당을 지을 때 거기에 들어가는 '돈'의 출처가 문제가 된다. 함석헌에 따르면, 1950년대에 교회당이 늘어나기 시작했는데, 그때 돈은 미국과 같은 외국에서 오는 원조가 대부분이었다고 한다. 그리고 어떤 형식을 거쳐서건 교회당을 짓는 데 들어가는 돈은 가난한 민중이 피땀흘려 장만한 것을 털어서 마련된 것이라고 한다. 그래서 함석헌은 다음과 같이 극단의 소리를 토해낸다 : "적어

36) 상게서, 287-288쪽.

도 이 사회에 사는 한, 피묻은 옷 입지 않는 종교가 없고 피로 세워지지 않는 교회당은 없을 것이다. 그런데 그 피는 예수의 피가 아니고, 착취를 당하고 죽은 노동자의 피 말이다." "교회는 마침내 자본주의와 약탈자 사이의 충돌을 막는 스프링 역할로 떨어진 것이다."37)

교회의 경영도 비판에서 예외가 아니다. 교회는 주로 장로급이 중심이 되어 운영되는데 그 가운데서도 말발이 센 것은 돈 많은 장로들이다. 그래서 오늘날 장로란 신앙의 계급이 아니라, 돈의 계급이라고 꼬집는다. 이렇듯 교회는 '돈'에 의해서 운영되고 있는데, 그것을 어떻게 하나님의 교회라고 할 수 있겠는가? 함석헌은 그런 교회를 '맘몬의 교회'라고 하며 맘몬의 교회에는 하나님이 계시지 않는다고 본다. '금관의 예수'는 박제된 예수이다. 그래서 함석헌은 교회당의 탑이 올라가는 것을 결코 좋은 현상으로 보지 않는다. 그것은 궁핍에 우는 농민과 노동자들과는 아무런 관계가 없으며 교회당 탑이 하나 일어설 때마다 민중의 양심에는 어두운 그림자가 한치 깊어진다. 돈이 없으면 예수를 못 믿겠다는 민중의 소리는 무엇을 말하는가? 교회가 참 교회라면 첨탑이 아니라 민중의 가슴속에 있는 양심의 수준을 높여야 한다는 것이다.

교회당이 늘어나는 것을 함석헌이 아파한 까닭은 어디에 있는가? 어느 종교나 전당을 짓는 것은 그 역사의 마지막 단계라고 보았기 때문이다. 그것은 제 감옥을 쌓음이요, 제 묘혈을 파는 것이기 때문이다. 신라 말에 절이 성하여 불교가 망했고, 고려시대에는 송도 안에 수백 개의 절이 섰는데 그 후 불교도, 나라도 망했고, 이조 때 서원을 고을마다 지었는데 유교와 나라가 또 망했다는 것이다.

교회당이 일어나는 것은 결코 진정한 종교 부흥이 아니라는 지적이

---

37) 상게서, 288쪽.

다. 그 종교는 일부 소수인의 종교이지, 민중의 종교라 할 수 없다는 것이다. 지배하자는 종교이지 봉사하자는 종교가 아니다. 예수의 종교는 교회 없는 종교이기 때문이다. 광야에 나가면 벌판에서, 바닷가에 나가면 배 위에서, 밭에 가면 밭고랑에서, 길을 가다가는 우물가에서 예배하는 종교가 예수의 종교라는 입장이다.[38]

그래서 함석헌은 한국교회는 고혈압에 걸렸다고 진단한다. 겉보기에는 뚱뚱하고 혈색도 좋고 손발이 뜨끈한 듯하나 그것은 진정한 건강이 아니라는 것이다. 그러기에 오늘의 한국교회가 제대로 서려면, 내리누르는 교회당의 무게 밑에서도 생명의 씨가 살려면, 자기를 열어젖히고 역사적 대세의 분위기를 마셔서 새롭게 생명의 종교로 태어나는 길밖에 없게 된다는 지론이다.[39] 오늘날 한국 민중신학의 한편에서 참다운 민중의 교회는 예배당이 없는 것이 좋다는 주장이 나오는데, 그것은 함석헌의 '무교회'(無教會) 사상과 깊이 통한다고 볼 수 있다. '무교회'는 '무교회주의'와 다르다. 함석헌이 생각하는 무교회 정신[믿음]은 하나님께 직접 나아가자는 것이고, 사람을 똑같이 대접하는 것이며 참과 사랑, 자유와 평등이다.[40]

(2) 극 보수교회에 대한 비판

함석헌은 한국교회 가운데서도 특히 '극 보수교회'에 대해서 비판의 화살을 당긴다. 그것은 보수교회일수록 '재벌교회'를 지향하면서 자체의 안전과 풍요만을 도모할 뿐, 역사의 문제는 소홀히 하거나 모른 체 하기 때문이다. 역사의 비인간스러운 모순은 하나님의 은총과 섭리를

38) 『전집 3』, 46-47쪽.
39) 상게서, 48쪽.
40) 송기득, 앞의 글, 『민족의 큰 사상가 함석헌 선생』(한길사, 2001), 290쪽.

통하여 잘 풀릴 것이므로 그것의 개혁을 위해서 앞장설 필요가 없다는 태도이다. 그러나 함석헌은 참 교회라면 역사의 변혁을 위해 최선을 다하는 것이라고 생각한다. 그리고 그가 보수교회를 비판한 것은 보수교회일수록 교파 싸움이 잦다고 보기 때문이다. 이를테면 장로교회가 수많은 교파로 나뉘어지고, 또 이따금 교회당 안에서 두 파가 대립해서 예배를 드리고, 경찰을 출동시키고, 교회당을 차압하는 등 매우 불미스런 일들이 벌어지는데, 이것을 좋게 볼 사람은 아무도 없다는 입장이다.

여기에 곁들여 함석헌은 교회에서 빚어지고 있는 이른바 '성령운동'을 비판한다. 성령은 그 성격이 윤리적인 데 있지 결코 마술적인 능력에 있지 않다고 보기 때문이다. 도덕으로 성격이 정화되기를 힘쓰지 않고, 한갓 신비한 능력만 구하는 사람들이 건전한 영을 받지 못할 것은 당연하다. 성령에 날뛰는 것, 그것은 한 때 불고 지나가는 바람이므로 교회는 성령을 받는 데 골몰할 것이 아니라, 그 열심을 가지고 윤리를 세우기 위해서 노력해야 하며 그 열정으로 역사개혁에 앞장서야 한다는 주장이다. 따라서 함석헌은 한국교회가 자체 비판을 거쳐서 크게 변화할 것을 촉구한다. 교회는 역사 발전의 발동기(發動機)가 되어야 하며 그러기 위해서 절대 필요한 것은 '자유정신'이라고 보았다. 왜냐하면 교회가 시대정신의 모체로서 임무를 다하기 위해서는 '절대 자유'의 신앙을 가져야만 하고 이러한 자유정신을 가져야만 역사를 이끌어갈 수 있는 자격을 가진다고 보았기 때문이다.

이처럼 함석헌이 한국교회를 비판한 것은 교회 자체를 무조건 부정하려는 데 그 뜻이 있는 것이 아니라 교회로 하여금 참된 그리스도교회가 되게 하는 데 그 뜻이 있으며 그것은 개인구원에 국한된 것이 아니라 사회구원, 역사구원을 이루어내는 데 있었다고 보아야 할 것이다. 한국교회의 역사구원이란 자주, 자유의 주체성을 가지고 '역사의 물음'

에 대답하는 것인데, 그것은 지금 우리나라의 경우, 민주화와 통일을 이루어내는 길 외에 다른 것이 아니라는 입장이었다.

함석헌이 말한 '민'은 민중이며 그 민중은 '씨ᄋᆞᆯ' 민중이다. '민'이라는 말은 함석헌이 1960년대 초반에 주로 쓴 말인데, 그 뜻은 '맨 사람'으로서 차별이 없다는 데 있다. 민이란 정신에 의하여 꿰뚫린 인간, 사람이면서 하나님의 자녀로서 믿음의 인간이라는 말이다. 나 속에 전체를 보고 전체 속에서 나를 보는 전체의식으로 꿰뚫린 개인들이 모인 데서만 민이 주체라고 할 수 있는데, 이러한 주체로서의 '민'만이 통일의 주역이 될 수 있다는 견해이다.* 그런데 새 통일의 주체의식은 특히 깊은 종교적 노력이 있어야 한다는 것이 함석헌의 생각이다. 그래서 그는 통일의 힘이 올바른 경제와 정치에서 오지만 그보다도 '신앙'에서 온다고 강조한다. 그리고 오늘 우리의 통일의 주역은 민(중)이므로 민이 통일을 주도해야 한다고 강조한다. 아직도 반공 이데올로기에 바탕을 둔 오늘의 한국보수교단은 다음과 같은 함석헌의 말에 귀를 기울여야 할 것이다. 흡수통일을 생각하는 사람들은 더욱 그렇다.

> 공산주의자가 미운 생각이 없어야 통일은 될 것이다.…통일은 반공이 아니라 두 주의(主義)의 대립을 초월하는 자리에서만 될 수 있을 것이다. 이것이 정말 중립이다.…공산주의가 자유진영을 이겨도 안 되지만, 또 자유진영이 공산진영을 이겨도 아니 된다.41)

그러므로 근본주의에 가까운 한국보수교단은 역사의식을 가지고 하

---

* 민(民)과 관련해서 생각할 수 있는 말은 백성, 국민, 평민, 민족, 민중, 서민, 인민 등 다양하며 그 의미도 차이가 있다. 그러므로 함석헌은 순수한 우리말로 '씨ᄋᆞᆯ'이라 했다.

41) 『전집 3』, 190쪽.

나됨의 원리를 깊이 꿰뚫어서 '높은 전체'라는 통일을 이루는 데 나서야 할 것이라는 것이 한결같은 함석헌의 주장이다.[42]

(3) 전문종교인(교역자) 비판

함석헌은 신부나 목사들과 같은 전문종교인들에 대해서도 비판을 서슴지 않는다. 여기에서 우리는 함석헌의 예언자적인 사자후의 소리를 들을 수 있다. 그가 포효하는 대상은 거의 신부와 교황 그리고 가톨릭이 주류를 이룬다. 그럴 수밖에 없었던 것은 1950년대 후반에 있었던, 윤형중(尹亨重) 신부와 서창제(徐昌濟) 교수의 도전에 대한 응수였기 때문이다.

함석헌은 교황에 대해서 매우 날카롭다.

> 교황 따위가 그 금관을 벗어 나를 주고 신부 따위가 그 법의를 벗어 나를 준다 해도 내가 침을 뱉겠다. 그 금관이나 법의는 피를 빨고 신경을 뽑아 삶고 졸여서 된 것이다.[43] 지금 교황 자체가 올챙이의 꽁지처럼 떨어지려다 채 못 떨어지고 아직 로마 시의 한 구석을 겨우 얻어가지고 각 나라 주권과 타협을 해가며 천당 지옥이라는 가공의 세계를 지켜 골동품처럼 지켜나가는 처지에 파문이 무슨 파문일까?[44] 도둑을 도둑이라 하는 것이 자연이요, 참이지 도둑님이라고 할까? 가톨릭은 그렇게 위선일까? 세례 요한은 '독사의 새끼들아' 하는 것이 좋고, 예수는 '그 여우'라고 하는 데가 좋지 않는가? 속으로는 욕을 하면서 겉으로는 점잔을 빼는 것은 민중을 속이자는 목적밖에 없다.[45]

42) 송기득, 앞의 글, 『민족의 큰 사상가 함석헌 선생』(한길사, 2001), 293쪽.

43) 『전집 3』, 67쪽.

44) 『전집 3』, 70쪽.

45) 『전집 3』, 75쪽.

함석헌은 민중을 속이고 착취하는 것은 그 어떤 것이라도 신랄하게 비판하였다. 따라서 함석헌의 포효는 개신교(기독교)에도 똑같이 적용된다고 볼 수 있다.

> 우리나라의 종교라는 게 체험을 존중하지 않고 교리만을 자꾸 존중해. 또 행복주의, 복리주의로 좋은 일이 있어야만 되는 것, 이것이 얻은 종교의 경우니까 샤머니즘을 탈피하지 못했다고 그러는 거지요. 그런데 그 책임이 어디에 있느냐 하면 교역자들에게 있어요. 교역자 자신들이 무식해… 그들이 도무지 이렇게 무식한 짓을 할 줄은 몰랐어요. …참 심각한 문제라고 느껴지네요.[46)]

> 가톨릭 신부는 탈선하는 경우가 별로 없는데 목사라는 사람들은 형편없이 보수적이고 모자라는 인간들이 많은 걸요.[47)]

(4) 교회의 양적 성장에 대한 비판

함석헌 연구가인 김성수는 한국기독교는 세계가 주목할만한 양적 성장을 가져왔다고 서술한다. 하지만 이러한 지적의 이면에는 질적성장은 이에 결코 미치지 못함을 크게 암시하고 있다고 보여진다.

> 한국에는 서구보다 더 많은 형태의 복음적이고 보수적인 교회들이 있다. 오늘날 세계에서 가장 큰 50대 교회 중 23개는 한국에 있다. 특히 세계에서 가장 큰 교회는 한국의 여의도 순복음교회다. 한국의 일요일은 매우 바쁘다. 교인들은 새벽예배뿐 아니라 아침예배, 오후예배, 저녁예배 등에 참가하느라 분주하다. 그러니 한국의 현대사를 논할 때 기독교나 기독교인의 역할을 언급하지 않고는 불가능하다는 전제도 나올만하다. 현대 한국에서 기독교회는 가장 왕성하고 활동적인 종교집단

46) 『전집 3』, 160쪽.

47) 상게서, 169쪽.

으로, 지난 반세기 동안 세계에 유례없는 양적인 급성장을 이루었다. 남한을 처음 방문하는 외국인들은 상가 건물이나 지하실 건물을 비롯해 큰 주택가나 좁은 골목길, 어느 곳에나 산재해 있는 교회당 탑이나 십자가를 보고 놀라움을 금치 못할 것이다. 밤이 되면 수많은 교회들은 빨간 네온사인으로 서울의 전 지역을 아예 빨갛게 물들일 정도다. 실제로 한국의 거의 모든 동네에는 최소한 한 개 이상의 크고 작은 교회가 있다. 일반적으로 교회 수는 다방이나 커피숍의 수를 능가한다.[48]

이와 관련한 함석헌의 혹독한 비판을 직접 들어보자.

교회당은 무엇으로 그처럼 늘어갈까? 여러 말 할 것 없이 돈이 있기 때문이다. 그러면 해방 후 날로 더 못돼 가는 경제에 교회에는 어떻게 그런 돈이 있을까? 돈의 출처는 두 곳 밖에 없다. 하나는 외국, 주로 미국에서 오는 원조요, 하나는 부정 매매에서 오는 것이다. 미국은 왜 외국을 원조하나? 다 자선심 깊은 사람이 되어선가? 자본주의를 유지해 가기 위해서다.[49]

한국의 현대화나 근대화는 교회성장, 교회교육기관의 확장을 따라서 일어났다고 해도 과언이 아니다. 한국의 기독교는 서구문명을 한반도에 소개해준 가장 중추적 통로였다는 것을 아무도 부인하지 못할 것이다. 한국인이 중국 중심의 세계관을 벗어날 수 있게 된 저변에는 기독교의 역할이 컸고, 자유니 평등이니 하는 개념도 기독교를 통해서 접하게 되었다. 교회에선 양반과 상민, 남녀노소가 함께 앉아 예배를 드렸고 이야기를 나누었다. 이것은 봉건적인 조선왕조 사회에 하나의

48) 김성수, 「서구기독교와 동양사상의 융합」, 『민족의 큰 사상가 함석헌 선생』(한길사, 2001), 196쪽.

49) 『전집 3』, 44-45쪽.

사회혁명적인 일로 간주될 수 있다.[50)]

비록 기독교는 한국의 전통종교와 비교해 가장 근래에 들어온 종교이지만, 종교적인 의미에서만 아니라 사회-정치적 면에서 한국인들에게 극적인 영향을 미쳤다. 단적인 예로 한국 현대 정치사의 주요 인물은, 그 짧은 역사에도 불구하고 압도적으로 기독교인이 그 주류를 이룬다. 예컨대 대통령만 보더라도 이승만, 윤보선, 김영삼, 김대중, 이명박 등이 그리스도교인이었다. 이것은 군사독재 기간을 제외하고는, 남한의 정치는 압도적으로 기독교인의 손에 의해 좌우되어왔다는 것을 보여준다.

이러한 기독교의 민주주의적인 요소에도 불구하고, 한국의 기독교는 유교의 권위주의와 계급조직적인 요소를 그대로 함유하고 있다. 특별히 유교의 수신(修身)적인 면을 강조하는 것과 초기 서양선교사들의 엄격하고 청교도적인 면을 강조하는 것에는 흥미있는 일치점이 있다. 둘 다 체제 순응적이었고 교리적인 면에서는 보수적인 입장을 취했다. 이런 면에서, 권위를 강력하게 동경하는 유교의 보수적 전통이 한국 기독교에 그대로 재현되었다고 볼 수 있다.

이와는 대조적으로 한국 기독교인들은 기독교를 한국문화, 크게는 동아시아의 문화와 전혀 반대되는 것으로 믿고 받아들이는 경향이 강하다. 우스꽝스러운 일 중 하나는, 대부분의 한국 교회는 미국의 추수감사절을 받아들이고 축하하는 반면 한국 전통의 추석은 등한시하는 경향이 있다. 유럽의 교회가 미국식 추수감사절에 전혀 관심이 없는 것과 아주 대조적이고, 이것은 한국의 기독교인이 얼마나 전통문화에 대한 주체의식, 주체성을 결여하고 있는가를 반증한다. 한국의 기독교

50) 김성수, 전게서, 한길사(2001), 196쪽.

인은 비본질적인 미국식 기독교 문화를 기독교의 전부인 듯 모방하고 열렬히 받아들인 반면, 동아시아인으로서 기독교의 본질적인 면을 발견하고 창조하는 일은 등한시했다고 볼 수 있다.[51]

일반적으로 한국 기독교인은 기독교에는 아주 열성적인 반면, 타(이웃)종교나 과학적인 태도를 취하고자 하는 것에 대해서는 무관심하거나 심지어 경멸하는 성향마저 가지고 있다. 이러한 기독교인일수록 지금 살고 있는 삶보다는 죽어서 가는 천국을 강조하고, 지금 당장 벌어지고 있는 사회현실의 문제와는 동떨어진 생각을 가지고 있는 경향이 있다. 그러므로 아마도 함석헌은 한국 기독교인에게 더욱 현실적, 과학적, 이성적 종교인이 되어야 한다고 강조했을 것이다.[52] 실제로 최근 물질적 풍요를 누리고 있는 한국기독교인들은 이제는 죽어서 가는 천국에 대해서는 관심이 많이 약해진 것으로 보인다.

(5) 배타주의와 기복주의 비판

한국의 기독교인들이 압도적으로 근본주의(fundamentalism)적 경향을 갖게 된 데는 초기 서양 선교사들의 영향이 크다고 볼 수 있다. 19세기 후반과 20세기 초반, 한반도에 상륙한 서양 선교사들의 한반도 복음화를 향한 열정은 의심할 여지없이 뜨거웠다. 한국에 본격적으로 기독교가 전래되기 시작한 1885년 4월 한국에 온 초기 미국 선교사들은 한결같이 나이가 20대(언더우드 26세, 아펜젤러와 알렌은 27세, 스크랜톤은 29세)로서 그들의 헌신적 자세와 열정은 대단한 것이었지만, 다른 한편 그들에게는 사회 경험이 부족했고 충분히 성숙했다고 보기

51) 김성수, 상게서, 196-198쪽.

52) 상게서, 225쪽.

어려울뿐더러 어떤 면에서는 순진한(naive) 청년들에 불과했다. 한국 기독교는 이들 선교사들로부터 복음에 대한 열정과 더불어 인간적 미숙함과 무경험을 신앙적 유산으로 물려받은 셈이다. 그리하여 오늘날 한국 기독교인들은 하나님과 나 사이의 관계 정립이라는 것은 의식하되, 문화적이고 사회적이며 정치적인 환경과 깊은 인간관계에 있어서는 다소 부족한 결과를 가져오지 않았을까?

초기의 미국 선교사들은 한국을 정복한 일본 식민정권과 충돌을 최대한 피하려고 당면한 현실 문제나 정치적인 면은 설교에서 철저하게 배제했던 것으로 추론할 수 있다. 그런 맥락에서 한국의 기독교는 현실과 정치에 무관심한 종교로 가르쳐지고 교리적인 측면에서는 극단 보수적으로 흐르다보니 사회개혁보다는 각 개인의 안심입명에 더 초점을 맞추지 않았을까? 그리하여 그들은 세속 사회보다는 성스러운 교회의 일에만 정열과 주의를 기울이는 균형 잡히지 못한 신앙 쪽으로 나아가지 않았을까? 이처럼 사회 모순에 침묵한 대가(代価)로 교회가 얻어낸 것은 양적인 성장이지 않을까? 가령 박정희 대통령이 철권을 휘두르던 1970년대에 교회 다수파인 소위 '보수 성령파'는 유신이니 국가비상 사태니 대통령 긴급조치니 하는 것에 아랑곳 하지 않고 오직 교회의 양적 성장에만 총력을 기울였다고 볼 수 있다. 예컨대 1974년에는 미국의 침례교 목사인 빌리 그래햄(Billy Graham)을 초대하여 여의도 광장에서 대대적인 부흥집회를 열기도 했는데 그 여파로 1970년대에 한국 개신교인의 수는 엄청나게 증가했다. 함석헌을 비롯한 수많은 민주인사들이 고난을 겪던 이 시기에 한국 주류 개신교는 전국 복음화라는 기치 아래 놀랍게 양적 성장을 이룩한 것이다.[53] 아이러니가 아닐 수 없다.

---

53) 김성수, 『함석헌 평전』, 159-160쪽 참조.

한국의 기독교는 이처럼 양적인 성장을 이루었지만 그에 걸맞는 종교적, 사상적, 문화적 심화를 이룩하지는 못한 것으로 보인다. 대부분의 한국 기독교인들은 기독교를 한국 문화, 크게는 동아시아의 문화와 배치되는 것으로 받아들이는 경향이 강했다. 기독교의 본질과는 상당한 거리가 있는 미국식 기독교 문화를 기독교의 진수인양 모방하고 열렬히 받아들인 반면, 한국인으로서 한국전통문화를 유지하면서 기독교에 창조적인 공헌을 하는 일은 소홀히 했다고 볼 수 있다.

또 한국 기독교의 바탕에는 기복주의적 경향이 농후하다. 기존의 한국의 민간신앙과 기독교가 암암리에 습합되는 측면이 있었기 때문이다. 따라서 한국 기독교인들은 세속적인 축복, 즉 물질적 부유함이나 신체의 건강을 얻고 출세하는 데에 민감하고 그것을 위해 열성적인 특성을 드러냈다. 이와 관련하여 함석헌은 다음과 같이 한국의 기독교를 비판했다.

> 예수의 종교는 빈자, 무소유자의 종교였소. 그야말로 살기 위한 필사의 투쟁이었소. … 그러나 오늘의 기독교는 재산 보호 운동, 보수 운동, 외교 운동의 선구자이다.54)

함석헌이 볼 때 한국 기독교의 이러한 면모들은 기독교의 본질이 아니라 서구적 외양, 특히 미국문화를 무비판적으로 추종한 결과였다. 이렇듯 한국 기독교가 화려한 양적 성장의 그늘에 감추어져 내면의 빈곤, 주체성의 결핍, 극단의 이기주의와 편협함을 드러내는 것을 본 함석헌은 이것을 바로잡고, 더 나아가 한국적이고 동아시아적인 기독교의 상(像)을 창조하려는 의지를 가지고 기독교를 재해석하고 서로 다른 종

54) 『전집 18』, 88쪽.

교들 사이에 길을 내려는 노력을 아끼지 않았다.[55] 바로 여기에 함석헌다운 특성이 있다. 이와 관련한 함석헌의 생각을 들여다 보자.

> 실천적으로 노력해 보자는 마음은 본래 배우지 못했으니 현실은 어쩔 수 없이 사방이 막힌 것으로만 보이고, 그러니 바랄 것은 하나님의 능력뿐이고, 구하는 자에게는 준다 했고, 그러니 최후의 수단이 산천(山川)기도 식일 수밖에 없다. 정신은 본래 혹하는 물건이요 혹은 제 생각하는 대로 되는 법이다. 굶은 자의 눈에는 제 자식도 먹을 음식으로 뵈고, 변태성욕자의 눈엔 나무 구루터기도 미인으로 뵈는 법이다. 내 마음 속에서 불은 바랐으니 불이 뵌 것이고, 들은 것은 안수(按手)니 죽기까지 주무르게 되는 것이다. 병이 낫는다는 것은 말하지도 말라. 그것은 기독교의 성령을 기다릴 것 없이 무당도 하는 것이다. 문제는 성령을 무엇으로 생각하느냐 하는데 있다.[56]

이와 같은 그릇된 성령 인식은 결국 교역자가 신도들을 잘못 가르쳤기 때문인 것으로 함석헌은 풀이하고 있다. 함석헌은 많은 교역자들이 기독교의 핵심을 윤리·도덕이 배제된 신비한 그 무엇으로 가르치지 않았을까하는 의구심을 떨치지 못한다. 이와 관련한 함석헌의 지적은 다음과 같다.

> 예수께서 약속하신 성령은 그 성격이 윤리적인 데 있지 결코 마술적인 능력에 있지 않다.… 도덕적으로 성격이 정화되기를 힘쓰는 것 없이 한갓 능력만 구하는 사람들이 건전한 영을 받지 못할 것은 당연한 일이고, 건전하지 못한 이상 여러 가지 폐단이 날 것은 말할 것도 없다.… 평소에 진리를 가르쳐준 것이 없는 교역자의 잘못이다. 그들이 신앙이라면 그저 능력을 얻는 것으로만 가르쳤고 복받는 것으로만 말

55) 김성수, 『함석헌 평전』, 176쪽.

56) 『전집 3』, 43쪽.

했고 윤리적인 노력을 하는 것을 지도하지 않은 고로 오늘의 병증이 나타난 것이다.[57]

아울러 함석헌은 도덕성이 결여된 신흥종교(파)를 다음과 같이 신랄하게 비판한다.

> 역사적으로 볼 때 신흥종교라는 것은 지금 있는 제도에 불만해하는 개혁의식의 발로라 할 것인데 해방 전후에 일어난 모든 새 종파를 보면 이상하게도 공통되는 특색이 있다. 그 첫째는 사교적(邪教的)인 성격이다. 그들이 다 똑같이 소위 혹세무민식의 교리와 선전방법을 가진다. 둘째는 그들이 다 언제나 지배세력과 맞붙어 먹는다. 정국이 세번 바뀌었는데 그들은 언제나 집권자들의 앞잡이 노릇을 했다. 이것은 그들이 어떻게 사회의식, 역사의식이 부족한가를 말해주는 것이다. 사상의 빈곤이다. 무식이다. 전시대적인 착취의식이다.[58]

이러한 한국 기독교의 경향성 때문에 오늘날 특히 선거철이 되면 권모술수에 능한 사이비 정치가들에 의해 보수 기독교가 쉽게 이용되는 것을 볼 수 있다.

(6) 그리스도교 비판의 진정한 의도

우리가 함석헌을 우러르고 그의 예언자다운 소리를 그리워하는 것은 우리도 그분처럼 말하고 행동하기 위한 데 참 뜻이 있다. 그것이 함석헌과의 관계를 살아 있게 하는 것이다. 따라서 제2, 제3의 함석헌이 이어 나와야 한다. 그의 비판은 비판을 위한 비판이 아니다. 그리스도교와 교회가 예수의 정신을 되살려 새롭게 태어나게 하기 위함이며,

57) 상게서, 43쪽.

58) 『전집 3』, 34쪽.

그리스도교와 교회가 '참 종교'가 되게 하는 데 그 비판의 참뜻이 있다. 그가 말한 '참 종교'는 곧 그리스도교와 그 교회에 대한 비판의 거점이 된다. 참 종교는 하나됨이며 온통[全體]을 이룸이며 공동체를 실현함이다. 이것은 맨 처음부터 있었는데 이러한 참 종교는 우리의 역사 가운데서 반드시 '새 종교'로 나타날 것인 바, 함석헌은 그것을 확신한다.

함석헌의 외침대로 한국그리스도교는 자체 변화를 거쳐서 새 종교를 지향해야 할 것이다. 그렇지 않을 경우 그리스도교는 이 땅 위에 있을 가치가 없기 때문이다. 오늘 우리는 그리스도교 안에 '참된 그리스도인'이 있는지 의심스러울 때가 있다. 교회 안에 진정한 구원이 있는지 망설여지기도 한다. 교리나 따지고 제도를 옷 입고 천당이나 바라고 분열이나 일삼는 그리스도교는 이미 낡은 종교의 증상을 보이고 있는데, 이 따위 그리스도교는 해체되어야 한다는 요구를 모면할 수 없을 것이다.

함석헌의 '신심(信心)'은 그 깊이와 넓이와 높이가 보통사람들의 경지를 넘어서기 때문에, 그의 사상 근저를 이루는 '모체적 영성'(matrix spirituality)을 바르게 이해하기란 결코 쉽지 않다. 혹자는 함석헌을 범종교적 다원주의자로 보거나, 말년에 귀의한 퀘이커신앙에서 그의 종교적 성격을 가늠하기도 하지만 한가지 분명한 사실은, 함석헌의 사상 이해에 있어서 종교적 요소는 필수적인 것이며, 섣부르게 탈기독교 사상가라거나 혼합적 종교인(religiously syncretic person)이라는 통속적 속단은 금해야 할 것이다.[59)]

함석헌은 평생토록 기독교의 개혁을 부르짖고 참 종교를 추구했다는 점과 관련하여 그리스도의 개혁과 진리정신을 말하려면 무엇보다

59) 김경재, 「함석헌 사상에서 그리스도교와 불교의 만남」, 『함석헌 연구 4』(2013 하반기), 181-182쪽.

도 먼저 예수가 누구이고 예수의 정신이 무엇인지를 알아야 한다는 것을 함석헌의 제자인 박재순은 역설하면서 한국그리스도교는 예수정신이 생생한 원시(초대) 그리스도교의 가르침과는 거리가 멀다는 것을 지적하고 있다. 예수 그리스도의 종교인 그리스도교는 로마제국의 공인을 받은 후 성직자, 예배당, 교리 중심의 종교로 전락했다. 민중의 자치적인 생활 공동체로 시작한 예수의 종교가 반민중적인 귀족 종교로 변한 것이다. 예수의 이름을 내세운 그리스도교가 예수의 삶과 정신을 배반한 종교가 되었다. 신앙이 깊은 성자들과 수도사들 소수가 예수의 삶과 정신을 지키려고 애를 썼으나, 주류 기독교는 국가권력과 결탁해서 기득권을 누리는 종교가 되었다는 것이다.

로마가톨릭의 타락이 절정에 달했을 때(16세기), 루터와 칼뱅이 종교개혁을 일으켰다. 가톨릭은 사제 중심의 제도종교적 성격이 강했고, 루터와 칼뱅이 일으킨 개신교는 회개와 갱신을 강조하는 개인 신앙의 성격이 강했다. 그러나 개신교도 예배당, 교역자, 교리 중심의 종교를 벗어나지 못했다. 왜냐하면 루터와 칼뱅의 종교개혁은 순수한 신앙 원리와 열정에 의해 이루어진 것이라기 보다는 정치와 사회의 변화에 편승하고, 정치 세력과 결탁한 전과가 있기 때문이다. 제후들의 정치적 이해관계와 시대적 편향이 종교개혁에 부정적 영향을 미쳤다.[60)]

함석헌은 「한국의 기독교는 무엇을 하려는가」(《씨을의 소리》 1971년 8월호)에서 한국 기독교가 벌써부터 동맥경화 현상 내지 늙어가는 증상을 보인다고 하면서 모세(Moses)의 예를 들어 늘 새롭게 전진할 것을 강권하고 있다. 우선 모세의 일생 120년을 3등분하여 의미를 부여한다. 첫번째 40년은 이집트(Egypt) 문화속에서의 배움과 성장, 두번

60) 박재순, 『함석헌의 철학과 사상』(파주: 도서출판 한울, 2012), 254-255쪽.

째 40년은 시나이(Sinai) 광야에서의 시련과 고투의 삶, 세번째 40년은 민중과의 삶속에서 가나안(Canaan)을 소망한 것으로 해석한 것이다. 따라서 이집트로부터 가나안을 소망함은 무엇을 의미하는가? 함석헌은 여기서 역사의 깨달음 세가지를 강조한다. 첫째, 그것은 부족사회에서 민족사회로 넘어가는 일; 둘째, 그것은 자연력 숭배의 종교(Kratophany, 역현종교)에서 높은 도덕적, 정신적 종교(Hierophany, 성현종교) 내지 영적 종교인 신현종교(Theophany)로 올라가는 일; 셋째, 그것은 정치적 이상(理想)을 생존경쟁으로부터 세계구원으로까지 발전시키는 일이었다. 함석헌은 이와 관련해서 군국주의, 국가주의 단계에서 신명기 정신이 흐르는 인도주의적인 사상으로 발전해가야 할 것으로 보았다. 이렇듯 함석헌의 혹독한 기독교 비판 뒤에는 희망과 새로운 역사의 장을 제시해 주는 애정이 뒷받침되고 있음을 알 수 있다.[61]

(7) 한국그리스도교의 역사적 과제

함석헌은 『뜻으로 본 한국역사』에서 한국 기독교의 역사적 과제를 세 가지로 말했는데 신분 계급의 타파, 사대주의 일소, 숙명론의 극복이 그것이다. 이 모든 것은 주체적인 자아의식이 부족하기 때문에 생겨난 것으로 파악한 함석헌은 이 가운데서 숙명론의 극복을 가장 중요한 과제로 보았다. 그 이유는 신분 계급의식이나 사대주의가 숙명론으로 귀결되기 때문이다. 숙명론에서 벗어나 주체 의식을 가질 때 계급의식과 사대주의에서 벗어날 수 있다는 것이다. 기독교는 신분 계급, 사대주의, 숙명론의 잠에 빠진 한국 민중의 혼을 깨워 일으킬 중차대한 책임이 있다고 본 것이다. 기독교가 힘 있게 제구실을 하면 다른

61) 『씨올의 소리』(1971년 8월호), 25-27쪽.

종교들(불교와 유교)도 제구실을 하도록 자극을 줄 수 있으며, 기독교가 깨어나 힘차게 일하면 다른 종교들도 깨어나 힘차게 일하게 될 가능성이 다분한데 한국 기독교는 주어진 역사의 과제를 제대로 감당하지 못했다는 것이다. 한국 기독교는 가난한 민중에게서 시작했으나 가난한 민중을 멀리하고 부자를 지향하는 부자 종교가 되었고, 민족 주체를 확립하기 보다는 미국에 매달리고 충성하는 친미 종교가 되었다는 것이며, 이성과 영성을 살려내는 주체적인 종교가 되지 못하고 신화적·기복적·말세 신앙에 빠짐으로써 반지성적인 숙명론과 결정론의 종교가 되고 말았다는 지적이다. 따라서 오늘 한국의 기독교는 민중의 지성을 높이기는커녕 오히려 낮추고 마비시키며 오도하는 부끄러운 종교가 되었다는 혹평이다.62)

사실 오늘의 한국기독교는 정말 기독교가 맞는지 의심스럽다. 예수의 이름만 있지 예수의 정신과 삶은 찾아보기 어렵기 때문이다. 그러나 한국 기독교가 예수를 사랑하고 영혼의 구원을 진심으로 추구하면 새롭게 될 가능성이 아주 없지는 않다. 그러므로 오늘날의 한국기독교는 필사적으로 다시 거듭나지 않으면 안된다.63)

함석헌이 자신을 기독교인으로 고백했음에도 불구하고, 그는 여전히 대부분의 한국기독교인들에게는 논의를 불러일으키는 인물이다. 왜 함석헌이 가진 기독교관은 전통적인 종래의 기독교관과 다르게 보이는 것일까? 함석헌은 서구제국주의와 일본제국주의의 힘의 논리, 약육강식의 논리가 압도적으로 지배하던 시대의 사회-정치적 혼란기에 동아시아의 미약한 나라 한반도에서 살았다. 그의 생애(1901~1989)

---

62) 박재순, 『함석헌의 철학과 사상』, 256쪽.

63) 상게서, 257쪽.

가 그것을 잘 말해주고 있다. 이러한 시대상황이 서구 기독교에 대한 그의 이해를 전통적인 서구중심주의적 시각과는 다르게 인식하도록 하는 주요 요소가 되었을 것이다.[64)]

19세기 서구 선교사들의 열렬한 선교사업에도 불구하고 일반적으로 아시아의 여러 나라들은 신도(神道), 불교, 유교, 이슬람교, 힌두교 등 동양적인 종교들을 여전히 국가화된 종교로 지키고 있다. 반면에 서구의 나라들은 여전히 압도적으로 그리스도교를 자기들의 국가화된 종교로 지키고 있다. 하지만 한국의 경우는 다소 특이하다. 지리적으로는 동아시아에 위치해 있지만, 서양에서 들어온 기독교가 한국의 현대사 형성에 결정적인 역할을 해오고 있다. 중국과 일본, 넓게는 다른 아시아의 나라들에 기독교가 서양 선교사들에 의해 소개되었을 때에는 상업자본주의와 군사제국주의가 더불어 함께 들어왔지만 한반도의 경우 기독교는, 특별히 일본의 식민정권 아래서 문자 그대로 순전한 '복음'과 '기쁜 소식'으로 소개되었다. 그러므로 초창기부터 서구의 기독교는 한반도의 씨올들에게 긍정적인 인상을 심어주었다고 볼 수 있다. 따라서 당시의 서구 선교사들은 한반도를 일컬어 '동양에서 가장 기독교적인 나라'라고 묘사하기까지 했다. 이런 측면에서 아시아에서 기독교를 전통적인 민족문화와 더불어 확고하게 주체적으로 확립시킨 나라는 단연 한국이라고 말할 수 있다.[65)] 이러한 자긍심을 계속 살려나가기 위해서는 진정한 기독교가 무엇인가를 한국민족에 알려야 했기 때문에 함석헌은 그동안의 오도된 기독교관을 바로 잡기 위해 과감히 패러다임 전환을 시도하였다.

---

64) 김성수, 「서구 기독교와 동양사상의 융합」, 『민족의 큰 사상가 함석헌 선생』(한길사, 2001), 191-192쪽.

65) 상게서, 192-193쪽.

3. 신앙관의 패러다임 전환

『성경』은 기원전 약 900년부터 기원후 100년 어간에 40여 저자에 의해 기록된 책이다. 그러나 지난 2천 년간 세계에 대한 이해와 시각은 크게 변모되어왔다. 오늘날 세계와 종교에 대한 인간의 안목은 『성경』이 기록될 당시와는 아주 크게 다르다고 보아야 할 것이다. 분명히 현대인의 세계관이나 종교관은 성경이 쓰여진 시대에 비해 상상할 수 없을 정도로 변모했다고 보아야 한다. 우주선과 인공위성이 날으는 첨단과학의 현대세계와 비교하면 구약의 예언자들과 신약시대의 바울 사도(St. Paul)가 살았던 세계는 천양지차가 있다. 바울이 살던 세계는 지리적으로는 고작해야 중동, 마케도니아, 그리스, 로마제국, 이집트 정도였을 터이므로 바울은 중국, 인도, 미대륙, 아프리카, 남·북극, 폴리네시아 등지를 알 리가 없다. 사상적으로 바울은 바빌론, 이집트, 헬라, 페르시아 철학을 다소 접해보았겠지만 베단타철학, 힌두교, 불교, 유교, 노·장사상은 접할 수가 없었다. 더욱이 바울이 알고 있던 과학적 지식은 컴퓨터와 인터넷을 마음대로 다루는 현대의 수준에 비하면 아주 미미한 수준에 가까웠을 것이다.[66)]

함석헌은 성경에 나오는 '그리스도의 신부'라고 한 우주적인 '천상의 교회'를 부정하지 않지만 '천상의 교회'를 인간들이 조직한 현실의 '지상 교회'와 무조건적으로 일치시키는 것은 거부했다. '지상 교회'가 참다운 교회가 되려면 그 안에 '천상의 교회'가 순수하게 투영되어야 한다는 것이었다. 그러한 교회는 그 수장을 예수그리스도로 하여 구성원 각자의 자유와 독립 그리고 평등에 대한 신뢰에 근거를 둔 인격적

66) 『전집 19』, 10-11쪽; 김성수, 「서구 기독교와 동양사상의 융합」, 『민족의 큰 사상가 함석헌 선생』(한길사, 2001), 217쪽.

공동체여야 했다. 규칙이나 제도에 의거한 사회적 조직이 아니라 사랑으로 화합하는 가정적인 것이 되어야 했다. 즉 함석헌이 생각한 참다운 교회는 가정에 유사한 사랑의 데모크라시(democracy)로, 그리스도에 직결해 있고 생활에서 그리스도와 결합되어 있는 사람들의 자발적인 연대나 다름없었다.

그렇다면 이러한 참다운 교회를 어떻게 만들어 갈 것인가? 그 답을 함석헌은 스스로를 '그리스도에게만 직결하려는' 신앙인의 자기각성을 통한 부단한 자기비판과 자기 부정에 의거한 조직 해체에서 찾으려고 노력하였다.

> 하나님의 교회는 송이같이 외대 기둥으로 지지하는 것이 아니면 안 된다. 그리스도만으로 서는 것이 참 교회다. 복잡한 조직이 필요치 않다. 조직은 인간주의의 표현이다. 사과(絲瓜)가 썩어져서 수세미가 남는 것같이 하나님의 말씀의 생명이 죽은 때에 조직이 드러난다. 생명의 불도가니 안에는 결정(結晶)이 없다. 결정은 냉각한 후가 아니고는 없다. 현 교회에 긴밀한 조직이 있다면 그는 생명이 식은 증거다.[67]

이 말은 그리스도와의 살아있는 교제에 근거한 신앙인들의 자발적인 연대로서의 교회를 '하나의 고정된 체계'로 고착화하지 말자는 것으로 풀이할 수 있을 것이다. 그리고 신앙인의 자기각성에 의한 이러한 부단한 조직 해체는 기성의 교회뿐만 아니라 무교회주의 자체에도 해당된다고 보아야 한다. 함석헌은 무교회주의가 그 자체를 고정적 형식으로 절대화하여 그 자신을 유일하게 순수한 교회로 정당화하는 것도 거부했다.[68]

---

67) 함석헌, 「무교회 신앙에 대하여」, 『전집 3』, 113쪽.

68) 양현혜, 「함석헌과 무교회를 둘러싼 종교 사상적 모색」, 한국종교학회, 『종교

그렇다면 어떠한 객관적인 매개도 인정하지 않는, 이렇게 직접적이고 내밀한 신앙의 진정성을 검증할 수 있는 방법은 무엇인가. 그것은 바로 일상생활에서의 살아있는 신앙에 의해 증명되는 그리스도와의 결합이라고 함석헌은 보았다. 즉 신앙인은 그의 전 생활에서 그리스도의 증인이 되어야 하기 때문에 그에게 있어서 기독교 신앙과 삶은 상호 분리될 수 없는 것이어야 한다. 신앙은 신과 직접 만나고 그것을 일상에서의 삶으로 증거하는 것이어야 한다. 이때 기독교인의 일상적 삶의 영역은 개인적 영역뿐만 아니라 사회의 정치, 경제, 문화 등 제반 공공의 영역까지를 포함한 것이다. 따라서 기독교 신앙을 인간의 모든 삶의 영역 안에서 관철시키려 했을 때, 종교적인 영역과 비종교적인 영역을 구별할 필요가 없다. 다시 말하면 성속(聖俗)의 구분이 불필요하다는 뜻이다. 왜냐하면 모든 일상성이 바로 종교적인 영역이고 바로 그 안에서 신앙적 실천이 이루어져야 하기 때문이다. 그러므로 함석헌에게는 사회의 공적인 영역 역시 신의 뜻을 이루어야 할 신앙적 책임의 영역이었다.

특별히 사회의 공적인 영역에서 신적인 공의가 관철되어 회복되는 것은 '하나님 나라'를 대망하는 무교회주의자에게는 필수적으로 요청되는 신앙적 실천이라고 보았다. 그에게 절대자는 무엇보다도 '의로써 만물을 지으셨고 의로써 만물을 다스리는 존재'로 이해되었다. 함석헌이 '신(神)의 공의(公義)'에 입각한 예언자적 역사 참여를 신앙 실천의 필연적 요구로 이해한 것은 바로 이 때문이었다. 신앙을 이렇게 그리스도와의 결합을 삶의 전 영역에서 증거하는 것으로 이해한 함석헌에게 "기독교는 변론할 것이 아니라 생활할 것"이었다. 신앙은 바로 신

연구 67』(2012. 여름), 147쪽.

앙인의 생활원리였던 것이다.[69] 따라서 함석헌은 모든 인간주의에 대해 철저한 '반항아'의 정신으로 저항할 것을 요청했다. 그에게 기독교는 '오직 신의 은총'에만 의지하고 그 외의 모든 것에 대해서는 독립·자유한 존재로 서기 위해 모든 '인간주의'에 맞서서 '저항하는 종교'였던 것이다. 그런데 여기에서 그의 신앙적 '저항성'이 갖는 역사 변혁력을 이해하는 것은 그의 기독교 신앙을 이해하는 데 매우 중요하다. 그에게 '저항'은 종교적 영역의 인간적 권위에 한정되지 않는다. 그것은 사회 공적인 영역에서도 예언자적 사회비판과 참여의 형태로 거침없이 작동해야 하는 것이었다. 신앙은 곧 인간 존재의 모든 영역에서 실천되어야 하는 생활 원리이기 때문이다. 이러한 의미에서 함석헌에게 기독교의 복음은 예언과 결코 분리될 수 없는 상호 공속적 관계에 있었다. 그것은 인간을 신 이외의 모든 인간적인 것들로부터 해방하여 참 주체로 세운다는 의미에서 복음이었고, 동시에 피조물적 존재이면서 마치 창조주인 것처럼 인간을 억압하려는 모든 의식이나 제도에 비판·항거하며 신적 공의를 역사 속에서 만들어 간다는 의미에서 예언이었다. 이 양자는 양자택일의 문제가 아니라 늘 어깨를 나란히 하는 것이었다. 이러한 의미에서 함석헌에게 기독교 신앙은 모든 인간을 신 앞에서 평등하고 자유로운 주체로 세우는 공동체를 대망하며 싸워가는 전투적(militant) 종교였다.[70] 이와 같은 함석헌의 견해는 실존주의 철학자 키에르케고르(Kierkegaard, 1813~1855)의 생각과 궤적을 같이하는 것으로 보인다.

기독교 신앙을 주체적으로 깊이 수용한 함석헌에게는 예수 그리스

69) 양현혜, 같은 글, 한국종교학회, 『종교연구 67』(2012. 여름), 145쪽.
70) 상게서, 146쪽.

도 또는 하나님은 '오늘 여기서' 우리와 함께 살아 숨 쉬는 존재였다. 예수나 하나님은 교리나 경전, 예배당 속에 갇힌 존재가 아니며 믿음의 대상으로만 머무는 존재도 아니었다. 그러므로 함석헌의 새로운 사상 정립은 정통주의적 속죄론을 거부하고 예수의 십자가 죽음을 새롭게 이해하고 받아들이는 방향으로 전환되었다.

정통주의는 믿는 자아와 믿는 대상(하나님, 그리스도)을 철저히 분리하고, 믿는 자아를 무력한 죄인으로, 믿음의 대상인 그리스도를 전능하고 거룩한 분으로 대립되게 했다. 정통 신앙의 교리에 따르면, 예수 그리스도의 대속적 죽음, 즉 예수가 십자가에서 흘린 피를 믿기만 하면 죄가 씻기고 구원받을 수 있다. 구원의 주체는 하나님이고 예수 그리스도이며 인간은 구원의 대상으로서 수동적 위치에 있다. 예수의 피만이 구원의 능력이 있다는 교리를 문자적으로 믿는 정통주의 신자들은 2,000년 전의 십자가 사건과 성경에 관심을 기울일 뿐, 오늘의 현실을 외면하고 책임있는 행동을 하지 않는 경향이 농후하다.

이런 신앙은 자칫하면 삶이나 행동의 변화 없이 교리를 받아들이기만 하면 구원받는다는 의존적 신앙에 머물게 된다. 이것은 미신적이고 주술적인 신앙, 기계적이고 문자적인 신앙이 되기 쉽다. 그런 신앙은 무기력하고 실천이 없는 무책임한 신앙, 감정과 관념에 머문 신앙이 되고 만다. 역사의 종교, 삶의 종교가 되려면 역사와 삶의 뜻을 실제로 찾아 '생각하는 종교'가 되어야 한다. '생각하는 사람'만이 삶의 종교를 가질 수 있고 역사와 삶의 주체가 될 수 있다.71) 그럼 좀 더 구체적으로 기성 기독교의 신앙관과 함석헌의 신앙관에 있어서 몇 가지 두드러진 차이점이 무엇인가를 살펴보기로 한다.

---

71) 박재순, 『함석헌의 철학과 사상』, 260쪽.

1) 신관(神觀)

함석헌에 따르면, 상대계에 현존하는 현상적인 생명의 모습은 복잡다단하고 이전투구를 벌이지만 그러한 모든 생명 현상의 근원, 생명이 생명이게 하는 근원은 하나이며 절대이고 무조건 존재한다. 그래서 '존재하는 하나님'이며, 하나님은 한분이다. 이러한 하나님의 존재를 함석헌은 마치 수학의 공리, 정리와도 같다고 한다.[72] 수학에서 공리가 증명을 필요로 하지 않듯이, 하나님도 증명을 요하지 않는다는 것이다. 하나님은 그런 줄로 인정하고 그것을 근거로 모든 사물 현상을 설명하는 생명의 공리, 정리라는 것이다. 그러므로 만일 우리가 우리 자신의 삶과 생명을 긍정하고 우주와 자연의 근원적 존재를 인정한다면, 하나님은 존재하지 않을 수 없다고 한다.[73] 이러한 함석헌의 신론은 전통적인 신 존재 논증, 즉 존재론적 논증, 우주론적 논증, 목적론적 논증, 도덕적 논증 가운데 존재론적 논증(Ontological Argument)에 해당하거나 거기에 근접한 것으로 보인다.

그렇다면 하나님에 대한 믿음은 어떻게 가능하며, 또 어떤 의미를 지니는가? 함석헌에 의하면 그것은 하나님을 영(Spirit)으로, 아버지로 이해함으로써 가능하며, 동시에 하나님을 만나는 자리로서 인간 주체성의 고유한 자리인 '마음'을 강조함으로써 가능해진다. 함석헌은 영적이고 인격적인 하나님 이해를 견지하며 동시에 스스로 하는 주체적인 존재로서의 인간 이해 역시 포기하지 않는다. 인간은 자기 안에 있는 가장 내밀하고도 깊은 곳인 마음에서 영이신 하나님을 인격적으로

72) 『전집 14』, 248쪽.

73) 박경미, 「속죄론과 관련해서 본 함석헌의 예수 이해」, 박경미 외, 『서구 기독교의 주체적 수용』, 199쪽.

만나며, 이를 통해 스스로 하는(self-acting) 주체적이고 책임적인 존재로 늘 거듭난다. 내 안에 있는 가장 깊은 곳에서 하나님을 영적으로, 인격적으로 만나기 때문에 이 때 하나님은 초월의 내재이면서 동시에 '나' 자신이라고까지 말할 수 있다. 이런 경우 요즘 표현으로 汎在神論(pan-en-theism)이라 말할 수 있을 것으로 보인다.

하나님을 아버지이자 영으로 이해하는 것은 『요한복음서』에서 가장 분명하게 나타난다. 하나님을 아버지이자 영으로 이해하는 것은 인격적이고 내면적인 신앙의 중요성을 강조하는 것이고, 이 역시 요한신학의 중요한 한 가지 특징이다. 함석헌은 "만일 하나님이 영이시라면 그 앞에 일체의 형식적인 것이 소용이 없고 오직 참으로 하는 양심이 요구될 뿐 아니겠습니까"[74] 라며 수사의문문(rhetorical question)을 던진다. 하나님을 영과 아버지로 이해한 것은 요한복음에 나타난 예수이다. 그리고 이렇게 이해함으로써 스스로 하는 윤리적이고 인격적인 주체로서의 인간이 부각된다. 죄 문제의 해결은 종국에는 스스로 하는 자율적이고 책임적인 존재로 인간성을 회복시키는 일이고, 이것은 하나님과의 인격적인 관계를 회복하는 일이기도 하다.[75] 특히 요한복음을 중시하는 함석헌의 태도는 전형적인 퀘이커적 스타일이다.

인격신 신앙과 관련해서도 함석헌은 그 정당성을 적극 옹호한다. 그는 생명 진화론적 관점과 역사 발전의 양 측면에서 인격신 신앙의 정당성을 말한다. 인간 정신의 진화 과정에서 가장 고상하고 발전된 형태가 인격적 관계에 대한 인식이라는 것이다. 인간 정신은 구체적이고

74) 『전집 14』, 273쪽.

75) 박경미, 「속죄론과 관련해서 본 함석헌의 의 예수 이해」 박경미 외, 『서구 기독교의 주체적 수용』, 219쪽.

단순 소박한 데서부터 추상적이고 정신적인 데로 발전했으며, 심리적 발달도 두려움과 공포에서부터 인격적 관계로 발전한다. 또한 사회의 역사적 발달도 마지막에는 인격적 자각에 이른다. 즉 원시, 씨족, 부족 사회에서 발달해 국가주의, 민족주의를 거쳐 개인의 인격적 자각에 이른다는 것이다. 그래서 종교도 우상숭배나 마법 같은 것으로부터 하나님을 인격으로 인식하는 데까지 발전했다는 것이다.[76] 그래서 그는 "인간이 가장 깊이, 가장 완전히 하나님을 안 것이 있다면 그것은 인격적일 수밖에 없습니다."[77]라고 말한다.

'인격'이란 기본적으로 나와 너가 서로 마주 보는 관계에서 성립된다. 홀로 있을 때는 인격으로 자각하지 못한다. 내가 있으므로 네가 있고 네가 있으므로 내가 있다. 그러나 전통적으로 기독교에서 말하는 인격 개념은 나와 너의 대자적 관계를 강조한다. 이 경우 나와 너 사이의 '다름'이 일차적으로 부각된다. 그러나 함석헌은 이러한 대립적 관계를 넘어서 둘 사이의 하나 됨을 강조한다. 하나님과 인간의 인격적 관계에 대한 이해에서도 전통적인 인격신관이 하나님을 인간과는 전적으로 다른 존재(Wholly Other), 타자로 이해하는 데 강조점을 두었다면, 함석헌은 그러한 신과 인간의 대립 관계를 넘어서서 둘 사이의 하나 됨을 강조한다. 그는 이렇게 말한다.

> 나와 너가 그저 대립만 하는 것으로는 안 됩니다. 대립하면서도 서로 하나인 것을 자각하는 데서야 인격은 나옵니다. 인격이란 곧 다른 인격을 존중할 줄 아는 것입니다. 대립하면서도 하나인 줄을 아는 것은

---

76) 함석헌, 「새 시대의 하나님」, 『전집 3』, 245-246쪽 참조. 여기에서는 하나님의 주소 이동 단계론을 펴고 있다. ①산 ②하늘 ③인간의 마음(영, 정신, 혼, 인격 등)

77) 『전집 14』, 251쪽.

> 통일입니다. 윤리적 세계관이란 인격적 세계관입니다. 우주, 인생을 하나의 산 인격적인 생명으로 자각하는 일입니다. 문제는 이 우주를 산 것으로 보느냐, 또는 죽은 기계로 보느냐 하는 데서 갈립니다.[78]

함석헌에게 종교란 다름 아닌 하나 되는 일이다. 그러므로 함석헌에게 인격적인 것이란 현상의 피상적인 모든 이름이나 언어, 인과율을 넘어서서 가장 깊은 심연에서 '나'와 '우주의 근원'이 만나는 현상을 표현하는 것이라고 할 수 있다. 이 만남을 통해 모든 죽어서 말 못하던 것들, 창백한 사물들이 생생한 빛깔을 띠게 되고, 어두운 나락에 빠져 있던 영혼이 환희의 찬가를 부를 수 있게 된다. 그에게 하나님은 만물과 살아 있는 인격적 관계를 가능하게 하는 하나로서의 존재이며, 그러므로 인격적 존재일 수밖에 없다. 이 때 함석헌이 말하는 '인격적'이라는 것은 하나님을 두려움과 공포의 대상으로 인격화해서 믿는 것과는 전혀 다르다. 그보다 함석헌이 이해하는 인격적 존재로서의 하나님은 영적인 존재라는 의미가 더 강하다.

> 하나님은 산 인격입니다. 산 인격이기 때문에 영원합니다. 영입니다. 영원이기 때문에 모든 유한적인 존재를 낳을 수 있습니다. 영적이기 때문에, 정신적이기 때문에 모든 육적인 것의 원본이 될 수 있고, 또 그 궁극의 의미가 될 수 있습니다.[79]

그리고 인격신관을 견지하는 한에서 신의 초월성을 견지할 수밖에 없다. 그는 오늘날 내재적 신관의 유혹에 대해 말하면서 그 안에 내포

---

78) 『전집 14』, 259쪽.

79) 상게서, 252쪽.

되어 있는 자아에 대한 숭배를 지적한다. 함석헌은 성서의 창조 신앙에 근거해 인간의 피조성을 인정하며, 이 피조성 때문에 내재적 신관은 철학적으로는 가장 이성을 만족시키지만, 신앙적으로는 거부해야 한다고 말한다. 그래서 하나님은 초월적이면서 내재적이라고 말한다. 이렇게 보니까 함석헌의 신관은 범재신론(pan-en-theism)이 된다.

> 하나님이 하나님인 이상 초월적이면서 내재적일 것입니다. 내재만이라 해도 모른 것이고 초월만이라 해도 안 된 말입니다. 고로 이것은 이론적으로 밝힐 수는 없고 시적으로 비유적으로 표현되는 수 밖에 없습니다. 그것이 하나님을 아버지라 믿는 신앙입니다. 아버지는 나를 초월하시면서 내 안에 있습니다. '나'에 대해 '너'이면서 또 동시에 '나'입니다.[80]

그리고 아버지로서의 하나님은 만물의 근본으로서 곧 사랑이다.

> 그는 '나' 속에 한없는 '너'를 두시는 이요, 무한한 '너' 속에 '나'를 보시는 이입니다. '나'이면서 '남'입니다. '남'이면서 '나'입니다. 인간은 죽음같이 텅 빈 듯한 하늘을 향해 '아버지' 하고 부를 때 자기 모세관 속에 우주의 맥박을 느낍니다.[81]

이처럼 함석헌의 신관은 초월과 내재 사이를 자유자재로 넘나든다.[82] 이와 같은 함석헌의 신관은 우선 그리스도교의 전통적인 신관과

---

80) 『전집 14』, 252쪽.

81) 상게서, 252-253쪽.

82) 박경미, 「속죄론과 관련해서 본 예수이해」, 박경미 외, 『서구 기독교의 주체적 수용』, 202-204쪽.

모순되지 않는다. 하나님은 복잡다단하고 다양한 상대계, 현상계의 근원이자 그 모든 것이 있게 하는 근거이기도하다. 이러한 관점은 틸리히(Paul Tillich)의 신관인 존재의 근거(Ground of Being)와 뜻을 같이하는 것으로도 보인다. 그러한 근거로서는 하나님은 하나일 수밖에 없고 언어로는 설명할 수 없는 언표 불가능(ineffability)한 존재이기 때문이다.

> 정말 진(眞)이 되고 선(善)이 되고 미(美)가 되는 자리는 모든 표시를 지나친 자리, 이름할 수도 설명할 수도 없는 자리입니다. 그래 하나님이라는 것입니다…… 신이라면 하나일 수 밖에 없습니다. 수로써 표시될 수 없는 절대라는 의미의 하나입니다. 여럿 있는 것은 신이 아닙니다. 신에 대한 한 개 설명입니다.[83)]

그러나 이 때 함석헌이 말하는 '하나'로서의 하나님은 역사와 자연 속의 다양하고 다차원적인 계시를 배제하는 전통적인 유일신관과는 다르다. 전통적인 유일신 신앙에 따르면, 구약성서에는 오직 이스라엘의 역사 속에 자신을 계시하신 이스라엘의 신 야훼(YHWH) 하나님만이 유일하게 참된 신이고 다른 신들은 우상이며, 신약성서에서는 인간 예수 안에 하나님이 유일회적(once for all)으로 완전하게 자신을 계시하셨기 때문에 이 때 유일신 신앙은 이스라엘의 민족사적 경험과 기독교 교회의 역사적 경험과 연결되어 있으며, 이것은 역사 속에서 특정 집단이 겪은 배타적인 경험을 기반으로 한다. 즉 역사적 경험에 깊이 뿌리박고 있다는 점에서 전통적인 유일신 신앙은 함석헌이 사용하는 말을 빌어서 표현하자면 상대계에 뿌리박고 있다. 그 경험이 아무리 진실하고 고귀한 것이라 할지라도, 그리고 그 안에 보편화의 경향

---

83) 『전집 14』, 249쪽.

을 내포하고 있다고 할지라도, 그 자체로서는 절대화될 수 없으며, 하물며 거기에 근거해서 다른 종교들을 통해 나타난 생명과 진리의 증거들을 부정할 수는 없다.

이에 비하여 함석헌이 말하는 유일신 신앙은 역사적이라기보다는 존재론적 경험에 기반을 두고 있다고 볼 수 있다. 그는 모든 상대계를 포괄하며 상대계의 근거가 되면서 동시에 상대계를 넘어서는 궁극의 자리에 선 신은 하나일 수 밖에 없다고 말한다. 상대계의 현상은 복잡다양하지만, 그 근거가 되는 절대자는 하나이신 분이라고 한다. 이 하나님은 이스라엘과 교회의 역사적 경험 속에서 자신을 나타내셨을 뿐 아니라, 씨ᄋᆞᆯ들과 자연과 우주를 품안에 품어 기르고 그들 생명의 근거가 되는 존재이다. 이러한 의미에서 함석헌의 유일신관은 유태교와 그리스도교의 역사적 경험과 그 속에서 형성된 유일신 신앙을 넘어서는 좀 더 궁극적인 의미에서의 유일신관이라[84]고 볼 수 있다.

이로써 하나님을 고정불변의 완전한 존재자로 보는 기존의 신관은 함석헌 앞에서는 폐기된다.[85] 끊임없이 변하는 역사 속에서 볼 때 하나님은 절대자로서 완전한 존재인 동시에 '자람'이며 '영원한 미완성'이다. 하나님은 정적인 존재자가 아니다. 그래서 함석헌은 하나님은 '있지 않다', '있는 것은 하나님이 아니다'라고 말한다. 하나님은 살아 움직이는 분이며 끊임없이 새로워지는 동적인 존재다. 그렇기 때문에 하나님은 '있을 이, 영원히 있으려는 이'다. 하나님의 역동성을 나타내

84) 박경미, 상게서, 201-202쪽.

85) 종래의 전통적 기독교의 신관은 대체로 다음과 같다.
①우주적 도덕가로서의 신 ②통제적 힘으로서의 신 ③불변하며 무감각한 절대자로서의 신 ④현상의 묵인자로서의 신 ⑤남성으로서의 신(존 캅·데이비드 그리핀/류기종 역, 『과정신학』, 13-14쪽)

기 위해 함석헌은 하나님을 "……려 함"이라고도 한다.[86]

하나님이 미완성이라는 주장은 하나님을 절대불변의 존재이자 전지전능하고 완전한 존재로만 여겨온 사람들에게는 폭탄선언이다. 하나님을 고정불변의 완전한 절대자로 보는 신관은 지배 체제를 정당화하는 보수적인 역할을 하기 마련이다. 자족하는 완전한 하나님은 역사적인 변혁이나 사회적인 혁신을 필요로 하지 않는다. 함석헌은 종교와 지배 특권층의 야합을 깨기 위해 끊임없이 자라는 미완성의 하나님을 말한다. 하나님을 완전한 절대적 존재로 보는 탈역사적 신관은 종교를 완전하고 절대적인 것으로 보는 종교관을 낳고, 자신을 절대화하는 종교는 반드시 지배 체제와 야합하는 보수적인 종교로 전락한다. 그러나 하나님을 끊임없이 자라는 존재로 보는 신관은 끊임없이 개혁되는 종교관을 낳고, 이러한 종교는 역사와 사회를 혁신하는 동력이 된다.[87]

이와 같은 함석헌의 신관은 과정철학(Process Philosophy)에 기초한 과정신학(Process Theology)의 신관과 어떤 차이가 있을까? 함석헌의 신관은 화이트헤드(A.N.Whitehead)의 과정철학이나 존 캅(John Cobb, Jr.)의 과정신학에 대한 지식 혹은 교류가 있었을까? 존 캅의 과정신학에서 말하는 하나님은 창조적-응답적 사랑으로서의 하나님이다. 다시 말하면 이 하나님은 창조적 사랑인 하나님으로서 그 사랑은 설득적 사랑, 향유를 촉진시키는 사랑, 모험적인 사랑이다.[88] 함석헌이 20대에 읽은 웰즈(H.G.Wells, 1866~1946)와 베르그송(Henri Bergson, 1859~1941), 50대 이후에는 샤르뎅(Pierre Teilhard de Chardin, 1881~1955)의 사상을

86) 『전집 3』, 373쪽; 박재순, 『민중신학과 씨올사상』(1990), 244쪽 재인용.

87) 박재순, 상게서, 244-245쪽.

88) 존 캅·데이비드 그리핀/류기종 역, 『과정신학』, 61-87쪽 참조.

접한 결과[89]가 이러한 유사성을 유발했을 가능성이 있다고 보여진다.

2) 예수(Jesus)와 그리스도(Christ)관

함석헌에 의하면, 역사적 예수가 나의 죄를 대속해 주는 구원자라는 정통적 기독교 신앙은 '나의 인격적 주체성'과 정면으로 충돌한다고 보았기 때문에 역사적 예수(Historical Jesus)보다는 영(靈)이신 메시아 '그리스도(Christ)'를 중시한 것으로 여겨진다. 그는 예수에게 모든 책임을 맡기는 것이 아니라 그 자신이 그리스도와 하나가 되어 그리스도의 자리에 선다. '내'가 십자가를 지고 그리스도의 역할을 해야 한다. 그래서 '사람됨'(인격)은 '그리스도됨'이라고 말한다.[90] 생명의 기본 원리가 '스스로 함'에 있듯이 내 안에 절대적 존재가 있으므로 구원도 스스로 얻는 것이다. 나 스스로 고난의 짐을 짐으로써 나와 세상이 구원에 이르게 된다. 함석헌은 많은 생각과 고민을 한 끝에 예수 그리스도에 대한 믿음을 이렇게 요약했다.

> 나는 역사적 존재였던 예수(Jesus)를 믿는 것이 아닙니다. 나는 오히려 그리스도(Christ)의 정신을 믿습니다. 그리스도의 정신은 역사의 예수 안에도 있었고 나 자신 속에도 살아 있습니다.[91]

이렇듯 함석헌은 '역사적 예수'보다는 '영적인 그리스도'를 중시한다. 이와 관련한 그의 생각의 골격은 다음과 같다.

---

89) 김선보, 「다석 유영모와 신천 함석헌의 종교사상 비교 연구」, 『함석헌 연구 4』 (2013 하반기), 241쪽.

90) 『전집 4』, 385쪽.

91) Ham, *Kicked by God*, p.13; 김성수, 『함석헌 평전』, 73-74쪽 재인용.

그 중 중요한 것을 말한다면 그 하나는 나도 자주(自主)하는 인격을 가지는 이상 어떻게 역사적 인간인 예수를 신앙의 대상으로 삼고 '주여!' 할 수 있느냐 하는 것입니다. 그 다음은 자유의지를 가지는 도덕인간에게 대속(代贖)은 어떻게 이루어지는 것이냐 하는 것입니다… 말하자면 끝이 없는 문제지만, 나는 생각하다 내 딴으로 풀어버렸습니다. '나는 역사적 예수를 믿는 것이 아니다. 믿는 것은 그리스도다. 그 그리스도는 영원한 그리스도가 아니면 아니 된다. 그는 예수에게만 아니라 본질적으로는 내 속에도 있다. 그 그리스도를 통하여 예수와 나는 서로 딴 인격이 아니라 하나라는 체험에 들어갈 수가 있다. 그때에 비로소 그의 죽음은 곧 내 육의 죽음이요, 그의 부활은 곧 내 영의 부활이 된다. 속죄는 이렇게 해서만 성립이 된다. 그러므로 역사적 예수가 내 죄를 대신해 죽었다고 해서 감사하게 여기는 것은 하나의 자기중심적인 감정뿐이요, 도덕적으로는 높은 지경이 되지 못한다. 그것으로는 죄성(罪性)이 없어질 수 없기 때문이다……' 나는 대체로 이러한 판단을 내려버렸습니다.[92]

함석헌에 따르면 진정한 예수는 역사적 인격으로만 존재하는 것이 아니라 영원한 미완성이기 때문에 영속적으로 자라고 있다는 것이다.

예수라는 인격은 지금도 자라고 있다. 예수가 인류를 건지기도 했지만, 또 역사를 건지는 생명이기 때문에, 역사는 또 예수 인격을 키우고 있다. 이 세계에는 하나의 인격이 있다. 그것은 영원한 미완성이다. 역사적인 예수는 그것의 그때의 나타남이다… 우리가 믿는다는 것은 그러한 영원한 한 사람을 믿는 것이다.[93]

---

92) 『함석헌 저작집 7』, 38-40쪽.

93) 『함석헌 저작집 16』, 25쪽; 김선보, 「다석과 신천옹의 종교사상 비교 연구」, 『함석헌 연구 4』(2013 하반기), 240쪽 재인용.

a b c

a: 법인류학자 리차드 니브 박사가 이스라엘 갈릴리 지방의 셈족 유골을 토대로 복원한 예수의 얼굴
b: 터키 아야소피아 박물관(옛 동방정교회 대성당)에 있는 13세기 예수얼굴의 모자이크
c: 백인의 얼굴에 갈색의 긴 곱슬머리와 턱수염을 가진 모습(백인의 시각에서 상상한 예수의 얼굴)
d: 한국인이 예수를 그린다면 '갓을 쓴 황인종 예수'로 그려야 할 것이다.(사진 29)

역사의 변혁과 새로운 신앙에 대한 표상은 예수에 대한 이해 속에도 반영되어 있다. 하나님을 고정된 존재로 보지 않고 끊임없이 새로워지는 미완성의 존재로 파악했듯이, 예수도 과거 속에, 또는 교리 속에 고정된 존재가 아니라 역사 속에서 완성되는 존재로 이해된다. 예수라는 인격은 성경에 갇힌 존재가 아니라 역사 속에서 지금도 자라는 존재다.

하나님과 하나님의 계시자인 예수를 미완성으로 본 것은 '나'라는 존재, 우리의 삶과 역사가 미완성이라는 사실과 통하며, 우리 자신이 우리의 삶과 역사를 완성해야 한다는 것을 뜻한다. 우리의 삶과 역사는 불완전하고 미완성이지만 속에 하나님(그리고 하나님의 계시자 예수)을 품고 있다. 그러므로 새 시대를 열기 위한 역사적 고난은 '예수'를 낳기 위한 진통이라고 말하기도 한다.

> 한 국민이 사람의 아들 예수를 잉태했어요. 새 시대를 잉태했어요. 그 애기가 태어나려고 진통하고 있고 그래서 고통이 따르고……이 애기를 낳기 위해서는 죽을 힘을 다해야 하지요.[94]

예수는 더 이상 과거의 어느 시점에 고정된 역사적 존재가 아니다. 예수는 역사의 제약에서 벗어나 오늘 나의 삶 속에, 오늘 고난받는 민중 속에서 하나님과 더불어 살아 있는 존재다. 고난받는 인간들 속에서 태어난 '예수'는 역사 속에서 완성되는 하나님을 상징할 뿐 아니라 인간들을 통일하는 새로운 공동체를 상징하기도 한다. 그 '예수'는 역사의 변혁(새로운 시대)을 상징하며 '하나님'과 '인간'의 통일(새로운 시대)을 상징한다.

하나님을 미완성으로 보는 신관이 역사의 고난 속에서 '예수'가 태어난다는 사상으로 이어졌는데, 이것은 역사에 대한 인간의 책임과 주체적 실천을 극적으로 강조한 것이라고 볼 수 있을 것이다. 우리가 살고 있는 역사가 메시아를 낳는 진통의 역사라면 우리 자신은 메시아를 낳는 주역인 것이다. 이것은 역사적 예수를 신앙의 대상으로 삼는 정통적 신앙보다는 그리스도(메시아)와 나의 일치를 강조한 신앙이다.[95]

함석헌의 신앙은 '나'와 (지금 내가 살고 있는) 이 시대의 삶을 위한 신앙이다. 그것은 '지금 여기서'(here and now) 실행에 옮기는 신앙이다. 하나님도 과거의 하나님이 아니라 지금 여기서 나와 함께 살아 있는 하나님이다. 하나님과 하나 된 '나'와 현재의 상황이 직결된다. 역사를 변혁하고 사회제도를 혁명할 주체는 '나'밖에 없다. 모든 사회적 실천은 주체적 결단에서 비롯되고 주체적 결단은 '다른 사람'이 대신

---

94) 『전집 12』, 177쪽.

95) 박재순, 『함석헌의 철학과 사상』, 247쪽.

내려줄 수 없는 것이기 때문이다.

함석헌은 과거의 역사적 존재인 예수가 오늘 나의 삶을 대신한다는 생각을 철저히 부정했지만, 하나님과 일치된 삶을 살았던 예수의 삶과 정신은 누구보다 진지하고 철저히 받아들였다. 함석헌은 오늘 나의 삶 속에서 예수와 나의 일치를 추구했다. 함석헌에 따르면 예수는 참 씨올로서 십자가에서 자기를 자름으로써 새 생명의 길을 열었다. 그리하여 예수는 온전히 하나님과 하나 된 삶을 산 존재이다. 그러므로 내가 예수와 하나 됨은 곧 하나님과 내가 하나 됨이다. 믿음 안에서 믿는 주체(나)와 믿는 대상·객체(하나님·예수)가 하나로 된다.[96]

그리스도교에서 믿음이란 예수의 인격과 결정적으로 관련되어 있다. 그런데 예수에 대한 이해의 방식은 신학적으로 두 가지로 구분된다. 하나는 이른바 '위로부터의 그리스도론(High Christology)'으로서, 이 경우 하나님의 아들로서의 예수, 선재하는 그리스도로서의 예수에서 출발한다. 그리스도의 인간성을 부정하지 않지만, 어디까지나 강조점은 그리스도의 신성에 있다. 신약성서 문서들 중 위로부터의 그리스도론을 가장 잘 보여주는 것이 요한복음이다. 이 때문에 케제만(E.Käsemann)은 요한의 그리스도를 일컬어 "땅 위를 걸어다니는 하나님"이라고 했다. 이와 마찬가지로 함석헌의 예수 이해는 결정적으로 요한신학에 근거하고 있다. 이에 반해서 '아래로부터의 그리스도론(Low Christology)'은 2,000년 전 유대 갈릴리 지역에서 하나님 나라 운동을 했던 인간 예수에게서 출발한다. 이 경우 축귀 행위를 하고, 죄인들과 함께 식사를 나누며, 치유 행위를 했던 유대 개혁가로서의 인간 예수의 면모가 부각된다. 그리스도의 신성에 대한 고백을 내포 또는

96) 상게서, 242쪽.

전제하지만, 강조점은 그리스도의 인간성에 있다. 신약성서에서 이 '아래로부터의 그리스도론'은 공관복음서에 잘 나타난다. 오늘날 북미 지역을 중심으로 이루어지고 있는 역사적 예수 연구는 이러한 '아래로부터의 그리스도론'을 더욱 강조한 형태라고 볼 수 있다.

공관복음서와 요한복음서에 두드러지게 나타나는 이 두 가지 유형의 그리스도론은 그리스도의 신성(神性)과 인성(人性)을 둘 다 놓치지 않고 포용한다. 단지 강조점과 출발점이 다를 뿐이다. 공관복음서의 저자들이나 요한에게 그 둘은 서로 대립하는 것이 아니라, 인간 경험의 성격에 따라 강조점과 고백의 형태가 다를 뿐 둘 다 포기할 수 없는 신앙의 내용이다. 문제는 교회와 신학의 역사가 진행되어 오는 동안, 그리스도의 신성을 강조하는 신화적 요소들만이 일방적으로 강조되고, 그리스도의 인간적 면모는 가려졌다는 것이다. 그리스도의 인간성, 역사성은 교회의 그리스도론적 고백이 신화가 아니라고 주장하기 위한 안전판 정도의 기능을 했을 뿐, 실제로 인간 예수가 어떻게 살았는지, 무엇을 추구했는지는 중요하게 부각되지 않았다. 이러한 신화적 예수상은 오늘날의 역사관, 세계관과 마찰을 일으킬 뿐 아니라, 교회가 본래 그 근원인 예수와 예수 운동이 추구했던 내용으로부터 멀어지게 만들었다.

이처럼 교회와 신학이 오랜 세월 일방적으로 영광스러운 하나님의 아들로서의 그리스도, 신적 그리스도만을 강조하자 이를 비판하면서 오늘날에는 역사적 예수, 인간 예수에 집중하는 경향이 나타났다. 오늘날 북미 대륙의 "예수 세미나"를 중심으로 한 '역사적 예수 연구'에서는 예수의 인간적 측면에 초점을 두며, 혁명적인 유대 농부였던 예수의 역사적 사실을 믿음의 근거로 본다. 그런데 역사적 측면에서 예수에게 접근할 경우 그는 유대인으로서 유대 종교와 유대 사회의 개혁가였다는 사실 이상을 확인하기 어려운 난점이 있다. 왜냐하면 하나님의 아들, 신적인 존재로서의 예수는 역사 연구의 범위를 넘어서기 때문이다. 오늘날 역사적 예수 연구가들은 대체로 '위로부터의 그리스도론'에 관심을 두지 않으며, 오히려 그것이 기독교의 보수화, 우경화를 조장한 근본 원인이라고 본다. 그래서 그들은 '아래로부터의 그리스도론'을 더욱 극단화해서 그리스도의 인간성, 역사성에 대한 규명을 통해 '위로부터의 그리스도론'의 허구를 폭로하고, 그러한 그리스도론으로 인해 야기된 문제점들을 극복하고자 한다.

이러한 역사적 예수 연구가들의 입장과 비교해 볼 때 함석헌의 예수 이해는 '위로부터의 그리스도론'에 가깝다고 보인다. 함석헌에 의하면, 예수라는 인격이 인간을 향해 주장하는 모든 내용의 본질은 "나는 하나님의 아들이다"라는 것이다.[97] 이 주장은 예수가 인간이라는 사실을 부정하는 것이 아니다. 그러나 함석헌이 이해한 인간 예수는 사회혁명가, 정치혁명가라기보다는 인격적이고 내면적인, 정신적인 존재이다. 앞서 하나님에 대한 이해에서와 마찬가지로 함석헌은 예수를 이해할 때도 인격적·내면적으로 이해한다. 그는 이렇게 말한다.

> 요새 예수님을 사회방면의 지도자로 보는 사람들은 어떻게 생각하는지 몰라도 나는 그건 아주 반대예요. 예수님이 뭐 사회혁명 한다든지, 정치혁명 한다든지 그런 건 아니에요. 이건 순전히 정신적인 면에서 하신 거다. 그래 사람들이 오해하면 큰일 나니까 사람들을 고쳐 주면서도 될수록 '나가서 말하지 말라'고 하셨잖아요?[98]

97) 『전집 14』, 265쪽.
98) 『전집 14』, 308쪽.

오히려 함석헌은 그러한 신앙적 삶과 실천을 가능하게 만드는 예수의 인격과의 만남이 내면적이라고 이해한다. 복음서에서 예수가 치유 행위를 한 뒤 사람들에게 알리지 말라고 한 함구령을 함석헌은 예수가 사회 운동이나 정치 운동을 하지 않았다는 것으로 해석하며, "마음이 가난한 자는 복이 있다"는 마태의 구절을 정신성에 대한 강조로 해석한다. 또한 "하나님 나라가 너희 안에 있다"라는 누가복음의 구절 역시 내면성·정신성에 대한 강조로 해석한다. 그에 따르면, 사람이 사람을 대접하는 사회를 이루려는 목적 역시 사람의 정신에서 나와야지 다른 데서는 나올 수가 없다. 하나님 나라는 변화된 내 혼 속에서부터 열린다. 시작은 역시 마음이다. 물론 함석헌은 구약성서적·예언자적 신앙을 놓치지 않는다. 그래서 그에게서 예수에 대한 영적인 이해, 내면적인 믿음은 비판적 실천과 분리되지 않는다. 단, 전통적인 서구 신학의 이원론적 구분에서 본다면 함석헌은 분명히 영적인 그리스도 이해, 즉 위로부터의 그리스도론에서 출발하는 것으로 볼 수 있다.

서구 성서학자들이 인간 예수에 대한 이해의 길로서 역사학과 사회학, 인류학 등 다양한 학문적 방법과 새로운 문학비판 이론들을 불가결한 요소로 지적했다면, 함석헌에게 있어서 예수에 이르는 길은 비밀이다. 암암리에 그 비밀이 알려져서 그것을 이해한 사람들에게 그 비밀은 자명한 진리이지만, 그 비밀을 받지 못한 사람들에게는 불가해한 소식이다. 이것은 요한의 예수 이해 방식과 상통한다. 요한복음에 나타나는 예수는 듣는 사람들이 당연히 알아들을 것으로 전제하고 "나를 믿으라"고 말한다. 그리고는 믿지 않는 것을 이상히 여긴다. "우리가 본 것을 말하고 들은 것을 증거하는데 너희가 믿지 않는다"(요한 3:11)고 한다. 이것은 실로 영원한 예수의 영원한 비밀일

것이다.[99]

함석헌에 의하면, 그 안에서 모든 이원론적 대립, 너와 나, 이 세상과 저 세상, 죄와 의, 모든 것이 사라지고 영원히 하나인 그리스도 말씀만 남는다. 그리고 이렇게 예수가 하나님의 아들이라고 주장한 것은 그가 정말 하나님의 아들이기 때문이고, 사실은 인간이 하나님의 아들이 될 만한 씨가 있기 때문이다. 그래서 그는 이렇게 말한다: "예수가 하나님의 아들이 된 것은 우리가 다 하나님의 아들이기 때문입니다. 우리 육의 흙 속에 잠자고 있는 아들의 씨를 불러내어 광명 속에 피게 하기 위해서입니다."[100] 함석헌의 이와 같은 주장은 신과 인간을 대립적으로 파악하는 전통적인 기독교의 이해와는 다르다. 이러한 함석헌의 이해는 중세의 신비주의 철학자 에크하르트(Meister J. Eckhart, 1260~1327)의 신 이해, 인간 이해와 일맥상통한다. 그리고 신과 인간의 관계에 대한 함석헌의 새롭고도 창조적인 이해는 그의 속죄관에서 가장 분명하게 드러난다.[101]

현대의 역사적 예수 연구가와 함석헌 사이에는 역사를 이해하고 접근하는 태도에서 차이가 있다. 현대의 역사적 예수 연구가들이 생각하는 역사 개념은 과거에 일어난 일들에 대한 객관적 재구성으로서의 역사이다. 물론 오늘날 있는 그대로의 사실적인, 객관적인 역사 재구성이 불가능하다는 데 대해 누구나 인정하지만, 그럼에도 불구하고 그들은 방법론적인 객관성과 중립성에 입각해서 과거의 사실에 대한 납득할 만한, 개연성 있는 사실적 재구성에 도달할 수 있다고 본다. 또한

99) 박경미, 「속죄론과 관련해서 본 함석헌의 예수이해」 박경미 외, 『서구 기독교의 주체적 수용』, 209쪽.

100) 『전집 14』, 269쪽.

101) 박경미, 전게서, 211쪽.

고고학과 인류학, 사회학 등 관련 학문의 도움을 받아 어느 정도 객관성 있는 예수상을 얻을 수 있다고 생각한다. 그래서 현대의 역사적 예수 연구가들은 엄격하고 다양한 방법론들을 적용해 복음서 안에서 교회의 신학자들에 의해 덧씌워진 부분들을 제거하고 2,000년 전 팔레스틴에 살았던 예수의 역사적 상(像)을 그려 내고자 한다. 이렇게 해서 그들은 새로운 세상을 꿈꾸었던 갈릴리 유대 농민 혁명가로서의 예수상을 얻었다. 그리고 이들이 소묘하고자 하는 예수는 그 시대의 인물로 고정되어 있다. 이러한 의미에서 오늘날 역사적 예수 연구가들이 생각하는 역사는 과거에 멈추어져 있고, 과거의 객관적 사실들에 의해 제약되는 측면이 강하다고 할 수 있다. 이들에게 역사란 근본적으로 과거를 통해서 배우는 것이다.

그러나 함석헌과 초대 기독교인들이 생각했던 역사는 움직이는 역사, 미래에 정향(定向)되어 있는 역사이다. 역사란 미래를 향해 열려 있을 뿐 아니라 끊임없는 진행형이다. 그래서 초대 기독교인들은 아무 거리낌 없이 그들의 삶에서 제기되는 필요성들에 의해 예수의 말을 창작해서 예수의 입에 넣어 주었던 것이다. 그들이 생각하기에는 역사적 예수가 실제로 한 말이나, 자신들이 살아가고 있는 교회의 삶 가운데서 부활한 그리스도가 현재적으로 하고 있는 말씀 사이에 본질적으로 차이가 없었다. 그들의 자의식속에는 그렇게 하는 것이 허위 사실을 날조한다거나 사실 왜곡이라는 생각이 전혀 없었을 것이다. 왜냐하면 그들에게는 갈릴리 호숫가를 거닐며 가르치던 예수와 교회의 삶에서 끊임없이 영을 통해 자신들을 일깨우는 그리스도가 한 분이었기 때문이다.

이러한 의미에서 초대 기독교인들이나 함석헌은 노골적으로, 의도적으로 현재로부터, 오늘 나의 삶으로부터 과거를 재구성했다. 아니

좀더 정확하게 말하자면 과거와 현재, 미래라는 모호한 시간 구분이 그 힘을 잃고, 모든 시간이 영원한 현재(eternal now)의 빛에서 하나로 통합된다. 이 때문에 함석헌은 2,000년 전 갈릴리 농부 예수보다는 영원한 생명 예수, 태초부터 계셨던 말씀 예수를 즐겨 이야기한다. 그리고 그와의 인격적 만남을 통해 일어나는 마음의 변화, 스스로 하는 삶으로의 변화를 부각시키고자 집요하게 노력한다.

따라서 현대의 '역사적 예수 연구'가 예수와의 깊은 인격적 합일에까지 이르게 하지 못한다면, 함석헌은 예수와의 인격적인 만남, 하나됨을 무엇보다도 중요하게 여겨서 나와 예수, 하나님과의 깊은 신비적(mystic) 일치를 주장하기까지 한다. 그래서 그는 궁극적으로 예수의 인격이 내 인격이 되어야 한다고 보았다. 그는 속죄를 믿는다고 하는 것이 확실히 체험이 되어 성립되려면, 그러기 전에 "예수님의 인격과 내가 딴 사람이 아니다"[102] 하는 지경에까지 가야 한다고 말한다. 물론 이것은 "내가 곧 예수다"라는 뜻은 아니다.[103] 이렇게 본다면 함석헌의 예수관 혹은 그리스도관은 사도 바울의 그리스도관 그리고 함석헌이 속한 퀘이커교의 그리스도관과 일치한다고 보여진다. 게다가 미완성 내지 진행형적 사고, 더 나아가 도상적(途上的) 실존, 지금 여기(here and now)라는 현존 강조로 보아 실존주의 철학자 키에르케고르(S.A.Kierkegaard)의 그리스도와의 동시성(Contemporaneity with Christ) 사상과도 연결이 되는 것으로 여겨진다. 함석헌은 어린시절에는 보수적인 장로교의 대속신앙, 청년 시절엔 보수적 무교회주의자 우치무라 간조의 대속론을 따랐겠지만 퀘이커가 된 후에는 퀘이커가 지향하는

---

102) 『전집 14』, 314-315쪽.

103) 박경미, 전게서, 232쪽.

그리스도 신비주의(Christ-mysticism) 쪽으로 나아간 것으로 생각된다. 그렇다고 해서 함석헌이 송두리째 역사적 예수를 부인하는 것으로 볼 수는 없다. 왜냐하면 예수는 '예수그리스도' 혹은 '그리스도예수'이며 또한 예수는 神人(God-Man)으로서 키에르케고르의 용어대로 '절대적 역설'(Absolute Paradox)이기 때문이다.

3) 대속론(속죄론)

(1) 역사적 예수와 대속의 문제

함석헌에게 문제가 된 것은 '역사적 예수'와 더불어 대속(代贖)의 문제였다. 그는 이 대목에서 자신과 같은 사색형의 인간에게는 대속이 결코 그냥 믿어지지 않는다고 고백한다. 그의 생각에는 대속이란 인격의 자주가 없던 노예시대의 산물, 즉 포로 따위의 몸값을 치르고 자유롭게 해주는 것(ransome or redemption theory)으로 이해될 뿐, '인격'은 결코 대신해 줄 수 없는 것이기 때문에 진정으로 자유로운 인격에게는 대속은 고마운 일이 아니라 오히려 모욕으로 들린다고 본다. 이러한 사색은 그가 매우 강력하게 '역사적 예수'의 한시적(限時的) 그리스도성으로부터 벗어나는 과정을 드러내주고 있다. 그는 숙고 끝에 자신이 내린 판단이 있다고 하는데, 기독교 신앙을 통해서 진정으로 인격의 변화가 일어나려면 믿음의 대상이 역사적 예수보다는 '영원한 그리스도'이어야 하고 그러기 위해서는 그 그리스도는 33년의 생애를 살았던 예수에게서만 아니라 본질적으로 지금도 내 속에 살아서 역사(役事)하는 예수의 신성(神性)을 받아들이지 않을 수 없게 한다는 것이다.[104)]

---

104) 이은선, 「仁의 사도 함석헌 선생님」, 『함석헌 연구 4』(2013 하반기), 139-140쪽.

이렇게 해야만 '내' 안에 궁극적인 존재가 있으므로 '나'에게 절대적 자유와 주체성이 주어지고 모든 외적 권위와 존재에 굴복할 수 없는 인격적 자유와 주체성이 확보된다는 생각이다. '오늘의 나'와 '오늘 나의 삶' 속에 살아 있는 하나님에게 관심을 집중했기 때문에, 함석헌은 역사적 예수를 신앙의 대상으로 받아들이기를 꺼린다. 역사적 예수에게 매이는 신앙은 '오늘 나의 삶'을 과거에 속박하는 것이 되기 때문이며 역사적 예수가 나의 죄를 대속해주는 구원자라는 전통적 기독교 신앙은 '나의 인격적 주체성'과 정면으로 충돌한다고 보았기 때문에 역사적 예수보다는 '예수의 그리스도성'을 선호한다. 함석헌은 예수 그리스도에게 자신의 모든 책임을 맡기는 것이 아니라 그 자신이 그리스도와 친히 하나가 되려고 한다. 따라서 예수 십자가를 바라보는 것이 아니라 '내'가 십자가를 지고 그리스도의 역할을 해야 한다는 주장이다. 그래서 함석헌은 '사람 됨(人格)'이 곧 '그리스도 됨'이라고 말한다.

'그리스도가 된다'는 것은 내가 하나님과 세계 사이에 서서 하나님에 대해서는 세계를 지고 세계에 대해서는 하나님을 대신하는 것이다. 이것은 내가 역사적·사회적 실천의 자유로운 주체가 될 뿐 아니라, 내가 나 자신의 구원의 주체가 된다는 것을 의미한다. 생명의 기본 원리가 '스스로 함'(self-acting)에 있듯이 내 안에 절대적 존재가 있으므로 구원도 '스스로 얻는 것'이다. '나 스스로 고난의 짐을 짐으로써' 나와 세상이 구원에 이른다는 생각이 함석헌 종교사상의 핵심을 이룬다.[105)]

함석헌의 이러한 주체적 신앙관은 '스스로 함'을 기본 원리로 보는 생명철학과 생명은 늘 자라고 역사는 진보한다는 역사철학에 근거한 것이다. '나'는 스스로 하는 주체이기 때문에 타자인 역사적 예수에게

105) 박재순, 『함석헌의 철학과 사상』, 241쪽.

내 삶과 인격의 책임과 의무를 떠넘길 수 없다. 지나간 역사의 전통에 매이지 않고 미래에 대한 막연한 기대나 불안에 사로잡히지 않으면서 '지금 여기' 나의 삶에 충실해야 한다. 또 생명은 늘 자라고 역사는 앞으로 나아가는 것이기 때문에 약 2,000년 전에 살았던 인간 예수에게 머물 수는 없다. 예수는 예수의 때에 예수의 삶을 살고, 나는 나의 때에 나의 삶을 살아야 한다. 그러므로 예수가 그 시대의 짐을 졌듯이 나도 내 시대의 짐을 져야 한다. 나 자신이 나와 세상을 구원하는 주체가 되어야 한다.

그러나 함석헌이 말하는 자력 구원(自力 救援)은 하나님을 부정하는 것이 아니다. '나 자신'이 구원의 주체라는 말은 역사적이고 사회적인 지평에서 타인과 관계를 맺을 때 타당한 말이다. 하나님과 내가 하나로 되는 궁극적인 전체의 자리에서는 주체와 객체의 구분이 사라지므로, 자력 구원이나 타력 구원이라는 말이 무의미해진다. 역사적 결단과 사회적 책임의 모든 무거운 짐이 '스스로 행하는 나'에게 집중되지만 이 '나'는 하나님(전체)과 통한 나, 하나님과 일치된 나다. 그러므로 '내'가 한 모든 일은 하나님이 한 것이고, 자아실현은 하나님 실현이나 다름없다.[106)]

(2) 개인 구원과 세계 구원의 문제

함석헌은 인간이란 종교의 유무에 관계없이, 모두 하나님의 형상(Imago Dei, Image of God)을 가지고 있다고 믿었기에, 그는 무신론자나 비기독교인에게도 기독교인과 동등한 애정과 관심을 가지고 있었다. 그는 '전체(whole)만이 거룩(holy)한 것'이라고 보았다. 완전한 전체

106) 박재순, 상게서, 241-242쪽.

가 하나로 있으면 그것이 깨끗한 것, 거룩한 것이요, 전체에서 떨어지면 더러운 것이다. 비유컨대 때는 몸에서 떠난 살이요, 속(俗)은 하나님에게서 떠난 인간이다. 자신의 존재를 전체와 분리해서 생각할 수 없었던 함석헌은 자신을 전체 사회에 빚진 자로 여겼다. 이런 식으로 함석헌은 한 씨ᄋᆞᆯ의 어려움을, 그 씨ᄋᆞᆯ이 기독교인이거나 아니거나 간에 자신의 어려움으로 느꼈다.[107] 이 대목에서 우리는 함석헌의 동병상련, 박애사상을 발견할 수 있다.

함석헌은 현실과 동떨어진 기독교를 생각할 수 없었다. 그에게 기독교보다 더 중요한 것은 '인류 전체'였다. 그러므로 함석헌은 성인(聖人)조차도 그가 속한 역사와 사회를 떠나서는 존재할 수 없다고 믿었다. 이와 상응하게 그는 내세를 무조건 믿거나 추구하기보다는 자신이 살고 있는 '지금 여기'의 역사적 상황에서 개인 구원이 아닌 인류 전체를 위한 단체 구원을 추구했다. 그는 혼자만이 안락한 삶을 사는 것보다 다 같이 고난받는 삶이 더욱 의미가 있다고 보았고, 세계가 구원되지 않는 개인 구원이란 의미가 없다고 믿었다. 결국 함석헌은 전체 모두가 구원받는 곳이 곧 하늘나라라고 보고 자신의 구원관을 이렇게 말했다.

> 나만 들어가면 된다는 신앙은 낡은 신앙입니다. 나는 그것은 싫습니다. 그것은 신앙이 아니고 욕심이요 교만입니다. 자기 의를 주장하는 귀족주의는 하늘나라에는 못 들어갑니다. 이 세계가 온통 들어가야 할 것입니다. 공산주의자도 무신론자도 그 나라에는 다 들어가야 합니다. 이리 말하는 나나, 반대하는 복음주의자나, 무신론자나, 광신자나 다 들

107) 김성수, 「서구 기독교와 동양사상의 융합」, 『민족의 큰 사상가 함석헌 선생』(한길사, 2001), 211쪽.

어가야 합니다. ……내가 반드시 들어갈 수 있어야 믿는 신앙, 신자는 특별히 뺀 자라는 데 어깨가 으쓱해서 믿는 신앙, 그런 따위 현금주의는 신앙이 아닙니다.108)

개인의 구원에 머물러서는 안 되고 세계 전체, 우주 전체의 구원을 생각해야 하는데, 이것은 그리스도와 일체가 되지 않고는 할 수가 없다는 것이 함석헌의 생각이다. 그는 '오직 믿음만으로(sola fide)'라는 종교개혁자들의 구호에 매달려서 '나' 없이 그리스도가 다 해 주려니 하고 앉아 있는 무력한 믿음에 대해 비판한다. 나는 아무것도 못하고, 모르지만 예수의 십자가 공로 덕분에 구원받으리라고 믿는 통속적이고 대중적인 속죄론은 인간의 자발성, 스스로 함(self-acting)을 방해하고 인간을 미숙한 어린아이로 만든다는 것이다. 따라서 나와 그리스도의 하나됨을 말하는 것도 사실은 그리스도가 활동하는 그 자리에 '내'가 있도록 하기 위함이다. 끝까지 '스스로 함'의 원칙을 포기하지 않는 것이다. 나와 그리스도가 일치하고 하나되는 자리야말로 '스스로 하는' 고상한 인격이 탄생하는 자리이다. 그래서 함석헌은 그리스도의 십자가 공로만 믿고 그저 아무 일도 하지 않고 앉아 있을 것이 아니라, 우리 마음이 그리스도를 받아들여 그리스도와 하나가 될 수 있을 만큼 준비가 되어 있어야 한다고 한다. 이러한 함석헌의 생각은 사도 바울이 설파한 갈라디아서 2장 20절과 합치하는 것으로서 다음 진술도 이를 뒷받침해 주고 있다.

이제는 우리가 말을 믿는 것이 아니라, 우리의 마음이 그리스도를 받아들일 수 있을만큼 돼야 해. 이렇게 더럽던 이 물도 태평양 중심의 수

108) 김성수, 상게서, 211쪽.

질과 같아지도록 맑아지는 자리에 가도록 무슨 힘을 써야지. 같기는 틀림없이 같은 한 물인데, 하나인데, 딴 물이 결코 아닌데 이것이 어쩌다 깊숙이 들어왔기 때문에, 내 욕심이란 것이 들어왔기 때문에 더러워졌어. 이걸 어떻게 하면 우리가 흐리지 않은 원물 그대로 가느냐 하는 모양으로 힘을 써야 돼. 그러면 그리스도가 내 속에 들어와서 나와 그리스도가 따로 있지 않고, 하나가 되는, 일체라 하는 그 자리 그걸 우리가 체험을 해야 한다는 걸 자연히 알게 될 거예요. 우리가 그리스도와 일체가 되는 체험을 하기 전에는 '새 사람'이 된다는 말도 모르고 하는 말이에요.[109)]

(3) 그리스도와의 하나됨(내면의 일체)

함석헌은 "우리가 직접 하나님께로 가야 한다."고 거듭 주장한다. 그리고 우리가 하나님과 같아지겠다는 것이 잘못이랄 수 없다고 한다. 우리는 그리스도 및 하나님과 내면적 일체를 이루어야 한다고 말한다.[110)] 이러한 함석헌의 주장은 전통적인 그리스도론적 언어와 비교해 볼 때 대담한 발언이다. 그리고 이러한 발언이 가능했던 것은 동양적인 수덕 전통과 그 근저에 있는 천인합일(天人合一), 천리관이 그의 종교 문화적 전통 안에 내재해 있었기 때문일 것이다. 그는 이러한 동양적인 수덕 전통을 성령 경험과 연결시킨다. 함석헌은 하나님과 내면적 일체를 이루는 경험을 성령의 경험으로 묘사하고, 이를 위해서는 준비가 되어 있어야 한다고 한다. 이는 마치 장작에 불이 붙는 것과도 같다고 한다. 장작이 없으면 불이 붙을 수 없듯이 평소에 그리스도와 일치를 이룰 준비가 되어 있지 않으면 안된다. 좀 더 구체적으로 말하면

109) 『전집 14』, 316-317쪽.

110) 『전집 14』, 298쪽.

성서를 공부하고 행동해야 한다고 말한다.[111]

> 믿음으로만 구원 얻는다는 것은 결코 이 세상 장터에 여전히 앉은뱅이로 앉아서 눈으로만 십자가를 바라보라는 것은 아니다. 믿음으로만이라는 것은, 여러 가지에 맘을 팔지 말고 따라나서면 어김없이 갈 수 있을 줄 믿기만 하고 따라나서란 말이다. 일어만 서면 앉은뱅이의 이 살림이나마 절단이 날 듯해서 나를 그저 업어다주시오 하고 바라고 무의미한 기도만하고 앉아있으라는 것이 아니다. ……신앙, 믿음, 바라만 보는 믿음이 아니라 감히 일어서는 믿음, 성경에 무엇이라고 했나. 사십 넘은 앉은뱅이 걸었다 하지 않았나.[112]

함석헌이 구원과 관련해서 이렇게 주장하는 것은 예수의 십자가를 저버린 것이 아니라 십자가 해석을 새롭게 한 것이라고 볼 수 있다. 함석헌은 흔히 '우러러 보는 십자가보다는 짊어지는 십자가' 쪽에 무게를 둔다. 그리스도를 자신의 구주로 승인하는 겸손과 인간으로서의 자기 자신의 한계에 대한 자각이 함석헌에게는 있었다. 이후에도 그는 이점을 인정하기를 주저하지 않았다.

> 내가 늘 노자, 장자를 많이 말한다고 그런다지만, 내가 내 주님이라 한다면야 예수가 내 주님이지 노자, 장자겠어요?…다른 사람은 몰라도 장 박사님(장기려 박사)은 그걸 듣고 두 번이나 눈물을 흘렸다 해요.[113]

111) 『전집 14』, 317-318쪽.
112) 『전집 19』, 262-263쪽.
113) 『전집 15』, 79쪽.

함석헌은 대속론을 전적으로 부정했다기 보다는 대속을 믿기만 하면 된다는 신앙의 타율성을 엄중히 경계했다고 볼 수 있을 것이다. 그리고 사랑을 통해 일하는 믿음을 강조함으로써 신앙의 주체성과 책임성을 다시 한번 환기시키고자 한 것으로 이해할 수 있다. 이렇게 수직의 독립·자유뿐아니라 그것이 사랑에 의한 수평의 연대로 환원되어야 함을 강조하면서, 함석헌은 하나님과 인간의 수직의 외줄기 선을 강조하던 우치무라의 무교회 틀을 서서히 벗어나기 시작했다. 그리고 그의 이러한 사상적 확장을 더욱 가속화시킨 것이 해방과 분단 그리고 한국전쟁의 체험이었다.[114)]

신과 인간 사이를 중개하며 은총을 관리하고 배분하려는 모든 매개를 부정한 함석헌에게 그리스도이외의 모든 종교적 권위는 '몽학 선생'이었다. 이제는 신과 인간을 중개하는 사제가 필요 없고 그에 근거한 교권도 아무 의미가 없었다. 이러한 함석헌의 견해는 프로테스탄트의 기본 신앙인, 이른바 '만인사제설'과 직통하는 관점이다. 그의 직접 화법을 보자.

> 그리스도의 옴으로 '아버지'인 하나님을 아는 이때에 있어서는 권위는 필요치 않다. 사랑은 자유로운 것이오, 담대한 것이다. 과거시대는 대표하는 사제가 필요하고 모든 사람은 복종하였으나 지금은 그리스도로 인하여 사람마다 사제다. 다 하나님과 면접할 수 있다.[115)]

함석헌은 성직계급과 교권 그리고 성속의 구별 뿐만 아니라 구원을

114) 양현혜, 「함석헌과 무교회를 둘러싼 종교사상적 모색」, 한국종교학회, 『종교연구 67』(2012 여름), 157쪽 참조.

115) 『전집 3』, 117쪽.

담보하려는 성례전의 주술적 오용도 거부했다. 세례와 성만찬이 '상징'으로서의 의미를 벗어나 신앙을 위한 불가결한 요소가 되면 그것은 제도주의화되고 나아가 개인의 신앙적 결단에서 완전히 분리됨으로써 구원을 위한 조건으로 변질된 '미신'이 되어 버린다는 생각이었다. 또한 기독교 신앙을 어느 교회 교인으로 소속되는 것으로, 혹은 그에 부수되는 조직, 교의, 예배 형식이라는 일정한 종교적 행위 패턴을 반복하는 것으로 대체하려는 것도 거부했다. 왜냐하면 천국은 중개를 통해 '단체로 할인하여 들어가는' 곳이 아니라고 보았기 때문이다. 함석헌 사상에 따르면, 천국입국조건을 '그 누구 혹은 그 무엇'에 의한 중개가 아니라 개개인이 직접 십자가를 짊어지고 예수처럼 살아야 하는 것이다.[116)]

(4) 보편적 구원

함석헌은 인간의 죄를 위해 죽고 부활하여 신과 인간을 화해시킨 예수 그리스도의 대속이라는 은총은 어떠한 전제 조건 없이 만인에게 열려져 있는 보편적인 것으로서 이 은총이 모든 인간에게 해당된다는 의미에서 만인은 평등하다고 보았다. 그러나 그는 신과 인간 사이에서 이 은총을 독점하거나 나누거나 그 분배를 고정시키려는 모든 매개를 철저히 부정했다.

> 그리스도에게는 대표자가 있을 수 없고 그가 세상에 온 후로는 하나님을 전하는 어떠한 대표자도 불필요하게 되었다. 그가 오기 전에 있어서 인류는 인간적 대표자, 중개자를 필요로 하였다. 그러나 그가 온 후는 무용이다. 기독교의 진리가 도덕도 아니오 율법도 아니오 복음인

---

116) 양현혜, 「함석헌과 무교회를 둘러싼 종교사상적 모색」 한국종교학회, 『종교연구 67』(2012. 여름), 144쪽. 『전집 3』, 117쪽.

> 이유는 과거시대 승려(성직자)의 손에 전유되어 있었던 천국문을 빼앗아 자유 개방하여 사람으로 하여금 이대로 이 죄인의 몸대로, 승려(성직자)도 교회도 기타 아무 것도 필요 없이 직접 신 앞에 나가게 하는 데 있다. 고로 이제 또 그리스도의 대표 운운하는 것은 유대주의로 역행하는 일이다.…… 우리가 신에 직접 가는 길을 막고 대신해주마 중개해주마 하는 것은 원치 않는 친절이라기보다 역사의 역전이오 우리 생명의 약탈이다.117)

그렇다면 죄 문제와 관련해서 볼 때 그리스도의 십자가 죽음은 역사의 희생양으로서의 죽음이며, 이런 의미에서 대리적인, 대속적인 죽음이라고 할 수 있다. 그러나 희생양이라는 측면에서는 대리적인 죽음이지만, 내가 스스로 그 자리에 가서 그리스도와 함께 피 흘리고 십자가를 져야 한다는 점에서는 대리적인 죽음이 아니다. 그리스도의 대속적인 죽음은, 나는 아무것도 하지 않은 채 두 손 놓고 그리스도가 다 대속해 준다는 의미가 아니다. 함석헌은 이러한 의미에서의 대속론을 단호히 거부한다. 오히려 그는 내가 그리스도의 자리에 가서 그의 대리적인 죽음과 사랑의 행위를 나 자신의 대리적인 죽음과 사랑으로 만들어야 한다고 한다. 내가 스스로 그리스도의 대속적인 죽음을 죽고, 그의 사랑을 실천해야 한다. 이러한 의미에서 한 폐병 환자의 고통은 무의미한 한 개인의 고통이 아니라, 그리스도의 대속적인 죽음이 지금(now), 여기서(here) 일어나고 있는 것일 수 있으며, 단말마적인 역사의 고통 역시 무의미한 고통이 아니라 부활을 위한 진통이 될 수 있다. 아마도 이것은 그가 죄와 구원, 선과 악을 개인적인 차원이 아니라 전체적으로, 공동체적으로 이해하는 것과 깊은 관련이 있을 것이다.

---

117) 상게서, 143쪽. 『전집 3』, 116쪽.

함석헌은 인격적 책임성과 주체성의 관점에서 타율적이고 개인적인 대속론을 거부하지만, 인류 공동체적 관점에서 대속의 원리를 우주 생명의 근본 원리로 받아들인다. 이 때 대속의 원리는 인격적 주체성과 책임성을 부정하는 타율적 대속이 아니라, 영혼의 주체성을 살리는 원리이다. 그에 따르면, 온 우주 생명과 공동체에는 대속의 원리가 꽉 들어 차 있다. 전체의 짐을 누군가가 져야만, 그로 인해 살아간다. 집에서 어머니, 아버지가 무거운 짐을 짐으로써 가족의 자녀가 살아가듯이, 나라와 민족, 인류 역사의 차원에서도 십자가의 짐을 지는 이들, 역사의 희생양이 있기 마련이다.118) 그러나 이 대속은 타율적인 대속이 아니라, 공동체적·인격적 대속이며, 주체적·참여적 대속이다. 여기서는 고난의 짐을 지는 자와 잘못을 저지른 나 사이에 인격적이고 공동체적인 일치가 있다. 우리 속에, 이 속에 고생당하는 이…… 십자가를 지는 이가 내 속에 하나 있기 때문에 내가 사람 됐다.119) 이것이 인간 속에서 일하는 하나님의 역사이며, 예수는 우리 몸에 단축되었던 그 대속의 원리를 전체에다 적용해서 사신 분이다. 함석헌은 개인의 몸과 영혼에 나타나는 '대속의 원리'가 민족에게도 적용된다고 본다.

> 개인으로 보아도 내 한 몸 속에 나로 인해서, 나를 살리기 위해서 고통받는 이가 있지만, 민족으로도 그것은 그렇습니다. 민족이 지고 가야 할 짐이 있다면, 그것을 구체적으로 누군가가 지는 사람이 있어야 합니다. 대속해야만 된다 그 말입니다.120)

---

118) 『전집 11』, 80-81쪽.

119) 『전집 11』, 82-83쪽.

120) 『전집 11』, 86쪽.

이러한 맥락에서 함석헌은 '세계사 속에서 우리 민족의 메시아적 역할'을 말한다.

고난의 역사의 사명을 다하려면 우리가 바로 이 메시아의 정신을 가지고 이 고난의 짐을 충실히 겸손히 져야지. 미국이나 소련이 하는 모양으로 힘드는 건 제가 지지 않고 남에게 떠밀어 넘겨버리는 버릇을 가지고는 될 수 없습니다.[121]

함석헌의 대속론에 대한 이해는 전통적인 대속론에 대한 주체적이고 창조적인 재해석이라고 볼 수 있을 것이다. 함석헌은 하나님을 우주 속에 흐르는 내적 관련성, 우주의 정신적 의미로 본다. 그는 이를 사도 요한적 언어를 사용해 '영원한 생명'이라고도 부른다. 하나님은 우주의 마음이다. 그리고 우주의 마음으로서 하나님은 내 속에 들어와서 자리 잡고 나를 저 안 밑바닥에서부터 변화시키고 일으켜 세운다. 그러나 내 안에 들어온 우주의 마음과 내 마음이 하나가 되는 경지에까지 이르지 않고서는 스스로 일어설 수 없다. 죄와 예수, 하나님에 대한 함석헌의 모든 논의들은 스스로 함, 주체성의 함양이라는 한 가지 목표에로 귀착된다. 그리고 이러한 스스로함이 일어나는 자리는 내 마음이다. 내 마음이 이 우주와 역사의 마음, 곧 하나님의 숨과 일치했을 때 스스로 하는 위대한 인격이 탄생하며, 예수는 그 길이 어떤 것인지를 우리에게 보여 준 인물이다.[122]

121) 상게서, 99쪽.

122) 박경미, 전게서, 240쪽.

(5) 주체적 신앙체험

함석헌의 신학과 신앙은 주체적인 신앙 체험과 깨달음에 근거한 것이다. 그러므로 함석헌에게 있어서 속죄론은 예수의 피가 내 살과 피와 뼛속에 살아 있을 때 의미가 있다. 함석헌에게 예수는 2,000년 전에 죽은 예수가 아니라 '오늘 나의 삶, 나의 몸과 뼈와 살 속에, 나의 피 속에' 살아 있는 예수다. 한국인으로서 내 몸의 피와 예수의 피가 만날 때 비로소 참된 신앙인이 될 수 있다. 그래서 예수를 믿고 따르는데 머물지 않고, '예수의 피와 혼을 지금 여기서 살아야'한다. 내가 참여하지 않는 십자가 사건은 구원을 주지 못한다. 내 손바닥에서 피 한 방울이라도 날 때 예수의 피가 내게 효험이 있다. 예수와 내가 자유로운 인격으로서 하나가 되어 예수의 생명과 피가 내 속에 살아 있을 때 비로소 새 삶의 구원과 해방이 이루어진다.

함석헌이 예수 십자가에 의한 속죄 교리를 거부한 것은 결코 교리적 관심에서 비롯된 것이 아니라 십자가에 달린 예수가 모든 인간의 구원을 완성해 놓았으므로 믿기만 하면 된다는 교리가 자칫하면 한국 기독교인들의 사회적 무관심과 무사안일주의를 조장할 수 있었기 때문이다. 함석헌은 한국 기독교인들의 사회적 책임과 실천을 촉구하기 위해서 구원을 얻으려면 예수의 십자가와 피만을 의지하지 말고 직접 십자가를 지고 직접 피를 흘려야 한다고 주장했던 것이다.

율법의 행위로 구원받는 것이 아니라 오직 믿음으로 구원받는다고 주장한 바울은 몸소 온 몸과 마음을 바쳐 희생하고 실천한 사람이었다. "이 욕 먹고, 매 맞고, 터지고, 쫓겨 다니고, 사슬 지고, 갇히우다가, 마침내 목을 잘리운 이 바울, 이 피투성이의 사람." "바울이 쪽박 차고 전도한 기독교가 왜 이렇게 되었나"하면서 함석헌 자신은 그의 죽음을 앞두고 울었다[123]고 한다.

함석헌은 예수가 하나님의 아들이 된 것은 우리가 다 하나님의 자녀이기 때문이고, 속죄의 근본 뜻은 대신에 있지 않고 '하나됨'에 있다고 밝힌다. 함석헌은 하나님이 오직 착한 심성을 가진 한국을 세계의 그리스도로 뽑으셨다고 말하는데, 이것은 그의 신앙과 믿음의 방향이 점점 더 전통적 그리스도 중심의 속죄론으로부터 좀더 구체적이고 실제적인 '씨알', 민중에게로 향하고 있음을 알 수 있다. 그의 개인주의적이고, 과거 지향적이며, 분리주의적이었던 칭의론(Justification by faith)이 그리스도성의 보편성에 대한 믿음과 더불어 씨알민중의 삶과 전체에 대한 믿음으로 전환되었다.[124]

기독교 신학 전통에서 예수의 죽음과 인간의 구원을 연결시킨 학설은 우선 안셀무스(1033~1109)의 만족설이나 아벨라르두스(1079~1142)의 도덕적 감화설을 들 수 있다. 그 밖의 모델은 메노나이트 신학자 위버(J. Denny Weaver)가 제시한 서사적 승리자 그리스도(Narrative Christus Victor) 모델이다. 만족설이나 도덕적 감화의 모델은 예수의 삶의 일부, 즉 죽음에 초점을 맞추고 있는데 비해 서사적 승리자 그리스도 모델은 우주적이면서 동시에 사회적-역사적인 구원관을 담고 있다. 만족설이나 도덕적 감화설은 예수 피의 대리적 희생에 의한 전통적 속죄론으로서 개인구원에 초점을 맞추기 때문에 지배 질서에 대해 저항하는 모티브가 매우 약하다. 따라서 앞의 두 이론은 '따르는 예수의 십자가' 보다는 '바라보는 예수의 십자가'적 측면이 강하다고 볼 수 있다. 그러나 함석헌의 경우는 철저하게 '따르는 예수의 십자가'를 지

123) 박재순, 『함석헌의 철학과 사상』, 262쪽.

124) 이은선, 전게서, 140-141쪽.

향한다. 그러므로 이는 서사적 승리자 그리스도 모델에 가깝다고 볼 수 있으며 약자와 사랑의 연대를 하며 동고동락하는 예수를 신앙한다. 이렇게 본다면 함석헌의 퀘이커적 '그리스도 신비주의'는 거기에서 끝나는 것이 아니라 생동감 넘치는 2,000년 전 유대 갈릴리의 '역사적 예수' 관으로 이어진다고 볼 수 있고 서구의 최첨단 신학이라 할 수 있는 '과정신학'에서 말하는 예수관과 직결된다고 볼 수 있을 것이다.

'역사적 예수'를 찾는 일은 우리에게 익숙한 전통적인 예수 이미지와 결별하는 데서 시작된다. 우리와는 다른 시대와 공간에서 활동했던 '고대인 예수'의 낯선 얼굴을 찾는 일이다. 따라서 역사적 예수를 복원하기 위한 일차적인 작업은 그가 살았던 1세기 팔레스타인의 사회·역사·문화·정치적 배경을 개연성 있게 재구성하는 일이다. 이로써 예수의 가르침과 실천의 사회적·정치적 맥락을 파악할 수 있기 때문이다. 우리는 너무나 쉽게 예수의 사상을 현대화한다. 나사렛 예수는 세련된 윤리 교사로, 인권 투사로, 여성해방의 기수로 포장된다. 그러나 고대 유대인 나사렛 예수의 세계관은 현대의 것과는 확연히 달랐다. 이런 점에서 역사적 예수 연구는 '예수를 예수답게' 만드는 일이다. 나사렛 예수는 무엇보다 이스라엘의 전통적인 묵시 사상에 입각해 야훼의 공의(公義)가 실현되는 종말론적인 하느님 나라를 대망했다. 그는 관념이 아닌 민중들의 일상적 삶에 기초한 비유들을 동원해 유대의 인습적 세계관을 전복시키며 하느님 나라의 새로운 삶의 질서를 역설했다. 그가 행한 치유 기적과 축귀 행위들은 하느님 나라의 현재적 실현을 드러내는 표적들이다. 한편 그는 하느님에 관한 새로운 이미지를 창출했다. 초월적이며 제왕적인 야훼 하느님의 이미지를, 나사렛 예수는 내재적이며 친근한 아빠(Abba Father)의 이미지로 전환시킨다. 이런 점에서 나사렛 예수는 탁월한 종교적 감수성을 소유한 인물이기도 했다.

역사적 예수의 행동 양식은 히브리 성서에 등장하는 고대 이스라엘 예언자들의 행태를 많이 닮았다. 사회 불의에 대한 고발과 이에 대한 하느님의 공의를 강조하고 있다는 점에서 나사렛 예수는 아모스와 이사야 같은 『구약성서』의 급진적 예언자들의 전통 위에 서 있는 인물로 볼 수 있지 않을까? 그러나 예수의 사회적·종교적 비판은 이스라엘의 복권과 회복이라는 전통적인 유대 신학의 범주 안에서 작동하고 있다. 그의 선교 행적에서 드러나는 가장 인상적인 요소인 사회적 소외자들과의 식탁 교제는 하느님의 종말 잔치에 대한 예행 연습처럼 보인다. 또한 이러한 잔치의 참여자는 남성으로 제한되지 않는다. 예수의 하느님나라 운동이 당시의 여타 메시아 운동과 크게 다른 점은 여성들의 적극적인 참여와 활동이라고 지적할 수 있다.[125)]

역사적 예수 연구는 그간 교회 권력에 의해 순치된 교리적 예수를 넘어 나사렛 예수의 가르침과 행동이 지닌 해방적이고 실천적인 메시지를 복원하는 일이다. 이러한 시도는 예수에 대한 신앙을 신화적인 상징이나 무시간적인 교리로 축소시키려는 시도에 저항하는 것을 의미한다. 역사적 예수 연구는 진지한 기독교인들에게 자신들의 신앙의 뿌리가 '그리스도의 신화'에 근거하지 않고 생동한 역사적 예수에 기초하고 있다는 사실을 일깨우는 일이다. 다시 말해 기독교는 부활절 이후의 예수의 '빈 무덤'에서 시작된 것이 아니라 2,000년 전 갈릴리의 민중들과 새로운 세계를 꿈꾸었던 나사렛 예수의 신앙과 실천에서 출발했다는 사실을 다시금 자각하는 것이다. 이는 기독교의 신학을 가현설(Docetism)의 위험에서 벗어나게 하고, 예수의 참된 인성을 회복하

---

125) 존 도미닉 크로산 外 4인, 『역사적 예수논쟁』(손혜숙 옮김, 서울: 새물결 플러스, 2014), 12-75쪽 참조.

는 건전한 신학적 시도가 될 수 있다. 그러나 기독교 신앙의 대상으로서 그리스도 예수는 현대 학자들의 학문적 가공물인 역사적 예수를 넘어서 있다는 사실도 겸허하게 인정해야 한다.

역사적 예수 연구는 '예수에 관한 종교'에서 '예수의 종교'로 우리의 관심을 이동시킨다. 하느님의 아들로서, 성삼위의 2격으로서 신격화된 예수를 신앙하는 것에서, 역사적 예수가 신앙했던 의(義)와 사랑 그리고 해방의 하느님을 신앙하는 것으로 옮겨 가는 것이다. 자신의 시대와 치열하게 대결한 나사렛 예수의 삶과 실천은 오늘의 안락한 중산층 기독교도들의 값싼 은총(cheap grace: 이것은 본회퍼가 사용한 용어인데 대칭되는 개념은 costly grace이다.)을 반성케한다. 갈릴리 촌락을 전전하며 하느님 나라의 전복적 질서를 가르쳤던 나사렛 예수의 가르침과 십자가에서 죽기까지 자신을 비워버린 그의 철저한 이타행(利他行)은 십자가조차 욕망의 기호로 전락시킨 우리의 물질주의적 삶을 비춰보는 거울이 된다.

슈바이처(Albert Schweitzer, 1875~1965)는 자신이 믿는 신앙의 그리스도와 역사적 예수를 각기 다른 존재로 설정했음에도 불구하고, 자신의 시대 속에서 정직하게 자신에게 말을 걸어오는 예수의 부름에 응답했다. 자신의 인생 후반을 인류에 대한 봉사의 삶으로 택한 것은, 아마도 이러한 그리스도의 부름에 대한 정직한 실존적 응답의 결과였을 것이다. 다음과 같은 그의 고백은 우리 시대에 진지하게 자신의 예수를 찾는 사람들에게 같은 무게로 다가올 것이다.

슈바이처(Albert Schweitzer)
(사진 30)

그분은 우리에게 알려지지 않은 어떤 분으로, 이름도 없이, 그 옛날 호숫가를 거니시듯 우리에게 오신다. 그분은 그분을 알지 못했던 사람들에게 오셨다. 그분은 우리에게 똑같은 말씀을 하신다. '나를 따르라'고 그분은 명령하신다. 그리고 그분은 똑똑한 자든지 무식한 자든지 그분에게 순종하는 사람들이 그분과 사귀면서 거쳐야 하는 온갖 수고와 갈등과 고난 속에서 자기를 드러내신다. 그리고 형언할 수 없는 신비로서 계시하신다. 그들은 자기 자신의 체험 속에서 그분이 누구인지를 배우게 된다.[126)]

126) Albert Schweitzer, *The Quest of the Historical Jesus*, 403쪽.

제5장
새 종교론과 종교다원적 삶

1. 새 종교론

1958년 12월에 발표한 「사자냐 아메바냐」라는 글(『전집 3』, 89쪽)에서 함석헌이 마음에 그리고 있던 새로운 종교의 모습을 상상해 볼 수 있다. 이 글은 「한국 기독교는 무엇을 하려는가?」라는 글로 말미암아 벌어진 윤형중 신부와의 지상 논쟁의 끝자락이라고도 말할 수 있다. 참 크리스천이기 위해서 교회를 버렸고 무교회주의자가 아니라고 극구 부인하고 있지만, 역시 일본의 무교회주의 성경 연구방식에서 함석헌은 분명하게 옛 패러다임이 아닌 새 시대의 새로운 패러다임을 보고 있다.

> 기독교가 불과 4백 년에 전 로마제국을 정복한 것은 우연한 일이 아니었다. 그러나 끈질기고 교활한 것은 성직자다. 서로 형제로 부르는 교회 안에 차차 옛날 사제주의 계급제도를 침투시켜 드디어 가톨릭으로 굳어지고 말았다. 그것이 중세다. 거기에 견디다 못해 일어난 민중운동이 종교개혁. 그 개신교가 또 굳어져서 깨치고 나온 것이 무교회다. 무교회는 하필 일본만이 아니다. 이름은 달라도 세계 곳곳에서 자유신앙

운동이 일어났다. 앞으로 더 커갈 것만은 사실이다.[1)]

함석헌은 무교회(無敎會, Non-Church)의 정신 혹은 믿음을 두 가지로 요약해서 말할 수 있다고도 하였다. 하나는 하나님에게 직접 나감이요, 또 하나는 모든 사람을 똑같이 대접함이다. 사회생활에서 쓰는 말로 하면 자유와 평등이다. 무교회 신앙은 곧 이 정신을 살리자는 것이다. 요컨대 종교생활은 참과 사랑이라는 말이다. 하나는 나와 하나님의 관계요 또 하나는 나와 사람의 관계이다. 종교를 좀 넓게 말하면 우주적 통일이다. 여기서 우리는 함석헌이 그리는 「새 시대의 종교」 패러다임을 짐작할 수 있다. 여기서 그가 그리는 이른바 '제2의 종교개혁'이 무엇을 말함인지 좀 더 근접해서 이해할 수 있을 것이다.[2)]

『뜻으로 본 한국역사』에서 함석헌은 한국의 종교들에 대해서 평가했다. 그는 우리 고유의 종교로는 힘이 부족했고 그 대신 유교와 불교가 한민족의 정신을 심화하고 정화하는데 기여했다고 일단 긍정적으로 평가하면서도 그 한계를 지적했는데 유교는 낙천적이고 감정적인 민족정신에 깊은 도덕과 품격을 주었지만 현실적인 도덕 종교로서 유교는 지배계급인 양반과 결합함으로써 중국에 대한 사대주의를 조장하고 고유한 정신과 문화를 억누르기도 했다고 지적한다. 그러면서 낙천적이고 감정적인 한국 민족의 정신을 심화하고 고양하는 과정에서는 유교보다 불교가 더 중요한 구실을 했는데 불교는 민족정신과 깊이 만남으로써 민족 고유의 종교와 문화를 각성하는 구실도 했다는 것이다. 그렇지만 불교는 은둔적인 성향이 있는데다 세속주의와 유착

1) 김용준, 『내가 본 함석헌』, 116-117쪽.

2) 상게서, 117쪽.

하는 바람에 결국 한민족의 정신과 역사를 새롭게 하지는 못했다[3]고 평가했다.

우리의 고유 종교, 유교, 불교의 한계를 지적한 함석헌은 천주교가 민족정신을 새롭게 하고 역사를 변화하게 하는 새 생명력을 제공할 수 있기를 기대했다. 그러나 기대와는 달리 한국 현대사에서 천주교도 민족정신을 새롭게 하거나 민족사를 변화시키는 데 실패하였다고 본다. 그러나 그는 천주교와 불교가 스스로 갱신해서 참 종교가 됨으로써 민족정신을 새롭게 하고 역사를 변화시키는 데 앞장설 것을 촉구했다. 특히 당시 타파해야 할 3대 과제, 즉 계급주의, 사대주의, 숙명론을 척결해 주기를 기대했었다.[4]

함석헌은 깊은 종교와 철학을 낳아서 새 인류, 새 문명의 시대를 여는 것이 한민족의 사명이라고 생각했다. 한민족의 주요 과제는 "깊은 종교를 낳는 것, 생각하는 민족이 되는 것, 철학하는 백성이 되는 것"으로 보았었다. 그래서 함석헌은 새 종교를 희구했었던 것이다. 그렇다고 해서 그가 인위적으로 새 종교를 만들려고 하지는 않았다. 함석헌은 새로운 종교를 창시할 의도가 없었으므로 자신이 믿는 기독교를 우선 개혁하려고 했을 뿐 아니라, 기독교를 능가하는 새 종교를 열망했었다. 함석헌은 민족국가 시대를 넘어서 세계 평화와 통일의 길로 나가는 오늘의 시대가 기성종교를 넘어선 새 종교를 요구하는 시대라고 보았다.

생명과 역사는 늘 자라는 것이고 새로워지는 것이므로 과거에 머물거나 의존해서는 오늘의 삶과 새 시대에 충실할 수 없다는 것이 함석

---

3) 『전집 1』, 124쪽.

4) 『전집 1』, 253쪽.

헌의 생각이었다. 따라서 함석헌은 기독교의 낡은 종교적 행태뿐 아니라 수천 년 전에 씌어진 성경이나 2,000년 전에 살았던 청년 예수에게 매여 있을 수 없다고 보았다. 단순히 2,000년 전의 초대교회나 성경, 예수에게 돌아가거나 지난 시대의 삶과 정신을 회복하려는 것은 오늘의 산 역사, 이 역사 속에 살아 계신 하나님에게 충실한 것이 되지 못한다고 생각한 것이다. 오늘 우리가 사는 시대는 예수가 살던 시대보다 역사적으로 더 자란 시대요, 더 큰 시대이기 때문에 새로움이 요청된다고 본 것이다. 즉 지중해 지역에 머물렀던 예수 시대의 세계보다 현대 아시아와 태평양 지역의 세계가 훨씬 크다고 보았기 때문이다. 예수 시대의 정신과 사명보다 우리 시대의 정신과 사명이 더 크고 위대하기 때문에 아무리 예수가 위대한 정신이라고 해도 현대인이 과거의 인물인 예수에게 머물고 집착하는 것은 생명과 역사의 진리정신에 어긋난 것으로 보았다. 예수 자신도 제자들이 자기보다 큰 일을 할 것이라고 말했던 것을 상기 시킨다.(요한복음 14장 12절). 함석헌은 예수를 가장 높이 평가하면서도 "나는 예수보다 큰 인격이 나올 수 있다고 믿는 사람이다."[5]라는 말을 분명히 했다.

본래 서양 기독교 문명은 그리스의 로고스 철학과 히브리의 영성 신앙을 기둥으로 해서 세워졌다. 서양 문명의 사명은 로고스(이성) 철학과 영성(영혼, 얼) 신앙을 통합하는 데 있었다. 신약성경이 '말씀'을 로고스로 번역했을 때 이 사명을 제도로 받아들였다. 예수가 "진리(이성의 진리)와 영(영혼의 영성)으로 예배하라"고 한 것도 이런 사명을 가리킨다. 그러나 예수 자신도 믿음을 강조했을 뿐 '생각하는 이성의 진리'를 구체적으로 제시하지는 못했다. 중세 때는 신앙이 이성을 지

---

5) 박재순, 『함석헌의 철학과 사상』, 264-265쪽.

배했고, 근대 이후에는 이성이 신앙(영성)을 밀어냈다. 그리하여 종교와 철학은 분리되었다. 그렇다면 우리가 현존하는 현대는 어떠한가? 오늘날 세계를 풍미하는 포스트모더니즘(Postmodernism) 철학도 이성과 영성을 통합할 수 있는 철학으로 기대하기 어렵다. 이들이 근·현대 서양 문명의 탐욕과 폭력을 비판하고 반성하는 것은 좋지만, 서양 문명을 능가하는 건전한 대안을 진지하게 모색하고 제시하는 것 같지는 않다. 포스트모더니즘은 상대주의와 다원주의를 부추김으로써 인생의 푯대를 헷갈리게 하지는 않는지 의구심을 갖게 한다.[6]

함석헌은 '생각'을 중심에 놓고 영성적인 삶과 철학을 형성했다는 점에서 이성과 영성의 통합을 추구하고자 했다고 볼 수 있다. 함석헌의 씨ᄋᆞᆯ사상은 생각하는 이성의 주체 철학이며, 주체인 '나'를 초월해서 공동체적인 '참나'를 추구하는 영성 철학이다. 철학과 종교가 통합될 때 이성과 영성이 통합된 온전한 인간이 나올 수 있고 건전한 정신 문명이 나올 수 있다는 것이다.

함석헌은 그의 시 「흰 손」(1953. 1. 1 발표)에서 "(교회의) 깃발은 벌써 역사의 쓰레기통에 든 지 오래다"라고 말하며 참교회는 사람 안에 있으므로 "벌거벗고 알 영으로 나서라"고 했다. 그는 단체 종교로서의 기독교를 껍데기만 남은 종교로 규정하고, 개체에서 전체(개개가 전체다)를 보며 오늘에서 영원(오늘은 영원의 현재)을 보는 새 종교를 말했다.

1953년 7월 4일에 쓴 「대선언」에서 함석헌은 미국 독립선언으로 새 시대의 아침을 열었던 이날에 새 진리의 신앙을 선언했다. 한국전쟁의 참화에 휩싸인 한반도 동남쪽 끄트머리 바닷가(부산)에서 새 시대, 새

---

6) 상게서, 266쪽.

세계의 진리와 정신을 선언했다. “여기 아시아의 큰 길목 세기의 새 아들 낳으려 아픔에 떠는 고난의 여왕의 꽃동산의 동남쪽 끝에 서서”라는 선언은 아시아의 한반도 동남쪽 태평양 바닷가에서 새 시대가 시작됨을 강조하는 것이었다. 또 이것은 그가 모든 기성 종교에서 탈퇴함을 선언하는 것이었고 새 시대를 건질 새 종교를 애원하는 기도이기도 하였다. 여기서 함석헌이 선언하는 새 시대의 종교는 기독교를 능가하는 참의 종교, 생명의 종교에 대한 바램이기도 하다.

> 기독교는 위대하다. 그러나 참은 더 위대하다. 참을 위해 교회에 죽으리라. 교회당 탑 밑에 내 뼈다귀는 혹 있으리다. 그러나 내 영은 결단코 거기 갇힐 수 없느니라.[7]

함석헌에 따르면, 제도로 굳어진 가톨릭교회는 독일의 루터(Martin Luther, 1483~1546)에 의해 깨졌고, 프로테스탄트의 얼크러진 그물은 무사도 정신에 사무친 일본의 우치무라 간조(內村鑑三, 1861~1930)의 칼에 찢혔다면서[8] 여기에서 한 걸음 더 새롭게 나아갈 것을 희구했다.

제2차 세계대전(1939~1945) 이래 함석헌은 세상이 근본적으로 달라질 것이라는 첨예한 시대 의식을 가지고 살았었다. 새 시대가 오고 있다는 의식은 낡은 국가주의(statism) 문명이 몰락하고 새로운 세계 평화 문명이 수립될 것이라는 통찰로 이어진다. 그렇기 때문에 물질적 욕망에 사로잡힌 현대 산업 문명, 물리적 강제력(군사적 폭력)에 의해 지배되는 국가주의 문명에 대한 예리한 비판이 함석헌의 사상 기조를 이룬다. 또한 종교가 역사변혁의 기본 동인이고 문명의 근본 토대이므

---

7) 『전집 6』, 257쪽.

8) 박재순, 『함석헌의 철학과 사상』, 268쪽.

로, 새 시대와 새 문명이 있으려면 새 종교가 있어야 한다는 것이었다. 따라서 함석헌의 사상은 새로운 종교의 수립이라는 한 점에 집중된다. 그럼 과연 새 종교는 어떤 것인가? 그리고 새로운 종교의 주체, 다시 말해 새로운 종교의 담지자는 누구인가? 새 종교는 어떤 방식으로 수립되는가? 새 종교는 어디서 동터 오는가? 이런 물음에 답하기 위해서는 먼저 기존의 종교사를 알아야 한다면서 함석헌은 인류의 종교사를 세 시기로 나눈다. 첫 번째 시기는 맹목적 의지의 종교 시기로서 물활론(animism), 물신 숭배(fetishism), 토템 숭배(totemism)가 중심을 이루었는데 숭배 대상은 힘이었다. 이 시기는 위협적인 힘을 지닌 어떤 존재자에 대해서 무력한 인간은 공포와 불안을 느낀 나머지 마법, 주문, 터부가 성행했던 시기이다. 두 번째 시기는 감정의 종교 시대로서, 장엄하고 위대한 '당신'인 초월자, 절대자를 찬미하고 그와 합일해 보려는 종교적 감정이 지배했다. 감정은 인격의 핵심이 아니며 내적인 듯하나 실은 외적이다. 이것은 의식(儀式)과 제도의 종교, 한마디로 제사 종교이며 신과 인간을 중재하는, 제사를 관장하는 사제들이 특권 계급으로 등장한 시기였다. 세 번째 시기는 이지(理智)의 종교 시대로 약 2,500년 전쯤 등장했으며 이때의 사상은 철학적, 윤리적, 우주적, 사해동포적이었다. 이 시기에는 현상을 초월해 이(理)의 세계에 돌입, 원리와 의미를 주로 문제 삼았다. 이성은 자기 유한성을 지니고 있지만 시공(時空)을 초월하고 자아를 초월할 수 있는 능력으로서 인격의 중심이요 첨단이라고[9] 믿었다. 이러한 분류를 통해 함석헌이 시사하는 새 종교는 '이성'을 중시하는 종교라는 것이다.

이와 같은 함석헌의 종교사 구분은 최근 종교학에서 회자되는 종

9) 『전집 3』, 209-213 참조.

교분류로서의 역현종교(Kratophany), 성현종교(Hierophany), 신현종교(Theophany)와 매우 흡사한 것으로 보인다.

1) 새 종교의 특징

그러면 함석헌이 말하는 새로운 종교란 어떤 것인가? 그것은 아이러니하게도 함석헌 자신도 알 수 없는 것으로서 다만 새 종교의 세 가지 특징을 조심스럽게 유추한다. 첫째, 포용적이고 통일적이다. '모든 종교는 하나'라는 것을 거부하는 종교는 앞으로 몰락할 것이다. 둘째, 합리적이고 이성적이다. 기복이나 감정에 호소하기보다는 이성적으로 설득하는 종교일 것이다. 셋째, 영과 육의 분열이 없는 인격적 통일을 이루는 종교일 것이다.

따라서 새 종교의 윤곽을 말한다면 먼저 둥글 것이라고 한다. 즉 하나라는 말이다. 세계가 하나되도록 하는 종교에 종파문제가 있을 리 없고 하나님은 한 분일테니 종교도 한 종교라는 생각이다. 멀리서 보았을 때 서로 달리 보일 뿐 가까이서 보면 동일할 것이다. 남은 다 잘못 보고 나 혼자만이 바로 보았노라는 것은 어릴 적의 맘이지, 아버지의 맘은 아니다. 아이들은 다툼질로 자라는 것이니 그때는 종교의 경쟁, 자랑이 있겠지만 차차 자라서 아버지 맘을 알게 되면 그런 것은 없어진다. 천지간에 말씀은 하나 뿐이다. 만일 둘이 서로 다른 것이라면 둘이 다 가짜일 수 밖에 없다. 이사야를 일으킨 성령이 맹자를 일으키고 희랍의 성인도 일으켰을 것이다. 세계의 모든 인간이 서로 말로 통할 수 있고 전도를 할 수 있는 것은 모든 인종이 다 한 분 하나님을 찾는 증거다. 그래서 어느 특정종교로 세계 종교를 통일하자는 생각은 어리석은 욕심이다.

그 다음, 새 종교의 얼굴 빛깔은 무색일 것으로 본다. 더 합리적이 되어 간다는 말이다. 이때까지의 종교는 각기 진한 빛깔을 쓰려 했다. 그것은 감정에 호소하려 했기 때문이다. 이성적이라 함은 감정을 무시하잔 말도 아니요, 영적인 면을 몰라서 하는 것도 아니다. 감정이 중요한 일을 하는 고로 그것을 이성의 빛으로 비추어주어야 한다는 말이요, 영계(靈界)가 있는 것은 사실이므로 감정의 고조된 것을 영으로 속단하는 것은 어리석은 일이다. 이성(理性)의 경우 이(理)라는 글자가 표시하는 대로 개개의 현상을 초월하는 힘이다. 그런고로 인격적 생명이 발전하는 것은 이성으로서 될 것이다. 흔히 우리 인격의 활동을 지(知), 정(情), 의(意) 셋으로 분류해서 말하는데 인간이 인격적인 점은 주로 이(理)에 있지, 의(意)나 정(情)에 있지 않다는 것이 과거의 통례였다. 예수께서 "너희 속에 있는 빛이 어두우면 그 어둠이 얼마나 하겠느냐?" 하셨지만 그 속 빛이란 곧 이성의 빛을 의미한다는 것이 함석헌의 생각이다. 이방인이 율법 없이 양심의 법에 의하여 행하면 그 양심이 곧 율법이라 한 것, 하나님을 찾아 알 것이 만물에 드러나 있다 하는 것, 이것은 다 이성을 말하는 것이다. 의지는 맹목적이라 할만큼 원래 강한 것, 그러나 그 때문에 그것은 방향은 없는 것, 감정도 열정(熱情)이라 해서 제가 좋다 하는 사물에 달라붙을 줄만 알지 그 사물을 지배하지는 못한다. 현상을 초월하여 원리적인 것에 이르러 그것으로써 사물을 지배하는 것은 오직 이성의 힘이다. 앞으로 새 종교가 온다 해도 이 방향은 변할 리 없을 것으로 본다. 종교의 역사는 점점 감정적인 면이 감소되고 이성적으로 되어가는 것을 보여주고 있다. 이성이란 다른게 아니라 나 외에 남이 있음을 알고, 물질 외에 정신이 있음을 알고 현재 외에 과거와 미래가 있음을 알고, 존재 외에 절대가 있는 것을 아는 것이다. 그렇기 때문에 이성을 배제한 채 종교를 생각

할 수 없다.[10)]

마지막으로, 장차 오는 종교의 인상은 뚫려 비친다고 하는 것이 좋을 것으로 본다. 영과 육의 갈라섬, 안과 밖의 막힘이 없다는 말이다. 근래에 극단적 유물론, 무신론, 향락주의가 유행하는 것은 풍파에 부대낀 사공이 모든 연장을 내던지고 죽든지 살든지 불문하고 일시의 평안을 얻으려 드러눕는 것과 마찬가지다. 그러나 인생은 그랬다가도 또 일어나야 하는 것이다. 그러므로 미래의 종교는 이 지친 인생을 다시 일으키는 종교여야 할 터인데, 그렇기 위하여서는 그 분열된 인격을 재통일하는 새 인간관을 가져야 할 것이다. 육이 영의 거침이 되어서도 안되고, 영이 육을 배척하는 것이어서도 안 된다.[11)]

그렇다면 기존 종교와 새 종교의 뚜렷한 차이는 무엇인가? 우선 기존 종교는 계급 종교로서 성직자(사제) 계급이 지배한다는 점에서 계급 종교일 뿐 아니라 지배 체제에 안주하여 지배 특권층과 결탁해 있다는 점에서 계급 종교다. 또한 예배 의식과 교회당을 중심으로 제도적으로 운영된다는 점에서 기존 종교는 외적이고 제도적인 종교다. 이에 반해서 새 종교는 민중을 통해 와야 하며, 마음의 종교이자 깨달음의 종교가 되어야 한다. 그래서 함석헌은 제도 종교의 퇴거 대신 새 종교인 '씨ᄋᆞᆯ'종교를 말한다.

함석헌에 따르면 계급에서 벗어난 종교, 마음의 종교는 민중의 종교일 수밖에 없다. 그에게 있어 민중(씨ᄋᆞᆯ)은 제도나 이데올로기, 신분이

10) 『전집 3』, 231-232쪽. 여기까지 새 종교는 이성적이어야 한다는 것을 함석헌은 매우 강조하고 있고 감정이나 의지는 그다지 중요시하지 않은 것처럼 보이는데 이런 주장에는 이의가 있을 수 있다. 왜냐하면 칸트(Kant)같은 학자는 '이성종교'를 강조했지만 쉴라이엘마허(Schleiermacher)는 종교를 '절대의존감정'이라고 정의함으로써 정서 혹은 감정을 매우 중시했기 때문이다.

11) 『전집 3』, 229-234쪽.

나 계급에 의해 규정되는 존재가 아니라 탈계급적인 존재, 전체와 직통하는 존재이기 때문이다. 민중은 사회와 역사의 맨 밑바닥에 있는 존재이므로 인위적인 사회제도와 이데올로기에 의해 근본적인 규정을 당하는 존재가 아니다. 민중은 몇 천 년이 지나도 그 본성이 변치 않는 존재다. 민중은 사회적 부와 권력에 의존하지 않을 뿐만 아니라 온갖 인위적인 신분과 직위에서 벗어난 '맨 인간', '올 사람'이다. 민중은 다른 누구보다도 참된 삶 또는 하나님과 직결된 존재이며 가진 것은 마음뿐인 존재다. 따라서 함석헌의 경우에 탈계급적인 종교, 마음의 종교는 곧 민중의 종교, 씨올의 종교라는 것이다.[12] 어찌 보면 매우 추상적이고 이상적(理想的) 종교이다. 이러한 종교가 이 세상에서 실현될 수 없음을 알고 있기 때문에 하나의 이상적 종교모델로 제시한 것은 아닐는지 의아스럽다. 그러나 함석헌이 말하는 새 종교는 씨올종교, 즉 민중종교인 만큼 그것에 대해 좀 더 구체적으로 살펴보자.

2) 새 종교 = 씨올종교(민중종교)

믿는 주체와 객체의 일치는 동양적·한국적 전통 종교사상의 주객일치와 원융회통, 천인합일의 정신을 반영하며, 오늘 우리의 삶 속에서 그리스도와의 동시적 삶을 반영한다. 서양신학과 사상에서는 주체와 객체가 분리되어 대립하는 경향이 있는데 비해 동양사상과 씨올사상에서는 주·객이 혼연일체가 되고 하나로 통일된다. 씨올사상에서는 예수의 고난과 민족의 수난과 오늘의 '나'가 일치한다. 함석헌에게 민족의 주체와 실체는 민중 곧 씨올이다. 그러므로 나와 예수(하나님), 그리고 씨올(민중)이 하나가 되고, 오늘의 나(마음의 결단과 실천)를

12) 박재순, 『함석헌의 철학과 사상』, 269-271쪽.

강조하는 주체적이고 통합적인 신앙이 형성된다.

하나님과 씨ᄋᆞᆯ은 직접적으로는 일치하지 않으며 하나님은 그 자체로서는 초월적이고 절대적인 존재다. "하나님은 절대의 자리입니다. 유(有)도 무(無))도 아닌, 생(生)도 사(死)도 아닌, 선(善)도 악(惡)도 아닌, 모든 것을 초월한 자리입니다."[13] 그러나 이 절대 초월의 자리를 각자의 분에 따라 실현해가는 것이 사람이요, 역사요, 믿음이다. 그러므로 하나님은 땅, 현상 세계, 역사 속에서는 씨ᄋᆞᆯ과 일치한다. 하나님과 민중(씨ᄋᆞᆯ), 둘이 하나다. 하나님이 머리라면 그의 발은 민중(씨ᄋᆞᆯ)에 와 있다. 거룩한 하나님의 발이 땅을 디디고 흙이 묻은 것, 그것이 곧 민중(씨ᄋᆞᆯ)이다.[14]

하나님과 씨ᄋᆞᆯ을 일치시키는 표현은 이 외에도 많이 발견된다. "민(民)은 하나님의 씨ᄋᆞᆯ", "하늘에 계시는 하나님이 이 땅에 오시면 민중(씨ᄋᆞᆯ)", "하나님이 현상계에 내려오는 자리가 씨ᄋᆞᆯ", "하늘의 뜻은 언제나 씨ᄋᆞᆯ의 가슴에 내려와 있다." 그리고 '전체' 개념을 통해 하나님과 씨ᄋᆞᆯ이 일치되기도 한다. 우주에서는 하나님이 전체라면, 역사에서는 씨ᄋᆞᆯ이 전체다. 함석헌에 따르면 씨ᄋᆞᆯ은 하나님의 말씀을 담은 그릇이며 하나님의 계시가 내리는 안테나다.[15] 최근의 철학적 언어로 표현하면 인간은 하나님 말씀의 담지자(bearer)라는 의미로 들린다.

함석헌은 이렇게 하나님과 씨ᄋᆞᆯ을 직결함으로써 무엇을 말하려는 것일까? 함석헌에게서 하나님은 교회당에 갇혀 있거나 종교의식에서만 살아 있는 존재가 아니라 역사 속에, 세상 한복판에 살아 있는 존재이고, 역사와 세상 안에서도 이름 없는 수많은 씨ᄋᆞᆯ들 속에, 그리고

13) 『전집 8』, 368쪽.

14) 『전집 3』, 147-148쪽.

15) 박재순, 『함석헌의 철학과 사상』, 271-272쪽.

씨ᄋᆞᆯ 하나하나의 혼 속에 살아 있는 존재라는 것이다. 역사와 세상 안에서는 씨ᄋᆞᆯ을 떠나서 하나님을 찾을 수 없다. 그러므로 씨ᄋᆞᆯ에게 하는 것이 곧 하나님에게 하는 것이 된다. 씨ᄋᆞᆯ을 더럽다 하고 학대하는 자는 하나님을 업신 여기고 아프게 하는 자이다. 씨ᄋᆞᆯ은 하나님 섬김의 표준이다. 씨ᄋᆞᆯ을 받듦이 하나님을 섬김이요, 씨ᄋᆞᆯ을 노래함이 하나님을 찬양함이다.

함석헌이 이렇게 씨ᄋᆞᆯ을 하나님과 직결시키는 것은 씨ᄋᆞᆯ(민중)을 미화하고 이상화하는 것도 아니요 씨ᄋᆞᆯ이 종교적으로나 윤리적으로, 또 사회적으로 훌륭한 존재여서 하나님과 가까운 것도 아니다. 씨ᄋᆞᆯ은 세상의 밑바닥에 온갖 짐과 고난을 짊어지고 맨 사람으로서 사는 존재이기 때문에 씨ᄋᆞᆯ은 어리석고 허물 많은 듯이 보인다. 그러나 '어리석고 못난' 씨ᄋᆞᆯ의 삶이 하나님과 직결되어 있음을 함석헌은 다음과 같이 역설적으로 말한다.

> 5,000년 악독한 정치에 짜 먹히고 짓밟히면서도 멍청인 듯 살아가며, 온갖 힘든 노동은 다 하고 그러면서도 제대로 보수도 찾지 못하면서, 그저 단 하나 소망이 이 나라에 나서 이 나라에 죽어, 살아서는 힘과 생각으로, 죽어서는 살과 뼈가 거름되어 이 나라와 하나님께 봉사하는 씨ᄋᆞᆯ이 이 '한'의 표현이요 하나님의 말씀을 담은 그릇이다.[16)]

그러므로 하나님의 말씀을 들으려면, 참다운 삶을 얻으려면 역사의 바닥에 있는 씨ᄋᆞᆯ에게 가야 한다고 함석헌은 말한다. 씨ᄋᆞᆯ이 부드러운 흙 속에 떨어질 때 생명의 노래와 춤이 나오듯이, 인간도 역사의 바닥에 있는 씨ᄋᆞᆯ(민중)에게 내려올 때 생명의 기쁨과 영광, 혼의 평안에

---

16) 『전집 8』, 371쪽; 박재순, 『함석헌의 철학과 사상』, 273쪽.

이를 수 있기 때문에 씨ᄋᆞᆯ을 제쳐놓고 하나님에게 이르는 길, 참된 삶에 이르는 길은 없다는 말이다.

씨ᄋᆞᆯ과 하나님의 관계를 설명하는 데서 '스스로 함'(self-acting)의 원리가 가장 선명히 드러난다. 씨ᄋᆞᆯ은 결코 이분법적으로 하나님과 대립하지 않는다. 씨ᄋᆞᆯ에게 있어서 하나님은 단순한 타자가 아니다. 함석헌은 하나님과 나를 이원론적으로 대립시키는 서양사상의 주관·객관 도식을 넘어선다. 하나님은 밖에 있는 존재이기 전에 '내'안에 있는 존재다. 그러므로 씨ᄋᆞᆯ은 하나님에게 말하려면 먼저 자신에게 말해야 하며, 자신을 통해서만 하나님에게 말할 수 있다.[17)]

씨ᄋᆞᆯ은 제 속에서 하나님을 발견하고 영원한 생명의 씨알맹이를 싹틔움으로써 더불어 살고 서로 살리는 삶을 열어간다. 씨ᄋᆞᆯ은 잘 때나 밥 먹을 때나 일할 때나 공부할 때나 늘 기도하고 늘 감사하며 순간순간 자기를 불살라 제사 지내며, 예수가 그랬듯이 산에서나 들에서나 바닷가에서나 밭고랑에서 함께 말씀을 나누고 찬미하고 기도하면서 하나님과 사귀고 하나님을 우러르는 존재다.

그래서 씨ᄋᆞᆯ 종교는 종교 아닌 종교다. 신앙생활을 하는 데 성직자의 지도가 필요 없고, 하나님을 섬기는데 돈이 필요 없다. 씨ᄋᆞᆯ종교는 예배당과 성직자와 교리가 없다는 점에서 기성 종교와 판이하다. 씨ᄋᆞᆯ종교는 종교 형태와 조직, 교리와 예배 형식, 문자와 신학 체계와 같은 껍데기가 아니라 생명과 정신, 얼과 신의 씨알맹이를 추구하는 새로운 종교다. 또한 씨ᄋᆞᆯ종교는 물질세계와 몸의 상대세계를 넘어서 영원한 생명과 자유를 추구하고, '나'의 주관적인 의식을 초월해 속의 속에서 참된 하나님을 발견하고 이웃과 하나 됨을 실현하려 한다는 점에서

17) 박재순, 『함석헌의 철학과 사상』, 274쪽.

새 종교다.

함석헌은 씨올종교를 삶과 일 속에서 구체적으로 설명한다. 이것을 함석헌은 '事-思-死-賜'로 표현한다. 섬기는 일(事)에서 문제가 생기면 사람은 생각(思)해서 자기 속을 파고들게 된다. 내 속의 속을 생각으로 파고들어 간다. 생각하고 생각하면 거짓 나, 껍데기의 나를 뚫고 깨뜨려서 죽음(死)에 이른다. 내 속의 샘이 바닥이 나고 거짓 나가 죽음에 이르면 위에서 참나, 하늘의 얼인 생명이 주어진다(賜). 나의 삶과 일 속에서, 내 속의 속 바닥에서 생각으로 나를 파는 일이 회오리바람의 운동이 되어 하늘로 오르게 된다.[18]

새 종교의 담지자가 씨올일 수밖에 없다면, 하나님과 씨올의 관계에서 씨올의 위치와 역할은 무엇인가? 하나님과 씨올이 동일시되면 씨올의 종교는 어떻게 성립하는가? 씨올의 기도와 찬송은 어떻게 해야 하는가? 함석헌에 의하면 씨올의 기도와 찬송은 "…… 제게 대하여 저를 통해 하나님께 하는 것"[19]이다.

역사와 사회의 지평에서 하나님과 동일시할 수 있는 존재는 씨올밖에 없으므로, 하나님의 구원도 씨올을 통해서 올 수밖에 없다. 이제까지 인류 속에서 역사의 모든 짐을 짐으로써 인류의 생존을 가능케 한 것은 씨올이다. 참으로 이름 없이 세상의 고통을 짊어진 씨올이 곧 십자가에 달린 예수그리스도라고 할 수 있다. 그러므로 함석헌은 과거의 구원뿐 아니라 미래의 구원도 씨올을 통해서 온다고 말한다. 제3세계의 고통받는 씨올들이 "…… 덮어 누르는 불의의 고난에서 이기고 나와서 제 노릇을 하면 인류는 구원을 얻는 것"[20]이다. 함석헌의 씨올구

18) 상게서, 275쪽.

19) 상게서, 276쪽.

20) 상게서, 같은 곳.

원론에서 씨올의 자기해방 과정은 곧 인류의 해방 과정을 의미한다. 씨올의 고난과 각성을 통한 인류 구원 과정은 자신(자기 나라)의 물질적 쾌락을 위해 남(다른 나라)의 희생을 강요하는 폭력적인 문명이 몰락하고 자유·평등·평화의 새로운 문명이 수립되는 과정이기도 하다. 씨올은 역사 변혁의 주체이며 새 시대를 창조하는 주역이다.

씨올이 인류를 구원하는 그리스도가 되고 새 문명을 수립하며 새 시대를 창조하는 주역이 되려면, 다시 말해 씨올이 역사의 진정한 주체가 되려면 개체적인 자기를 초월해서 전체의식(하나님 의식)에 도달해야 한다. 새로운 종교인 씨올의 종교는 개체를 초월한 전체의식, 다시 말해 씨올의 참된 주체성을 확립하는 것이다. 그럼 씨올의 종교는 어떤 방식으로 수립되는가? 이 점에서도 함석헌은 씨올을 믿는다. 씨올의 종교는 씨올이 스스로 찾아낼 것이라고 한다. 자신의 길을 스스로 열어가는 민중(대중)의 삶 속에서 씨올의 종교는 형성될 것이라고 말한다.

예수 당시에는 종교도 하나님과 민중을 매개하는 브로커 체제가 지배했었다. 예루살렘 성전을 독점한 제사장들이 민중과 하나님 사이에서 매개하면서 민중을 착취하고 소외시켰으며, 바리새파와 율법학자들이 경전을 독점하고 해석함으로써 민중과 경전을 매개하려고 했다. 예수는 자신이 하나님의 아들임을 깨닫고 다른 민중들도 하나님의 자녀임을 선언함으로써 이런 모든 브로커 체제를 거부했다. 예수는 민중과 하나님 사이에 가로놓인 종교적 벽을 허물고 민중이 하나님을 직접 만나게 하려고 했다. 예수가 예루살렘 성전을 숙청한 것은 종교개혁 뿐 아니라 사회혁명의 의미를 지닌다. 또 자유롭고 주체적으로 성경을 해석함으로써 예수는 성경의 진리가 민중을 해방하는 진리가 되게 했다. 예수는 오직 "진리(in truth)와 영으로(in spirit) 예배하라"고 말함으로써 민중을 성전과 제사장에게서 해방시키려 했을 뿐 아니라, 바리새파와 사두개파의 독단적 교리 해석에서 자유롭게 하려고 했다. 결국 함석헌은 예수의 종교적 태도에서 새 종교의 전형(type)을 암시한다.

> 새 종교가 어떤 것일지 누가 아느냐? 새 종교의 꿈을 꿀 뿐이지. 새 종교란 그러나 다른 것 아닐 것이다. 새 종교를 꿈꾸는 것이 곧 새 종교지. 아브라함의 꿈 속에 가나안이 있었고, 가나안의 꿈 속에 애굽이 있었고, 나일 강가의 꿈 속에 시내 산이 있었고, 시내 산 불꽃 꿈 속에 갈릴리 바다가 있었고 갈릴리 바다 어선에서 꾸는 꿈 속에 새 하늘과 새 땅이 있지 않았나? 그럼 새 시대의 종교의 꿈을 그려보자! 거기 무한이 있다.[21]

함석헌이 소묘하고 있는 새 종교는 매우 역설(逆說)적이기 때문에 여러 가지로 해석이 가능한 가운데, 최근에 나온 하나의 담론이 그것을 단적으로 명시한다. 2015년 11·12월호 《씨울의 소리》에 「함석헌의 '새 종교' 담론」이라는 글이 게재되어 있다. 이 글에서는 '새 종교'의 세가지 유형을 유추하고 있는데 시사하는 바가 많은 것으로 보인다. ① 종교개혁으로서의 새 종교 ② 인격혁명으로서의 새 종교 ③ 새로운 공동체 운동으로서의 새 종교[22]가 그것이다. 그런가하면 김경재는 역사와 문명을 새로운 방향으로 이끌어갈 수 있는 새 종교의 특징으로 세 가지를 들었다. 첫째, 하나되는 종교; 둘째, 합리적인 종교; 셋째, 총체적인 종교.[23] 함석헌의 새 종교론은 매우 역설적인 측면이 있기

---

21) 『전집 3』, 241쪽.

22) 『씨울의 소리』(2015년 11·12월호), 84-91쪽.

23) 김경재, 「함석헌」, 『씨울의 소리』(2001. 4), 문화관광부, 문화예술진흥원, 24-25쪽.

때문에 이렇듯 다양한 해석이 가능할 것으로 생각된다.

2. 보편종교

'보편종교'란 함석헌에 있어서 '새 종교'의 다른 이름이나 다름없다. 1950년대 초 한국전쟁 이후 북한에서는 김일성이 주체사상을 통해 특유의 민족주의를 주창하고, 남한에서는 이승만과 박정희가 각각 반공과 한국적 민주주의라는 이름으로 민족주의를 선언할 때, 이 와중에서 함석헌은 흑백논리와 좌우의 이념 장벽, 그리고 민족주의를 넘어서는 '보편주의'의 중요성을 역설했다.

> 함석헌이 말하는 보편종교란 종파에 매이지 않고 개체적인 자아를 극복하여 전체에 이르려는 모든 도덕적인 종교들에 두루 통하는 종교를 의미한다.[24]

함석헌은 '보편'과 직결되는 진리문제와 관련하여 다음과 같은 주장을 한 적도 있다.

> 나는 진리가 기독교에만 있다고는 믿지 않습니다. 진리는 어느 한 개인이나 한 집단에 의해서만 절대적으로 독점될 수 있는 것이 아닙니다.[25]

여기에 기초해서 함석헌은 '종교보편주의'[26]를 제창한 셈이다.

---

24) 박재순, 『민중신학과 씨올사상』, 228쪽.

25) 김성수, 『함석헌 평전』, 170쪽 재인용.

26) John C. Godbey, "Universalism" *The Encyclopedia of Religion*, vol. 15(New York:

함석헌의 폭넓은 보편적 종교성향을 보여주는 예로서 1970년대 《씨ᄋᆞᆯ의 소리》의 편집자들이 얼마나 다양한 인물들로 이루어져 있었는지 살펴볼 수 있다. 저명한 평신도 기독교인 김동길, 수많은 수필집을 쓴 법정 스님, 유기화학의 권위자인 김용준 교수, 1975년 해직당하기까지 동아일보 편집장이었던 언론인 송건호, 비록 송건호는 어느 기성 종교단체에도 속해 있지 않았지만 함석헌의 리더십 아래서 《씨ᄋᆞᆯ의 소리》 편집위원 중 한 사람으로 일했다. 한국 최초의 여성 법학박사이며 변호사인 이태영, 그녀는 함석헌이 발표한 인권선언서의 거의 대부분의 초안을 직접 작성했고, 역시 기독교인이었다. 다음 두 사람은 기독교인이지만 의사 장기려의 신앙관과 신학자 안병무의 신앙관은 판이했었다. 장기려가 아주 보수적인 예수교장로회 고신파를 대표한다면 안병무는 가장 급진적인 한국 기독교의 기장파를 대표한다. 그러나 여기서 중요한 것은 장기려나 안병무 둘 다 함석헌과 깊이 통했다는 점이다. 이런 것을 보더라도 함석헌 측근들이 종교적으로 얼마나 폭넓었던가를 알 수 있다.

더욱 주목할 것은 함석헌의 사상이 남한의 상이한 정치집단에 미친 영향이다. 함석헌이 운명했을 때, 당시 대통령이던 노태우는 함석헌의 장례식을 사회장으로 제안했다. 노태우는 서울평화올림픽위원장으로 함석헌을 추대한 장본인이기도 하다. 이념적으로 노태우는 극우파이고 종교적으로는 불교신자다. 한편, 노태우가 대통령으로 재직할 당시인 1989년 3월 25일, 급진좌익계 반체제인사 문익환 목사는 남한 정부의 허가 없이 북한을 방문했다. 평양에서 문익환은 김일성을 만나 회

Macmillan, 1987), p.145. "종교적 보편주의란 궁극적으로 모든 인류가 다 구원을 받는다고 주장하는 입장이다" 참조.

담을 가졌다. 동년 4월 13일, 북한에서 남한으로 돌아오던 중 문익환은 국가보안법위반으로 판문점에서 즉각 체포, 구속수감되었다. 문익환이나 노태우는 정치적 이념으로는 매우 다른 인물들이다. 그러나 이같이 정치적으로 상이한 노선에 있는 인물들이 둘 다 함석헌에 대한 경외심과 존경심을 가졌다는 것에서 우리는 또한 함석헌의 사상적·인간적 포용력을 짐작할 수 있다.

함석헌은 상반되는 이념이나 사상 혹은 서로 다른 정치-종교집단을 하나로 결합하는, 보다 높은 사랑의 가치관을 제시해주었다.… 그의 정신은 좌우익의 갈등이나, 기독교인이나 비기독교인, 보수니 진보니 하는 경계를 초월해 있었다. 이러한 함석헌을 놓고 김동길은 "20세기 한국의 양심"으로 표현하기도 했다.[27]

동서고금의 정신과 사상을 회통한 함석헌은 모든 사람에게 통하는 '보편적 종교'를 추구했다. 그의 종교를 보편 종교라고 할 때 보편 종교라는 말은 두 가지 의미를 지닌다. 첫째, 특수한 종파에 매이지 않고 개체적인 자아를 극복해서 전체에 이르려는 모든 도덕적인 종교에 두루 통하는 종교라는 의미에서 보편종교다. 게다가 함석헌이 말하는 종교의 진리는 인간의 이성과 영성을 아우른다. 그의 종교는 보편적인 이성의 진리와 어긋나지 않으면서 영성의 깊이와 높이를 드러낸다. 둘째, 인간의 존재, 더 나아가 우주의 생명 자체가 종교적이라는 의미에서 보편 종교다. "…… 물질·정신 할 것 없이 생명의 바닥을 흐르는 어떤 힘, 어떤 뜻이 있다. 그것을 사람에게 있어서는 믿음이라 한다. …… 믿음이야말로 인테그레이트(integrate, 통전)하는 힘이다."[28] 믿음

27) 김성수, 「서구 기독교와 동양사상의 융합」, 『민족의 큰 사상가 함석헌 선생』(한길사, 2001), 219쪽.

28) 『전집 1』, 375쪽.

이 삶의 바탕을 이루고 있으므로, 인간이 종교를 마음대로 선택할 수 있는 것이 아니라 인간과 인간의 삶이 이미 종교적이다. 따라서 함석헌에게 있어서는 종교가 인간 정신의 산물이라고 할 수 없다. 오히려 인간의 존재 자체가 우주에 가득 찬 그리고 대우주를 형성하는 절대정신의 산물이다. 종교란 이 절대정신에 대한 의식이다. 그러므로 종교는 누가 만들어낸 것도 아니고, 새로 생겨난 것도 아니며, 소멸하는 것도 아니다. 처음부터 종교는 '존재하는' 것이다.[29] 이렇게 본다면, 종교란 인간이 만들어낸 환상(illusion)이라는 포이엘바하(Feuerbach)나 칼 맑스(K.Marx), 그리고 인간의 망상(delusion)이라고 본 최근의 리차드 도킨스(Richard Dawkins)의 주장과는 크게 다름을 알 수 있다.

보편적인 종교를 말하기 위해 함석헌은 '뜻'이라는 말을 사용한다. 의인과 죄인, 유신론자와 무신론자가 함께 믿으며 살 수 있는 종교는 '뜻'의 종교라는 것이다. 종교는 뜻을 추구하는 것이며 뜻을 알기 위해서는 생각해야 하므로 그의 종교관의 핵심은 '생각하는 데'있다. 모든 생명의 주인인 절대자는 각 사람의 마음 속에 있으므로 생각을 통해 절대의 생명과 잇대어 살아야 한다. 우리 속에 있는 하나님, 다시 말해 "물질 속에 와 있는 정신", "유한 속에 와 있는 무한"에 잇닿아 살 때 참된 삶을 살 수 있다. 그렇기 때문에 함석헌은 생각하면 살고 생각하지 않으면 죽는다고 했다. 즉 생각하는 백성이라야 산다는 것이었다. 그러나 생각의 주체가 개체적인 '나'만은 아니다. '내'가 생각을 하는 것은 내 속에 계신 분이 부여하는 생각을 받기 위한 것이다. 이 생각을 받은 사람은 자기도 살고 세상도 살릴 수 있다.[30]

29) 『전집 3』, 347쪽.

30) 박재순, 『민중신학과 씨올사상』, 228쪽.

함석헌이 말하는 보편종교는 다름 아닌 '이성의 종교'를 뜻하기도 한다. 미래의 종교는 더욱 이성적인 종교로 될 것이고 의식(儀式)의 종교에서 깨달음의 종교로 변해 갈 것이라고 한다 감정의 종교가 모방하고 추종하는 종교라면, 이성의 종교는 자율적이고 주체적인 종교이다. 그러나 이성이 궁극적인 것은 아니다. 이성은 그보다 높은 영의 지시를 받아야 한다. 영과 이성의 관계에 대해 그는 이렇게 말한다. "이성이 자기 포기를 해야만 영을 만날 수 있는데 이성은 제 자유를 끝까지 행사하지 않고는 자기포기를 하지 않습니다."[31] 임마누엘 칸트는 "신앙에 자리를 내주기 위해 이성을 지양하지 않을 수 없다"고 했지만 함석헌은 신앙에 의해 이성의 자유를 지양하지 않는다. 이성의 자유는 곧 인간의 주체적 자유를 뜻한다. 그가 이성의 종교를 내세운 까닭은 생명의 원리가 '스스로 함'이기 때문이다.

인간 이성의 자유를 강조하면서도 함석헌은 현대 문명의 근본적인 오류는 세속화에 있다고 한다. 하나님을 버리고 인본주의에 빠졌기 때문에 현대 문명이 타락했다는 것이다.[32] 생명과 인격의 근본 원리는 자유이지만 이 자유는 절대자와 직면한 자유이다. 따라서 그의 종교관에서는 인간의 자율성(주체적 자유)과 종교성(하나님 의식)이 결합되어 있다.[33]

함석헌은 기독교와 동양철학인 노·장사상 간의 어떤 연결점을 찾으려고 노력했다. 기독교의 하나님이나 노·장사상의 도(道)는 개념적으로는 다르겠지만, 궁극적으로 참믿음의 표현이라는 데서는 같은 것이지 않을까라고 생각했다. 기독교의 하나님과 노·장의 도의 개념을 함

31) 『전집 12』, 254쪽.

32) 『전집 18』, 324-325쪽.

33) 박재순, 『민중신학과 씨울사상』, 229-230쪽.

석헌은 또 이렇게 비교한다. 모든 있음은 있음 아닌 데서 나온다. 하나님은 이름이 없다. 모세가 당신이 누구십니까 했을 때 온 대답이 "네가 왜 내 이름을 묻느냐? 나는 스스로 있는 자다"(I am who I am)라고 했다. 천지만물은 자기 주장을 아니하는 이, 자기를 무한히 내주는 이, 스스로 희생하는 이가 있어서만 있을 수 있다. 그래서 노자는 '道可道 非常道 名可名 非常名'이라 했을 것이다.[34] 이런 차원에서 본다면 현대 영국의 종교철학자 힉(John Hick)의 주장, 즉 "하나님은 많은 이름을 가졌다."(God has many names.)는 주장과 같은 맥락이다. 왜냐하면 많은 지구촌 사람들은 자기들의 언어로 궁극적 실재(Ultimate Reality)인 '하나님'을 다양하게 표현하기 때문이다.

어떤 한국의 기독교인들은 함석헌을 일컬어 '그는 기독교인이 아니라 종교사상가'라고 표현하기도 한다. 함석헌의 종교적 보편주의에 입각한 기독교관은 분명히 정통보수적인 색채가 짙은 기독교인들에게는 그렇게 보일 수도 있다. 함석헌은 기독교에 대한 그의 종교적 보편주의 입장을 이렇게 이야기 한 바 있다. "나는 진리가 기독교에만 있다고는 믿지 않습니다. 진리는 어느 한 개인이나 한 집단에 의해서만 절대적으로 독점될 수 있는 것이 아닙니다."[35] 단지 이 발언에 비추어 우리는 함석헌을 비 기독교인으로 규정할 수 있을까? 1988년 그의 미수(米壽) 생일잔치 자리에서 함석헌은 공개적으로 자신을 기독교인이라고 고백한 바 있다. "내 주님이라면 예수님밖에 더 있나요……."

함석헌은 동양의 노자, 장자를 극진히 존경했지만 궁극적으로는 그 누구보다도 예수를 자신의 구주로 믿었다. "내가 노자도 좋아하고

---

34) 『전집 20』, 46쪽.

35) 『씨알마당』, 1983년 5월호, 6쪽; 김성수, 『함석헌 평전』, 170쪽 재인용.

장자도 좋아하지만 내가 믿는 내 주님이 누구냐 하면 예수 그리스도지."[36]

함석헌은 하나님 앞에 진실해야 할 것과 동시에 나와 다른 생각, 믿음을 가진 이웃도 동등하게 사랑하는 것이 또한 하나님을 사랑하는 것만큼 중요하다고 믿었다. 그런 면에서 그는 예수가 가르친 황금률인 "남에게 대접을 받기를 원하거든 먼저 남을 대접하라."(마태복음 7:12)라는 계명을 철저히 따르고자 힘썼다. 제도라는 것은 그대로 현상유지하려는 경향이 강하기에 함석헌은 제도로서의 종교에는 별 관심이 없었다. 전 세대에서 적절했던 제도가 반드시 다음에 오는 세대에게도 적절한 제도가 되리라는 보장은 없다. 그러므로 함석헌은 끊임없이 종교적 고정관념, 정치적 고정관념으로부터의 탈벗음을 시도했던 것이다. 그는 외부의 종교적 계율이나 정치적 강령에 의해 만들어진 진리보다 인간 내부의 양심으로부터 나오는 진리가 훨씬 든든한 진리라고 믿었다.[37]

함석헌은 한국 기독교인이 지나치게 감정적이고 교리적인 반면, 깊은 철학과 사회정의를 위한 행동과 능력은 부족하다고 판단하였다. 그래서 함석헌은 서구 기독교와 동양사상의 융합, 동아시아인으로서 서구 기독교에 대한 폭넓은 이해와 재해석을 시도하였던 것이다. 그럼에도 불구하고 종교개혁가 마르틴 루터(1483~1546)가 그의 시대에 경험했듯이, 함석헌의 종교관도 한국의 기독교인들로부터 많이 환영받지 못했다.

---

36) 『전집 15』, 79쪽.

37) 김성수, 「서구 기독교와 동양사상의 융합」, 『민족의 큰 사상가 함석헌 선생』(한길사, 2001), 224쪽.

아무튼 기독교인으로서의 함석헌의 보편적 종교관은 그가 자주 인용하던 다음과 같은 예수의 말씀 속에 나타나 있다. “이 산이든 예루살렘이든 아버지께 예배드리는 장소가 문제되지 않을 때가 오고 있다. …… 아버지께 진정으로 예배하는 사람들이 영적인 진실한 예배를 드릴 때가 오는데 바로 이때다……. 하나님은 영이시다. 그래서 예배하는 사람은 영적이고(in spirit) 진실한(in truth) 예배를 드려야 한다.”(요한복음 4:21-24)[38]

이 말씀은 종교란 제도와 형식이 중요한 것이 아니라 신앙 대상과의 진실한 내적 합일이 중요하다는 뜻이다. 이러한 뜻에 따라 함석헌은 그의 종교관을 보편적인 방향으로 이끌어 갔다고 볼 수 있다. 다음과 같은 그의 진술이 이를 뒷받침 해준다.

> 전에는 내놓고 보편주의 이름을 부르지 않았지만 근년에는 어디서 강연을 할 때도 나는 공공연하게 한 종교의 특수성에 사로잡힌 것이 아니라 보편주의에 선 사람이라는 것을 밝히지요. 꼭 기독교에만 진리가 있다든지 그런 입장이 아니라는 말이야. 종교라는 것은 어느 종교나 자기네들을 절대화해서 우리에게만 절대적 진리가 있다고 했는데 이런 생각은 성립될 수가 없어요. 왜냐하면 진리란 누구에게서도 완전히 표시될 수가 없으니까. 적어도 도덕적인 종교 -잡교는 모르지만- 라면 진리야 하나이고 같은 거지 다른 거 있을 리가 없지 않겠어요? 그래서 종교의 본질은 하나라는 입장이지요. 여기에 대해서 여러 가지 생각을 가진 사람도 있겠으나 나는 생각이 그런 사람이오.[39]

38) 상게서, 228쪽.

39) 『전집 3』, 155쪽.

3. 한국의 다종교 상황과 종교다원적 삶

1) 한국의 다종교 상황

유럽의 지성인들과 학자들은 19세기 후반기에 이르러 '기독교만' 종교가 아니라 다른 종교도 종교라는 사실을 인식하게 되었다. 이러한 지성적 각성이 결집된 역사적 이정표로서 '비교종교학'이 뮐러(Max Müller, 1823~1900)에 의해 이 시기에 태어나게 되었다. 이것은 우리가 살고 있는 이 지구에는 기독교뿐만 아니라 여러 종교가 공존하고 있다는 역사적 현실에 대한 지성적 각성이었고[40] 현대사회가 다종교 사회임을 자각하게 된 것이다. 다종교 상황과 관련하여 중요한 개념은 '종교다원주의'(religious pluralism) 이다. '종교다원주의'라는 용어는 어느 특정 종교의 교리 개념이 아니라 세계 제2차 대전 이후에 인류사회의 문화적 거리가 급속도로 좁아지고, 종교인들이 한 국가 사회와 국제사회에 타종교인들과 구조적으로 보다 긴밀한 관계를 유지하면서 공존하지 않으면 안 되게 되었다는 역사적 현실을 자각한 후에 종교학자들과 지성적 종교인들 사이에서 비로소 사용된 용어이다.[41] 따라서 '종교다원주의'라는 용어는 1960년대 말부터 종교철학과 종교신학 운동이 일어나면서 본격적으로 쓰여지기 시작하였다. 종교신학(Theology of Religion)이 제기되기 이전에는 종교간 대화 또는 종교대화 운동이 더 친숙한 개념들이었다. 타종교의 존재에 대한 종교학자들의 지성적 각성과 종교인들의 현실적 각성이 합하여서 종교대화 운동이 국제적으로 나타나기 시작한 지 꽤 오래 되었다. 종교대화 운동을 이념적 가

40) 윤이흠, 「종교다원주의에 대한 경험적 접근」, 『종교다원주의와 종교윤리』, 18쪽.
41) 상게서, 18쪽.

치개념으로 해석하는 과정에서 '종교다원주의'라는 개념이 제기되었다고 말할 수 있다.[42]

폭넓게 말해서 현대사회가 다원주의 사회임을 부인할 사람은 없을 것이다. 다원주의 사회라 함은 정치적으로는 다두성(多頭性, polyarchy), 사회적으로는 다핵성(多核性, coenocyte), 문화적으로는 다양성(多樣性, diversity)의 성격을 가지는 사회를 의미한다. 정치적 다두성이란 국가 사회가 과두제 엘리트 집단에 의해 주도되기 보다는 여러 엘리트 집단에 의해 복잡하게 움직여진다는 것을 의미하고, 사회적 다핵성이란 어떤 특정 하위집단이 다른 모든 하위집단을 지배적으로 지배하는 일원적 성격을 가지고 있지 않다는 것을 뜻하며, 문화적 다양성이란 특정 종교, 가치, 생활양식이 사회 내 모든 사람들의 사고방식, 행위 유형을 획일적, 절대적으로 규정하지 않는다는 것을 의미한다.[43]

좀 더 구체적으로 다원사회의 특징들을 몇 가지 짚어보면 첫째, 다원사회 속에서는 어떤 개인이나 인간집단도 진리를 독점하고 있다는 배타적 절대주의에 안주할 수 없다. 그러나 그가 지닌 일정한 형태의 진리체계가 무가치한 상대주의나 덧없는 허무주의에 종속된다고 생각하지는 않는다. 둘째, 삶의 규범과 생활양식, 종교적 문화적 상징체계에 있어서 탈 획일화 현상, 즉 다양성이 존중된다. 셋째, 삶의 제반 형식과 문제 해결의 접근 방식, 진리 해명의 방법론은 더욱 더 개방적이고 자유로운 비판적 성찰과 토론이 허용된다. 전체주의적, 비민주적 폐쇄사회나 권위적 질서는 부정되고 인간의 창조적 개성과 상호 대화

---

42) 상게서, 19쪽 cf. 종교학자 황필호 교수는 'religious pluralism'을 '종교복수주의'라고 번역해서 사용한다.

43) 이원규, 「종교적 배타성과 종교성의 관계에 대한 경험적 연구」, 『종교다원주의와 종교윤리』, 178쪽.

적 공동체 모습이 강조된다. 지방분권적 지방자치제가 발달한다. 넷째, 인간 사회와 개인의 삶 속에 통일성, 중심성이 결여되어 사리(私利)집단과 개인이 자기 정체성 위기에 노출될 위험이 있고, '궁극적 관심'을 상실한 인간들은 '준궁극적 관심'들을 절대화하거나 이기적 죄성을 극복하지 못한 다원적 '단자'들로 전락할 위험이 있다. 다섯째, 종교 특히 기독교와 같은 배타적 진리와 진리 확보의 우월성을 확신하는 종교는 자기 방어적 태도를 강화하여 종교 게토화하든지 자기 고유소를 상실하고 상대주의와 세계주의 그리고 혼합주의에 희생될 위험이 있다.[44)]

이렇게 본다면 다원주의 상황은 경쟁적인 세계관들을 상대화하고 그것들에 당연시되는 지위를 빼앗아 가며, 이에 따라 종교에 있어서도 일원적인 전통적 종교 규정의 설득력을 광범위하게 붕괴시켰다고 볼 수 있다. 다시 말하면 다원주의 상황은 종교적 전통의 탈독점화를 초래하게 되어 종교들 간의 정당화 경쟁을 불가피하게 만들게 된 것이다. 이것의 한 중요한 결과는 소위 피터 버거(Peter Berger)가 '시장 상황'(market situation)이라고 부르는 상황의 출현이다. 이제 독점적인 종교적 집단들은 고객 집단의 충성을 당연한 것으로 생각할 수 없게 되었고, 결과적으로 이전에는 권위 있게 부과될 수 있었던 종교적 전통을 이제는 종교시장에 내놓고 고객들에게 판매하는 상황이 되었다는 것이다.[45)] 고객들의 호감을 위해서는 한 제품의 우월성을 강조해야 하는 것처럼 시장 상황에서 경쟁에 이기기 위해서는 각 종교나 교파가 자신의 것이 우월함을 역설해야 한다. 그런데 한 종교나 교파가 이러한 우월성을 입증하기 위해 취하는 전형적인 입장은 배타성이다.[46)] 더

44) 김경재, 『종교다원시대의 기독교 영성』(다산글방, 1994), 230-231쪽.

45) Peter Berger, 『종교와 사회』, 이양구 역, 156쪽.

46) 이원규, 「종교적 배타성과 종교성의 관계에 대한 경험적 연구」, 『종교다원주의

욱이 종교가 다원주의 상황일 경우 개인의 선택 내지 선호의 문제가 발생하며 이에 따라 종교는 공통적인, 구속력 있는 성격을 박탈당할 가능성이 다분하기 때문에 경쟁에 이기기 위해서는 더욱더 우월성(타 종교에 대해서는 배타성)을 강조하지 않을 수 없게 된다. 여기에서 종교 갈등은 심화되기 시작하는 것이다.47)

우리가 직면하고 있는 종교다원 현상에 대한 포괄적 인식을 위하여 다원현상의 구조를 정진홍 교수는 두 가지 모형으로 이론적 실험을 해 볼 수 있을 것으로 보았다. 하나는 다원현상의 수직적 구조라는 현상이고, 다른 하나는 수평적 구조라는 현상이다. 수직적 구조란 어떤 종교는 여러 종파들의 현존 속에서 그 종교들의 정점에 자리하고 있고, 어떤 종교들은 저변을 차지하고 있다는 것을 의미한다. 이러한 구조는 당해 사회-문화 안에서 지배적인 종교와 그렇지 못한 종교의 구분을 가능하게 한다. 이 경우 당해 종교의 성원의 규모, 조직의 효율성, 이념적 지표의 현실적 적합성 등을 중요한 내용으로 하는 '힘의 현실'이 종교다원 현상의 수직적 위계구조를 형성하는 중요한 내용이 된다. 따라서 각 종교는 그러한 정점에 자기를 위치 지우려는 온갖 노력을 경주한다. 각 종교는 스스로 자신이 힘의 실재임을 의식하고, 그 힘이 지니고 있는 목적지향적인 동기(motive)에 의하여 자신의 존재법칙을 형성하는 것이다. 이른바 선교나 포교는 이를 위한 구체적인 종교 활동이다. 그러므로 종교 간의 갈등은 수직적 다원현상의 구조적 결과라고 말할 수 있다.48)

와 종교윤리』, 179쪽.

47) 상계서, 180쪽.

48) 정진홍, 「종교다원문화의 인식을 위한 이론적 가설」, 『종교다원주의와 종교윤리』, 59-60쪽.

반면에 수평적 구조란 문화적 전통성이나 관습적 정통성을 담지하고 있는 종교와 그렇지 않은 종교를 구분하는 논리이다. 이러한 구조로 본다면 정점 지향적 수직적 구조 안에서 그 정점을 차지하고 있는 지배종교라고 해서 반드시 당해 사회-문화 안에서 정통성이나 전통성으로 묘사될 수 있을 종교다원 현상의 중심에 위치하는 것은 아니다. 힘에 의한 정점 지향적 수직구조가 종교다원 현상을 정점과 저변으로 구조화했던 것과는 달리, 수평적 구조는 당해 사회-문화의 종교적 전통성, 곧 종교의식의 원형을 핵으로 하여 동심원을 그리는 '중심과 주변'의 구조로 묘사할 수 있다는 것이다.[49]

우리 한민족은 고래로 종교와 함께 살아왔다. 샤머니즘, 조상숭배, 불교, 유교, 도교, 천주교, 천도교, 원불교, 기독교(개신교), 그 외에 수많은 외래종교와 한국의 자생종교들이 우리 민족의 정신을 계도하기도 하고 위로하기도 해왔다. 그러나 다행히도 불교와 유교의 갈등(이조시대의 숭유억불 정책)외에는 이렇다할만한 심각한 갈등은 없었다고 볼 수 있다. 갈등이 현저하게 없었던 까닭은 각 종교들의 교세가 현격하게 차이가 있었고, 어떤 특정 종교가 암암리에 월등한 우위를 점하고 있었기 때문이다. 정진홍의 표현을 빌리자면 종교가 수직적 다원현상 즉 단지 여러 종교들이 공존하고 있음을 보여주는 것이 아니라 일정한 위계구조로 구조화되어 있음을 드러내고 있었던 것이다.[50]

그러나 한국전쟁(1950.6.25) 이후 미국의 영향력이 커지면서 미국의 주류 종교인 기독교(개신교)의 선교력도 커짐으로써 급진적으로 기독교의 세력이 확장되어 기존의 종교인 불교나 유교의 힘을 능가하게

49) 상게서, 61쪽.

50) 정진홍, 『종교문화의 이해』, 367-369쪽 참조.

되고 또한 민간신앙인 샤머니즘을 미신으로 매도함으로써 그 힘을 크게 약화시켰던 것이다. 그럼에도 불구하고 1960년대 이후 군사정권 시기에 불교가 소생하고, 민주화 시기에는 천주교가 해방신학을 들고 민중 속에 파고들어 크게 부상하게 되었다. 그 결과 자연스럽게 3대 종교가 형성되기에 이르렀는데 곧 기독교(개신교), 불교, 천주교가 그것이다. 그 와중에서 소리 없이 꾸준히 사회복지, 교육, 그리고 불교사상을 한국 실정에 맞게 토착화를 시도해 온 원불교가 제4대 종교로 부각되기에 이르렀다. 이렇듯 여러 종교 가운데 큰 종교세력으로 부각된 네 종교 가운데 아직은 수적으로 3대 종교에 비교가 되지 않은 원불교를 제외한 3대 종교가 최근에는 경쟁관계가 되고 말았다. 이렇다 보니 과거에는 들어볼 수 없었던 '종교편향', '종교차별'이라는 용어와 현상이 나타나기에 이르렀고 '종교분쟁' 내지 '종교전쟁'을 우려하는 목소리까지 나오는 지경에 이르렀다. 실제로 지금 많은 사람들은 한국의 종교상황을 위기로 보고 있다. 따라서 한 예로써 문화체육관광부에서는 2009년부터 '공직자 종교차별 예방교육'을 실시해 오고 있다.

우리의 종교문화의 역사를 살펴보면 종교 다원성의 구조적 속성이 들여다보인다. 고유한 신앙이라고 하는 직접적인 서술은 불가능하다 하더라도 전통적인 민간신앙(샤머니즘)과 더불어 우리의 종교 문화사는 유교, 불교, 도교, 그리스도교 등의 복합적인 종교 다원현상으로 특징 지워진다.[51] 이미 유교문화나 불교문화가 그 이전의 전통적인 신앙(무속신앙)과 아울러 종교 간의 공존을 유지하면서 지탱하고 있고, 근대 이후 그리스도교 문화가 이에 첨가되어 두 세기의 역사를 긋고 있는 것이다.

---

51) 정진홍, 「종교다원문화의 인식을 위한 이론적 가설 - 다원성의 구조와 대화의 유형을 중심으로」, 『종교다원주의와 종교윤리』, 53쪽.

이와 같은 한국은, 세계에서 가장 대표적인 다종교 상황(multi-religious situation) 국가라고 단언할 수 있을 것이다. 이러한 상황은 현재 이웃 나라 일본에서도, 중국에서도 그리고 구미 여러 나라뿐만 아니라 과거 1세기 전 조선사회에서도 찾아볼 수 없는 독특한 현상이다. 거기에다 민족종교라 불리는 한국의 자생종교들이 200여개가 넘으며, 구석기 시대부터 이어져 오는 샤머니즘이 아직도 그 원형을 지닌 채 암암리에 기능하고 있다. 이처럼 한국 사회는 세계에서 찾아보기 드문 다종교 상황이며, 아이러니하게도 종교학도들에게는 더없이 좋은 종교연구의 실험실과 같다.[52]

단일민족이며 동질의 문화를 유지해 온 우리 사회에 동서양의 종교가 고루 공존하고, 외래종교와 자생종교가 함께 있으며, 더욱이 그 어떤 종교도 주도적인 위치에 있지 못한 전형적 종교다원 상황이 이루어지고 있기 때문에 전 세계적 차원에서의 종교다원 상황이 한국에 축소되어 있다고 할 수 있을 것이다.[53]

한국의 다종교 상황의 구조를 지역과 관련하여 상정할 수도 있다. 옛 신라지역에 속해 있었던 강원도와 경상도는 어느 종교보다 불교전통이 비교적 강하고, 중·서부지역인 서울과 경인지역, 충청도, 전라도는 비교적 불교보다는 기독교가 더 활발한 양상을 띠고 있는 것으로 보인다. 기독교만을 놓고 볼 때도 약간의 차이점이 드러난다. 서울의 경우 장로교와 감리교회가 강세이고, 충청도의 경우에는 장로교와 감리교회에 못지않게 성결교회의 교세가 활발하다. 전라도의 경우에는 단연 장로교회가 월등하게 우세한 형편이다. 그러나 전남 도서지방의

52) 윤이흠, 「종교다원주의에 대한 경험적 접근」, 『종교다원주의와 종교윤리』, 25쪽.
53) 류성민, 『종교다원주의와 종교윤리』, 109쪽.

경우 성결교회가 주류를 이루는 양상이다. 그 이유는 한국전쟁 직후 성결교회 후원 선교단체인 동양선교회와 세계구호위원회가 집중적으로 도서 선교에 힘 쓴 결과라고 할 수 있다. 그러나 기독교의 경우 이러한 차이를 드러냄에도 불구하고 신앙의 지향점이 동일하기 때문에 지금까지 종파간의 갈등은 거의 없었다고 해도 과언이 아니다.

위와 같은 한국의 다종교상황에 비추어 윤이흠은 "한국인은 인간관계에서는 유교적이며, 인생관은 불교적이며, 행동철학은 기독교적 사랑이며, 운명관은 무속적이다."[54]라고 한국인의 내면생활에서의 가치 복합을 설명하였다.

한편 황필호는 한국인의 종교성 구조를 가종(加宗, Add-version)적 이라고 분석했다. 왜냐하면 한국인의 심성은 유·불·도·샤머니즘·그리스도교적 요소를 모두 포함하고 있기 때문이다. 서양인은 이분법적 구조 속에 살아왔지만 동양인에 속하는 중국인이나 한국인은 양자택일이 아니라 양쪽을 다 내포하면서 또 다른 종교까지도 추가하는 포용성을 가지고 있기 때문에 한국인은 엄밀한 의미에서 개종(改宗, Conversion)은 가능하지 않고 가종(加宗)적이라는 흥미있는 주장이다.[55]

물론 다원주의 상황에 익숙해 있고 잘 훈련된 경험을 가지고 있는 서구 사회에서는 종교다원화 현상에도 능동적으로 대처할 능력을 가지고 있어서 경쟁 가운데에서도 공존의 모습을 보여주며 배타성이 아닌 어느 정도 수용적인 태도를 가지고 종교 간의 대화를 진행하고 있다고 보여진다. 그러나 한국사회는 오랫동안 획일주의, 권위주의적인 전통의 지배를 받아왔고 단일 민족으로서 다양한 문화, 풍속, 관습, 행

54) 윤이흠, 『한국종교연구』, 권1(서울: 집문당, 1988), 214쪽.

55) 황필호, 『서양종교철학 산책』(서울: 집문당, 1996), 235-236쪽.

위 유형에 적용하는데 익숙하지 못한 경향이 있기 때문에 '다름'에 대한 거부감이나 두려움이 강하게 나타나고 있다고 하겠다. 즉 다원화 사회에 살고 있으면서도 한국인은 '같음'에 기초하고 으뜸은 하나뿐이라는 일원적 사고에 익숙해 있기 때문에 다른 가치나 이념에 대한 배타성이 여전히 많이 남아 있는 것이다. 이것은 종교의 경우에도 그대로 적용된다고 본다. 즉 종교적 다원주의 상황에 살면서도 다원적 사고를 하지 못하기 때문에 이웃종교에 대한 배타성이 강하게 나타나는 것이라 하겠다.[56] 최근 증가 일로에 있는 이슬람이 어느 정도 자리를 잡게 되면 한국의 종교상황은 더욱 복잡해질 것으로 예상된다. 이에 대한 대비책이 마련되어야 할 것이다. 따라서 현재 문화체육관광부가 소규모로 실시하고 있는 '공직자 종교차별 예방교육' 같은 것이 일반 학교 교육에도 도입되어야 할 것으로 보인다.

2) 함석헌의 종교다원적 삶

한국의 종교상황이 다종교 상황임에도 불구하고 특별히 한국의 기독교는 이웃종교에 대해 배타적인 성향이 강함을 부인하기 어렵다. 이러한 배타적 기독교의 배경을 가진 함석헌은 외로운 길을 스스로 택했다. 1953년 7월 4일 그의 시 「대선언」을 통해서 탈기독교적인 함석헌의 입장은 공식화되었다. 이것은 곧 기독교 중심주의 종교관 및 기독교만이 참된 종교라는 배타적 시각에 강하게 의문을 던진 것이다. 그리고 이것은 기독교를 포함한 어떤 종교, 종파에도 속하지 않을 것이라는 종교적 입장을 공식적으로 밝힌 것으로 볼 수 있다. 그 내용의 일부를 보자.

---

56) 이원규, 「종교적 배타성과 종교성의 관계에 대한 경험적 연구」, 『종교다원주의와 종교윤리』, 180쪽.

> 내 기독교에 이단자가 되리라. … 기독교는 위대하다. 그러나 참은 보다 더 위대하다. 참을 위해 교회에 죽으리라. 교회당 탑 밑에 내 뼈다귀는 혹 있으리다. 그러나 내 영은 결단코 거기 갇힐 수 없느니라.[57]

함석헌은 배타적인 한국 기독교회의 태도에 크게 회의를 품고 각자의 직관만으로도 종교적 진리를 터득할 수 있다고 강변하면서 결연한 의지를 표명하였다.

> … 내게는 이제 기독교가 유일한 참 종교도 아니요, 성경만 완전한 진리도 아니다. 모든 종교는 따지고 들어가면 결국 하나요, 역사철학은 성경에만 있는 것이 아니다.… 그 밝히는 정도의 차이는 있으나, 그 알짬되는 참에 있어서는 다름이 없다. 여기 곁들여서 내 태도를 결정하게 한 것이 세계주의와 과학주의다. …… 모든 교파주의적인 것, 독단적인 것을 없애 버리고 … 나는 이제 기독교인만 생각하고 있을 수 없다. 불신자라는 사람도 똑같이 생각하지 않으면 안 된다.[58]

함석헌은 다양한 종교를 보편적 시각에다 포용하려는 마음에서 기독교의 아가페를 노자의 道, 공자의 仁, 석가의 자비 개념과 동일시했다. 함석헌에 따르면, 삶은 단순한 세포의 활동에 기원을 두는 것이지만 여러 번에 걸친 진화의 과정을 거쳐 마침내 복잡하고 다차원적인(다원화된) 과정에 이른다고 보았다. 함석헌은 진보나 발전이란 결국 단순 간단화에서 복잡 복합화의 과정이라고 보았던 것이다. 그러므로 그는 가장 높은 수준의 삶에서는 다양성이 풍부하게 넘쳐흐르지만, 지극히 낮은 수준의 삶에서는 규격화와 획일화가 중심을 이룬다고 생각

---

57) 『전집 6』, 257쪽.

58) 『전집 1』, 18쪽.

했다.[59] 이와 관련하여 함석헌은 그 까닭을 이렇게 말한다.

> 우리의 생각이 좁아서는 안 되겠지요. 우주의 법칙, 생명의 법칙이 다원적이기 때문에 나와 달라도 하나로 되어야지요. 사람 얼굴도 똑같은 것은 없지 않아요? 생명이 본래 그런 건데, 종교와 사상에서만은 왜 나와 똑같아야 된다고 하느냐 말이야요. 생각이 좁아서 그렇지요. 다양한 생명이 자라나야겠는데…[60]

함석헌 자신은 어디까지나 기독교인이지만 유가(儒家)와 노·장은 물론 불교에까지 넘나들면서 일종의 진리다원론적인 진리관을 펼친다. 사실 기독교와 노·장은 매우 이질적인 것에 속한다. 왜냐하면 기독교가 유일 절대신을 섬기는 종교라면 노·장은 창조적 신의 개념보다는 '자연스럽게 그러한 것'(自然而然)과 '스스로 생하고 스스로 화'(自生自化)하는 것을 말하기 때문이다. 하지만 함석헌에게는 양자가 공존한다.

함석헌이 처음부터 진리다원론적인 입장을 취한 것은 아니었다. 어린시절 함석헌의 집안은 기독교가정이 아니었지만 초등학교 때에는 기독교 학교에 다녔다. 이런 점에서 그는 대체로 기독교적 인생관을 가지게 되었고 어렸을 때에는 비록 기독교의 교리가 진리의 전부였다고 생각했을지 모르지만, 중등학교인 오산학교 시절에는 종교를 과학적인 자리에서 바라보게 되면서부터 변화가 일어난다. 또 함석헌은 동경고등사범학교시절 전공한 것이 역사, 윤리, 교육이었으므로 그 방면의 책을 읽어감에 따라 종교를 점차 과학적인 자리에서 보게 되었다. 따라서 기독교는 결코 유일의 종교가 아니라, 종교 중의 하나[one of

59) 『전집 8』, 32쪽.

60) 『전집 3』, 174쪽.

many]라는 것을 부인하지 못하게 되었다. 특히 오산학교 시절에 웰즈(H.G.Wells, 1866~1946)의 『세계문화사대계』를 읽고 영향을 받아 세계국가를 이상적으로 생각하고 정통적인 기독교 신앙에 만족하지 못하게 된다.[61] 모든 종교는 따지고 들어가면 결국은 하나요, 역사철학은 성경에만 있는 것이 아니라 나타나는 그 형식이 그 민족을 따라 그 시대를 따라 가지가지요, 그 밝히는 정도도 차이는 있으나, 그 알짬되는 참에 있어서는 다름이 없다는 확신이었다.[62]

이런 점은 당연히 동양고전에 대한 이해, 노·장사상에 대한 이해에도 그대로 적용된다. 이같은 함석헌의 사유는 정통 기독교 입장에서 볼 때 당연히 이단(異端)에 속하고, 실제로 이단으로 몰린다.[63]

함석헌은 1978년 그의 나이 여든이 다 되어갈 무렵, 생각하는 방식에서 '이것이냐 저것이냐'(either-or)라는 사고방식은 안 된다는 말을 한다. 이 말의 뜻은 다원적으로 생각하라는 것이다. 노·장의 말을 빌리면 무위(無爲)의 정신으로 판단하라는 것이다. 이 말은 다른 것이 아니라 전체의 자리에 서 있으면 자기주장만을 고집하지 않으며, 비록 선택을 한다고 해도 그것이 절대라고 생각하지 않는다는 것이다. 함석헌의 이런 입장은 보다 근본적으로 말하면 우주론적 화(和)의 철학에 기초한 것이라고 볼 수 있다.

> 서로 다른 음들이지만 그것이 하나로 되어 아름다움을 드러내는 것이 화(和), 곧 하모니이다. 이 물질적인 우주에는 이미 그 화가 되어 있다.

---

61) 조민환, 「노장철학의 창조적 변용」, 『민족의 큰 사상가 함석헌 선생』(한길사, 2001), 109-110쪽.

62) 『전집 1』, 18쪽.

63) 조민환, 전게서, 111-112쪽.

> 테야르[Teilhard de Chardin]가 말하는 것같이 이 우주의 신비스런 원리는 다(多)면서도 일(一)을 이루어 가지고 있는 점이다. 노자, 장자는 이것을 토대로 하는 사상이다. 그것을 도(道)라고 했는데, 노자가 '도충이용지'(道沖而用之)라고 하는 때의 '충'(沖)은 우주적인 큰 하모니를 말하는 것이다. 장자는 '부동동지지위대'(不同同之之謂大)라, 같지 않은 것을 같이 하는 것이 큰 것이라 했고, 공자도 '군자는 화이부동(和而不同)이요 소인은 동이불화(同而不和)'라 했다. 참 하나됨은 일색(一色)이 되는 것이 아니라 서로 각각 무한히 다르면서도 하나되는 것이다. 성령은 화(和)하는 영(靈)이지 동하는 획일주의의 영이 아니다. 예수의 가르쳐 주신 것은 그런 자연적인 화만이 아니고 그 자연을 자료로 그 위에 혹은 그 속에 보다 높은 정신적인 화를 이루는 것이었다.64)

이처럼 '多'이면서 '一'을 이루고 있는 우주의 신비스런 원리가 함석헌 진리관의 기본이다. 그에게는 유(儒)·불(佛)·도(道)·기(基)가 항상 공존한다. 그것들은 결국 하나요 그 알짬되는 참에 있어서는 민족이나 시대와는 상관이 없다는 것이다. 이같은 진리다원론적 입장은 궁극적으로는 우주론적 화(和)의 철학에 기초하고 있다.65)

함석헌은 진리다원론적인 입장을 취했기 때문에 이질적이라 할 수 있는 기독교와 노·장이 한데 어우러질 수 있었고, 그만의 독특한 사유를 전개할 수 있었다. 우리는 여기서 그의 진리다원론적 입장, 유(儒)·불(佛)·도(道)·기(基)의 일치적 사유를 한국사상사적 위치에서 가늠해 볼 필요가 있다. 함석헌의 이 같은 사유는 원효(元曉)의 융이이불일(融二而不一), 화쟁(和諍)사상, 통불교(通佛教)사상과 율곡(栗谷) 이이(李珥)의 이기지묘(理氣之妙)의 묘합(妙合)사상의 큰 맥 속에 있다고 평가할

64) 『전집 3』, 18쪽.

65) 조민환, 전게서, 112-113쪽.

수 있다.[66]

함석헌은 전체(whole)만이 거룩한(holy) 것이라고 보았기 때문에 "완전한 전체가 하나로 있으면 그것이 깨끗한 것, 거룩한 것이요 전체에서 떨어지면 더러운 것이다. 때는 몸에서 떠난 살이요, 속(俗)은 하나님에게서 떠난 인간이다."[67]라고 말했다. 자기 존재를 전체와 분리해서 생각할 수 없었던 함석헌은 그 자신을 전체 사회에 빚진 자로 여겼다. 그런 그가 종교적 배타주의나 독점주의를 싫어한 것은 지극히 당연한 것이었다. 불교도가 오직 불교 신자들이 잘 되는 것만 생각하고, 무슬림은 무슬림의 이익만 챙긴다면, 세계는 순전히 이기적 파벌 집단의 모임으로서 종교적 제국주의와 패거리들 간의 충돌만 남게 될 것으로 본 것이다. 한 종교가 다른 종교의 언어로 해석과 설명이 가능해질 때 비로소 그 종교는 보편적인 종교, 세계적인 종교가 될 수 있을 것으로 보았다. 사회·문화적 토양이 다른 나라들 사이에서 외래 종교의 토착화 작업은 이러한 종교적 재해석 작업에 의해서만 가능하다는 주장인 셈이다. 이러한 관점에서 함석헌을 한국 종교적 다원주의의 선구자라고 말할 수도 있을 것이다. 실제로 종교다원주의 철학으로 매우 유명한 존 힉(John Hick, 1931년생)은 1964년에 발행된 그의 종교철학 책을 통해 종교다원주의의 붐을 일으켰는데 함석헌은 일찍이 1930~1940년대부터 종교다원주의적 사고를 하고 있었기 때문이다. 함석헌은 자신이 몸소 많은 종교를 통한 영적 순례를 경험했음을 다음과 같이 말했다.

---

66) 상게서, 136-137쪽.

67) 『전집 2』, 346쪽.

나는 사마리아 여인입니다. 내 임이 다섯입니다. 고유 종교, 유교, 불교, 장로교, 또 무교회교, 그러나 그 어느 것도 내 영혼의 주인일 수 없습니다. 지금 내가 같이 하는 퀘이커도 내 영혼의 주는 아닙니다. 나는 현장에서 잡힌 갈보입니다.[68]

함석헌은 사상적으로 종교다원주의자였을 뿐만 아니라 종교적 보편주의와 대화주의를 스스로 실천하는 삶을 살기도 했다. 인간관계에서도 그는 종파의 성향에 구애받지 않는 면모를 지녔었다. 그러나 아이러니하게도 유독 가톨릭과의 관계는 윤형중 신부와의 논쟁 때문이었는지 매우 서먹서먹한 관계였었다. 그런가 하면 샤머니즘과 동학, 대종교에 대해서는 그들의 미신성을 들어 부정적 태도를 취했던 것으로 보인다. 그리고 요즘 세계적으로 큰 문제가 되고 있는 이슬람에 대해서는 왠지 별로 언급이 없다.

함석헌은 기독교 문화뿐 아니라 다른 문화에 속한 지도자들도 하느님의 부름을 받은 예언자라고 여겼다. 구약시대의 사무엘, 이사야, 예레미야, 아모스, 호세아 뿐만 아니라 석가, 공자, 노자, 맹자, 소크라테스도 동등하게 하느님의 말씀을 인류에게 전해주는 예언자라고 믿었다.[69] 왜 무한한 하느님의 영감이 오직 기독교의 성경과 교회를 통해서만 나타나야 하는가 하는 생각이었다.

함석헌에게 있어서는 교회나 기독교인보다 더 중요한 것은 그들이 속한 사회였고 인류 전체였다. 그러므로 내세를 믿는 것보다 중요한 것은 자신이 살고 있는 '지금 여기'[here and now]의 역사적 상황 안에서, 개인적 구원이 아닌 전체를 위한 구원을 추구하는 일이었다. 혼자

68) 『전집 3』, 318쪽.

69) 『전집 11』, 215쪽.

만 안락한 삶을 사는 것보다 다 같이 고난 받는 삶이 더욱 의미가 있다고 보았고, 세계가 구원되지 않은 나의 구원이란 의미가 없다고 그는 생각했다.

> 나만 들어가면 된다는 신앙은 낡은 신앙입니다. 나는 그것은 싫습니다. 그것은 신앙이 아니고 욕심이요 교만입니다. 자기 의를 주장하는 귀족주의는 하늘나라에는 못 들어갑니다. 이 세계가 온통 들어가야 할 것입니다. 공산주의자도 무신론자도 그 나라에는 다 들어가야 합니다. 이렇게 말하는 나나, 반대하는 복음주의자나, 무신론자나, 광신자나 다 들어가야 합니다. '내'가 반드시 들어갈 수 있어야 한다는 신앙, '특별히 선택받은 자'라는 데 어깨가 으쓱해서 믿는 신앙, 그런 따위 현금주의는 신앙이 아닙니다.[70]

종교를 신봉하는 사람들은 비록 방법의 차이는 있다 하더라도 대체로 자기의 종교가 참되다고 여긴다. 그래서 진리에 대한 주장은 배타성에 대한 주장과 어느 정도 일치하게 마련이다. 하지만 다른 한편에서 보면 이러한 입장은 여러 가지 난점을 가지고 있다. 제일 먼저 눈에 띄는 것은 이러한 입장이 타인에 대한 편협, 교만, 경멸이라는 명백한 위험성을 지니고 있다는 사실이다. 왜냐하면 "우리야말로 진리 편에 속한다."고 주장하기 때문이다. 나아가 이와 같은 주장은 진리를 단순히 논리적인 개념으로 파악해 버릴 뿐만 아니라 인식론적 천박함을 벗어날 수 없는 내적인 약점도 지니고 있다. 진리는 다양한 면모를 지니고 있는 것이다. 함석헌은 이와 같은 카워드(H. Coward)의 주장과 맥을 같이한다고 볼 수 있다.

---

70) 『전집 10』, 328쪽.

제6장
평화사상 구현 노력

1. 평화사상의 배경과 목표

함석헌은 '평화'에 대한 어원이나 정의를 논하지 않고 선험적으로 선언하였지만 그래도 어원을 다소 살펴보는 것이 도움이 될 것 같다. 우리나라에서는 평화라는 낱말이 예전에는 별로 쓰이지 않던 용어이다. 100년 전의 우리 언어생활을 반영하는 한글 성경을 보면 평강(平康), 화평(和平), 평안(平安)이라는 말은 많이 나와도 평화(平和)는 그다지 보이지 않는다. '나라 간에 전쟁이 없는 상태'를 뜻하는 근대적 평화의 개념이 동양에 도입되면서 영어 단어 'peace'를 평화라고 번역해 쓰기 시작한 것으로 추정할 수 있다.

마음의 평안에서부터 사회의 질서, 치안, 전쟁이 없는 상태 등 여러 가지 의미로 폭넓게 쓰이고 있는 peace는 라틴어 pax(팍스), 히브리어 샬롬(Shalom)에 상응하는 것으로 생각된다. 샬롬은 안녕, 안전, 복지, 건강, 우정 등 다양한 의미를 내포하는데 이스라엘에서는 일상의 인사말로 많이 쓴다.

예수는 산상설교(마태복음 5장 9절)에서 "화평케 하는 자(εἰρηνο

ποιόί, 에이레노포이오이)는 복이 있다"고 하였다. 에이레노포이오이는 그리스어 에이레네(εἰρήνη, 평화)와 포이에오(ποιέω, 만들다)가 합쳐진 단어이며, 영어로는 peacemaker로 번역할 수 있을 것이다.

함석헌의 종교다원적 삶은 곧장 평화사상으로 이어진다. 왜냐하면 종교다원적 삶은 종교간 대화를 통한 상생과 공생 및 공존의 삶이 목표이기 때문이다. 함석헌은 서구화된 교육제도 하에서 교육을 받았으나 끝까지 동양적이었다. 그러므로 그는 계속 평화를 주장하되 서양적인 의미의 평화론 보다는 잔잔한 동양적인 평화를 부르짖었다. 그래서 인지 평화에 관한 그의 글들을 읽으면 모두 그의 확신의 선언이지 논증적인 것이 아니다. 그는 평화를 정의하려고 하지 않는다. 그에게 평화는 하나의 논리가 아니라 일종의 신조이다. 평화는 선택사항이 아니라, 하지 않으면 안 되는 행동이요 필연인 것이다.[1]

함석헌의 평화론은 그의 독자적인 면 외에 많은 다른 영향이 작용하고 있음을 알 수 있다. 몇 가지를 간추려 보면 첫째, 동양적인 것으로 먼저 노·장사상을 들 수 있다. 그는 노자를 평화주의의 첫 사람이라고 단언한다. 동시에 그는 '평화운동을 일으키자'는 글에서 평화운동에 필요한 조건을 말하면서 장자의 주장을 내세운다.

> 노자처럼 시종일관해서 순수한 평화주의를 부르짖은 사람은 없다. 더구나 그것이 살벌한 부국강병주의의 춘추전국시대였다. 그리고 장자는 그것을 우주적인 나팔로써 외쳤다.[2]

둘째, 기독교를 맹렬히 비판하는 것 중 하나가 전쟁에 대한 아무런

---

1) 『전집 14』, 29쪽.

2) 『전집 20』 31쪽 이하.

태도의 확립이 없다는 것이다. 그러나 그는 예수에게서 평화주의의 영향을 받은 것(예: 산상수훈에 나오는 peace-maker 사상)은 물론이고 그 이전에 구약의 「이사야서」에서 결정적인 영향을 받았다. 셋째, 힌두교를 들 수 있는데 그는 오랫동안 힌두교의 고전인 『바가바드 기타』를 강의해 왔으며 그것을 번역하기도 했다. 그런데 그는 힌두교 자체보다는 힌두교를 생활에서 체험한 간디를 통하여 힌두교의 근본정신을 흡수했다. 넷째, 퀘이커교를 들 수 있다. 그는 이른바 정통 기독교에서 이탈하여 일본에서 시작된 무교회주의에 가담했다가 '역사는 또 한걸음 나갔다'는 선언과 더불어 거기서 탈퇴한 후 얼마 안 되어 퀘이커교에 가담했다. 퀘이커교에 대해서는 간디 자신도 높이 평가했고, 무교회주의의 선창자인 우치무라(內村)도 마찬가지였는데, 함석헌은 이 종파에 가입한 핵심적인 이유를 그들의 평화운동에 가담하기 위해서라고 했다. 끝으로 그는 한국의 역사 자체를 근원에 있어서 평화주의적 모델로 보고 있다. 이 사고는 그의 바탕에 깔린 것으로 그가 30대 초반에 쓴 한국역사서의 도처에서 찾아볼 수 있다. 이상에서 함석헌 평화사상에 영향을 끼친 여러 계보를 제시했는데 그것은 한 생애를 폭력적 현실에 반항하면서 얻어낸 그의 평화사상의 혈맥이다.[3]

함석헌은 도처에서 평화에 대한 언급을 했을 뿐 아니라 그의 사고는 평화라는 큰 틀 속에서 다양하게 움직이고 있다. 그러나 그는 평화가 무엇이냐 하는 정의를 내리려고 하지는 않는다. 즉 최근 유행하는 언어분석이나 메타적인 접근 방법을 거의 사용하지 않는다. 이것은 바로 그가 모든 사물을 서술하는 데 있어 어디까지나 동양적임을 시사

3) 안병무, 「비폭력 저항운동과 평화사상」, 『민족의 큰 사상가 함석헌 선생』(한길사, 2001), 385-386쪽.

하는 것이다. 그의 글은 거의 선언적이요 직관적이다. 평화에 대한 그의 이해를 표현하는 말들을 예를 들면 다음과 같다. ① "평화는 나의 신조이다." 평화는 함석헌에게 있어서 하나의 논(論)이 아니라 신조이다. 그러니까 '평화는 무엇이냐'라는 질문을 주제로 삼을 의사가 없음을 말하는 것이다. ② 그는 생명과 평화를 연결시키면서 생(生)은 명(命)이기 때문에 하나밖에 없는 유일의 길이요 운동이며 그것이 바로 대도(大道)인데 그 대도가 곧 평화의 길이라고 한다. 그러므로 평화는 생(生)과 마찬가지로 선택을 불허한다. 생은 '살아 있다'가 아니라 '살아라'라는 명령이듯이 평화는 어떤 인식의 대상이 아니라 행동함으로써 이루어져야 하는 것이다.

더 나아가 함석헌은 평화를 인간의 본능이라고 한다. 그것은 '평화가 삶의 본연적인 길'이라는 그의 말과 같은 뜻이다. 이러한 관점이라면 일찍이 홉스(Thomas Hobbes, 1588~1679)가 주장한 인간의 본성으로서의 '만인에 대한 만인의 투쟁'(Every man is enemy to every man)을 인정하지 않는 입장이다. 또 그는 자연세계 관찰에서 나온 다윈(C. Darwin, 1809~1882)의 생존경쟁의 원칙을 인간에게 적용하는 것을 반박하는 셈이다. 생존경쟁이라는 대전제로 자연을 보는 눈은 필연적으로 약육강식을 본능적인 것으로 보게 하기 때문이다. 자연계 자체는 상호 협조하고 의존하고 화합하는 면을 가지고 있으며 동시에 인간에게서 생존경쟁의 일면은 경우에 따라 나타나고 있으나, 그 본능의 원래 모습은 서로 협조하는 것이고 이 본능에서 모든 것이 발달되는 것이 대세라고 본다. 이러한 견해는 맹자의 성선설과 맥을 같이하는 것으로 보인다.

함석헌은 평화를 그의 신조라고 했기에 평화는 그에게 당위성을 논할 여지를 주지 않으며 그의 평화의 가능성을 묻는 것조차 용인하지 않으려고 한다. 할 수 있으면 평화운동을 하고, 할 수 없을 때에는 다른 길을 선택할 수 있으리라는 가능성마저 봉쇄한다. 살고 난 뒤에는 쉬움과 어려움, 좋음과 언짢음, 잘잘못도 있겠지만 삶을 뿜어대는 불길 속에는 그런 것이 다 있을 여지가 없다. 생자(生者)는 불가불생(不可不生)이요, 사자(死者)는 불가불사(不可不死)다. 이렇듯 평화는 바로 삶과 직결된 것으로 사변의 대상이 될 수 없다. 이상에서 본 그의 평화는 삶(生)만큼 자명(self-evident)한 것이다. 삶이 자연 그 자체이듯이 평화도 자연적인 것이다. 이러한 대전제를 가졌기 때문에 그에게는 '왜 평화냐'라고 묻는 것은 '왜 사느냐'라고 묻는 것과 동일한 질문이 될 것이다. 함석헌의 경우, 평화를 그토록 반복하면서도 그에게서 평화에 대한 정의를 찾을 수 없는 것은 이미 그가 선언한 대로 평화는 신념의 내용이지 분석의 대상이 아님을 재확인할 수 있기 때문이다.

그러면 그는 낭만적 평화주의자인가? 이미 위에서 언급한 대로 그는 반평화적 폭력적 연속선상에서 살아온 사람이기에 경험적으로 본다면 대답은 일단 부정적일 수밖에 없다. 그는 그의 사적 또는 민족적 경험을 넘어서서 이런 질문에 대해 일언지하에 거부할 것이다. 왜냐하면 평화는 낙관이나 비관으로 좌우될 수 없는 문제이기 때문이다. 현실적으로 그는 결코 평화의 길을 단순하게 생각하지 않았다. 그는 평화를 가로막는 많은 적들을 보아 왔던 것이다. 그러므로 그의 반평화적인 대상에 대한 투쟁의지에서 그의 평화에 대한 또 다른 면을 찾아볼 수 있다.[4] 이 점에 대해 한완상은 다음과 같이 역설적으로 서술하고 있다.

---

4) 안병무, 「비폭력 저항운동과 평화사상」, 『민족의 큰 사상가 함석헌 선생』(한길사, 2001), 386-388쪽.

그는 정말 저항적 비폭력주의자, 투쟁하는 평화주의자다. 씨올을 객체로 취급하고, 대상으로 함부로 다루며 업신여기는 잘못된 구조와 그는 용기 있게 맞선다. 그는 불의의 역사와 구조에 대항하여 싸운다.

그러나 그는 평화를 사랑하기에 싸운다. 평화를 근본적으로 짓밟는 나 속의 잘못과 나 밖의 잘못과 싸운다. 평화를 깨뜨리는 세력을 두둔하거나 그 세력의 반평화적 작태를 묵인하는 것이 평화적인 자세가 아니라 오히려 그러한 잘못된 세력과 싸우는 것이 평화적이라는 것을 함석헌은 몸으로 보여 주고 있다.[5)]

《씨올의 소리》 창간 10주년 기념 강연회(1980년 4월 18일, 서울 YWCA 강당)
(사진 31)

함석헌은 궁극적인 평화를 낙관적인 것으로 본다는 인상을 줄 정도로 신념화하면서도 평화를 가로막는 무서운 장벽을 직시하고 있다. 그는 어떤 형태로든 '정치'라는 것을 계속 비판한다. 그는 정치라는 것이 현실을 사실상 좌우하고 삶 깊숙이 침투되고 있음을 알고 있기 때문이다. 정치는 무엇이든 본연의 것을 인위적으로 왜곡하므로 결과적으로 평화를 깨뜨리는 행위라고 보기 때문에 이를 원천적으로 거부한다.

---

5) 전대열 편저, 『싸우는 평화주의자』(서울: 동광출판사, 1982), 79쪽.

정치의 목적은 권력 장악에 있으므로 그것은 그 목적을 쟁취하기 위해 흔히 '폭력'에 호소하게 된다. 정치의 최후의 목표는 권력을 손에 잡는 것이다. 권력을 잡고 그것을 유지하기 위해서는 폭력의 집단인 병력을 양성하도록 되어 있다. 그것은 결국 군사주의를 낳는다. 권력을 지향하는 정치세력은 그의 폭력이 미치는 범위만큼 그의 판도를 넓히려고 한다. 그리고 그 판도의 경계를 합법화하기 위해서 국가라는 것을 만들게 되었다. 그러므로 국가라는 것은 처음부터 폭력을 배경으로 한 것이다. 그렇기 때문에 그것은 비도덕적인 것이다. 그는 국가의 이러한 본성을 국(國)자 풀이에서 재확인한다. 가운데의 구(口)는 사람을 표시하는 것이고 그 아래는 땅을 표시하는 것이며 옆의 과(戈)는 그것을 지키는 무기를 표시한 것이다. 그리하여 국가의 세 요소를 표시하고 국경을 뜻하는 외곽을 두른 것이 구(口)인데 그것이 곧 나라라는 글자다. 그러므로 나라는 폭력으로 판도를 설정하고 통치하는 폭력기관이라는 견해다. 따라서 국가가 있기 전에 폭력이 있었다고 보며 폭력으로 얻은 전리품을 지키기 위해 국경을 만들고 또 그 국경을 지키기 위해 전쟁을 일으키는 악순환을 숙명처럼 내포한 것이 국가라고 본다. 바로 이러한 국가를 만든 장본인이 권력추구를 목적으로 하는 사람들인 정치인이며, 따라서 정치인은 약탈을 일삼으면서 그 목적을 달성할 수 있기 때문에 함석헌은 그들을 '큰 도둑'이라고 단정한다.

> 지배자들은 정치 없으면 못 산다고 하지만 아니다. 이미 정치가 있기 전에 사회가 있었고 문화가 있었다. 종교도 있었고, 시도, 음악도, 그림도 있었다. 생각하는 것을 정치가 가르쳤던가, 농사와 기계 만들기를 정치가 가르쳤던가, 아니다. 그런 것이 다 있은 후 정치가 도둑질하기 시작했다.[6)]

6) 『전집 14』, 36쪽.

그의 이 같은 견해는 국가란 꼭 있어야 할 필연적인 것이 아니라는 것이다. 그러므로 그는 무엇보다도 '국가지상주의(國家至上主義)'를 맹렬하게 비판한다. 국가지상주의는 결국 독재자의 자기 권좌를 지키기 위한 초법적인 것이다. 국가지상주의는 그러므로 군국주의와 불가분의 관계에 있으며 이것은 국가가 전쟁과 직결될 수밖에 없는 구체적인 요인이다. 이런 시각에서 그는 이른바 강대국들의 침략행위에 분노를 터뜨린다. 그는 저들의 실상을 이렇게 폭로한다.

> 오늘의 전쟁은 혼자 하는 전쟁이 아니요, 세계적으로 같은 전쟁업자들이 흥정해서 하는 것이다……. 그들은 제 나라 남의 나라를 구별할 것 없이 전쟁이 계속돼야만 번영하는 족속들이다. 지금 세계정세가 어려운 것은 그들 작은 나라 때문이 아니고 3대니 4대니 하는 강대국들 때문인데 그들 속을 분석해보면 고민이다. 그들은 지난날 남의 피를 빨아먹고 쓸데없이 비대했던 그 틀거리를 유지하느라 고민하는 것이다.[7]

함석헌은 우리가 국가지상주의 때문에 희생되어 역사의 제단에 바쳐진 제물이므로 그 역사적 죄악의 결과에서 해방될 때만이 우리도 살고 세계도 산다고 보며, 그렇기 때문에 국가지상주의를 맹종하는 것은 가장 어리석은 행태임을 계속 역설한다. 따라서 그는 정부는 작으면 작을수록 좋고 통치는 없어지면 없어지는 것만큼 평화가 온다고 반복한다. 국가라는 것이 있는 한 그 본질상 그런 것을 기대할 수는 없다고 보고 그렇기 때문에 결국 국가지상주의를 반대하는 데서 그치지 않고 국가주의, 나아가 국가 자체를 거부하기에 이른다. 이것을 뒤

---

7) 안병무, 「비폭력 저항운동과 평화사상」, 『민족의 큰 사상가 함석헌 선생』, 한길사(2001), 390-391쪽.

집어보면 그는 반평화적인 것은 바로 폭력이라는 것을 결정적인 것으로 인식한 것인데, 이 폭력을 합법화하고 그것에 뿌리를 둔 것이 정치, 국가, 국경 등이라는 것으로 보기 때문에 폭력에 대한 거부가 반국가주의로 응결되게 된 것이다.

민중을 신뢰한 함석헌은 당파주의와 국가주의를 거부하고 민중 개인을 전체와 직결시킨다. 힘의 철학에 근거한 당파주의와 국가주의는 민중을 주인과 주체로 서지 못하게 가로막는다. 다수결에 따르면 민주주의 조차도 소수에 대한 대다수의 억압이며 위장된 폭력이다. 씨ᄋᆞᆯ의 주체적 자발성에 대한 함석헌의 깊은 신뢰는 국가주의 문명비판과 맞물려 있다. 그는 전체를 품고 사는 씨ᄋᆞᆯ과 당파적 집단 및 조직을 대립시킨다. '내'가 전체(하나님)와 직결되어 있으며 모든 인간이 '하나'라는 의식을 깨뜨리고 부정하는 것이 당파요, 집단이다. 당파주의나 집단주의는 '다른' 사람들을 부정하기에 필연적으로 강제적이고 폭력적일 수밖에 없다. 가장 두드러진 당파주의와 집단주의는 국가주의다. 국가주의는 실제로는 당파주의, 집단주의이면서 겉으로는 전체를 표방하고 씨ᄋᆞᆯ에게 폭력을 휘두른다. 그리고 소수를 위해 다수를, 다수를 위해 소수를 희생시킨다. 이 국가주의가 개인과 전체를 희생시킨다. 국가주의, 다시 말해 독재 정권과 대국주의에 대한 항거는 함석헌의 삶과 사상 속에 일관되게 나타나는 것인데, 이것은 나와 하나님과 전체를 일직선상에서 본 그의 신앙관에 근거한 것이라고 볼 수 있다.[8)]

함석헌은 일찍이 『성서적 입장에서 본 조선역사』(1950)에서 패권적 국가주의에 근거한 현대 문명을 비판했다. (국가주의적) 약육강식을 그 근본원리로 하는 현대 문명이 차차 그 목표로 알았던 것이 허상 아

---

8) 박재순, 『함석헌의 철학과 사상』, 130쪽.

닌가 하는 의혹을 품기 시작했다. “이제 장차 세계 역사에 있어 180도의 전환이 생기려 하고 있다. …… 지금까지의 역사가 폭력 쟁탈의 역사라면 금후 역사는 도덕적 전쟁의 역사일 수밖에 없다.”9)

힘과 부를 추구하는 국가주의는 씨ᄋᆞᆯ에 대한 폭력적 지배로 귀결된다. 부와 권력이 집중된 국가주의 문명의 특징은 사치와 권력투쟁(전쟁)이다. 국가주의 문명은 편리와 쾌락을 추구한다. 함석헌에 따르면, 힘들고 괴로운 일은 남에게 떠맡기고 나는 편하게 쾌락을 즐기자는 것이 국가주의 문명의 기본 원리이고, 이 원리를 관철하려면 힘(폭력)에 의지할 수밖에 없다. 국가주의 문명에서는 소수의 지배 특권층이 대다수 국민을 제도와 체제의 구조적 폭력으로 억압하고 희생을 강요한다. 이것은 국가의 헌법적 원리인 국민주권을 부정한 것이다. 이처럼 국가주의는 자기모순을 안고 있다. 함석헌은 자기모순에 빠진 국가주의에 맞서 풀뿌리 민주주의를 추구한다.

전체의 관점에서 함석헌은 남한과 북한의 국가주의를 비판했다. 그가 볼 때 남한도 북한도 국가주의에 사로잡혔다. 그래서 함석헌은 ‘자유민주주의(자본주의)’도 ‘평등사회주의(공산주의)’도 국가주의 이데올로기이기 때문에 부정했다. 어떤 의미에서 그는 무정부주의에 가까울 정도로 국가주의, 제도, 체제를 비판하고 거부한다. 그러면서도 함석헌은 어떤 대안적 이념과 제도를 구체적으로 제시하지는 않지만 세계주의 혹은 사해동포주의(cosmopolitanism)를 강조한다. 그리고 민중의 주체, 자치를 거듭 강조한다. 함석헌에게는 씨ᄋᆞᆯ이 자유롭고 평등하게 주체로 서서 전체를 지향해가는 사회와 역사의 과정이 중요하다. 그리고 씨ᄋᆞᆯ이 자유롭고 평등하게 주인 노릇하려면 국민 전체가 하나로

9) 『성서적 입장에서 본 조선역사』, 265쪽, 『전집 1』, 325쪽.

집결되어야 한다는 사실이 중요했다. 그리고 생각없는 씨알이 아닌 계몽된 씨알을 위해 씨알 교육의 필요성을 역설했다.

함석헌은 국가주의뿐 아니라 국가 자체에 대해서도 비판했다. 모든 국가는 전체라는 가면을 쓴 집단주의라고 인식했기 때문이다. 국가와 국가주의에 대한 함석헌의 비판은 일제 식민 통치와 자유당 정부, 군사정부로 이어진 정치 경험에서 비롯되었다고 볼 수 있다. 민중에 대한 국가의 불의한 폭력을 뼈저리게 경험했기 때문에 국가와 국가주의를 철저히 부정하고 거부하게 되었다. 그러나 함석헌의 국가주의 비판은 과거와 현재의 정치 경험에서 비롯된 것만이 아니라 그의 시대적 통찰과 미래에 대한 전망에서 나온 것이기도 하다. "국가주의는 멸망한다. …… 전체주의 시대 …… 개인적 완성의 시대가 아니라 전체적 하나 됨의 역사, 전 인류의 하나 됨을 추구하는 시대"가 동튼다고 보았다.[10]

함석헌은 남한과 북한, 자유와 평등을 통합하는 공동체로서의 나라 이념을 그려주었다. 함석헌은 먼저 국가와 나라를 구별한다. 국가는 권력과 부, 법과 제도로 이루어진 당파적 조직이고 기관인데 비해 '나라'는 민중의 삶 속에서 혈연, 언어, 지리, 문화 등의 관계로 형성된 자연스러운 공동체다. 함석헌은 '나라'라는 우리말에서 나라의 뜻을 풀어낸다. '나라'는 '나'요, '나라'하는 자요, '낳는 자'다. 나라는 자연과 사람, 물질과 정신, 나들과 너들이 하나로 되어 살아있는 생명체다. 함석헌은 나라를 자라는 생명체로 보았기 때문에 나라는 공간적·공시적(共時的)인 것만이 아니라, 통시적(通時的)·역사적·시대적인 것이다. 나라는 하늘의 뜻이 구현되어가는 것이다. 절대 되는 하나님의 뜻이

10) 박재순, 전게서, 133쪽.

시간으로 공간으로 구체적으로 나타나면 나라다. 나라는 나라의 주체이고 주인인 씨올 한 사람, 한 사람의 '나'에서 비롯된다. 새 나라는 '나'에서 시작된다. 내(씨올)가 나라다.

민중은 민족 전체인 나라를 품고 나라를 대표한다. 민중과 만남으로써 그리고 민중과 민중의 소통에서 무한한 전체인 하나님이, 그리고 하나님에 근거한 참된 평화가 실현되고 완성된다. 나라의 건강한 생명과 평화도 민중과 통할 때 실현된다.

> 민중과 통하면 밝은 것이고 민중과 통하지 못하면 어두운 것이다. 맥이 발끝까지 통하면 성한 사람이요, 목에서만 할딱거리면 죽는 사람 아닌가?…… 나라의 발꿈치는 어디요 목구멍은 어딘가? 대통령, 장관, 국회의원 하는 것이야말로 목구멍이요, 두메산골 바닷가 강변에 풀처럼 모래처럼 깔려 있는 민중이야말로 발꿈치 아닌가? 목구멍으로 숨이 드나드니 거기가 중요한 듯해 거기서만 할락거리면 죽듯이 나라가 정권 쥔 손에서만 놀면 망한다. 숨이 발꿈치에까지 드나들 듯이 정치가 민중에게 확 뚫렸을 때 나라는 튼튼하다.[11]

함석헌은 하나로 통일된 나라를 꿈꾼다. 함석헌은 자유에서 시작해 평등에 이르려 했던 자유주의(자본주의)도 실패하고, 평등에서 시작해 자유에 이르려 했던 평등주의(공산주의)도 실패했다고 진단했다. 그렇다면 어떻게 자유와 평등이 이념적으로 결합될 수 있을까? 함석헌은 프랑스혁명에서 내세운 세 구호 '자유·평등·박애'에서 사랑이 자유와 평등을 결합할 수 있다고 보았다.[12]

---

11) 상게서, 134쪽.

12) 박재순, 전게서, 134-135쪽.

씨울은 전체 하나인 하늘을 품고 전체 하나인 나라를 꿈꾼다. 통일된 하나의 나라는 씨울 속에 잠자고 있다. '씨울 속에 잠자는 나라'를 깨우려면 씨울을 깨워야 한다. 오랜 세월 고난을 겪은 한겨레의 마음은 사랑에 굶주려 있다. 한겨레의 이름대로 한겨레는 '한', '하나'이기를 갈구한다. 그러므로 한겨레는 사랑으로 하나 되는 나라를 이룰 힘과 자격을 지니고 있다.

함석헌은 패권적 국가주의를 극복하고 정의와 해방을 실현하는 '세계 평화'를 지향했다. 그는 일찍이 『뜻으로 본 한국역사』에서 민족의 고난을 통한 세계의 구원을 말했다. 강대국들의 불의와 폭력으로 인해 겪고 있는 민족의 고난을 극복하고 승화시킴으로써 제3세계의 국가들과 강대국들이 함께 정의와 평화의 세계로 들어갈 길을 추구했다. 패권적 민족국가주의의 폐해를 절실히 체험한 함석헌은 나라와 민족에 대한 사랑과 열정을 지니면서도 국가와 민족의 경계를 넘는 세계 평화의 열망을 품고 있었다. 함석헌은 국가주의의 낡은 관념과 관행을 버리고 새로운 평화 시대로 나아가야 한다고 보았다. 따라서 생존경쟁의 애국심과 조국애, 심지어 동포애도 낡은 것이라면서 비판했다. 그러나 함석헌이 국가주의와 민족주의를 배제하면서도 민족 자체를 버린 것은 아니었다. 개인주의를 버려도 개인을 버릴 수 없듯이 민족 자체는 소중하게 여겼다. 민족 자체는 전 우주와 뗄 수 없이 결합되어 있다. 한 민족의 "백성이 제 노릇하여야 한다는 것은 권리의 주장이 아니요, 진리의 주장이다. 한 민족이 무시당함은 신체의 일부분이 무시당하는 것 같이 전 우주의 자살이기 때문이다."[13)]

---

13) 『성서적 입장에서 본 조선역사』, 274쪽; 박재순, 전게서, 208-209쪽.

함석헌은 국가의 이념과 체제를 극복한 공동체적 전체를 추구했다. 한 민족이지만 두 개의 국가 체제를 형성한 북한과 남한의 전쟁을 비판하면서 국가의 장벽과 이념의 대립을 넘어서 민족 전체의 공동체를 지향했다. 함석헌의 민중적 관점, 민족 공동체적 관점, 평화적 관점은 1950년대 후반에 쓴 글들에서 분명하게 나타나기 시작한다.

≪사상계≫ 1958년 8월호에 쓴 「생각하는 백성이라야 산다」는 한국전쟁에 대한 역사적 반성과 남북 분단의 민족적 모순과 부조리에 대한 통렬한 반성을 담고 있다. "전쟁을 치르고도 뜻도 모르면 개요 돼지다. 영원히 멍에를 메고 맷돌질을 하는 당나귀다."[14] 동포 형제끼리 서로 싸우고 죽였으면서 승전을 축하하고 훈장을 자랑하는 것을 함석헌은 인정할 수 없었다. 더 나아가서 남한과 북한이 두 개의 국가로 나뉘어 서로 원수로 알고 비난하는 것에 대해서 함석헌은 근본적인 문제를 제기한다. "남한은 북한을 소련·중공의 꼭두각시라 하고, 북한은 남한을 미국의 꼭두각시라 하니 남이 볼 때, 있는 것은 꼭두각시뿐이지 나라가 아니다. 우리는 나라 없는 백성이다."[15] 외세의 지배 아래 분단된 한 민족의 두 국가 체제 사이에 조성된 국가주의적 대립의 모순은 국가자체를 부정하는 데 이른다. 하나의 민족이 둘로 깨지니까 서로 부정하고 파괴했다. 전체가 깨지면 부분도 없이 오직 대립과 갈등, 미움과 분노, 부정과 비난이 있을 뿐이다.

---

14) 『전집 14』, 110쪽.

15) 『전집 14』, 112쪽.

2. 평화실현 방법론

1) 비폭력 투쟁(저항)

함석헌은 생명과 진리를 전체에서 보고, 그 전체를 부정하고 파괴하는 것을 폭력으로 이해했다.

> 동서고금 할 것 없이 어떤 종교에서도 그 위대했던 예언자, 성자라는 사람들은 다 자신의 사람인 동시에 전체에 살려는 사람들이었다. … 폭력이 뭐냐? 나만 옳다는 것, 나만 살자는 것이다. 그러므로 이것은 근본에서 잘못 생각하는 것이다.[16]

따라서 예수는 이 근본적인 잘못을 고치기 위해서 세상에 오신 분이었다. 전체를 건지자는 것이 그의 싸움의 목적이었다. 그런데 그의 싸움은 폭력적이 아니라 어디까지나 비폭력적이었다.[17] 함석헌에 따르면 평화실현 방법은 오직 한 길 뿐인데 그것은 비폭력 혁명의 끈이라고 설파한다.

> 많은 사람들이 방안을 묻고 노선을 찾습니다. 그러나 아무도 대답 못할 것입니다. 있다면 다만 하나 비폭력 혁명이 있을 뿐인데, 그것은 하지 않는 한 모든 생각, 모든 노력은 쓸데없는 것입니다.[18]

함석헌은 부분과 집단의 이해관계가 얽힌 정치·경제 문제는 정치·경제적인 방식으로만 해결될 수 없다고 보았다. 왜냐하면 정치·사회·

---

16) 『전집 3』, 322쪽.

17) 상게서, 320쪽.

18) 『전집 2』, 34쪽.

경제의 문제는 이해관계인데, 이해관계는 어느 한 쪽이라도 이기심과 편견에 집착하면 해결될 수 없기 때문이다. 이기심과 편견이 지배하는 자아를 넘어섬으로써만, 자아를 해방함으로써만 공적인 제3의 자리에 이르고, 이 자리에서만 이해관계가 조정되고 해결될 수 있으며 공정한 제3의 자리, 전체의 자리는 자기를 비우고 초월하는 종교의 차원에서 주어진다고 한다. 그러므로 함석헌은 전체의 자리에서 싸우는 비폭력 투쟁은 종교적인 눈을 가지고 믿음으로 싸우는 싸움이라고 보았던 것이다.

함석헌은 부드럽고 약한 마음을 강조하고, 폭력을 쓰지 않고 사랑으로 싸울 것을 강조했지만 그의 비폭력적 투쟁은 치열하고 철저하며 근본적인 싸움이다. "생명은 싸움입니다. 몸에서는 질병과의 싸움이요, 정신에서는 악마와의 싸움이요, 생활의 역사에서는 정치와의 싸움입니다."[19] 사람은 자주적인 인격이고 스스로 하는 생명이기 때문에 저항하는 존재라는 것이 함석헌의 기본적인 생각이다.

> 사람은 저항하는 거다. 저항하는 것이 곧 인간이다. 저항할 줄 모르는 것은 사람이 아니다. 왜 그런가? 사람은 인격이요, 생명이기 때문이다.[20]

스스로 하는 인간의 생명 의지는 서로 충돌한다. 한 인간의 생명 의지만 관철되고 다른 인간의 생명 의지가 억눌리면 함께 사는 삶을 이룰 수 없다. 인간은 밀고 당기는 비폭력 싸움을 통해서만 사회적 관계와 질서를 유지하고 더 나은 공동체적 삶을 실현할 수 있다. 사회적

---

19) 『전집 8』, 89쪽.

20) 『전집 2』, 173쪽.

싸움을 그치면 그 사회는 부패하고 경직되어 쇠퇴와 몰락의 길에 빠진다. 역사적·사회적 생명의 씨올에게는 싸울 권리와 의무가 있다. 함석헌은 생명의 자유를 억압하는 세력에 맞서 싸우는 정신이야말로 가장 고귀한 도덕이라고 보았다. 그 사례로써 셸리(P.B. Shelley), 루소(J.J. Rousseau), 에머슨(R.W. Emerson), 소로우(H.D. Thoreau), 루터(M. Luther), 톨스토이(L. Tolstoy), 간디(M. Gandhi)를 예거하였다.[21]

스스로 하는 인격을 지닌 인간에게 투쟁은 필연적이다. 내게 폭력을 휘두르는 것은 나를 사람이 아니라 짐승이나 물건으로 취급하는 것이기 때문에 내가 사람이 되어 사람 노릇을 하려면 나에 대한 모든 폭력을 거부해야 한다. 이런 확고한 견해 때문에 함석헌은 평생 폭력을 거부하고 비폭력 저항을 추구했음을 우리는 알고 있다. 그러나 그가 평생 추구한 비폭력 투쟁은 상대를 존중하고 신뢰하는 투쟁이었고 모든 인간에게(상대에게도) 양심(하나님의 빛)이 있음을 전제한 싸움이었다. 상대가 내게 비인간적인 행동을 하는데 싸우지 않는다면 상대를 인간으로 대하지 않는 것이다.[22] 함석헌은 특히 국가주의를 제어하기 위해서는 비폭력 투쟁을 널리 일으켜야 한다고 말했다.

> 글자 그대로 일조혈로(一條血路)다. 피로 뚫는 길이다. 아무리 악하고 미쳤어도 그들도 사람이라 그들의 인간성, 양심을 불러일으키는 수 밖에 없다. 그런데 사람의 양심은 양심에 의해서만 움직여진다. 옳은 일을 위해 한 목숨을 희생했을 때 우리의 혼은 그 힘을 최고로 발휘한다. 그러므로 지배자의 가슴속에 잠자고 있던 양심을 불러일으킬 수가 있다. 이것은 역사상에서 많은 실증을 볼 수 있다. 우리가 비폭력에 대해

---

21) 『전집 4』, 112-113쪽.

22) 『전집 8』, 14쪽 참조.

확신을 가지는 것은 이 때문이다.[23)]

함석헌은 '원수를 사랑하라'는 예수의 가르침이 "생명의 가장 높은 봉우리에 핀 꽃"[24)]이라고 했다. 함석헌은 원수 사랑을 "서로 사랑으로 싸우라"는 말로 이해한다. 비폭력 투쟁은 '사랑하는 마음'으로, '이기고 짐을 초월한 마음'으로 싸워야 함을[25)] 의미한다.

유신 체제에 반대하는 시위대의 선두에서(1970년대). 광주 한빛교회 윤기석 목사(故人)와 전남 강진읍 교회 김영진 장로(전 국회의원)가 보이는 것으로 미루어 광주에서의 행진으로 여겨진다.(사진 32)

사랑으로 싸우는 비폭력 투쟁은 참된 원수 사랑이고 사람(상대와 나)과 하나님에 대한 깊은 신뢰에서 비롯된 것이다. 그것은 사랑과 평화의 삶에 대한 깊은 확신과 열망의 표현이다. 사랑으로 싸우는 비폭력 투쟁은 약한 것 같지만 실은 폭력보다 강하다. "폭력엔 끝이 있다. …… 그러나 사랑엔 끝이 없다. …… 폭력엔 당장 알아보게 효과가 있

23) 『전집 12』, 288쪽.

24) 『전집 8』, 90쪽.

25) 상게서, 89, 91쪽.

다. 그러나 있기 때문에 없어지고 만다. 사랑은 뵈지 않는다. 없다. 그러나 없으므로 결코 없어지지 않는다."[26]

함석헌의 목표가 인류평화인 이상 그는 어떤 방법론보다도 노·장사상을 중시한다. 그는 평화와 관련해 『도덕경』을 논함에 있어 『도덕경』 31장을 노자(老子)사상의 핵심처럼 첫머리 글로 내세웠는데 그 주제를 "군대란 좋은 일의 그릇이 아니다"라고 했다. 사실 31장은 모든 사람이 군대를 싫어하며 도를 깨달은 사람은 절대로 거기에 머물러 있지 않는다는 말로 출발한다. 모든 윤리적 강령 따위마저 부정하는 노자에게 군대는 물론이요 법 따위마저 설 자리가 없는 마당에 국가라는 것이 인정될 까닭이 없다.

함석헌은 장자를 논함에 있어 이른바 바보새(鵬)를 첫 시작으로 내세우는데, 그는 이 장을 풀이하면서 "장자는 당시 부국강병의 포악한 지배주의 때문에 희생되는 인생을 건지기 위해 말한 것이었다"고 한다. 또 장자의 『거협』편을 풀이하면서 "국가가 생기고 이른바 정치를 하기 전에는 세상에 도둑이 없었으며 그것이 생긴 다음부터 도둑이 생겼는데 일반 도둑은 좀도둑인 데 반해 국가는 통째로 훔쳐가는 큰 도둑이라고 하면서 반국가론을 펴고 있다"고 풀이하여 그것을 원용한다.[27]

"대기를 마시고 가스를 뱉으니 평화요, 먹을 것을 먹고 마실 것을 마시고 담긴 찌꺼기를 내보내니 평화요, 햇빛을 보고 웃고 바람을 쐬고 죽지를 펴니 평화다."[28] 이것은 분명히 자연주의다. 함석헌은 인위

---

26) 『전집 2』, 124쪽.

27) 안병무, 「비폭력 저항운동과 평화사상」, 『민족의 큰 사상가 함석헌 선생』(한길사, 2001), 391-392쪽.

28) 『전집 14』, 41쪽.

적인 것일수록 반평화적인 것으로 보고 인위적인 것이 자연스런 길을 가로막는 현실에서 본래의 자기를 지키는 길로 다음 네 가지를 제시한다. 전체의식, 종교적 신념, 민족의 특성, 우주사적(세계사적) 비전이 그것이다.[29)]

첫째, 평화의식은 전체의식에서 출발되어야 한다. 즉 '우리는 하나다'라는 자각이 평화의 근원이라는 것이다. 이 전체의식은 도덕적·정신적 인간의 바탕이다. 여기서 그는 전체를 세 개의 테두리로 표시하는데 작게는 가정이요, 크게는 우주라 하고, 그 중간을 민족공동체라고 한다. 그러나 이것은 그 내용을 인위적으로 분리시켜 보는 것뿐이고 우주적 전체라는 테두리 안에 다른 두 가지가 다 포함되는 것으로 본다. 한국은 오랫동안 단일민족이었으므로 전체의식을 가지기에는 비교적 쉬울 것이라고 전제하면서도 역사적·사회적으로 다원화된 현실을 무시하지 않는다. 더욱이 지금의 남북 분단을 한국에서의 평화를 가로막는 원인으로 인식하여 구체적으로 극복해야 할 당면과제로 보고 있다. 이 분단의 책임이 외세에게 있든 자체의 문제이든 간에 양 세력의 지배층이 내세운 이데올로기를, 전체의식을 갈라놓는 가장 무서운 독소로 본다. 또한 그는 이 분단이 지배층에 의한 인위적인 것이고 민중은 분단되지 않았다고 본다. 그러므로 남북의 민중이 결합하는 것만이 한국 민족의 전체의식을 회복하는 지름길이라고 여긴다.

둘째, 종교적 신념이다. 함석헌은 평화운동은 바로 정신운동임을 전제하면서 사회운동이나 정치운동에 우선해야 한다는 신념을 고수한다. 사회운동이나 정치운동은 외적 변화를 목적으로 하는 데 반해 평화운동은 '속마음'에 관계된 것으로서 그것은 종교적 차원의 것이다.

---

29) 상게서, 42-47쪽.

그런데 그가 종교적 차원이라고 할 때 그것은 기성 종교를 전제로 하는 것이 아니며 제도화된 종교는 더더욱 아니다. 그가 종교라고 하는 것은 어떤 궁극적인 것을 믿는 신념을 말한다. 이 신념이 있을 때 현실적 제약에 굴복하지 않고 그것에 가능, 불가능을 묻지않고 평화에 대한 긍정적이고 적극적인 전진을 가능하게 한다고 생각한다. 그런 의미에서 한국 사람들이 전승하고 있는 고유의 사상인 하느님(한울님) 신앙은 평화로의 주춧돌이 될 수 있다고 보았던 것이다.

셋째, 한국민족의 특성으로서 평화성을 내세운다. 무엇보다 그가 주시하는 것은 우리의 건국정신에는 침략적 영웅주의 따위가 전혀 없다는 것이다. 사실 5천 년 역사에서 남의 나라를 침략한 일이 없다는 것은 건국설화의 성격을 뒷받침해 준다. 한걸음 더 나아가 함석헌은 한국 정신의 본원인 선도(仙道)의 기본정신을 평화사상으로 파악하고 있다. 선도의 기본사상을 무위(無爲), 자연, 정허(靜虛), 유약(柔弱)이라고 하는데 이런 것들은 언뜻 보면 소극적인 것으로 보이나 실제로는 적극적인 것으로서 그것은 바로 평화주의의 한국적 바탕이다. 그는 이 선도가 중국의 노·장학파와 밀접한 관계가 있다고 보고, 그것은 중국의 노·장사상이 유입된 것이 아니라 오히려 한국의 선도사상이 중국으로 건너가서 노·장사상을 형성했을 것이라고 주장하는 이능화의 입장을 적극적으로 수용한다.

함석헌은 선도(仙道)적 삶을 구현한 인물을 고구려·백제·신라에서 대표적으로 열거하는데 온달·검도령·처용 등이 그들이다. 그가 열거한 세 사람의 성격을 규정하는 데서 선도적인 평화사상이 무엇인지를 엿볼 수 있다. 온달이 바보라는 소리를 들었던 것은 바로 그가 철저한 평화주의자였음을 뜻하고, 처용이 제 아내를 겁탈한 마마귀신을 죽이지 않고 노래를 불러 물러나게 한 것도 평화주의이며, 검도령이 장양의 청을 받아 철주로 진시황을 박랑사에서 때렸다는 것은 얼핏 보기에는 무력주의 같으나 실은 평화주의라고 한다. 이러한 평화사상이 그대로 계승되어 3·1운동과 4·19혁명, 그리고 5·18 민중항쟁으로 이어졌다고 보는 것이다.

넷째, 세계사적 비전(vision)이다. 그것은 유약하고, 무능하고, 이름없이 음지에서 고난받는 민중이 평화운동의 주역이 되어 온 세계를 평화로 이끌 수 있다는 신념을 말하는 것이다. 이 말은 민중이 조건반사적으로 계급적 의식을 갖고 지배자에게 저항하는 것으로 만족한 근시적 복수현상과는 달리 세계 평화의 주인으로서의 의식을 가질 때 비로소 평화에의 길을 앞당길 수 있다는 것이다.[30)]

함석헌은 참, 우주, 역사, 자연, 신을 하나로 묶는데 그것을 일관하는 것은 그의 표현대로 하면 '뜻'이다. 이 '뜻'이 실현되는 것이 바로 평화다. 그 '뜻'안에서 신과 인간, 자연과 역사가 이원적으로 파악되지 않고 하나로 조화·통합되는 데 평화가 있다. 그런데 그것은 새삼 만들어나갈 현실이 아니라 원래의 모습이다. 이 원래적인 길을 가로막는 것이 결국 반평화세력인데 그것은 바로 인위성이다. 이 인위성을 폭력으로 강제하는 것이 정부다. 그러므로 그의 평화를 위한 투쟁은 결국 반평화적인 것을 제거해서 세상이 제 본래의 길을 가게 하는 것이다. 그러므로 노·장의 주장대로 흐르는 물길을 가로막지 않는 것이 평화의 길이다. 그것은 아래(골짜기)로 가는 것이다. 이 점에서 그는 노자의 상선약수(上善若水) 개념을 원용한다.[31)] 여기까지의 내용은 결국 씨ᄋᆞᆯ민중이 단합해서 불의·악·폭력을 제거해야 되겠는데 그 방법은

---

30) 안병무, 「비폭력 저항운동과 평화사상」, 『민족의 큰 사상가 함석헌 선생』(한길사, 2001), 395-397쪽 참조.

31) 상게서, 409-410쪽.

비폭력적(non-violent)이어야 한다는 논지이다. 이러한 함석헌의 주장은 남한과 북한 정권이 전쟁무기 경쟁을 하듯 첨예하게 대립되어 있는 오늘의 상황에 적용이 어느 정도 가능할지 매우 당혹스럽다. 극단의 시대에 평화를 말하기란 참으로 어려움을 느끼지 않을 수 없는데 그럼에도 불구하고 함석헌 주장의 알파와 오메가는 평화와 사랑이다.

2) 평화운동 방식

그러면 함석헌이 제시하는 평화운동은 구체적으로 어떻게 해야 한다는 것인가? 그것은 한마디로 '원래'로 돌아가는 것이다. 인위적인 데서, 있는 그대로의 상태로, 평면적 싸움에서 승부를 걸지 말고 근원적 차원, 종교적 차원에 뿌리를 내리는 것이다. 함석헌은 글과 말, 행동으로써 불의한 비평화에 대해 누구보다도 강렬한 투쟁의지를 보여왔다. 그의 불의에 대한 도전과 폭로의 말은 날카로웠다. 그리고 또 민중이 깨어서 제 본분인 역사의 주인이 될 것을 거듭 촉구하는 내용은 꽤 선동적으로까지 보인다.

그러나 그는 평화운동을 위한 투쟁전략으로서 어떤 형태의 폭력도 반대한다. 그 대신 그는 거듭 인간의 내적 평화를 강조한다. 그가 말하는 '내적 평화'란 결국 마음에서부터 반평화적인 것이 없어져야 한다는 것이다.

> 시비는 반드시 따지고 싶지만, 그래야 일이 바로 잡아질 것 같지만 사실은 결코 그렇게 되지 않는다. 선악은 상대적이다. 상대적이기 때문에 하면 할수록 싸움을 더 격화시키지 조화는 이루어지지 않는다……. 그래서 그 식대로 나가면 결국 도달하는 것은 혼란, 대립 밖에 없다.[32]

32) 『전집 20』, 154쪽.

함석헌은 공자의 '인자무적어천하'(仁者無敵於天下)를 내세워 스스로 인자(仁者)가 되면 평화가 저절로 온다는 뜻을 주장하는데[33] 여기서 말하는 인(仁)은 그에게 무위(無爲)와 같은 뜻이 된다. 그러면 무위로써 저항까지 포기하라는 것인가. 함석헌이 언제나 방패로 삼는 자 중 한 사람인 장자도 노자처럼 무위를 말하면서 바로 그것을 위해 싸웠고 시비로 일관했듯이 함석헌 자신도 시비와 비판으로 일생을 보냈다. 그가 말하는 무위는 결국 유위(有爲), 인위(人爲)에 대한 저항이다. 있는 대로 내버려두면 평화는 저절로 오는 것인데 그것을 가로막는 것이 바로 인위요 유위라고 한다. 그것은 지배하려는 욕심에서 나온 것이다. 이런 것과 싸우는 것이 바로 함석헌이 의미하는 무위다. 그런데 함석헌은 그 무위를 다음과 같이 표현한다. "운동은 신념의 길이요 봉사의 길이요, 자기희생으로만 되는 길이다."[34]

투쟁이라는 시각에서 그는 예수(Jesus) 그리고 간디(Gandhi)를 모델로 내세운다. 그러면서 그들에게서 공통점으로 비폭력을 찾은 것이다. 어떤 경우라도 폭력을 쓰는 것은 결국 반평화행위다. 그런 측면에서 볼 때 때리면 맞고 죽이면 죽는 길밖에 없다. 예수가 그 대표적인 사례이다.

인도 간디평화재단에서 연설을 마치고(1971년 3월 16일)
(사진 33)

33) 『전집 14』, 127쪽.

34) 안병무, 「비폭력저항운동과 평화사상」, 『민족의 큰 사상가 함석헌 선생』(한길사, 2001), 405쪽.

함석헌은 예수의 '희생'을 결국 투쟁의 평화적 행태로 본 것이다. 희생은 스스로 제물로 바친 것이 아니라 투쟁 저항의 결과다. 그 저항의 대상은 바로 국가세력이다. 국가는 폭력이 뒷받침하고 있기에 반폭력을 주장하면 결국 희생하는 길밖에 없다. 그러나 희생은 끝이 아니다. 투쟁(희생)의 과정을 통해 '빛'을 제시하는 것이다. 그것이 다름 아닌 종교적 차원에서 찾을 수 있는 평화인 것이다. 이러한 종교적 확신에 도달할 때 참 평화를 위한 운동이 승리하는 것이다.

성경을 보면서 한일협정 반대운동 때 단식하던 모습(1965년 부인 황득순 여사와 함께)(사진 34)

함석헌은 평화실현의 구체적 실례로서 퀘이커(Quaker)의 평화적 노력을 들고 있다. 함석헌은 『전집 3』(한국기독교는 무엇을 하려는가)에서 「퀘이커와 평화 사상」의 단면을 현실과 관련하여 다음과 같이 언급하고 있다.

> 퀘이커가 수는 많지 않은데 평화운동과 반전운동을 굉장히 진지하게 벌이고 있어요, 그 중에서도 '평화 증언'(Peace Testimony)을 대단히 중요하게 생각해서 1,2차 세계대전 때에도 크게 활동했습니다. 예를 든다면 적국에도 어려울 때 원조를 보내고, 적국의 부상자들을 위해 의약품을 보내는 등, 러시아에 대해서도 그랬고 베트남 전쟁 때도 적국 부상자들을 돕기 위해 의약품을 보내곤 해서 미국정부로부터 미움을 샀지요. 그러나 그래야 된다는 주장을 갖고 계속하고 있지요.[35]

35) 『전집 3』, 153쪽.

폭력과 비폭력을 대표하는 사람들이 극적으로 해후했던 고전적인 경우로는 무력정치인 크롬웰(Oliver Cromwell, 1599~1658)과 친우회(퀘이커)의 창시자인 폭스(George Fox, 1624~1691)의 만남을 들 수 있다. 독재자인 크롬웰을 전복시키려는 음모를 꾸미고 있다는 혐의를 받고 있던 폭스는 "나는 크롬웰이나 어떤 사람에게도 무기를 들지 않았고, 나는 모든 종류의 폭력에 대항하는 하느님의 사자로 일했으며, 암흑을 광명으로 변화시키고 전쟁과 투쟁의 원인을 복음으로 변화시키는 일에만 전념했습니다."[36]라고 말했다.

헨리 토마스는 그 장면을 다음과 같이 묘사했다.

> 폭스는 아침 6시에 그의 궁전으로 안내되었다. 거기서 그는 독재자가 옷을 절반 걸치고 누워 있는 것을 발견했다. 그는 "이 집에 평화가 있을지어다."라는 퀘이커의 일상적인 인사를 했다. 이에 대하여 '창의 사람'(man of sword)인 크롬웰은 슬픈 미소를 띠웠다. 그들은 종교, 정치, 전쟁에 대하여 담소했다. 그들은 다 같이 상대방이 가지고 있는 판단력과 분별력에 대하여 감탄했다. 그들은 모두 혁명가들이었다. 이 사회를 더욱 자유로운 곳으로 만들려는 동일한 목표를 가진 혁명가들이었다. 다만 그 방법에 있어서 그들은 정반대의 견해를 가지고 있었다. 크롬웰은 '정의'에 의한 세계변혁을 시도했으나, 폭스는 '사랑'이 충만한 세계를 추구하고 있었다. 하여간 여러 가지 면에 있어서 폭스는 '또 하나의 크롬웰'이었다. 헤어질 때 폭스는 독재자에게 "당신이 해칠 수 있는 것은 다른 사람들의 영혼이 아니라 결국 당신 자신의 영혼일 뿐"이라는 마지막 충고를 주었다. 그러나 크롬웰은 곧 이 구두 수선공 예언자의 충고를 잊어버렸다. 그의 집안에는 평화가 사라졌으며, 죽은 다음에 그의 시체는 웨스트민스터 사원으로부터 끌려나와 교수대에 붙잡

36) 황필호, 『서양 종교철학 산책』, 241쪽.

아 매인 채 산산조각으로 부서지는 운명을 맞게 되었다. 이것이 바로 자신의 영광을 추구하고 창으로 나라의 자유를 추구한 크롬웰의 최후였다. 그의 혁명과업은 그의 죽음과 더불어 끝났다. 그러나 폭스의 평화적인 혁명은 전 세계를 통하여 더욱 왕성하게 발전했다.[37]

이 일화는 폭력적인 혁명은 단명하지만 평화적인 혁명은 영원하다는 사실을 잘 증명한다. 더 나아가서 이 일화는 "강자에게 두려움 없이 대하고, 약자에게 온유하게 대하라"는 지혜를 받드는 퀘이커의 미래를 이미 예언했다고 볼 수 있다. 실제로 퀘이커가 펜실베이니아를 지배했던 75년 동안의 '고요한 황금시대'에는 단 한 명의 아메리카 인디언을 속이지 않았고, 또한 인디언 원주민들도 단 한 명의 퀘이커를 살해하지 않았던 것이다. 오늘날 우리들이 종교사를 연구할 때 꼭 짚고 넘어가야 할 사실이다. 절대적 비폭력주의자인 톨스토이가 자신의 주장보다 훨씬 이전에 비폭력을 실제로 실현시킨 퀘이커에게 큰 찬사를 보낸 이유도 여기에 있다.[38]

함석헌은 평화의 화신으로 예수, 예수 평화사상의 전형적 사례로 퀘이커, 그 다음에는 간디를 내세우는데 그 중에서도 간디의 비폭력 저항운동을 구체적 모델로 내세운 것이다.[39] 그래서인지 함석헌은 주저 없이 "이제 우리의 나아갈 길은 간디를 배우는 길밖에 없다"[40]고 선언

---

37) 상게서, 241-242쪽.
Henry Lee Thomas 저/ 황필호 역, 『위대한 종교가들』(서울: 종로서적, 1983), 229쪽 재인용.

38) 상게서, 242쪽.

39) 『전집 7』, 17-23쪽 『간디의 참모습』 참조. 여기에서 함석헌이 소묘한 간디의 참모습은 네 가지 였는데 ①용기 ②겸손 ③참(진리파지) ④비폭력저항이 그것이었다.

40) 『전집 7』, 9쪽.

했다. 이처럼 간디가 걸어간 길을 모든 운동의 기준으로 삼는다. 어떤 의미에서일까? 그는 간디가 어디까지나 종교적 인물이었음을 강조하며 그가 총탄에 맞아 쓰러질 때의 외마디가 그의 중심이요 유언이라고 하는데 그것은 바로 '아이 라마'(오 하나님)였다.[41] 이것이 간디의 평화운동의 궁극적 길이었다. 평화운동도 정치문제와 깊은 관련이 있다. 그런데 그 운동은 어디까지나 종교적으로 투쟁할 때만 승리한다고 보았다. 그는 간디가 정치문제를 종교적으로 해결한 데에 그 위대함이 있다고 본 것이다.

간디에게 있어 종교적이란 바로 그 운동의 궁극적 목적이 진리의 인식에 도달하는 것이다. '사티아그라하'(Satyagraha) 운동은 바로 종교운동이었다. 간디는 그의 운동 전체를 그의 자서전에서 밝히듯이 진리의 진리성을 입증하는 실험(My Experiments with Truth)으로 본다. 따라서 평화를 위한 민중운동도 진리를 증명하는 실험과정이 되는 것이다. 함석헌은 '사랑하라', '희생하라'와 같은 요구를 개인에게 적용하는 것은 일반적으로 누구나 할 수 있는 것이지만 그것을 어떤 집단, 민족 또는 국가적 차원에서 운동화한 것은 간디뿐이라고 한다.[42] 그것은 죽음을 각오할 때에만 가능하다. 왜냐하면 민족이나 국가 차원에서 그런 요구를 하는 경우는 배신자 혹은 이적행위로 규탄 받을 수 밖에 없기 때문이다.[43]

여기서 간디의 운동은 인도의 독립운동이면서도 독립운동이 아니라고 할 수 있는 측면이 있다. 실은 그의 목적은 진리(종교)를 운동이라

---

41) 『전집 7』, 20쪽.

42) 『전집 7』, 15쪽.

43) 안병무, 「비폭력저항운동과 평화사상」, 『민족의 큰 사상가 함석헌 선생』(한길사, 2001), 407쪽.

는 실험을 통해 새롭게 인식하고 확립하자는 것이었기 때문이다. 진리에의 길이 그의 목적이므로 영국과 인도의 대립이라는 상황에서도 그 대립은 일차적 관심이 아니었다. 그러기에 그의 운동은 인도만을 위한 것이 아니라 영국을 위한 것이기도 했다. 말하자면 영국이 영국답기 위해, 달리 말하면 영국이 참을 인식하기 위해 인도를 떠나라는 것이다. 이런 입장이었기 때문에 그의 운동은 증오로 해서는 안 되고 더욱이 어떤 경우도 폭력으로 맞서서는 안 된다는 결론이었다. 그런 뜻에서 비폭력 주장은 바로 그의 평화운동이었다.[44]

그러나 간디는 비폭력이 종교적이고 평화의 길 자체이기 때문에 무위(無爲)를 말한 것은 아니다. 그는 증오를 배격하고 나아가 정치적 욕심을 지닌 운동은 전적으로 배제하지만 민중에게 있어서는 비겁함이 가장 적이라는 것과 참 용기 있는 자에게만 비폭력적 운동이 가능하다고 역설했으며 민중운동을 위해서는 그것이 조직화되어야 한다는 사실을 누누이 강조했다. 함석헌은 바로 이것이 간디에게서 매우 중요한 강점이라고 본다. 이것이 바로 평화운동을 할 때 간디에게서 배워야 할 중요한 것으로 보고 그는 언제나 자신이 비조직적 인물임을 한탄했다. 그래서 《씨올의 소리》라는 잡지를 통해 독자들을 규합하기도 하고 간디의 민중운동의 일환인 아슈람(Ashram)을 배워 씨올 농장도 경영해 보기도 했다.

그리고 간디의 운동에서 절대적 힘은 간디 홀로가 아니고 인도 민중이 간디를 축으로 하여 맞물려 돌아가는 데서 왔다고 본다.[45] 민중은 역시 구심점을 필요로 한다고 본 것이다. 함석헌은 간디가 일생을

44) 상게서, 407-408쪽.

45) 『전집 7』, 29쪽.

통해 몸소 실천한 물레의 구조를 보며 조직의 필요성을 설명한다. 물레의 바퀴를 만든 나뭇조각 하나하나는 약한 것이지만 중심이 되는 축을 중심으로 조직하면 계속 돌아간다는 것이다. 민중운동은 이렇게 축이 있어 돌아야 한다는 것이었다. 그런데 축만 가지고는 안된다. 바퀴가 있어야 회전하는 것이다. 이렇듯 함석헌은 평화운동의 모델을 결국 간디에게서 찾으려고 했는데, 평화운동은 결국 평화로써만 가능하다고 본 것이다.[46]

함석헌의 비폭력 투쟁은 적의 억압과 폭력으로부터 해방되는 것일 뿐 아니라 자아의 탐욕과 편견, 폭력에서 해방되는 것이다. 그러므로 함석헌이 추구하는 혁명은 일반적인 정치혁명이 아니라 인간혁명, 자아혁명에서 시작하는 총체적 혁명이다. 우리를 선한 편으로, 상대를 악한 편으로 보고서 상대를 제압하는 혁명은 폭력의 악순환에서 벗어날 수 없다. 이제까지 역사 속에서 반복된 폭력의 악순환을 벗어나는 길은 비폭력 혁명뿐이었다. 그리고 폭력의 악순환을 끊고 너와 나, 전체를 살리는 비폭력 혁명은 자아에서 해방된 사람만이 할 수 있다.[47] 따라서 함석헌의 민주화운동은 독재 세력과 분단 세력에 맞서는 데 그치지 않고 새로운 통일된 나라를 지향하는 인간혁명운동이기도 했다.

함석헌의 저항 철학과 민주주의의 원리는 사랑과 평화의 전체주의에 입각한 것이었다. 사랑과 평화의 전체주의는 계급·국가·민족의 경계를 넘어서 "자유와 평등을 사랑으로 결합하는 하나의 세계"에 대한 전망으로 이어진다. 함석헌은 국가주의 뿐 아니라 민족주의의 한계도 분명히 지적했다. 그는 민족을 중요한 단위로 여겼으나 민족문제를

46) 안병무, 「비폭력저항운동과 평화사상」, 『민족의 큰 사상가 함석헌 선생』(한길사, 2001), 408쪽.

47) 『전집 3』, 319-328쪽 요약.

'하나로 되는' 인류 세계의 전망 속에서 보았다. 그래서 민족의 고유한 정신과 문화는 다른 민족들의 정신과 문화와 함께 어우러져 하나 된 세계의 울타리 속에서 꽃피고 펼쳐져야 한다는 것이었다.

함석헌의 평화사상은 전체 생명의 관점과 민중 주체의 관점에 충실했다. 이런 함석헌의 평화사상에 대해서 두 가지 문제를 제기할 수 있다. 하나는, 근본적이고 원칙적인 논의에 머물기 때문에 정치·경제의 구체적인 현실에 대한 분석과 진단, 그리고 실천 전략과 방안에 대한 논의가 부족하다는 점, 다른 하나는, 초월적이고 원대한 성찰과 제안을 보통 사람으로서는 실행하기 어렵다는 점이 그것이다.

함석헌의 평화사상이 이런 문제를 안고 있는 것은 사실이다. 그러나 몇가지 관점에서 함석헌의 입장을 옹호할 수 있다. 첫째, 함석헌은 구체적인 실천 방안에 대한 논의에는 별로 관심이 없었다. 죽을 각오를 하고 헌신하는 사람에게는 어떤 상황에서든지 실천 방안이 있기 마련이라는 것이다. 제3자적인 방관자는 어떤 실천 방안이 주어져도 실천하지 않는다고 보았다. 둘째, 현대 문명과 사회 속에 길들어 사는 사람에게 함석헌의 근본적인 문제 제기는 감당하기 어려울 수 있다. 그러나 함석헌은 오늘의 문명과 생활양식이 '근본적인' 위기에 빠졌다고 보고 '근본적인' 변화와 실천을 요구했다. 함석헌과 현대 문명에 길든 사람들 사이에는 인생관과 세계관의 차이가 있다. 함석헌은 어디까지나 민중의 자리에서 그리고 초월적 영성의 관점에서 문명과 현실을 비판하고 근본적으로 변혁하려고 했다. 그렇지 않으면 현대 문명의 근본적인 위기가 해결될 수 없다고 보았기 때문이다. 이러한 면에서 함석헌을 단연 철학자로 볼 수 있는 것이다.

함석헌은 그의 생애를 통해서 무엇보다도 자국이나 침략 외세하에서 그리고 공산주의 사회나 민주주의 체제를 두루 겪으면서 국가라는 이름 밑에 도사리고 있는 폭력성을 몸으로 체험했었다. 그러므로 그의 평화론과 반국가주의는 그의 생을 통한 실험의 결론이라고 볼 수 있다. 이러한 점에서는 그의 철학이 관념에 그치는 게 아니라 실천적이고 구체적임을 볼 수 있다.

끝으로, 함석헌이 평화운동에 필요한 조건으로 내세운 네 가지를 다시 상기할 필요가 있다. 첫째, 전체의식; 둘째, 종교적 신념; 셋째, 민족의 특성 인식; 넷째, 세계사적 비전.[48] 이와 같은 함석헌의 평화에 대한 포부와 희망은 결코 외재적(external)이지 않고 어디까지나 내재적(internal)임을 읽을 수가 있다.

3. 평화실현에 대한 한민족(韓民族)의 사명

함석헌에 따르면, 한반도와 만주지역에 살았던 우리 조상들은 착하고 종교적이며 평화적이면서 밝고 따뜻한 삶에 대한 큰 꿈을 가졌었다고 말한다. 그러나 한민족은 낙천적이고 감정적이어서 깊은 철학과 종교는 갖지 못했으며 크게 하나가 되지 못했고 하나가 되지 못했기 때문에 밝고 따뜻한 삶에 대한 큰 꿈을 이루지 못하고 고난의 역사를 살게 되었다고 한다. 그 결과 고난의 역사 속에서 한민족은 한(恨)과 아울러 신명(흥겨운 신과 멋)의 백성이 되었다고 볼수 있다는 것이다. 따라서 한민족의 과제는 오랜 역사의 고난과 시련을 통해서 길러진 감정적인 심성을, 깊고 강인한 정신으로 닦아낼 수가 있다고 보았다. 그러므로 한민족은 한을 극복하고 신명을 살려서 민중을 일으켜 세우고 나라를 새롭게 함으로써 세계 평화시대를 열 사명을 지녔다고 예

48) 『전집 14』, 42쪽.

단할 수 있다는 것이다.

원효와 지눌, 퇴계와 율곡, 다산 정약용, 수운과 해월이 합일과 일치의 종합을 이룬 큰 사상가들이지만 나라를 새롭게 하고 민중을 살리는 힘은 부족했다고 진단한다. 지난 시대는 비민주적 신분 질서, 비과학적 미신, 지역적 폐쇄성이 지배하는 시대였기 때문에 민주적이고 개방적인 사상이 나오기도 어려웠고 그런 사상이 나온다고 해도 실천하기 어려웠던 것이 사실이었음을 인정한다.

그럼에도 불구하고 한민족은 '한(큰 하나)'의 사람으로서 아름다운 자연과 하나로 살려는 열망을 품고 살아 온 결과 '크게 하나 되고' 자연과 하나 되려는 정신적 성향이 어진 마음과 평화주의로 나타났다고 본다. 그러므로 함석헌은 한민족의 혼의 고갱이를 '착함'으로 본다. 착함은 사람·우주·하나님의 본성이고, 착한 한민족은 우주 공도(公道)에 합한 사람, 하나님의 뜻대로 사는 사람이라는 것이다.[49]

함석헌이 한민족의 혼의 고갱이(핵심)를 '착함'으로 보는 역사적이고 사실적인 근거는 세 가지라고 말할 수 있다. 첫째, 다른 민족들의 건국신화에는 흔히 정복 전쟁 이야기가 나오는데, 한민족의 건국신화에는 그런 이야기가 없다. 둘째, 침략 전쟁을 하지 않는다. 한민족이 치른 전쟁들은 주로 방어전이었다. 셋째, 사람 이름에는 그 민족의 뜻이 담겨 있는데, 중국이나 일본과 비교할 때 한국인의 이름에 많이 쓰이는 글자들(仁義禮智 信順淳和德 明良淑)에 어질고 착한 성품이 드러나 있다.

한민족의 평화적 성격을 잘 말해주는 것은 그 무엇보다도 '단군신화'이다. 대표적인 건국신화인 단군신화는 정복 전쟁에서 나오지 않았

49) 『전집 1』, 88쪽.

을 뿐 아니라 홍익인간(弘益人間)과 제세이화(濟世理化)의 이념을 표방함으로써 평화적 성격을 분명히 드러내고 있다. 홍익인간에 뜻을 두었던 환웅은 바람과 비와 구름을 통솔하고 곡식, 운명, 질병, 형벌 및 선악을 주관하여 세상을 질서있게 꾸몄다. 홍익인간, 제세이화, 선악을 주관하는 통치 수행을 위해서 환웅은 인간 세계에서 360여가지 사업을 벌여 민중의 삶이 널리 유익하도록 마련했다. 이렇듯 홍익인간의 이념에는 남을 이롭게 하는 따뜻한 마음, 평화를 사랑하는 마음이 담겨 있다. 남을 이롭게 하는 마음이 공동체적 생명의 불씨이고 그루터기이다. 이 마음에서 '나와 너'의 대립을 넘는 커다란 '우리'와 '서로 살림'의 공동체 의식인 동제·두레·품앗이의 정신과 전통이 형성되었다. 이치로써 세상을 교화한다는 이념은 덕치주의의 주관성과 법치주의의 타율성을 극복하고 생명의 자율과 조화를 추구하는 생명 존중과 평화 사랑의 이념이라고 풀이한다.

옛날 중국 사람들도 한민족을 착한 백성으로 높게 평가했는데, 예기(禮記) 왕제편(王制篇)에서는 서융(西戎), 남만(南蠻), 북적(北狄)을 비난하면서, 동이(東夷)는 "어질어서 만물을 살리기를 좋아한다"고 말했다. 또 산해경(山海經)은 "동방에 군자의 나라가 있는데 그 나라 사람들은 양보하기를 좋아하고 싸우지 않는다"고 했다.[50)]

'크고 하나임'을 추구하는 한민족의 혼은 착하고 온순할 뿐만 아니라 우직하고 용맹한 범으로 표상된다. 함석헌은 한국 민중의 정신을 '백두산 호랑이'로 나타낸다. 함석헌은 가진 것 없고 솔직한 민중이 호랑이처럼 강직하고 용감할 수 있다고 보았다.[51)] 흩어진 민중은 힘이

---

50) 『전집 1』, 115쪽.

51) 『전집 4』, 151쪽.

없지만, '크게 하나 되어' 일어서는 민중은 호랑이처럼 강하고 용감하다. 한국 민중은 평소에는 조용하고 평화로우며 온순해 보이지만, 외적이 침입하거나 불의에 맞서 '하나 되어' 떨쳐 일어설 때는 호랑이처럼 굳세고 용맹한 모습을 보여준다. 임진왜란이나 병자호란, 일제에 맞서 일어난 의병운동이나 동학의 갑오농민전쟁(1894), 3·1운동(1919), 4·19혁명(1960), 박정희 독재에 저항한 부마항쟁(1979), 광주 5·18민중항쟁(1980), 전두환 독재에 맞선 6월항쟁(1987)에서 한국 민중은 호랑이의 기상을 충분히 보여주었다.

그런데 함석헌에 따르면 오늘날 우리 민족의 이런 정신은 매우 약화되었다. 삼국시대를 경계선으로 착하고 너그럽고 곧고 굳고 날쌔고 의젓하던 정신은 자취를 감추었다.[52] 하지만 함석헌은 한민족의 어진 성격은 역사의 밑바닥에, 민중의 가슴속에 여전히 살아 있다고 보았다. 함석헌은 민족종교가 내포하고 있는 미신성에 대해서는 비판적이지만 19세기의 민족 종교들인 동학, 대종교, 증산교, 원불교, 천도교가 한결같이 인류 평화, 세계의 꿈을 제시한 것은 한겨레의 평화적인 성향을 드러낸다고 긍정적으로 평가했다. 이러한 여세는 한국의 지속적인 민주화뿐만 아니라 급기야는 세계 평화에 이바지할 것으로 함석헌은 확신하였다. 극도로 암울했던 미국 흑인들의 운명이 민권운동가 마틴 루터 킹(Martin Luther King, Jr., 1929~1968)의 노력과 외침("We shall overcome.")과 순교에 의해 획기적으로 변화되었듯이 한국도 한국 씨ᄋᆞᆯ들에 의해 한국의 평화 및 세계평화가 이룩될 것을 기대했다. 단 여기에는 큰 조건이 있었다. 생각하는 백성, 생각있는 씨ᄋᆞᆯ들이 되어야 하고 한민족의 인간성 회복 혁명이 이루어져야 한다는 것이다. 종

---

52) 『전집 4』, 94쪽.

교적, 윤리적, 교육적으로 거듭나야 하며 자본주의에 취한 나머지 깊은 인간의 성찰과 심정의 혁명을 망각하거나 등한히 해서는 주어진 한민족의 사명을 감당하기 어렵다는 것을 늘 기억해야 한다는 것이었다.

「5·16을 어떻게 볼까」라는 글에서 함석헌은 강제적인 정치적 혁명보다는 종교의 지도를 받는 인간혁명이 일어나야 함을 강조하였다.

> 인간을 개조해야 한다는 말이다. 4·19 때만 해도 정신적인 운동으로까지 들어가야 한다하는 정도였으나 이번은 좀더 분명해졌다. 이것도 나와야 할 것이 나온 것이다. 옳은 말이다. 인간이 달라져야 한다. 제도만 고쳐서 되는 것 아니요, 사람, 바로 그것이 달라져야 할 것은 물론이다. 그러나 여기서도 분명히 알 것은 인간 개조는 강제로는 아니된다. 사람이 다 성인이 아닌 이상, 민중이란 더구나 무지하고 타락된 것인 이상 어느 정도 강제가 필요한 것은 사실이다.… 그러나 그것으로 인간성이 달라지는 줄 알아서는 아니된다.
>
> 정치 만능을 믿는 정치가는 정치가가 아니요 도둑이다. 정치가 없을 수 없지만 정치가 전부, 더구나 가장 중요한 부분은 아니다. 그것을 아는 것이 참 정치가다. 정치를 다루는 사람에 그 겸손이 있지 않고는 아니된다. 혁명이 필요하다. 잘못이 굳어지면 혁명으로야만 된다. 그러나 어떤 혁명도 반드시 철학이 그뒤에 서지 않아서는 아니된다. 새 세계관, 새 인생관이 있지 않아서는 더구나 인간미를 가진 것이 아니어서는 아니된다. 한 마리의 강아지를 길들이려해도 강제만으로는 아니되는데 하물며 사람에게서일까?
>
> 강제는 늘 도리의 지도를 받아서 해야 한다. 도리라니 다른 것 아니요, 모든 사람은 다 같은 사람으로, 다 자유를 그 본질로 삼는 것으로 아는 일이다. 거의 불가능한 것을 강제하되 강제인 줄 알지도 못할이만큼 스스로 기뻐 복종하도록 하는 것이 종교란 것이다. 혁명가에게야말로 종

교의 스승을 줄 필요가 있다. 그런데 사실에는 피스톨 하나로 민족 개조를 해보자는 열심당이 어찌 그리 많은가? 그 성의를 아깝게 여긴다.[53)]

동아시아의 복잡다단한 정치적 상황을 간파하고 있던 함석헌은 고난 받은 민족(수난의 여왕, Queen of suffering)으로서 한민족이 세계 구원과 평화의 사명을 지고 있다고 보았다. 이 세계사적 사명은 불의한 구조적 폭력으로 신음하는 세계의 민중이 함께 지는 것이다. 불의와 죄악의 짐을 지고 정화함으로써 구조적 폭력에서 해방되어 세계 평화를 실현하는 싸움의 주역은 제1세계에 속하는 강대국이 맡을 수 없고 인도인, 유대인, 흑인, 한민족과 같은 민족들이 맡아야 한다고 본 것이다. 조선인이나 인도인이나 유대인이나 아프리카인이 그들을 덮어 누르는 모든 불의, 고난에서 이기고 나와서 제 노릇을 하는 날이면 인류는 구원 얻는 것이요, 그렇지 못하면 이 세계는 사형선고를 받는 것이나 다름없다는 것이다. 함석헌이 추구한 평화는 개별 민족의 해방과 더불어 세계의 정의를 포함한다. 함석헌은 오랜 역사 속에서 형성된 민족문화와 정신이 존중되고 실현됨으로써 다양하고 풍성한 세계 평화 시대를 열 수 있다고 보았다. 그가 추구한 세계 평화는 민족정신과 문화를 억압하고 말살함으로써 얻어진 획일적인 위장 평화가 아니라, 각 민족이 오랜 세월 키워온 다양하고 개성 있는 삶과 전통, 정신과 문화를 보존하고 살리는 상생과 공존의 평화이다.[54)] 다시 말하면 로마의 평화(Pax Romana) 같은 정복을 통한 평화가 아니라 민중들의 자발적인 상생과 공존의 히브리적 평화(Shalom)와 같은 진정한 평화이어야 한다.[55)]

---

53) 『전집 17』, 132-133쪽.

54) 『전집 9』, 259쪽.

55) 박경미, 「로마의 평화와 민중의 평화」, 『기독교 사상』(2015.12), 31쪽 참조.

제7장
20세기 한국민주화의 창도자(唱導者)

1. 한국민주화의 연원과 함석헌의 민주 이념

한국의 민주화(Democratization) 과정은 서양의 민주화 과정과는 사뭇 다르다. 서양에서는 오랜 세월 계급투쟁과 권력투쟁을 거쳐 개인과 집단의 권리와 자유를 확대해 갔다. 왕과 귀족 사이의 투쟁, 왕과 귀족에 대한 부르조아의 투쟁, 부르조아에 대한 프롤레타리아 노동자·농민 민중의 투쟁이 이어졌다. 이 투쟁의 과정에서 불합리하고 불의한 제도, 전통, 권위를 비판하는 합리적 이성의 계몽운동이 활발하게 일어났었다. 계몽운동은 자신의 이성을 남의 도움 없이 스스로 사용하는 성숙한 인간이 되게 하는 지성적 운동이었다. 중세 사회는 로마 가톨릭교회와 정치권력이 결합된 체제였으므로 민주적 계몽운동은 반가톨릭적, 반종교적 경향을 띠게 되었다. 따라서 서양의 근대 민주화 운동은 종교와 정치를 분리하는 운동이고 집단의 속박으로부터 개인의 자유와 권리를 해방하는 운동이었다.

이에 비하여 한반도의 민주화 운동은 수운 최제우의 강신 체험과 인내천(人乃天)의 깨달음에서 비롯된 서학에 대한 동학운동(1894년), 기독교(개신교)·천도교·불교의 협력을 통해서 시작된 1919년 3·1운동, 1929년

11월 광주학생사건, 전북 남원출신 마산상고생 김주열의 죽음에서 촉발된 4·19혁명(1960년), 1980년 5월 군부독재에 대한 광주 민중항쟁, 대학생이었던 박종철(서울대)과 이한열(연세대)의 죽음으로 불붙은 6월 항쟁(1987), 문익환 목사의 용감한 자기희생적 통일운동으로 맥을 이어왔다.

한국에서 현대 민주화 운동의 기점은 동학운동이었다고 볼 수 있는데, 동학운동은 종교와 결합된 민중해방운동이었다. 또한 동학운동은 평등을 지향한다는 점에서 반봉건적이었고, 외세를 배격하고 외세에 저항한다는 점에서는 민족자주운동이었다. 최제우는 하느님을 만나는 신비 체험을 통해 자신이 깨어짐으로써 자신을 얽어맸던 봉건적 신분제도와 관념을 떨쳐버리고 인간은 평등하다는 깨달음을 얻게 되었다. 아울러 사람은 누구나 자신 속에서 하느님을 모시는 존재임을 깨달음으로써, 모든 사람을 존귀한 존재로 섬길 수 있다고 주장하였다. 그리고 모든 사람을 평등하고 존귀한 존재로 여기는 이와 같은 동학의 인간관이 민주정신과 민주화운동의 바탕이 되었다고 볼 수 있다. 이렇듯 깊이 들여다보면 한국의 민주화 운동에는 종교적 깊이가 있었고 집단적·민족적 성격이 강했다. 기독교인(16명), 천도교인(15명), 불교인(2명) 33인이 주도한 1919년 3·1운동은 3·1독립선언서를 통해 민주, 민족, 자주, 세계 평화의 깊은 철학과 원칙을 제시했으며 3·1운동의 민주정신과 철학은 임시정부로 계승되고, 해방 후 헌법 전문에서 밝힌대로 대한민국의 정신적 근거와 토대가 되었다. 3·1운동의 심오한 민주정신과 철학은 3·1운동과 임시정부를 이끈 이승훈, 안창호, 김구에게 생생하게 살아 있었다. 이들은 권력과 명예를 탐하지 않고 민중의 자리에서 기꺼이 나라를 위해 헌신하려 했고, 한결같이 높은 문화국가 이념을 내세웠다. 그러나 아쉽게도 3·1운동의 정신과 철학은 해방 후의 정치적 혼란기, 그리고 남북 분단과 6·25전쟁을 거치면서 헌법 전문에만 남아 있을 뿐 지금은 단절된 느낌을 금할 수 없다. 그러나 다행히도 2016년 박근혜 대통령과 최순실(최태민의 딸)의 국정농단에 항거하는 대대적인 민중들의 촛불집회를 통해 군사정권의 연장을 종결하고 기대할만한 민주정부를 수립하였다. 따라서 향후 한국정치가 어떻게 전개 될지 귀추가 주목되고 있다. 이러한 촛불집회의 촉발은 함석헌의 씨올 민주화 운동과 직결된다고 볼 수 있을 것이다.

함석헌은 씨올이 역사와 정치의 주체가 되는 길을 열기 위해 한평생 헌신했다. 그는 민중을 앞세우고 민중을 섬기는 정치를 추구했다. 그리고 함석헌은 역사와 사회의 현장에서 민중과 함께 살았던 실천적 사상가였다. 함석헌은 고등학생 시절 일찍이 3·1운동에 참여한 이래 줄기차게 민족 자주와 민주화 운동에 앞장섰었다. 평안북도 정주 소재 오산학교 교사 시절(1928~1938)과 《성서조선》 발행을 통해서 겨레의 얼을 지키고 일깨우는 데 힘썼으며 1980년대에 이르기까지 한국 민주화 운동의 선봉에서 구심점과 사표가 되었다. 또한 나이 일흔에 《씨올의 소리》를 창간해 씨올사상을 풀뿌리 민주 철학으로 제시하고 확산했다.

《씨올의 소리》 창간 2주년 기념 강연 (1972년 4월 명동 대성빌딩)(사진 35)

좀더 구체적인 예를 든다면 함석헌은 하나의 씨올로서 한국의 비민주적 군사정권을 혹독하게 비판하는 과정에서 많은 수난을 당했으며 (5·18항쟁 기간에는 가택연금), 광주 5·18민중항쟁을 전후해서는 직·간접으로 다양한 역할을 수행하기도 했다. 광주광역시 5·18 민주화운동기록관이 발행한 자료 『5·18 민주화운동』에 따르면 1979년 3월 1일

윤보선, 김대중 등 재야인사들과 함께 민족통일을 위한 국민연합을 결성했고, 1985년 1월 7일에는 지학순 주교, 김재준 목사 등 재야인사 22명과 함께 재야간담회를 결성함으로써 적극적으로 민주화운동을 추진했었다.[1]

그렇다면 평생을 민주화 운동으로 일관한 함석헌의 민주정신은 과연 어떻게 형성되었을까? 함석헌 스스로 일컫듯이 그는 '타고난 민주주의자'였으며 타고난 성품이 온순하고 평화로웠다. 어른이 되어서도 부끄러움을 많이 타는 겸손과 겸양의 사람이었으며 남을 억누르고 휘두를 줄 몰라서 "글쎄, 어떡하지"라고 하면서 남의 의견을 존중하고, 남이 스스로 판단하고 결정하도록 이끌었던 성격의 소유자였다. 그런데 이 표현은 무의미한 것이 아니고 유의미한 것이었다. '글쎄'는 이미 생각해 둔 작정이 없는 것을 말하는 것이고, '어떡하지?'는 그의 힘에 벅차서 하는 말이었다.[2]

함석헌은 수백 년 동안 소외된 지역인 평안도, 그것도 이른바 소외된 바닷가에서 나고 자랐으므로 민중정신, 민주정신, 자주정신을 자연스럽게 익힌 셈이다. 평안도 서북지방은 일찍부터 자유, 평등, 인권을 강조하는 서양사상과 함께 기독교 신앙을 받아들인 곳으로 유명하다. 함석헌은 서양사상과 기독교 신앙에서 민족에 대한 사랑을 배웠다. 이때의 배움은 함석헌으로 하여금 민중을 주체로 세우며 섬기고 헌신하도록 이끌었다.[3]

또한 함석헌의 민주정신은 맏아들로서 지닌 가부장적 특권에 대한 자기반성을 하면서 자라나기도 했다. 어린 시절 그는 당시의 풍조대로

---

1) 광주광역시 사료편찬위원회, 『5·18 민주화운동』, 광주 5·18 민주화운동기록관(2015년 12월) 135, 139쪽.

2) 『전집 8』, 470-471쪽.

3) 『전집 4』, 206-207쪽.

맏아들의 특권을 당연시 하며 살았다. 배고픈 시절 어느 날, 함석헌이 따 먹으려고 보아둔 텃밭의 오이를 못난이 취급받던 누이동생이 먼저 따서 먹어버렸다. 이에 화가 난 함석헌은 누이동생을 심하게 나무랐다. 그런데 늘 자기를 챙겨 주시던 어머니가 이번에는 그를 나무라며 "얘, 그 애는 사람이 아니더냐"라고 하면서 누이를 편들어 주었을 때 소년 함석헌의 마음에서 특권 의식이 무너졌다.[4] 함석헌은 어머니의 이 말씀이 가부장적 특권 의식을 깨뜨리고 민주정신의 반석을 놓아 주었다고 회고했다. 이와 관련하여 그는 다음과 같이 그의 어머니를 회상하고 있다.

> 그 음성은 늘 살아 있어, 내 속에 몇 번을 부르짖었는지 모릅니다. 나는 이제 자유와 평등사상을 내놓고는 살 수가 없습니다. 나는 씨올사상을 부르짖고 스스로 타고난 민주주의자라 하기도 합니다마는, 나는 그 밑바닥의 반석은 어머니가 놓아주셨다고 생각합니다.[5]

이 회상은 마치 독일이 낳은 위대한 철학자 임마누엘 칸트(Immanuel Kant, 1724~1804)가 선의지(guter Wille)를 그의 도덕철학으로 정초하면서 그의 어머니를 회상했던 외침, 즉 "최초로 내 가슴 속에 선의 씨앗을 심어준 사람은 나의 어머니다"와 매우 닮았다. 그런데 칸트의 어머니는 매우 엄숙한 경건주의(Pietismus)에 기초한 기독교 신앙을 가지고 있었다. 그러나 함석헌에게는 어머니도 중요하지만 위대한 기독교인 스승들이 있었다. 그는 오산학교에서 나라와 민족을 사심없이 사랑하고 헌신하는 민족 지도자들에게서 민주 정신을 배웠다. 도산 안창호,

---

4) 상게서, 304-305쪽.

5) 상게서, 305쪽.

남강 이승훈, 고당 조만식이 모두 오산학교의 설립과 교육정신에 깊이 관여한 인물들인데, 이들에게서 헌신의 자세와 열정을 배웠다. 특히 오산학교 설립자 겸 교장이었던 이승훈에게서 많은 영향을 받았는데, 이승훈의 민주적인 정신은 함석헌에게 귀감이 되고도 남음이 있었다. 이승훈은 남을 늘 앞세우고 섬겼던 품성의 인격자였다. 자신보다 훨씬 어린 함석헌의 성경 강의를 들으며 다른 사람들에게도 권할 정도로 겸허했던 사람이다. 감옥에 있을 때는 변소 청소를 도맡아 했고, 오산학교에서는 겨울철 변소에 쌓여가는 얼음 무더기를 깨다가 얼어붙은 변 조각이 입에 들어가기도 했다고 한다. 이런 이승훈에게서 함석헌은 민주적 지도자의 모습과 겸허한 자세를 배운 것이다. 함석헌의 또 다른 스승은 다석 유영모였는데, 함석헌은 특히 유영모에게서 철저한 자기부정을 배웠다. 유영모는 남 위에 군림하여 남을 부리며 놀고먹는 양반이 나라를 망쳤다고 보았으며 가난한 민중, '씨올'을 사랑으로 섬기는 것이 예수의 가르침대로 사는 진리의 삶이라고 가르쳤다. 그리하여 유영모 선생으로부터 배운 씨올(民)이 후일 함석헌 철학사상의 알파와 오메가가 되었다. 우리는 이 대목에서 최근에 유독 강조되고 있는 '인성 교육'이 얼마나 중요한 가를 가늠할 수 있다.

2. 함석헌의 민주화 실현론

1) 씨올 민중론

(1) 민중대접이 민주주의 첫 걸음

함석헌에 따르면 역사의 씨올인 민중 속에는 민족정신과 생명이 온전히 담겨 있고 5,000년 민족사가 담겨 있으며 더 나아가서는 우주, 생명, 진화의 역사도 압축되어 있다.[6] 함석헌은 개인적 영웅주의와 집단적 국가주의를 거부하고 민중의 자리와 내면에서, 그리고 민중 전체의 자리에서 민중을 보았다. 민중의 시대에는 "지혜도 힘도 민중 전체에 있다."[7]는 그의 말이 이를 단적으로 보여준다. 민중은 정치권력보다 강하고, 제도나 이데올로기보다 강하기 때문에 민중끼리 만나면 큰 힘이 나온다[8]고 말하였다. 함석헌은 역사와 정치의 주체인 민중(씨ᄋᆞᆯ)을 하나님처럼 받들어 섬겼기에 역사의 씨ᄋᆞᆯ인 민중을 함부로 가르치거나 이끌려 하지 말라고 지식인과 정치인에게 당부했다. 함석헌은 씨ᄋᆞᆯ이 혁명의 주인공이 되고, 정치의 주역이 되게 하라고 역설했다. 이미 1950년대에 함석헌은 민중이 주체로서 정치에 참여하는 원리와 지침을 제시한 것이다.

민중을 정치의 주체로 보았던 함석헌은 통치자가 민중을 다스리거나 위무한다는 낡은 생각을 거부했다. 민중은 결코 통치나 위무의 대상이 아니라 바로 주권자이고 통치의 주체라고 생각했기 때문이다. 함석헌은 한 마디로 민중을 다스리는 것이 정치가 아니고 오히려 민중이 정부를 다스려야 한다고 주장한 것이다. 함석헌은 민중이 정치의 주체라는 것을 다음과 같이 밝힌다.

> 오늘은…… 스스로 하는 민(民)의 종합 행동이 정치다. 지금은 생각하는 것도 민중 자신이요, 이론을 세우는 것도, 방안을 꾸미는 것도, 행동하는 것도, 감독하는 것도, 비판하는 것도 민중 곧 전체의 대중 그 자체이다.[9]

---

6) 『전집 4』, 76쪽.
7) 『전집 14』, 388쪽.
8) 『전집 17』, 13쪽.
9) 『전집 2』, 73쪽.

4·19혁명 이후에 쓴 「국민감정과 혁명완수」라는 글에서는 정치를 민중에게 돌려줄 것을 지식인과 정치인에게 호소한다. 정치적·공적인 일을 "우리가 한다"는 건방진 생각을 버리라고 했다.

> 민중을 내논 일(公務)에서 제해버리기 때문에(정치는) 타락한 거다. 공(公)을 빼앗아 먹는 계급에서 빼앗아 민중에게 도로 돌려라.[10]

함석헌은 플라톤의 철인(哲人)정치를 비판하면서 지금은 철학자가 다스리는 때가 아니라 "씨울이, 길거리에 웅성거리는 생활꾼이 나라를 다스리고, 임금노릇을 하는 때"[11]라고 했다. 그는 "정치가가 나라를 다스리는 것이 아니라 삶이 기술과 제도를 내는 것이요, 철학자·도덕가가 민중을 지도하는 것이 아니라 민중이 도리어 지혜를 가르치고 힘을 주는 것이다."[12]라고 했다.

함석헌은 현실의 민중은 때로는 비겁하고 이기적이며, 약삭빠르고 때때로 악독하기도 하다는 것을 알았다. 그러나 때가 되어 큰 감격을 안고 움직일 때면 민중의 참모습은 호랑이같은 용맹을 드러내지만 착하고 어진 성품도 드러낸다는 사실을 함석헌은 오랜 역사의 경험을 통해 알고 있었다. 일제 때는 함석헌과 아무런 소통이 없던 민중이 해방이 되자 아무 거리낌 없이 그에게 가깝게 다가와 평안북도 용천군 자치위원장, 평안북도 문교부장이 되게 했다. 이처럼 겉보기에 민중은 이기적이고 약삭빠르지만 속으로 보면 인정이 많고 헌신적이라는 것이다. 3·1운동 때 경험한 민중체험과 해방 후의 민중 체험을 통해서

10) 『전집 2』, 123쪽.

11) 상게서, 237쪽.

12) 상게서, 238쪽.

함석헌은 민중을 깊이 신뢰하게 되었다. 이에 반해 3·1운동과 8·15광복 때 하나로 일어선 민중이, 지식인과 정치인의 분쟁으로 갈라지고 무력하게 된 것을 계기로 함석헌은 정치인과 지식인에 대해서는 실망하고 깊이 불신하게 되었다.

함석헌은 민중을 일컬어 "저를 모르는 것, 어리석은 것"이라 말하기도 했다. 그러나 함석헌은 민중을 민중의 속마음에서 보고 긴 역사의 흐름 속에서 재조명했다. 민중은 "저를 만나는 감격으로 역사를 짓는다."[13]며 민중 자신이 아니고는 아무도 역사의 잘못을 고칠 수 없으므로 개인적 영웅주의의 눈을 버리고 민중을 보아야 하며, 비판하지 말고 믿음으로 보아야 한다고 했다.[14]

함석헌은 민중이 주체가 되도록 호소하고 부르짖음으로써 민중이 역사를 열어가도록 했다. 함석헌은 일상적인 삶 속에서도 민주주의 원칙을 지켰고 모든 인간을 주체로 존중하기 때문에 다른 사람 위에 서서 다른 사람을 부리려 하지 않았다. 이렇듯 사람을 사람으로 대접 하는 것이 민주주의의 첫걸음이라고 했다.[15]

함석헌은, '민중의 삶'이란 도덕과 종교와 사회의 판단을 초월하는 아름답고 거룩한 것임을 역설적으로 표현했다.

> 맹꽁이의 음악 너 못 들었구나. 구데기의 춤 너 못 보았구나. 살무사와 악수 너 못 해보았구나. 파리에게는 똥이 향기롭고 박테리아에게는 햇빛이 무거운 거다. 도둑놈의 도둑질처럼 참행동이 어디 있느냐? 거짓말쟁이의 거짓말처럼 속임 없는 말이 어디 있느냐? 거지의 빌어먹음처

13) 『전집 5』, 373쪽.

14) 『전집 4』, 279쪽.

15) 『전집 2』, 313쪽.

> 럼 점잖은 것이 어디 있느냐? 그것은 정치가의 정의보다 훨씬 더 높은 것이고, 군인의 애국보다 한층 더 믿을 만한 것이고, 종교가의 설교보다 비길 수 없이 거룩한 것이다.[16]

함석헌은 하나님의 마음, 전체 생명의 마음으로, 다시 말해 어머니의 마음으로, 민중 자신의 마음으로 민중을 보고 이해한다. 그러므로 함석헌은 일반적인 도덕·종교·정치·사회의 규범과 기준을 초월해 민중의 삶을 볼 수 있었다. 민중의 삶 속에 하늘(하나님)이 있다. 민중의 삶은 실로 종교와 도덕과 정치보다 훨씬 깊은 데 있고, 종교와 도덕과 정치의 근원과 목적이다.

> 너는 씨울, 앞선 영원의 총결산, 뒤에 올 영원의 맨 꼭지…… 지나온 5,000년 역사가 네 속에 있다.……[17]

함석헌에게 있어서 민중이란 역사 속에서 주도적인 역할을 하는 존재로만 머물지 않고 역사 그 자체다. 민중은 역사의 중심이며 역사 자체가 민중 속에 있다. 그리고 민중이 역사를 낳는다. 그런 의미에서 씨울은 역사의 어머니인 동시에 아들이다. 시간마다 역사의 심판, 우주의 창조, 역사의 출발이다.[18] 따라서 함석헌은 이름없는 민중을 다음과 같이 예찬한다.

> 대적을 물리쳤노라 번쩍번쩍 가슴에 훈장을 달던 사람들…… 나라를 건진 사람은 사람 죽인 사람이 아니라 그 시체를 치우고 또 씨를 뿌리고

16) 『전집 6』, 두 번째 머리말.

17) 『전집 4』, 76쪽.

18) 『전집 8』, 252쪽.

또 갈고 말이 없는 그들, 이름도 없는 사람들입니다. 역사의 모든 짐을 다지면서도 이름 앙탈도 자랑도 없는 이름 모를 사람들입니다.[19]

(2) 민중의 기본정신 : 통일, 독립, 신앙

함석헌은 우리나라 역사의 숙제를 '통일정신', '독립정신', '신앙정신'을 이룸에 있다고 보았다. 정권싸움, 지역감정, 당파싸움을 끝내려면 역시 민중이 단결해서 국민운동을 일으켜야 하고, 역사 창조는 전체의식(통일정신)에서만 일어나기 때문에 민중이 전체의식에 이르려면 민중이 자주정신을 가져야 하고, 자주정신을 가지려면 신앙정신을 가져야 한다는 것이었다.[20]

민중이 신앙정신, 독립정신, 통일정신을 가지고 주체가 되는 정치는 어떻게 이루어지는가? 무엇보다도 먼저 정치인과 지식인들이 정치를 독점하는 권위적이고 지배적인 자세를 버려야 한다. 정치인들이 할 일은 민중이 정치의 주체가 되도록 민중을 모시고 섬기는 일이다. 민중이 주인 노릇을 하게 하려면 겸손히 민중의 자리에 내려와 민중에게 호소해야 한다. 그런데 요즈음은 어떤가? 몰지각한 정치인, 지식인, 가진 자들이 시체말로 '갑질'을 하고 있다. 이 점에서 함석헌은 홍경래의 난과 3·1운동을 비교한다. 홍경래의 난은 민중의 저항운동이기는 했으나 민중의 넋을 일깨우는 사상이 부족했기에 실패한 것에 비해 3·1운동은 민중의 혼을 제대로 일깨운 사상정신운동이었다는 것이다. 민중의 주체, 혼을 일깨우려면 민중을 사람으로 믿고 대접해야 한다. 3·1운동은 지사들이 민중을 무조건 믿고 대접한 것이요, 한국 민족이 자기를 압박하는 일본을 사람으로 대접한 것이다. 민족 대표들이 민중에

19) 『전집 8』, 135-136쪽.

20) 『전집 14』, 115쪽.

게 나라를 위해 일어설 것을 호소한 것은 민중을 사람으로 대접한 것이다. 사람은 사람대접을 받을 때 …… 남을 사람으로 대접할 때 자기 속에 정신의 힘이 솟구치는 것을 느낀다.[21)]

민중이 보통 때는 무력하고 어리석은 것처럼 보이나 전체가 하나로 되어서 일어서면 세상을 뒤집는 큰 힘, 호랑이같은 무서운 힘을 낸다. 민중이 자기 속에서 전체를 체험하면 힘이 나온다.[22)] 민중이 일어나서 큰 힘을 내게 하려면 인위적인 노력으로, 조작으로, 정치적인 술수와 꾀로는 안 된다. 하늘의 뜻과 때를 기다리는 마음으로 민중을 믿고 겸허하게 민중과 하나로 되어서 민중을 섬겨야 한다. 이러한 의미에서 민중 속에 들어가 민중과 하나가 되어 민중을 일으켜 세우는 정치가, 민중의 하나 된 힘을 타고 역사의 흐름을 열어가는 정치가를 함석헌은 고대했다. 함석헌의 눈에는 차지 않았을지 몰라도 함석헌과 뜻을 같이했던 정치인은 꽤 있었다. 윤보선, 김대중, 예춘호, 김영삼, 정일형이 그 대표적인 인물들이며 학계에도 동지

1976년 3월 동교동 김대중 자택에서, 민주구국선언 사건 연루자 출옥 후 발족된 '민주주의와 민족통일을 위한 국민연합' 지도부. 왼쪽부터 이문영 상임위원장, 함석헌, 윤보선, 김대중 공동의장, 예춘호 상임위원(사진 36)

1985년 함석헌 선생과 김대중(사진 37)

21) 『전집 2』, 41쪽.

22) 『전집 17』, 73쪽.

가 있었는데 김동길(연세대), 이문영(고려대), 한완상(서울대), 김용준(고려대) 등을 꼽을 수 있다. 그밖에 수많은 종교인, 법조인이 그에게 힘을 실어주었다.

함석헌은 민심이 천심이라는 맹자의 주장은 받아들였으나, 맹자 사상의 시대적 한계를 분명히 보았다. 맹자에게서 민중은 하늘과 동일시되기까지 하지만 어디까지나 정치의 대상과 객체로 머문다. 맹자의 시대에는 정치를 왕과 군자, 지도자들만 하는 것으로 여겼다. 그러므로 함석헌은 맹자의 시대와 자신의 시대를 분명히 구분해서 보았다.

> 동적인 근대는 민중의 자각으로부터 시작됩니다. 그들은 이제 의식적으로 역사의 주인 노릇을 하기 시작했습니다. 이것이 지금을 옛날과…… 역사를 질적으로 다르게 하는 정말 혁명입니다.[23]

함석헌은 맹자의 시대와 현대의 차이를 혁명적 차이로 명확히 인식했다. 맹자에게서는 민중이 정치의 대상이지만 함석헌에게는 민중이 정치의 주체다. 그에 따르면 나라의 주체는 민중이요, 정치가 달라지는 원인은 민중의 생각이 달라지는 데 있다.[24] 함석헌은 새 시대의 의미를 이렇게 밝힌다. "천재와 영웅의 시대는 가고 민중에게 겸허히 배우는 민중 시대가 왔다."[25] 현실적으로 민중의 시대는 자명하지 않다. 민중은 온갖 시련과 혼란 속에 있기 때문이다. 그러나 함석헌에게 역사의 시련은 역사의 찌꺼기인 특권 계급이 소멸해 가는 과정일 뿐 역사의 상속자는 호랑이의 넋을 가진 민중이라고 주장한다.[26]

---

23) 『전집 2』, 26-27쪽.

24) 상게서, 26쪽.

25) 상게서, 30쪽.

26) 『전집 4』, 150쪽.

함석헌은 민중을 "하늘, 땅에 떳떳한 감투, 지위 없는 천민(天民)"[27]이라고 했다. 또 그가 말하는 민중, 씨ᄋᆞᆯ은 필요 이상의 지나친 소유, 권력이 없는 대다수의 맨 사람[28]을 의미한다.

함석헌은 민중을 사회관계에서만 보지 않고 내면에서 하나님과 직결된 존재, 하나님의 씨를 지닌 존재, 불멸체로 보기도 했다.[29] 더 나아가서 그는 하나님이 씨ᄋᆞᆯ 속에 계신다고 보았다. "씨ᄋᆞᆯ의 ᄋᆞᆯ은 하늘에서 온 것, 유한 속에 있는 무한, 시간 속에 있는 영원"[30]이다. 뭇 사람의 속에 '인(仁)', '하나님의 씨'가 있다. 이것은 죽을 수도 없는 불멸체, 더러워지지도 않는 불염체(不染體)다.[31] 함석헌은 마침내 역사와 정치의 주체인 씨ᄋᆞᆯ을 궁극적 존재인 하나님과 직결시킴으로써 씨ᄋᆞᆯ을 지배하고 통제할 다른 어떤 정치적·사회적·종교적 존재도 인정하지 않았다.

민중이 자라나는 역사에서 주인 노릇을 하려면 역사의 뜻을 깨달아야 하는데, 그것은 곧 과거, 현재, 미래를 하나로 꿰뚫어 보는 것이다. 역사를 꿰뚫어 보려면 스스로 생각해야 한다. 생각함으로써 운명적인 삶에서 '스스로 하는' 주체적인 삶으로 바뀐다. 그래서 함석헌은 1958년에 「생각하는 백성이라야 산다」는 글을 《사상계》에 썼다. 주체성과 생각을 강조함으로써 서양 근대 철학의 주제를 받아들이지만, 그의 '뜻'과 '생각'은 한걸음 더 나아가 궁극적인 존재와 영적 감동으로 이어진다. 『사상계』는 장준하 선생이 시작한 월간 시사 잡지로서 당시

27) 상게서, 148쪽.

28) 『전집 14』, 351쪽.

29) 『전집 14』, 383쪽.

30) 『전집 8』, 56쪽.

31) 『전집 2』, 92쪽.

지성인들에게 아주 많이 읽혔다. 장준하 선생과 함석헌 선생의 관계는 불가분리의 동지관계였다. 즉 민주화운동의 양 날개나 다름없었다. 그런데 장준하는 의문의 죽임을 당했는데 모두가 짐작하는 뻔한 죽음이었다.

1975년 2월 21일 민주회복을 위한 모든 국민의 노력을 단일화하자는 성명을 발표하는 장준하 (사진 38)

1975년 장준하 선생의 의문사 현장 답사중(중앙의 두루마기 차림이 함석헌 선생)(사진 39)

함석헌이 민중을 '스스로 하는 존재'로 본 까닭은 민중은 스스로 하는 주체의 본질과 힘을 지니고 있다고 보았기 때문이다. '스스로 한다'는 것은 모순을 통일하고 제가 저 자신의 까닭이 되어 까닭 없이 하는 것이다. 바깥과 안, 안과 안의 모순과 분열을 극복하고 통일된 인격과 주체를 지닐 때 스스로 할 수 있으며, 바깥과 안의 장애와 걸림, 저항과 누름을 넘어설 때 스스로 할 수 있다. 또 스스로 한다는 것은 남의 힘과 영향으로, 바깥의 이유나 원인 때문에 하지 않고 스스로 원해서 제 힘으로 하는 것이다. 스스로 하려면 제 속에서 힘을 내야 한다. 스스로 하는 삶은 일의 까닭과 동력을 밖에서 찾지 않고, 저 자신이 스스로 하는 까닭이 되어야 한다. 신적 생명의 불씨를 지닌 사람은 스스로 할 수 있는 힘과 가능성을 자기 안에 지니고 있다. 씨올은 스스로 할 수 있는 신적 생명의 불씨를 가진 존재요, 자기가 그 불씨를 가졌음을 자각한 존재다.

그러면 왜 민중은 그동안 주체로서 구실을 하지 못했는가? 함석헌에 따르면 인간의 본질이 크게 고장 나 있었기 때문이다. 즉 인격이 모순과 분열 속에 있었기 때문이다. 인격의 모순, 분열을 고치려면 회개(悔改)해야 한다. 회개는 분열된 자기의 부정과 초월을 통해 자기 속의 참된 존재로 돌아감이다. 함석헌에게 회개는 참된 자기에게 돌아가 자기 안에서 자기를 찾는 일이므로, 생각하는 것이기도 하다. '회개'(repentance(영어), metanoia(희랍어))라는 단어는 기독교의 매우 중요한 개념으로서 잘못된 과거로부터 180°의 전환을 의미하는 것인데, 함석헌은 이 개념을 적절하게 원용하고 있는 것으로 볼 수 있다. 자기 속에서 자기를 찾고 발견해 '스스로 하는 존재(主體)'가 되려면 스스로 생각해야 한다. 그래서 그는 "생각하는 씨올이라야 산다"고 했다.[32] 따라서 씨올은 무지 몽매함에서 벗어나 계몽된 씨올이 되기 위해 스스로 부단히 노력해야 할 것을 강조하였으며 아울로 씨올 교육론을 다음과 같이 제창하기도 했다.

> 일찍이, 세상이 이렇게까지는 타락되기 전에, 세상에 신성(神聖)이란 것이 셋이 있었습니다. 가정의 신성, 노동의 신성, 그리고 교육의 신성입니다. 그 셋 다 신성의 근원 곧 하나님에게서 직접 나온 것입니다. 이제 이 셋이 다 진창에 떨어졌습니다. 권력주의의 발에 밟혀서입니다.

32) 『전집 8』, 56-58쪽 참조. 기독교에서 말하는 '회개'는 지은 죄에 대한 180°의 뉘우침임에 비해 함석헌이 말하는 회개는 '자기 속의 참된 존재'로 돌아감, 즉 자아를 깊이 성찰하는 것을 뜻한다.

셋은 하나이기 때문에 뗄 수 없고, 어디서도 시작할 수 있는 것이지만, 이런 때에는 가장 바른 길이 우선 교육에서부터 시작하는 일입니다. 사람은 배워서만 사람이 되기 때문입니다. 교육 없으면 산업·정치가 다 있어도 짐승이고, 교육 있어서 도리 알면 굶고 갇혀 있어도 사람입니다. 교육을 해, 사람의 길을 알면 공장에 삯일을 해도 사람일 수 있지만, 공장을 크게 경영해도 교육이 잘못 되면 일조에 제세산업 되고 율산회사 될 수밖에 없습니다. 살아날 수 있는 생명의 요점은 깨달은 마음에 있습니다. 그러므로 산업은 못하고 정치는 못해도 교육을 해야 합니다. 교육자는 스스로 세계통일보다 더 중대한 사명을 하나님에게서 받았다는 확신과 의무감이 있어야 할 것입니다.

씨ᄋᆞᆯ 여러분, 누가 참 교육자입니까? 참 스승이 어디 있습니까? 씨ᄋᆞᆯ 내놓고 다른 데 있을 수 없습니다. 참 스승은 어디 있는 것이 아니고 각 사람의 혼 속에 있습니다. 그러므로 교육은 절대 낙관입니다. 제 속에 있으니 찾아서 못 찾을 리 없습니다. 씨ᄋᆞᆯ은 맨 사람입니다. 하늘에서 받은, 또 민족을 통해 받은 내 근본, 나를 기리울 만한 어떤 겉의 것도 가진 것 없는 것이 씨ᄋᆞᆯ입니다. 그러기 때문에 좋은 교육자 찾으려거든 씨ᄋᆞᆯ에게로 가야합니다. 도가 가깝다는 것은 이 뜻입니다. 제 속에 두었다 그 말입니다. 씨ᄋᆞᆯ의 이 신성한 사명을 어떤 정치도 뺏을 권리는 없습니다. 우주 생명의 진화를 위해 씨ᄋᆞᆯ은 누구에게도 굴복을 해서는 아니됩니다. 역사의 나가는 옳은 방향의 제시는 어떤 정치도 할 능력이 없고, 다만 하나님만이 하시는 것인데, 그 하나님의 계시의 내리는 안테나는 자유로이 생각하는 씨ᄋᆞᆯ의 혼뿐입니다. 그것을 망케 하는 어떤 지식도 권력도 우주 생명의 죄인입니다. 두려워 겁내는 것은 죄악입니다. 우리는 절대의 권위를 가졌습니다.[33)]

위 글은 '씨ᄋᆞᆯ교육'과 관련된 것이지만 역시 선언적인 씨ᄋᆞᆯ교육의

33) 『전집 8』, 439쪽.

강조일 뿐 구체적인 방법론이 무엇인지는 이해하기 힘들다. 하지만 민중교육학자 김성재의 다음 글은 민중신학에 입각한 하나의 민중교육 방법론으로서 함석헌의 씨ᄋᆞᆯ교육과 관련하여 시사하는 바가 많다고 본다.

> 프락시스는 사고와 행동을 연속화해가는 실천적 과정이다. 이러한 실천적 과정을 통해서만 민중은 세계를 변혁할 수 있는 능력을 키울 수 있다. 그런데 이런 실천적 행동을 하는 데 있어 민중들이 어떤 구체적인 목표를 놓고 함께 투쟁할 만한 힘을 확보하기에 앞서 민중은 자신들의 요구가 정당하고 승리할 수 있다는 확신을 가질 필요가 있다. 다음으로 민중들은 문자 그대로 거의 유명무실한 투표권을 행사하는 외에는 문화적, 경제적, 정치적 권력을 소유하고 있지 못하다. 따라서 이들이 가진 주요 자산－대부분의 경우 그들의 유일한 자산－은 수와 단결력이다. 조직화되지 못한 민중은 무력하다는 것이 정치학자에게는 공리와 다름없다. 가난의 문제를 해결하는 길은 조직화된 노력을 통하는 길밖에 없다. 민중에게 가장 현실성있는 해결책이란 이런 해결책으로 인해 영향을 받는 민중을 조직화시키는 길을 택하는 것이다. 따라서 민중교육의 목표는 부정의의 희생자들로 하여금 스스로가 억압받고 있는 집단임을 인식하는 데 두어야 한다. 연대의식이 없이는 불가능하다. 그러므로 프락시스는 곧 개인적 실천과정이 아니라 한 공동체를 탄생시키는 이 공동체의 실현과정인 것이다. 이러한 공동체의 실천과정을 통해 그들은 이미 이룩한 삶을 맛보고 이러한 삶에서 다음 단계로의 실천으로 나아가는 힘이 생기는 것이다. 그러므로 프락시스는 문제를 인식하는 능력과 그것을 해결해가는 능력을 행동과 반성을 통한 공동체적 삶에서 이루어가는 것을 말한다.[34)]

---

34) 김성재, 「민중교육 방법론 연구」, NCC 신학연구회 편, 『민중과 한국신학』(서울: 한국신학연구소, 1991), 423-424쪽.

2) 민중신학의 단초와 발전

(1) 한국 민중신학의 단초

민중신학의 철학적 배경으로 함석헌의 '씨ᄋᆞᆯ 사상'을 예거해도 무리는 없을 것으로 생각된다. 안병무나 서남동과 같은 민중신학자들은 함석헌과의 개인적인 친분 이상으로 그의 씨ᄋᆞᆯ 사상을 통해 일찍이 민중의식을 일깨우게 되었고 그것을 그들의 민중신학에 원용한 점에 주목할 필요가 있다. 함석헌은 '씨ᄋᆞᆯ'의 ᄋᆞᆯ자를 풀이하는데 "ㅇ은 초월적인 하늘을 표시하고, ㆍ은 내재적인 하늘, 곧 자아를 나타내며, ㄹ은 활동하는 생명을 드러내는 것"[35]이라고 말한다. 그러므로 '맨 사람', '난대로 있는 사람'인 나(自我)는 내재화된 초월이므로 '나 곧 하늘'이라는 동일성이 성립된다. 따라서 씨ᄋᆞᆯ로서의 '나'의 존재 의의는 '하나된 전체'의 실현에 있게 된다. 그런데 씨ᄋᆞᆯ은 '하나 곧 전체'의 실현을 이룩하고자 할 때 많은 도전에 직면하게 된다. 씨ᄋᆞᆯ의 사회적 저항은 바로 여기에서 발생한다. 그 대표적 예가 함석헌의 '대듦'인데 이것은 바로 자존, 자주(自主)에 바탕한 주체적 행동이다.[36]

함석헌의 이러한 씨ᄋᆞᆯ사상이 민중신학의 철학적인 기틀을 마련하는데 일조했음을 알 수 있다. 씨ᄋᆞᆯ의 개념규정, 저항정신은 민중신학의 그것과 거의 일치한다. 다만 씨ᄋᆞᆯ은 사회, 정치, 경제의 영역에서 소외된 계층을 가리키는 '민중'보다는 더 포괄적이고 근원적인 개념이라고 할 수 있다. 안병무가 말한대로 '민중'은 씨ᄋᆞᆯ의 사회적, 정치적, 경제

35) 함석헌, 「우리가 내세우는 것」, 『씨ᄋᆞᆯ의 소리』 매호마다 표지 안쪽에 이 글이 실려 있음.

36) 함석헌, 「저항의 철학」, 『씨알은 외롭지 않다』, 휘문출판사(1971), 205-212쪽. 여기서 함석헌은 하나님, 인간, 만물의 본성은 '저항'이라고 하며 저항보다 높은 것은 무저항(주의)이라고 주장한다. 그리고 저항은 '자유'를 위한 투쟁으로 본다.

적 개념이고, '씨올'은 민중의 존재론적 개념이다.

민중신학에 끼친 함석헌의 영향은 그의 씨올'사상' 못지않게 목숨을 내건 그의 실질적인 '저항행동'에서도 찾을 수 있다. 그는 그 어려운 군사정권 시기에 5·16 군사 쿠데타의 부당성을 정면으로 비판하고 나섰는가 하면, 1972년에 쓴 "군인정치 10년을 말한다"에서는 모든 위험을 무릅쓰고 군사독재에 정면으로 맞섰다. 이러한 함석헌의 저항행동은 서남동과 안병무가 함석헌과 함께 '3·1 구국선언사건'에 참여하게 되는 계기가 되었을 것임에 틀림없다.[37]

1984년 4월 19일, 4·19탑 참배를 마치고 안병무 박사 자택에서(중앙의 두루마기 차림이 함석헌 선생)(사진 40)

이처럼 한국에서 민중신학이 탄생하는데 사회, 정치, 경제적인 현실의 심각성뿐 아니라 이미 등장한 씨올사상, 민중운동, 민중철학, 민중사관, 민중문학, 민중예술이 그 길을 예비해 놓았다는 점을 간과할 수 없다. 그런데 결국 민중신학이 출현할 수 있었다는 것은 살아 운동하는 민중현장이 있었으며, 거기에 대한 다양하고 진지한 신학의 접근이 있었기 때문이다.[38]

함석헌이 민중신학에 영향을 끼쳤다고 하는 이유는 구체적으로 무엇인가? 이와 관련해서는 함석헌의 발언에 주목할 필요가 있다. '민중'이라는 말을 한 마디의 순수한 우리말로 맨 처음 '씨올'이라 한 분은

37) 송기득, 「민중신학의 정체」, 『1980년대 한국 민중신학의 전개』(서울: 한국신학연구소, 1990), 67쪽.

38) 상게서, 69쪽.

유영모 선생이지만 이 말을 받아서 집요하게 이론적으로 적용한 사람은 함석헌으로 볼 수 있다.

> 지금은 民의 시대여서 우리는 늘 民이라는 말을 쓰는 경우가 많습니다. 國民, 人民, 民族, 平民, 民生…입니다. 그런데 거기 맞는 우리말이 없습니다. 國은 나라라 하면 되고 人은 사람이라 하면 되지만 民은 뭐라 할까? 백성이라 할 수는 있지만 그것은 百姓의 음뿐이지 순전한 우리말이 아닙니다. 그래서 그 民이라는 말을 우리말로 씨알이라 하면 어떠냐 하는 말입니다. 이것은 사실은 내가 생각해 낸 것이 아니고 유영모 선생님이 먼저 하신 것입니다. 언젠가 「大學」 강의를 하시다가 "大學之道 在明明德 在親民 在止於至善"을 풀이하시는데 "한 배움길은 밝은 속알 밝힘에 있으며, 씨ᄋᆞᆯ 어뵘에 있으며, 된데 머뭄에 있나니라"라고 하셨습니다. 이제 오래 되어 말이 좀 틀린 데가 있는지 모르겠습니다마는, 하여간 民을 씨ᄋᆞᆯ이라 하셨습니다. 그래 그것이 참 좋아서 기회 있는 대로 써 와서 이제 십년이 넘습니다.[39]…
> 이것보다 더 좋은 말이 있거든 고칠 셈치고, 우선은 써 봅니다. 民 대로도 좋지만 民보다는 좀 더 나가기 위해서, 民은 봉건시대를 표시하지만 씨ᄋᆞᆯ은 민주주의 시대를 표시합니다. 영원한 미래가 거기 압축되어 있습니다. 우리는 한 씨ᄋᆞᆯ입니다.[40]

그런데 민중신학의 발단을 물을 때 서남동 및 안병무보다 먼저 언급해야 할 학자가 있는데 그가 현영학(당시 이화여대 기독교학과 교수)이다. 그는 서남동이 "민중의 신학에 관하여"를 발표하기 두해 전, 즉 1973년 6월 〈한국신학보〉에서 그리스도교는 "민중속에 성육신해야

39) 함석헌, 「씨ᄋᆞᆯ의 참 뜻」, 『민중과 한국신학』, 9-10쪽.

40) 상게서, 13쪽.

한다"고 주장했다. 그는 이 글에서 '민중'이란 소위 엘리트라는 특권층과 대비되는 말로서, 정치적 권력이나 경제적 부나 사회적 지위나 고등교육을 받지 못한 사람들을 가리키는 말[41]이라고 했다. 이것은 한국의 신학자 가운데서 '민중'에 대한 최초의 언급이요 정의라고 볼 수 있다. 그는 이 글을 다음과 같이 끝맺고 있다. "문화적인 대 변혁기, 서양 사람들이 탈기독교시대라고 말하는 이 시점에서 기독교와 그 신학도 근본적인 태도와 입장의 변혁을 일으켜서 이 버림받은자들[민중]의 친구가 되어야 하지 않을까 한다."[42] 이와 같은 내용으로 보아서 엄밀히 말하면, 지상(紙上)에 나타난 글로 보면 민중신학은 현영학에게서 시작되었다고 말할 수 있다. 서남동도 송기득과의 대화에서 이 사실을 시인하였다.[43]

그렇다면 민중신학의 단초는 함석헌에게서, 태동은 현영학에게서, 발단은 서남동에게서, 시작은 안병무에게서라고 말할 수 있을 것으로 보인다. 그리고 '민중신학'이라는 명칭에 합의한 것은 1979년이었고 이때부터 한국신학계에서 본격적으로 사용되기 시작했다는 것이 송기득의 주장인데 본 연구자도 이에 동의한다.[44]

신학자 안병무와 함께(1970년대)
(사진 41)

41) 현영학, 「민중 속에 성육신 해야」, 『민중과 한국신학』, 15쪽.

42) 상게서, 18쪽.

43) 서남동, 『민중신학의 탐구』(1983), 173-174쪽.

44) 송기득, 「민중신학의 정체」, 『1980년대 한국 민중신학의 전개』(서울: 한국신학연구소, 1990), 65쪽.

(2) 민중신학의 발전

'민중'을 신학의 주제로 삼기 시작한 때를 민중신학의 태동기라고 한다면, 그 때를 1970년대 초로 잡을 수 있다. 그러나 신학사적인 차원에서 본다면, 1975년 4월호 《기독교 사상》에 발표된 서남동의 "민중의 신학에 대하여"라는 논문에서라고 할 수 있다. 그러니까 정작 '민중신학'이라는 말을 처음으로 쓴 신학자는 서남동인 셈이다. 그런데 그는 이미 1973년부터 민중신학에 관한 논의를 본격화했고, 그것을 1975년 2월호 《기독교 사상》에 "예수, 교회사, 한국교회"라는 주제로 그 내용을 발표했다. 서남동은 이 논문에서 민중신학의 골자를 거의 다 밝히고 있다고 볼 수 있다. 그는 누가복음서 기자의 편집 의도를 밝히면서, 예수의 출현 자체를 경제적 빈곤, 사회적·문화적 편견 …… 정치적 억압으로부터의 인간의 해방작업[45]으로 해석한다. 예수는 자신을 무조건 민중과 동일시하고 바로 그 민중해방에서 자기동일성을 구하고 민중해방운동을 펴다가 마침내 십자가 형틀에서 살해당했다고 한다.[46] 서남동은 이 글에서 민중해방을 지향하는 민중신학의 발판을 그리스도교회사를 통해 나타난 민중해방운동에서 찾고 있다.[47]

한편 민중신학의 신학적 기틀은 안병무의 민중의식에서 찾을 수 있다. 그는 1975년 3월 1일, 민주인사들의 출옥을 기념하는 모임에서 "민족, 민중, 교회"라는 강연을 했는데 그는 여기에서 대담한 선언을 했다. "우리 역사에서 민족은 있었어도 민중은 없었다."[48] 그러나 민중은 실제로 없었던가? 그렇지 않다. 정말 있는 것은 민중인데, 민중

---

45) 서남동, 「예수, 교회사, 한국교회」, 『민중신학의 탐구』, 11쪽.

46) 송기득, 전게서, 62-63쪽.

47) 상게서, 63쪽.

48) 안병무, 「민족, 민중, 교회」, 『민중과 한국신학』(서울: 한국신학연구소, 1991), 19쪽.

은 민족을 위한다는 이름아래 수탈당해왔다. 그 이유는 지배집단이 민족을 내세워 민중을 착취했기 때문이다. 그래서 결국 민족도 없고 민중도 없고 다만 그것을 이용하는 정부만이 있게 되었다는 것이다. 그렇기 때문에 결국 한국 역사에서는 민중운동사가 끊임없이 이어질 수 밖에 없었는데, 그는 그 전형으로서 동학농민혁명, 3·1운동, 4·19학생혁명을 든다. 그러면서 안병무는 4·19 당시 기독교가 눈앞에서 벌어지는 젊은이들의 피 터지는 싸움을 보면서도 죽은 듯이 잠잠했던 것은 "그리스도의 가르침과 행동에 반역하는 비겁"이었다고 외쳤다. 예수는 민중의 친구로 민중의 편에 섰다가 민중을 위해 쓰러졌기 때문이다.[49] 이때부터 안병무는 자신의 신학의 주제를 '민중'으로 굳히기 시작해서 민중해방에 대한 신학적 기틀을 놓았고 민중운동에 몸소 참여하기에 이르렀다.[50]

안병무의 민중신학은 1970년대 민주화 운동에 신학적인 정당성을 마련해 주었고 근본주의와 복음주의에 치우친 한국교회에 진보적인 신학으로서 이념적 자극제가 될 수 있었다. 또한 민중신학을 통해서 안병무는 한국의 신학계뿐만 아니라 구미 신학계, 그리고 제3세계 인권 운동가들에게도 이념적 영향을 미쳤다. 안병무의 민중신학은 유럽과 미국의 신학교에서 정규 강의 과목에 포함되는 경우가 있는가 하면 1990년 독일 신학자 안드레아 호프만-리히터는 하이델베르크 대학에서 「안병무와 민중신학」이라는 논문으로 박사학위를 받기도 했다.[51] 안병무는 함석헌이 그에게 끼친 영향을 이렇게 말했다.

49) 안병무, 상게서, 23-24쪽.

50) 송기득, 전게서, 63-64쪽.

51) 김성수, 『함석헌평전』, 162쪽.

함 선생님으로 인해서 나는 기독교를 탈기독교적 입장에서 볼 수 있었어요. 그리고 내가 사상적으로 얼마나 좁은 틀 속에서 살고 있었나를 깨우쳐 주셨지요, 함 선생님의 씨알 사상은 내가 민중과 민중신학을 발견하는 과정에 어떤 눈을 뜨게 해 주었어요. 함 선생님은 통찰력이 뛰어난 분입니다. 지금도 함 선생님의 영향이 내게 끊임없이 작용해요.[52]

민중신학의 단초를 제공한 함석헌 (사진 42)

함석헌의 씨ᄋᆞᆯ 사상은 이처럼 민중신학의 토대가 되었을 뿐 아니라 안병무가 한국의 민주화를 위해 몸소 행동하는 데에도 결정적인 영감을 주었다. 그 점에서 안병무의 민중신학을 함석헌이 한국에 남긴 사상적 유산의 맥락에서 이해할 수 있다고 김성수는 말한다. 안병무는 마가복음에 나타난 '오클로스'(οχλος)를 필두로 민중신학을 개진하였지만, 서남동은 신·구약성서의 전거뿐만 아니라 수많은 우리 전통의 민담들을 원용하여 조직신학적으로 구조화하였기 때문에 함석헌의 씨ᄋᆞᆯ 사상이 서남동에게까지 미쳤다고 볼 수 있을 것이다. 한국민중신학의 제2세대라고 할 수 있는 권진관 교수는 함석헌의 씨ᄋᆞᆯ사상이 민중신학의 기초가 되었음을 아래와 같이 분명하게 진술하고 있다.

민중신학의 시작을 이야기할 때 빼놓을 수 없는 것이 있다. 민중신학에 영향을 준 사상적 전통이 있었다. 민중신학은 한국의 민중사상의

52) 상게서, 162-163쪽.

> 영향 속에서 싹텄다고 해도 과언이 아닐 것이다. 가깝게는 함석헌의 씨ᄋᆞᆯ 사상을 들 수 있고, 좀 더 길게는 동학사상과 운동, 3·1운동, 일제하의 민족운동 등을 들 수 있을 것이다. 함석헌은 초기 민중신학자들과 동시대의 인물로서 서남동, 안병무 등과 그 후의 소장 민중신학자들에게 많은 영향을 주었다. 서남동은 함석헌이 1970년대 이래 《씨ᄋᆞᆯ의 소리》에서 민중을 주제로 외치고 있을 때 일찍 동조하지 못한 것을 부끄러워했다. 이렇듯 함석헌 사상 등이 민중신학 이전에 민중신학을 준비하고 있었다.[53]

한국 기독교의 경우 보수교단과 보수신학자들이 한국교회의 주류를 이루고 있지만 그들은 주로 개인구원에 치중하므로 사회개혁이나 개벽에 대한 관심은 그다지 많지 않다고 생각된다. 외국의 신학, 주로 서양의 신학을 한국적 상황에 토착화하려는 개혁 의지는 그다지 강하지 않고 오직 성서, 오직 믿음, 오직 은총이라는 종교개혁자들의 구호의 강조와 고전적 성서 주석의 범주를 벗어나지 못할 뿐만 아니라 변화무쌍한 새로운 상황(context)에의 적용능력이 부족한 것 같다. 반면에 학자군이 소수이긴 해도 민중신학은 한국적 상황을 깊이 이해하고 특히 가난하고 소외된 자들의 처지를 깊이 고려하여 한국 사회를 민주화하고 개혁하려는 강한 의지와 노력을 해왔다고 보여진다. 따라서 외국에서도 한국의 대표적 신학을 민중신학(Minjung Theology)으로 대부분 간주하고 있는 실정이다. 이에 기초하여 민중신학이 이모저모로 전개되었는데 한국의 대표적인 민중신학자로 거명되는 사람들은 서남동, 안병무, 김용복, 현영학, 문동환, 김찬국, 서광선, 송기득, 김경재, 박재순, 권진관, 강원돈, 김창락 등이며 이 전통을 꾸준히 계승하고 있

53) 권진관, 『예수, 민중의 상징; 민중, 예수의 상징』, 378쪽.

는 신진 신학자로는 김진호와 그 그룹이 아닌가 생각한다. 그리고 민중신학의 정신을 몸소 실천한 학자들로는 문익환, 서남동, 김찬국, 문동환, 한완상, 박성준 등 이라고 생각된다. 아무튼 민중신학의 여파로 '민중교회'들이 여기저기에 설립되었으며 제2, 3세대 민중신학자들이 민중신학을 계승하고 있다. 다소 약화된 듯 하지만 어떻든 민중신학은 한국이 낳은 대표적 신학으로서 세계신학계에 알려져 있으며 그것의 진화는 결코 멈출 수 없는 일이다.

1970년대 한국 민중의 고난과 억압의 현장에서 발생한 민중신학은 한반도에 가톨릭과 기독교(개신교)가 전래된 이래로 가장 뚜렷한 자기 목소리를 낸 신학이라고 말할 수 있다. 그동안 서구신학을 번역하고 그것을 반복하는데서 머물던 한국신학이 자기만의 독특한 콘텍스트에 관심을 가지고 전통적인 서구신학과는 다른 독자적인 신학을 형성해 낸 것이다. 물론 여기에는 신학자들의 선각자적인 헌신이 있었는데 그들은 민중이라는 실체를 비로소 역사의 주체로 인식하기 시작했으며, 민중의 관점에서 성서를 읽고 신학을 전개함으로 기존과는 판이한 신학운동을 형성하게 된 것이다.

무엇보다 민중신학의 태동으로 인해 그동안 관념에만 머무르던 하나님 개념이 '역사 속에 '살아계신 하나님'이라는 개념으로 바뀌게 되었는데 이것이야말로 민중신학의 큰 공헌이라고 여겨진다. 그동안 주로 개인적인 관계에서만, 또 교회라는 울타리 안에서만 존재하는 하나님으로부터 민중이 고통당하는 역사의 현장에 함께하는 하나님으로 깨닫게 된 것이다. 다시 말해 하나님은 저 하늘 어딘가의 높은 보좌에서 땅을 다스리시는 그런 분이 아니라 인간이 고난당하는 현실에 참여하여 함께 고난당하며 악과 싸워나가시는 분으로 이해하게 된 것이다. 이러한 측면에서는 최근 서구에서 각광을 받고 있는 과정신학

(Process Theology)의 신관과 맥을 같이한다고 보여진다. 서남동에 의하면 출애굽사건을 통해 드러난 야훼(YHWH) 신은 히브리 노예들(하비루)을 지켜주는 신, 노예들의 인권을 지켜주는 신, 노예들의 해방을 약속해 주는 신, 노예가 괴로울 때 위로해 주는 신이었다. 그야말로 민중들의 하나님이었다. 더 나아가 예수 역시 민중 가운데 한 사람이며 예수가 곧 민중이라고 까지 말했다. "공관복음서(특히 마태복음 25장)에서는 예수가 자기를 고난받는 민중으로 제시한 것을 볼 수 있다. 예수의 이야기가 민중의 이야기 속에, 민중의 이야기가 예수의 이야기 속에 흡수된 것을 볼 수 있다. 예수의 운명 속에 민중의 운명이 들어 있다."[54)]

민중신학을 '한국의 신학'이라고 내세울 수 있는 보다 구체적인 까닭은 어디에 있을까? 이 물음에 대답하기 위해서 먼저 '한국의 신학'이라는 말뜻을 밝힐 필요가 있다. '한국의 신학'이라고 할 때 우선적으로 부딪치는 문제는 '신학이면 신학이지 굳이 한국의 신학이냐'는 것이다. 이 반론에서는 신학의 보편성이 전제되어 있다. 어떤 상황과 조건에서도 신학 그 자체는 한결같다는 것이다.[55)] 이러한 관점에서 보면 '한국의 신학'이라는 말은 수사학적 오류이거나 심지어는 신학의 본질을 파악하지 못함으로 인한 신학의 왜곡이게 된다. 물론 신학은 보편적인 것일 수 있다. 그러나 신학의 보편성이 인정된다 할지라도 그것은 특수성에 의존해 있으며, 최소한 특수한 형태를 통해서 구체화된다. 보편은 특수 안에서 실재하고 특수를 통해서 이루어지기 때문이다. 특수를 떠난 보편, 그것은 한갓 관념에 지나지 않는다고 볼 수 있다.[56)]

54) 한국신학연구소 편, 『1980년대 한국민중신학의 전개』, 201쪽.

55) 송기득, 전게서, 59쪽.

56) 상게서, 60쪽.

그렇다면 무엇을 하는 것이 진정 '한국의 신학'을 하는 것일까? 그것은 두말할 나위 없이 '한국을 위한 신학'을 하는 것이다. 한국을 위한다는 것은 한국 사람을 위한다는 것이고, 한국 사람을 위한다는 것은 한국민족을 위한다는 것이며, 한국민족을 위한다는 것은 그것의 실체를 이루고 있는 한반도의 민중을 위한다는 것이다. 이렇게 볼 때 한국 신학은 '한국'이라는 삶의 현장에서 민중에게 필요한 구원의 원리를 찾아 독자적으로 내놓을 수 있어야 한다. 그리고 '우리의 역사 안에 계시된 그리스도'를 찾아내는 것이다. 한국의 그리스도를 발견하고 증언하는 일, 이것이 한국 신학이 짊어진 과제이다. 여기에서 저절로 서구의 그리스도교에서 전통적으로 내세운 그리스도의 유일성이나 절대성(배타성)이나 종국성을 고집할 수 없게 된다. 이러한 점에서 한국 신학으로서의 민중신학은 이른바 '종교신학'(Theology of religion)과 연대한다. 민중신학은 종교신학의 정당성과 필요성에 동의한다. 신학이 진정으로 민중구원을 지향한다면, 민중의 삶이 이루어지는 시간, 공간과 삶의 질에 따라 다양성과 독특성을 갖는다는 것은 너무나 당연하다고 하겠다. 이러한 사실은 한국의 민중신학이 종교신학적 사고를 그 밑바닥에 깔고 있음을 나타낸다. 이것은 단순히 '그리스도'의 보편성을 내세우자는 데 그 뜻이 있는 것이 아니고, 한국민중사(史) 속에도 우리 나름의 '그리스도'가 실재한다는 사실을 밝히려는 데 그 뜻이 있다고 볼 수 있다.

한국의 민중신학은 정적이고 관념적인 서구 신학에 반기를 들고 살아 움직이는 민중의 실체를 주제로 삼았다는 데 큰 의의가 있다. 그 민중의 실체가 우리 역사 속에서 무엇이었는지 많은 논의가 있을 수 있고, 또 변화하는 현 시점에서 그 의미가 무엇인지 계속 논의해야 하겠지만 분명한 것은 어떤 형태로든 인간의 역사가 존재하는 한 인간의 최소한의 존엄을 누리지 못한 채 고난 받고 억압받고 소외받는 민중의 문제는 계속된다는 점이다. 당연히 오늘 이 땅에서 그런 자들이 누구인가를 우리는 계속 물어야 할 것이다. 특히 종교에서는 이들의 구원 내지 해방의 문제에 관심을 가져야 할 것이다. 이런 점에서 민중과 씨ᄋᆞᆯ이라는 개념은 계속 이 시대 담론의 중심에 자리 잡아야 한다고 생각한다. 아울러 한국의 민중신학보다 앞서 남미에서 출현한 해방신학(Liberation Theology), 더 나아가 흑인신학, 여성신학, 생태신학에 대한 관심도 소홀히 해서는 안 될 것이다. 특히 구띠에레즈(Gutiérrez)(가톨릭)와 보니노(Miguez Bonino)(프로테스탄트)에 의해 주도된 가톨릭의 남미 해방신학은 1960~1970년대 한국의 군사독재시대를 살아가는 민주인사들에게 큰 길잡이가 되는 사상이었고 한국 개신교의 민중신학 태동에 큰 역할을 했다고 볼 수 있다. 지구촌의 어느 곳이건 피조물이 신음하는 곳에 대한 우리의 관심은 멈출 수가 없다. 해방신학과 민중신학은 절박한 그 시대 그 상황에서 생성된 신학이라 할지라도 시대적 상황의 산물로 그쳐서는 안 된다. 왜냐하면 두 신학의 알파와 오메가인 '민중과 해방'이 그리스도교 성서(Bible)의 핵심사상이기 때문이다.

제8장
결 론

함석헌은 성경과 동양 고전에 바탕을 두면서도 현대서양사상에서 진화와 주체의 개념을 받아들여 역사를 종합적으로 이해하려 했다. 따라서 그의 사상은 동양적·한국적 사유와 정서에 바탕을 두고 있지만, 서양의 사상과 문화를 긍정하고 동양과 서양의 문화적·사상적 종합을 추구하였다. 평화, 평등, 자유, 진리의 세상을 만들기 위해 함석헌은 기독교의 가르침 및 서양사상과 동양의 유·불·도·힌두사상을 총동원해서 융합하려고 일생동안 공부하는 삶을 살았다. 이와 같은 그의 폭넓은 삶과 선비적 노력은 일찌감치 다문화, 다종교를 인정함으로써 인류가 상생하며 공생하는 삶의 길을 가야함이 마땅함을 제시한 것이다. 이렇듯 함석헌은 미래를 예견하고 다문화적 삶 혹은 종교다원적 삶을 몸소 실천한 선구자인 셈이다.

한반도는 대륙과 해양의 여러 사상과 종교들이 모여드는 곳이다. 2,500여 년 전 이른바 축(軸)의 시대(Axial Age)의 위대한 선각자들의 사상에서부터 근·현대의 세계사를 뒤흔든 여러 사상들이 이 땅에 들어왔다. 여러 사상들을 한반도라는 용광로에서 녹여 미래 인류의 나아갈 길을 밝히는 데서 우리는 긍지를 찾아야 한다.[1] 이러한 꿈을 몸소 실현한 사람이 함석헌이고 그 길을 우리의 몫으로 제시해주었다. 그것이 곧 종교 및 문화의 다원주의라고 할 수 있으며, 오늘날도 세계 도처에서 여전히 벌어지고 있는 종교 갈등과 전쟁들은 함석헌의 종교다원주의와 씨ᄋᆞᆯ 평화사상을 통해 극복될 수 있는 가능성을 제공받을 수 있을 것이다.

함석헌의 글과 사상은 깊은 감동과 생명력을 발휘한다. 앎과 행함의 변증법적 통일을 추구한 점(知行合一), 쉬운 글 속에 심오한 진리를 담은 점, 정해진 답을 주지 않고 근본적인 질문을 함으로써 삶과 역사 앞에서 스스로 생각하고 결단하게 했다는 점에서 함석헌과 소크라테스는 일치한다고 볼 수 있다. 그러나 둘 사이에는 차이도 있다. 소크라테스가 그리스의 귀족 청년들을 대상으로 철학을 하고 그리스 문화의 지평 안에 머물렀다면, 함석헌은 식민지 백성으로서 고통 받고 있던 민족과 민중을 중심에 두고 평화의 철학을 강조했다. 이 대목에서 양자의 특징은 괄목할 만하다.

또 함석헌의 언행은 실존주의 철학의 비조 키에르케고르(Kierkegaard)의 외침과도 흡사하다. 키에르케고르는 당시 기독교국가인 자기 조국 덴마크를 향해 "덴마크에는 참된 그리스도인이 한 사람도 없다"고 덴마크 기독교 전체를 향해 신랄한 공격을 퍼부었다. 왜냐하면 키에르케고르가 보기에 덴마크 기독교인들은 예배자(worshiper)일 뿐이지 그리스도의 따르미(follower)는 아니었기 때문이다. 이것은 함석헌의 주장 『한국기독교는 무엇을 하려는가』와 동일선상에 있다고 보여진다. 그런 의미에서 함석헌도 매우 외로운 투쟁을 벌인 외톨이 기독교인으로

1) 이남곡, "사상의 부국을 만들자.", 한겨레신문 2017. 11. 17(금) 「오피니언」란.

서 문자 그대로 그는 키에르케고르처럼 '단독자(Individual)'로서 진리의 길을 갔던 고독한 예외자(die Ausnahme)였던 것이다.

함석헌의 사상은 얼핏 보면 원만한 종합의 사상처럼 보이지만 그의 사상에는 치열하고 격렬한 저항정신이 깔려있고 변화와 모순을 포착하는 역동성을 지니고 있다. 함석헌의 사상이 포용성과 종교적 깊이를 지녔으면서도 역사와 사회에 대한 투철한 책임의식과 비판정신을 지닌 것은 동양정신과 서양정신이 만난 결과였다고 해석할 수 있을 것이다. 한국적인 혼으로 서양사상과 기독교 정신을 소화해 낸 함석헌의 사상은 분명히 한국 사상사의 맥을 잇고 있다. 왜냐하면 원효, 최치원, 최제우, 정약용처럼 회통, 묘합, 융합적, 실천적 사유를 시도하고 있기 때문이다. 함석헌 사상의 특징은 하나님과 인간, 믿음(영)과 이성의 역동적인 일치에 있다. 양자는 일원론적인 일치로 끝나지도 않고, 이원론적인 구분으로 끝나지도 않는다. 양자는 '하나'라고만 할 수도 없고 '둘'이라고도 할 수 없다. 둘이면서 하나이고 하나이면서 둘이다. 이것은 원효가 자신의 논리적 사유 구조를 "둘을 융합하지만 하나로 되는 것은 아니다(融二而不一)."[2]라고 밝힌 것과 같은 맥락으로 풀이할 수 있을 것이다. 또한 '크다(전체)'와 '하나다(개체)'의 이원적 구조가 '한'이라는 일원적 존재로 이해되는 한국적 사유의 성격인 묘합(妙合)과도 그대로 통한다. 따라서 함석헌의 철학적 종교사상은 한국적 사유의 변증법을 반영한다고 볼 수 있다. 그렇지만 결코 단순한 절충이나 습합은 아니다. 이러한 철학적 접근 방식은 현대식으로 표현한다면 역설적(逆說的, Paradoxical) 변증법이라고 할 수 있을 것이다.

함석헌의 삶은 국내에서는 비록 고난의 길, 즉 한국기독교로부터는

2) 박재순, 『함석헌의 철학과 사상』, 71쪽 재인용.

이단자로, 정권의 권력자들로부터는 용공분자 내지 민중선동가로 치부되었지만 그의 사상과 행태는 매우 순수하였고 끝까지 한국과 세계의 평화를 지향하였기에 두 차례에 걸쳐 노벨평화상 수상 후보에 오르기도 하였었다. 마침내는 국내에서도 군사정권 후기의 노태우 정부는 함석헌을 크게 인정했었고, 2008년 서울에서 개최된 세계철학자 대회에서는 함석헌을 현대 한국의 대표적인 철학자로 상정하여 그의 사상을 심도있게 토론했었다. 특히 철학자 김상봉은 다음과 같은 논리와 주장을 통해 함석헌 철학의 당위성을 제시했다. "서양의 철학이 자유로운 시민의 철학이라면, 씨ᄋᆞᆯ철학은 식민지 노예의 철학 또는 민중의 철학이다. 씨ᄋᆞᆯ철학은 서양철학이 알지 못했던 새로운 철학적 사유의 지평을 열었다.[3]고 함으로써 현대 한국의 대표적 철학사상으로서 씨ᄋᆞᆯ철학의 보편성을 세계철학자들에게 알리는 역할을 하였다. 이러한 의미에서 함석헌은 신라 불교의 원효, 고려 불교의 지눌; 조선 유교의 이퇴계, 이율곡; 근세 한국 천주교의 정약용과 동학의 창시자 최제우; 현대 한국다종교의 상황에서 배출된 함석헌으로 한국 철학의 광맥은 흐른다고도 볼 수 있다. 그렇지 않아도 최근 신진학자들이 출판한 『한국 철학사』 책들 속에는 함석헌의 철학사상이 비중 있게 서술되고 있음을 볼 수 있다.[4]

우리는 20세기 한국이 낳은 사상가 함석헌을 국내·외에 선양하기 위해 노력을 아끼지 말아야 할 것이다. "없는 것도 있다." 하는 판국에 현대 한국사회가 배출한 함석헌을 그대로 드러내기 위해서는 구체적

3) 김상봉, 「씨ᄋᆞᆯ철학과 세계철학」, 『철학』 제102집(한국철학회, 2010), 139쪽.

4) 예를 들면, 다음과 같은 『한국철학사』 책들이다.; 홍승기, 『한국철학콘서트』(2013); 전호근, 『한국철학사』(2015); 한국철학사상연구회, 『처음 읽는 한국 현대철학』(2015).

인 노력이 필요하다. 함석헌 기념사업회, 씨ᄋᆞᆯ사상 연구원, 함석헌 학회, 《씨ᄋᆞᆯ의 소리》, 《기독교 사상》 잡지 등을 통해 꾸준히 함석헌이 알려지고 연구되고 있지만 이에서 한걸음 더 나아가야 한다. 함석헌에 대한 정기적인 국내·국제적 연구, 학술지 발간, 각종 토론회, 각종 강좌를 통해 함석헌이 현대 한국사상의 맥을 잇고 있음을 우리가 알고 또 알려야 한다. 특히 국제적으로 그를 알리기 위해서는 영어 및 기타 외국어로 만들어지는 학술지가 나와야 하고 학자들은 외국 학술지에 투고하여야 한다. 덴마크에만 갇혀 있던 위대한 철학자 키에르케고르가 100년 뒤에야 비로소 세계에 알려지게 된 것은 영어와 독일어를 통한 그의 저서의 번역 덕분이었음을 우리는 알고 있다.

그럼에도 불구하고 故人이 된 함석헌이지만 그가 넘어야 할 장벽이 없는 것은 아니다. 아직도 기독교의 보수세력들과 정치적 보수주의자들은 함석헌을 이단시하는 경향이 있으며, 그런가하면 정작 대부분의 민중들과 젊은이들은 함석헌이 누구인지를 잘 모르며 그의 가치를 제대로 파악하지 못하고 있는 실정인데 이 고비를 어떻게 넘느냐 하는 문제가 우리 앞에 놓여있다. 더욱이 물질주의와 쾌락주의가 만연할 뿐만 아니라 인문학이 점점 소외되고 있는 현대한국사회상황에서 인문학의 종합이자 정수인 함석헌의 삶과 사상을 확산하기란 결코 쉬운 일이 아니다. 그러나 소수의 독자들이라 할지라도 이것만은 꼭 기억해주기를 앙망한다. 함석헌이 강조했던 민중(씨ᄋᆞᆯ)들이 늘 깨어있지 않으면, 뭉치지 않으면, 생각하는 씨ᄋᆞᆯ들이 되지 않으면 천신만고 끝에 이루어낸 한국의 민주화가 다시 권위주의적 독재에 휘말릴 수 있다는 사실 말이다.

가치관의 혼란시대를 살아가는 현대 한국인들에게 함석헌은 스승의 표상이 되기에 충분한 만큼 함석헌에 대한 관심과 연구는 아무리 강조해도 부족할 것이다.

"참 위대한 정치가는 민중을 휘두르는 사람이 아니라 민중 속에 자기를 잃어버리는 사람입니다" (사진 43)

사진출처

사진 1. 『함석헌저작집 25』, 111쪽.

사진 2. 함석헌 기념 사업회, 『민족의 큰 사상가 함석헌 선생』(함석헌 기념사업회, 서울: 한길사, 2001), 책 서두 사진모음집 마지막 사진.

사진 3. 이치석, 『씨올 함석헌 평전』(서울: 시대의 창, 2015), 47쪽.

사진 4. 상게서, 41쪽.

사진 5. 김용준, 『내가 본 함석헌』(서울: 아카넷, 2006), 77쪽.

사진 6. 이치석, 전게서, 127쪽.

사진 7. 상게서, 79쪽.

사진 8. 상게서, 74쪽.

사진 9. 김경재, 『함석헌』(씨올의 소리 4월호) (문화관광부·한국문화예술진흥원, 2001), 11쪽.

사진 10 조한서 『함석헌』(서울: 도서출판 작은 씨앗, 2007), 137쪽.

사진 11. 이치석, 전게서, 229쪽.

사진 12. Harvey Gillman, *A Light that is Shining : an Introduction to the Quakers* (London : Quaker Home Service, 1988), p.22.

사진 13. 이치석, 전게서, 274쪽.

사진 14. 김경재, 전게서, 38쪽.

사진 15. 김경재, 전게서, 46쪽.

사진 16. 이치석, 전게서, 417쪽.

사진 17. 김경재, 전게서, 40쪽.

사진 18. 김용준, 『내가 본 함석헌』(서울: 아카넷, 2006), 134쪽.

사진 19. 이치석, 전게서, 315쪽.

사진 20. Martin Treu, *Martin Luther in Wittenberg*, (Luther Memorial Foundation of Saxony-Anhalt, 2003), p.77.

사진 21. Sidney M. Houghton 지음 / 정중은 옮김, 『기독교 교회사』(서울: 종합선교-나침반사, 1989), 181쪽.

사진 22. 이치석, 전게서, 60쪽.

사진 23. 조지 폭스 사진(인터넷 검색).

사진 24. 김삼웅, 『저항인 함석헌 평전』(서울: 현암사, 2013), 34쪽.

사진 25. 이치석, 전게서, 307쪽.

사진 26. Kahlil Gibran, *The Prophet* / 강은교 옮김, 『예언자』(서울: 문예출판사, 1996), 책 서두 칼릴 지브란의 자화상.

사진 27. 이치석, 전게서, 266쪽.

사진 28. 함석헌 역, 『간디자서전』(경기도 파주: 한길사, 2011), 책 서두 사진 모음 첫 번째.

사진 29. 예수의 얼굴 세 모습(인터넷 검색).

사진 30. James C. Livingston, F.S.Fiorenza, *Modern Christian Thought* vol. 2 (Minneapolis : Fortress Press, 2006), p.13.

사진 31. 이치석, 전게서, 399쪽.

사진 32. 상게서, 367쪽. 광주에서의 시위로 보인다. 왜냐하면 함선생님 좌편에 전남 강진 출신 김영진(전 국회의원), 우편에 광주한빛교회 故 윤기석 목사 및 사진 배경으로 보아서.

사진 33. 상게서, 337쪽.

사진 34. 상게서, 294쪽.

사진 35. 상게서, 327쪽.

사진 36. 상게서, 377쪽.

사진 37. 조한서, 전게서, 223쪽.

사진 38. 이치석, 전게서, 380쪽.

사진 39. 김경재, 전게서, 22쪽.

사진 40. 상게서, 43쪽.

사진 41. 이치석, 전게서, 261쪽.

사진 42. 김성수, 『함석헌 평전』(서울: 삼인, 2009), 책 서두 사진모음집.

사진 43. 함석헌 기념사업회, 『민족의 큰 사상가 함석헌 선생』, 책 서두 사진모음집.

참고문헌

1) 1차 자료(함석헌의 글)

함석헌(서기 1950, 단기 4283),『성서적 입장에서 본 조선역사』, 서울: 성광문화사.

______(1978),『씨알은 외롭지 않다』(나의 인생관), 서울: 휘문출판사.

______(1979),『새벽을 기다리는 마음』(씨올에게 보내는 편지), 서울: 동광출판사.

______ 외(1985),『현대의 선(禪)과 퀘이커 신앙』, 서울: 삼민사.

______ 외(1996),『함석헌 선집』(생각하는 백성이라야 산다), 서울: 한길사.

______(1983),『함석헌 전집 1』(뜻으로 본 한국역사), 서울: 한길사.

______(1983),『함석헌 전집 2』(인간혁명의 철학), 서울: 한길사.

______(1983),『함석헌 전집 3』(한국기독교는 무엇을 하려는가), 서울: 한길사.

______(1983),『함석헌 전집 4』(죽을 때까지 이 걸음으로), 서울: 한길사.

______(1983),『함석헌 전집 5』(서풍의 노래), 서울: 한길사.

______(1983),『함석헌 전집 6』(수평선 너머), 서울: 한길사.

______(1983),『함석헌 전집 7』(간디의 참모습/간디 자서전), 서울: 한길사.

______(1983),『함석헌 전집 8』(씨올에게 보내는 편지), 서울: 한길사.

______(1983),『함석헌 전집 9』(역사와 민족), 서울: 한길사.

______(1983),『함석헌 전집 10』(달라지는 세계의 한길 위에서), 서울: 한길사.

______(1983),『함석헌 전집 11』(두려워 말고 외치라), 서울: 한길사.

______(1983),『함석헌 전집 12』(6천만 민족 앞에 부르짖는 말씀), 서울: 한길사.

______(1983),『함석헌 전집 13』(바가바드 기타), 서울: 한길사.

______(1983),『함석헌 전집 14』(생각하는 백성이라야 산다), 서울: 한길사.

______(1983),『함석헌 전집 15』(말씀/퀘이커 300년), 서울: 한길사.

______(1983),『함석헌 전집 16』(사람의 아들 예수/예언자), 서울: 한길사.

______(1983), 『함석헌 전집 17』(민족통일의 길), 서울: 한길사.
______(1983), 『함석헌 전집 18』(진실을 찾는 벗들에게), 서울: 한길사.
______(1983), 『함석헌 전집 19』(영원의 뱃길), 서울: 한길사.
______(1983), 『함석헌 전집 20』(씨울의 옛글 풀이), 서울: 한길사.

______(2009), 『함석헌 저작집 1』(들사람 얼), 서울: 한길사.
______(2009), 『함석헌 저작집 2』(인간혁명), 서울: 한길사.
______(2009), 『함석헌 저작집 3』(새 나라 꿈틀거림), 서울: 한길사.
______(2009), 『함석헌 저작집 4』(민중이 정부를 다스려야 한다), 서울: 한길사.
______(2009), 『함석헌 저작집 5』(생각하는 백성이라야 산다), 서울: 한길사.
______(2009), 『함석헌 저작집 6』(죽을 때까지 이 걸음으로), 서울: 한길사.
______(2009), 『함석헌 저작집 7』(하나님의 발길에 채여서), 서울: 한길사.
______(2009), 『함석헌 저작집 8』(씨울에게 보내는 편지 1), 서울: 한길사.
______(2009), 『함석헌 저작집 9』(씨울에게 보내는 편지 2), 서울: 한길사.
______(2009), 『함석헌 저작집 10』(오늘 다시 그리워지는 사람들), 서울: 한길사.
______(2009), 『함석헌 저작집 11』(세계의 한길 위에서), 서울: 한길사.
______(2009), 『함석헌 저작집 12』(평화운동을 일으키자), 서울: 한길사.
______(2009), 『함석헌 저작집 13』(우리 민족의 이상), 서울: 한길사.
______(2009), 『함석헌 저작집 14』(새 시대의 종교), 서울: 한길사.
______(2009), 『함석헌 저작집 15』(펜들힐의 명상), 서울: 한길사.
______(2009), 『함석헌 저작집 16』(한국 기독교는 무엇을 하려는가), 서울: 한길사.
______(2009), 『함석헌 저작집 17』(성서적 입장에서 본 세계역사), 서울: 한길사.
______(2009), 『함석헌 저작집 18』(먼저 그 의를 구하라), 서울: 한길사.
______(2009), 『함석헌 저작집 19』(영원의 뱃길), 서울: 한길사.
______(2009), 『함석헌 저작집 20』(인생의 시), 서울: 한길사.
______(2009), 『함석헌 저작집 21』(두려워 말고 외치라), 서울: 한길사.
______(2009), 『함석헌 저작집 22』(진실을 찾는 벗들에게), 서울: 한길사.
______(2009), 『함석헌 저작집 23』(수평선 너머), 서울: 한길사.

______(2009), 『함석헌 저작집 24』(씨올의 옛글풀이), 서울: 한길사.
______(2009), 『함석헌 저작집 25』(함석헌과의 대화), 서울: 한길사.
______(2009), 『함석헌 저작집 26』(퀘이커 300년), 서울: 한길사.
______(2009), 『함석헌 저작집 27』(예언자·사람의 아들 예수·날마다 한 생각), 서울: 한길사.
______(2009), 『함석헌 저작집 28』(바가바드 기타), 서울: 한길사.
______(2009), 『함석헌 저작집 29』(간디 자서전), 서울: 한길사.
______(2009), 『함석헌 저작집 30』(뜻으로 본 한국역사), 서울: 한길사.

2) 함석헌에 관한 연구논문

(1) 석사학위 논문

강승욱, 「함석헌의 고난 이해와 그의 신학」(감리교 신학대학원, 1998)
김석봉, 「함석헌의 역사이해 연구」(한신대학교 대학원, 1993)
김성수, Sok Hon Ham's Understanding of Taoism and Quakerism(영국 에섹스대학교, 1994)
김은주, 「함석헌의 역사철학」(한국외국어대학교 대학원, 1998)
김 진, 「함석헌의 종교사상 연구」(한신대학교 대학원, 1992)
이 준, 「함석헌의 고난사관의 현대적 이해: 『뜻으로 본 한국역사』를 중심으로」(그리스도대학교, 2002)
임강택, 「함석헌의 역사이해 연구」(장로회 신학대학원, 1994)

(2) 박사학위 논문

김성수, *An Examination of Life and Legacy of a Korean Quaker Ham Sok Hon: Voice of the People and Pioneer of Religious Pluralism in Twentieth Century Korea* (University of Sheffield, 1998)
김영태, 「함석헌의 종교사상과 그의 영성적 삶에 대한 종교-신학적 연구」(성공회대학교 신학전문대학원, 2016)

정지석, *Quaker Peace Testimony, Ham Sok Hon's Ideas of Peace and Korean Reunification Theology*(University of Sunderland, 2004)

(3) 일반연구논문

강돈구, 「함석헌 종교사상의 계보」(『종교연구』 제23집, 2001)
강영안, 「함석헌의 한국기독교 비판과 순령주의」, 『생각과 실천』(한길사, 2011)
김경재, 「함석헌의 종교사상과 역사관」, 『씨올들의 믿음과 삶』(나눔사, 1990)
_____, 「함석헌 사관의 기독교적 요소」, 한국신학연구원, 『신학사상』 66(1998)
_____, 「함석헌의 종교이해」, 『씨올의 소리』 200(2008.5-6)
_____, 「생명철학으로서 함석헌의 씨알사상이해」, 『기독교사상』 (2009.6)
_____, 「함석헌의 종교 이해」(『종교문화비평』 17, 2010)
김대식, 「마르크스와 함석헌의 의식변혁과 행동철학」, 『생각과 실천』 2(한길사, 2012)
_____, 「함석헌의 역사와 문화, 그리고 종교적 인간의 이해」, 『함석헌과 종교문화』(모시는 사람들, 2013)
김상봉, 「하나님의 발길질-함석헌의 교육철학에서 종교의 의미」, 『씨올의 소리』 200(2008.5-6)
_____, 「씨올철학과 세계철학」, 한국철학회, 『철학』 제102집(2010.2)
김영태, 「함석헌의 종교다원주의 사상이 한국의 현대화에 미친 영향」, 『생각과 실천』(한길사, 2011)
김영호, 「올-함석헌코드의 비결」, 『씨올의 소리』 199(2008.1-2)
_____, 「함석헌사상의 배태와 전개(중반기) - 함석헌저작집 제19권을 중심으로」, 『함석헌학회, 한국양명학회, 합동 춘계자료집』(2013.5)
_____, 「함석헌의 변혁론」, 『생각과 실천』 2(한길사, 2012)
_____, 「함석헌과 사회진화론-함석헌은 사회의 진화를 주장하지 않았는가」, 『길을 묻다, 간디와 함석헌』(프리칭 아카데미, 2011)
김은주, 「함석헌의 역사철학」, 『철학윤리교육연구』 14(1998)
김　진, 「함석헌의 생애와 사상」, 『이용도, 김재준, 함석헌』(한들출판사, 2001)

김홍기, 「마틴 루터의 십자가신학과 함석헌의 고난사관 비교연구」, 『박대인 교수 은퇴 기념논문집』(도서출판 감신, 1997)
노명식, 「함석헌사상의 알파와 오메가」, 『씨올의 소리』(1990.3)
______, 「토인비와 함석헌의 비교는 가능한가?」, 『씨올의 소리』(2000.7-8, 9-10)
박선균, 「함석헌 씨올정신의 역사-씨올의 바른 길을 찾아서」, 『씨올의 소리』 200 (2008.5-6)
______, 「함석헌 선생의 한국기독교 비판에 대하여」(함석헌학회 2014.3.8. 독회 자료)
박소정, 「함석헌의 씨올사상과 진정성의 윤리」, 한신대학교 학술원 신학연구소 편, 『한국 개신교가 한국근현대의 사회문화적 변동에 끼친 영향연구』 (2005)
박종강, 「간디의 길, 함석헌의 길, 나의 길-법의 활용과 관련하여」, 『길을 묻다, 간디와 함석헌』(함석헌평화포럼 편, 프리칭 아카데미, 2011)
______, 「함석헌이 바라는 정치」, 『길을 묻다, 간디와 함석헌』(함석헌평화포럼 편, 프리칭 아카데미, 2011)
백소영, 「무교회 정신이 이끈 삶」, 씨알사상연구회, 『씨알·생명·평화』(한길사, 2007)
석경징, 「함석헌 말법의 독특성-생각을 바르게 하는 것은 아주 어려운 것인가」, 『길을 묻다, 간디와 함석헌』(함석헌평화포럼 편, 프리칭 아카데미, 2011)
송기득, 「함석헌은 그리스도교를 어떻게 챙겼는가」(『신학과 현장』 4, 1994)
신재식, 「함석헌과 종교다원주의」(『종교문화비평』 17, 2010)
양현혜, 「함석헌과 우치무라 간조의 '두개의 J'」(『종교연구』 30, 2003)
______, 「함석헌의 역사의식과 사유체계」, 『씨올의 소리』 200호(2008.5-6)
______, 「함석헌과 무교회를 둘러싼 종교사상적 모색」(한국종교학회, 『종교연구』 제67집(2012.여름))
연규홍, 「함석헌의 한국 그리스도교 비판」(『한국 교회사학회지』 24, 2009)
윤무한, 「'뜻으로 본 한국역사'와 함석헌」, 『신동아』 587호(2008.8)
이만열, 「신채호와 함석헌」, 『생각과 실천』 2(한길사, 2012)

______, 「한 역사학도에게 비친 함석헌선생」, 김용준 편, 『나의 스승 함석헌』(해동문화사, 1991)
이민용, 「함석헌 선생의 종교이해」, 『씨ᄋᆞᆯ의 소리』 200(2008.5-6)
이상록, 「함석헌의 민중 인식과 민주주의론」, 한국사학회 편, 『사학연구』 제97호(2010. 3)
이은선, 「仁의 사도 함석헌사상의 유교적 뿌리에 대하여」, 한국양명학회 편, 『양명학』 제33호 (2012. 12)
이재봉, 「함석헌의 비폭력사상과 한반도의 비폭력통일」, 『생각과 실천』 2(한길사, 2012)
이진구, 「새 종교와 낡은 종교: 함석헌의 눈에 비친 한국 개신교」(『종교문화비평』 17, 2010)
임헌영, 「함석헌평화사상의 재조명 필요성」, 『함석헌학회 2012년 추계학술발표 자료집』(함석헌학회, 2012)
조 광, 「1930년대 咸錫憲의 역사인식과 한국사 이해」, 한국사상사학회편, 『한국사상사학』 21(2003. 12)
지명관, 「함석헌의 조선사관에 대한 고찰-藤井武의 일본사관과의 비교를 중심으로」, 『씨알의 소리』 154(2000. 5-6)
천관우, 「함선생의 한국사관」, 『씨ᄋᆞᆯ의 소리』(1971. 12)
최인식, 「함석헌의 교회관」, 『이용도, 김재준, 함석헌』(한들출판사, 2001)
______, 「씨ᄋᆞᆯ사상과 영성-함석헌의 성서적·한국적 영성관을 중심으로」, 『씨ᄋᆞᆯ의 소리』 21(2012 겨울)
최재목, 「함석헌과 양명학」, 『생각과 실천』 2(한길사, 2012)
한규무, 「『뜻으로 본 한국역사』와 1960년대 함석헌의 민주화운동」, 『한국사학사학보』 제29호(한국사학사학회, 2014)
한준상, 「함석헌의 씨ᄋᆞᆯ교육론」, 『생각과 실천』(한길사, 2011)
황보윤식, 「함석헌의 세계평화운동에 대한 역사인식론적 검토」, 『생각과 실천』 2(한길사, 2012)
______, 「오늘의 사회인식과 함석헌의 인식 비교」, 『생각과 실천』(한길사, 2011)

______, 「함석헌의 그리스도교민족주의, 그리고 통일 민족주의」(함석헌 평화포럼 편, 프리칭 아카데미, 2011)
황필호, 「종교철학자 함석헌」(『종교문화비평』 17, 2010)
______, 「함석헌은 누구인가-지브란, 함석헌, 셀리를 중심으로」, 『생각과 실천』(한길사, 2011)

3) 평전

김삼웅(2013), 『저항인 함석헌 평전』, 서울: 현암사.
김성수(2009), 『함석헌 평전』, 서울: 삼인.
김용준(2006), 『내가 본 함석헌』, 서울: 아카넷.
이치석(2015), 『씨울 함석헌 평전』, 서울: 시대의 창.
조한서(2007), 『함석헌』, 서울: 작은 씨앗.

4) 단행본(한국어 저서)

강남대학교 신학대 편(1998), 『종교와 영성』, 서울: 한들.
강문규 외(1997), 『한국의 미래와 기독교』, 서울: 민중사.
강성도(1997), 『종교다원주의와 구원』, 서울: 대한기독교서회.
강순원(2000), 『평화·인권·교육』, 서울: 한울.
고범서(1983), 『이데올로기와 신학』, 서울: 범화사.
광주광역시 사료편찬위원회(2015), 『5·18 민주화운동』, 광주: 5·18 민주화운동기록관.
권오문(2015), 『종교의 미래를 말한다』, 서울: 생각하는 백성.
권진관(1993), 『성령과 민중』, 서울: 한국신학연구소.
______(2001), 『성령, 민중의 생명』, 서울: 나눔사.
______(2009), 『예수, 민중의 상징 민중, 예수의 상징』, 서울: 동연
금장태(1993), 『한국 유교의 이해』, 서울: 민족문화사.
길희성(1984), 『인도철학사』, 서울: 민음사.

김경재(1983), 『한국문화신학』, 서울: 한국신학연구소.

______(1994), 『종교다원시대의 기독교 영성』, 서울: 다산글방.

______(2001), 「함석헌」, 『씨올의 소리』 4월호, 문화관광부, 한국문화예술진흥원.

______(2005), 『아레오바고 법정에서 들려오는 저 소리』(김경재 교수 정년퇴임 기념 논문집), 서울: 삼인.

김대식(2012), 『함석헌의 철학과 종교세계』, 서울: 도서출판 모시는 사람들.

김동길(1979), 『하느님 나의 하느님』, 서울: 동광출판사

김승철 편저(1993), 『종교다원주의와 기독교Ⅰ』, 서울: 나단.

______ 편저(1993), 『종교다원주의와 기독교Ⅱ』, 서울: 나단.

김영명(1999), 『한국현대정치사』, 서울: 을유문화사.

김영석(2010), 「고대인에게서 배우는 평화」, 『같이 살기』, 서울: 도서출판 고욤나무 글방.

김영태(2002), 『신비주의와 퀘이커공동체』, 경기도 고양: 인간사랑

______(2006), 『도덕신학과 도덕신앙』, 광주: 전남대학교출판부.

김영호(2016), 『함석헌사상 깊이읽기 ①』, 경기도 파주: 한길사

김용규(2015), 『생각의 시대』, 경기도 파주: 살림출판사.

김은규(2013), 『구약속의 종교권력』, 서울: 도서출판 동연.

김진호 외(2015), 『사회적 영성』(세월호 이후에도 '삶은 가능한가'), 서울: 현암사.

김진호·김영석 편저(2013), 『21세기 민중신학』, 서울: 삼인.

나학진(1983), 「Theodicy에 대한 연구: 종교철학의 영역을 넘어서」, 서울대학교 종교학과.

노길명(2012), 『한국의 종교운동』, 서울: 고려대학교 출판부.

노명식(2002), 『함석헌 다시 읽기』, 서울: 인간과 자연사

노치준(1995), 『일제하 한국기독교 민족운동 연구』, 서울: 한국 기독교 역사 연구소.

대한기독교서회(2012. 9), 『기독교사상』

민경배(1998), 『한국 기독교회사』, 서울: 연세대학교 출판부.

박경미 외(2006), 『서구 기독교의 주체적 수용』(유영모·김교신·함석헌을 중심으

로), 서울: 이화여자대학교 출판부.
박재순(1990), 『민중신학과 씨울사상』, 서울: 天池.
______(2012), 『함석헌의 철학과 사상』, 서울: 한울.
______(2013), 『다석 유영모의 철학과 사상』, 경기도 파주: 한울.
Jaesoon Park, "Ham Sok-hon's National Spirit and Christian Thought" Korea University, *Korea Journal*, Summer 2000, 134-174.
박홍규(2015), 『함석헌과 간디』, 경기도 파주: 도서출판 들녘.
배국원(2000), 『현대 종교철학의 이해』, 서울: 동연
백성호(2015), 『생각의 씨앗을 심다』, 서울: 중앙북스.
변선환(1997), 『한국적 신학의 모색』, 서울: 한국신학연구소.
변선환 박사 화갑기념 논문집(1989), 『종교다원주의와 신학의 미래』, 서울: 종로서적.
변선환 박사 은퇴기념 논문집(1992), 『종교다원주의와 한국적 신학』, 서울: 한국신학연구소.
서강대학교 종교신학연구소(1988), 『종교신학 연구』(제1집), 서울: 서강대학교 종교신학연구소.
______________________(1993), 『종교신학 연구』(제6집), 서울: 서강대학교 종교신학연구소.
서남동(1982), 『전환시대의 신학』, 서울: 한국신학연구소.
______(1983), 『민중신학의 탐구』, 서울: 한길사.
서남동 기념사업회 엮음(2009), 『서남동과 오늘의 민중신학』, 서울: 동연.
송기득(1992), 『인간』, 서울: 한국신학연구소.
송길섭(1991), 『한국신학 사상사』, 서울: 대한기독교 출판사.
씨울사상 연구원(2013), 『함석헌 연구』제4권 제1호(2013 하반기), 서울: 씨울사상 연구원(함석헌 기념사업회).
안병무(1982), 『성서적 실존』, 서울: 한국신학연구소.
______(1983), 『역사와 해석』, 서울: 대한기독교출판사.
______(1990), 『민중신학 이야기』, 서울: 한국신학연구소.

_____(1998), 『갈릴래아의 예수』(예수의 민중운동), 서울: 한국신학연구소.
야기 세이이치, 레너드 스위들러 지음/ 이찬수 옮김(1996), 『불교와 그리스도를 잇다』, 경북 왜관: 분도출판사.
오강남(2003), 『세계종교 둘러보기』, 서울: 현암사.
_____(2011), 『종교, 심층을 보다』, 서울: 현암사.
_____(2012), 『종교란 무엇인가』, 경기도 파주: 김영사.
우현민 역주(1981), 『老子』, 서울: 박영사.
유동식(1988), 『풍류신학으로의 여로』, 서울: 전망사.
_____(2006), 『한국종교와 기독교』, 서울: 대한기독교서회.
_____(2007, 4쇄), 『풍류도와 한국의 종교사상』, 서울: 연세대학교 출판부.
윤경선(2017), 『함석헌 사상사 인문학적으로 읽기』, 서울: 지식과 감성.
NCC 신학연구위원회 편(1991), 『민중과 한국신학』, 서울: 한국신학연구소.
이강수(1984), 『도가사상의 연구』, 서울: 고려대학교 민족문화연구소.
이기백(1982), 『한국사 신론』, 서울: 일조각.
이대근(2014), 『한국 종교사상사』, 서울: 가톨릭 출판사.
이만열(1993), 『한국기독교사 특강』, 서울: 성경읽기사.
이명권(2006), 『예수, 노자를 만나다』, 서울: 코나투스.
_____(2006), 『예수, 석가를 만나다』, 서울: 코나투스.
이정배(2009), 『없이 계신 하느님, 덜 없는 인간』, 서울: 모시는 사람들.
이정춘(2014), 『생각이 사라지는 사회』, 서울: 청림출판.
이찬수(2007), 『종교로 세계 읽기』, 서울: 이화여자대학교 출판부.
이찬수·유정원(1996), 『종교신학의 이해』, 경북 왜관: 분도출판사.
이태하(2015), 『종교의 미래』, 경기도 파주: 아카넷.
전대열 편저(1982), 『싸우는 평화주의자 함석헌』, 서울: 동광출판사.
전호근(2015), 『한국철학사』, 서울: 메멘토.
정강길(2007), 『미래에서 온 기독교』, 서울: 에클레시안.
정승석(1989), 『불교의 이해』, 서울: 대원정사.
정승우(2009), 『예수, 역사인가 신화인가』, 서울: 책세상.

조병갑(1999), 『아무도 비판할 자격이 없는 한국 한국인』, 서울: 도서출판 개미.
조순명(1982), 『거짓예언자』, 서울: 합동출판사.
차옥숭(1997), 『巫教』(한국인의 종교경험), 서울: 서광사.
최인식(2002), 『다원주의 시대의 교회와 신학』, 서울: 한국신학연구소.
크리스챤 아카데미 편(1984), 『한국민중신학의 조명』, 서울: 대화출판사
한국기독교학회 편(1990), 『종교다원주의와 신학적 과제』(신앙과 신학 제7집), 서울: 대한기독교서회.
한국신학연구소 편(1990), 『1980년대 한국 민중신학의 전개』, 서울: 한국신학연구소.
한국신학연구소 편(1992), 『종교다원주의와 한국적 신학』(변선환 학장 은퇴기념 논문집), 서울: 한국신학연구소.
한국철학사상 연구회(2015), 『처음 읽는 한국현대철학』, 경기도 파주: 동녘.
한국종교학회(2012), 『종교연구』제 67집(2012년 여름), 서울: 한국종교학회.
함석헌 기념사업회 편(2001), 『민족의 큰 사상가 함석헌 선생』, 서울: 한길사.
함석헌 학회(2011), 『생각과 실천』, 경기도 파주: 한길사.
현대종교문제연구소 편(1983), 『종교와 평화』, 대구: 이문출판사.
홍승기(2013), 『한국철학 콘서트』, 서울: 민음사.
황승룡(1988), 『폴 틸리히의 그리스도론』, 서울: 대한기독교출판사.

5) 단행본(외국어 저서)

Bonino, Jose Miguez, *Doing Theology in a Revolutionary Situation*, 주재용 역(1982), 『오늘의 행동신학』, 서울: 한국기독교교회협의회.
Bowker, John(editor)(1997), *The Oxford Dictionary of World Religions*, Oxford University Press.
Brinton, Howard H.(1973), *The Religious Philosophy of Quakerism*, Wallingford, Pennsylvania: Pendle Hill Publicaitons.
Burnham, Frederic B. 편, *Postmodern Theology : Christian Faith in a Pluralistic World*, 세계신학 연구원 역(1990), 『포스트모던 신학』, 서울: 조명문화사.

Canovan, Margaret(2005), *The People*, 김만권 역(2015), 『인민』, 서울: 그린비출판사.

Cobb, John, Griffin, David/ 류기종 역(1993), 『과정신학』(*Process Theology*), 서울: 도서출판 열림.

Coward, H.(1990), 『종교다원주의와 세계종교』, 한국종교연구회 옮김, 서울: 서광사.

Crossan, John Dominic et al(2009), *The Historical Jesus(Five views)*, Inter Varsity Press. 손혜숙 옮김(2014), 『역사적 예수 논쟁』, 서울: 새물결 플러스.

CTC-CCA(1981), *Minjung Theology*, Toa Payoh, Singapore: The Christian Conference of Asia.

Eliade, Mircea(editor)(1987), *The Encyclopedia of Religion*(vol. 15), New York: Macmillan Publishing Company.

Gandhi, M., *An Autobiography*, 함석헌 옮김(2011), 『간디자서전』, 서울: 한길사.

Gibran, Kahlil(1988), *The Prophet*, New York: Alfred A, Knopf.

Gutiérrez, Gustavo, *A Theology of Liberation*, 성렴 역(1977), 『해방신학』, 경북 왜관: 분도출판사.

Hick, John(1982), *God Has Many Names*, Westminster Press.

Hick, John(1991), *An Interpretation of Religion*, Macmillan.

Hick, John(1985), *Problems of Religious Pluralism*, Macmillan.

Hick, John(1983), *Philosophy of Religion*, Prentice-Hall.

Hindu 경전, *The Bhagavad Gita*, 함석헌 주석(2010), 『바가바드 기타』, 서울: 한길사.

Huxley, A., *The Perennial Philosophy*, 조옥경 옮김(2014), 『영원의 철학』, 서울: 김영사.

Jung, Jiseok(2006), *Ham SokHon's Pacifism and the Reunification of Korea*, Canada: The Edwin Mellen Press.

Kant, I. 『이성의 한계 안에서의 종교』, 신옥희 역(1984), 서울: 이화여자대학교 출판부.

Kirk, J. Andrew, *Liberation Theology*, 전호진 역(1983), 『복음주의 입장에서 본 해방신학』, 서울: 정음출판사.

Knitter, P. F. *No Other Name?*, 변선환 역(1987), 『오직 예수 이름으로만?』, 서울: 한국신학연구소.

Korea Association of Progressive Theologians, *Madang*(International Journal of Contextual Theology in East Asia), vol. 6. December 2006.

Kreeft, Peter, *The Philosophy of Jesus*, 류의근 역(2007), 『예수철학』, 서울: 서광사.

Kwon, Jin Kwan(2011), *Theology of Subjects*, Taiwan: Programme for Theology and Cultures in Asia c/o Chang Jung Christian University.

Moltmann, Jürgen, *Der Weg Jesu Christi*, 김균진·김명용 공역(2002), 『예수 그리스도의 길』, 서울: 대한기독교서회.

Panikkar, R., 『종교간의 대화』, 김승철 옮김(1992), 서울: 서광사.

Thoreau, H. D., *Civil Disobedience*, 강승영 옮김(2010), 『시민의 불복종』, 경기도 파주: 이레.

Wink, W., *Engaging the Powers*, 한성수 옮김(2004), 『사탄의 체제와 예수의 비폭력』, 경기도 일산: 한국 기독교 연구소.

6) 고서(잡지)

『사상계』(도서출판 思想), 제1권 - 제20권(1952-1957)

_______(사상계 영인본 간행회), 제6권 - 제20권(1957-1967)

『씨올의 소리』(씨올의 소리 영인본), 제1권 - 제15권(1970-1980)

__________(함석헌 기념사업회), (통권 2010년 1·2월호 - 2015년 11·12월호)

[Abstract]

A Study on the Ham Sokhon's Thought and Life from the Viewpoint of Philosophy of Religion

This book focuses on the Ham Sokhon's Ssial Philosophy of Religion. Ham Sokhon was born in 1901 and passed away in 1989. His hometown was North Korea, but he moved to South Korea in 1947, after liberation from the Japanese colony. The political environment of the Korean peninsula of his time was very confusing. There were a lot of ideological conflicts such as capitalism and communism, the colony of Japan (1910-1945), the March First Independence Movement(1919), the Korean War(1950-1953) and as a result, the division of South and North Korea, autocracy of civil government(1950s), the April 1960 Student's Revolution, the May 16, 1961 Coup détat and Military dictatorship, the Gwangju Citizen's Uprising for democratization on May 18, 1980, and the June Uprising of 1987, etc.

Ham Sokhon as a boy attended to a Presbyterian church and became a Christian. He studied the Bible deeply under the Japanese Christian scholar Uchimura Ganzo(founder of the Non-Church), and then he moved to the American Society of Friends(Quakerism). He was very open-minded to other religions. To overcome his religious prejudice he tried to study other religion's scriptures such as Buddhist Scriptures, the Analects of

Confucius, the Tao Te Ching of Laotzu, the Bhagavad-gita of Hinduism etc. Furthermore, he met with many of other religious leaders and had religious dialogues with them. In this respect, we can say that he was a pioneer of religious pluralism in Republic of Korea.

Ham's thought resembles Laozi and Zhuangzi's in emphasizing the "self-acting" of humans and seeking harmony between human and nature. Also, it echoes the Tonghak principles of "holding the Heavenly Lord in one's body and soul"(侍天主) and "serving human as the Heavenly Lord"(事人如天), by linking human beings directly to God and serving the people as God(人乃天). Ham adopted the eschatological conception of history in Biblical Christianity by looking at the history and the future from an eschatological perspective. Furthermore, placing "Thinking" at the center of his thought system, he accepted the emphasis on the reasoning subject from the philosophy of Enlightenment of the West. The emphasis given to the vital force of life standing upright and rising above obstacles resonates with the idea of evolution of life advocated by Pierre Teilhard de Chardin.

In the middle of the hardship and suffering of the Korean nation, Ham built his theory by refining his body and mind in the pursuit of truth. He accomplished this task while being put in prison several times and leading and ascetic life, eating only one meal a day. Attained through his body and mind, his philosophy is not abstract but practical or existential.

Ham's doctirne of Ssial (seed, grassroots, people), which is amalgam of Korean national soul and the Christian faith, has become the backbone and main principle of Minjung Theology in Korea. Ssial is also a pioneer of religious pluralism and dialogue between different religions, and the source of inspiration and stimulation for the philosophy of life and theology of doing today. With 'thinking', a fatalistic life can be changed into a self-acting and independent life. That is why he asserts "only people who think can survive." Here, thinking goes beyond the rational level and includes the spiritual level. Reason lies between instinct and the spirit. Instinct tries to snare reason with great force. However, the true function of reason is to defy the power of instinct and serve the spirit. This is possible when reason is free and active in its full capacity. Ham regards this relationship between reason and spirit as that of "thought that must be formed" and "thought that comes to mind". The former means rational and independent thought, while the latter means inspiration. Therefore, the national spirit remains alive through thought, and only people who think can survive as the main protagonists of history.

Ham actively tries to revitalize the good and peace-loving nature of the Korean people by applying the principle of faith in the cross to the history of Korea and calling for the Korean people to take responsibility for world peace. As Jesus led all of humanity to redemption by being crucified and dying on the cross, the Korean people could lead the world to peace by bearing the burden of suffering in world history.

If the victims in the world, such as Koreans, Indians, Jews, and Blacks, overcome the suffering from injustice and find their rightful place, the entire humanity will be redeemed. If the Korean people overcome their unjust suffering and lead the world to the road of peace, it will confirm the truth of the Christian faith in the Cross.

To Ham, God is not a dialectical being, who is both transcendent and inherent, but a paradoxical transcendent. This understanding of Ham is connected to Dietrich Bonhoeffer's idea that God is both the boundary (external, transcendent) and the center (inherent) of life.

As God is in a dynamic relationship with "I", a human, God is comprehended in a dynamic sense. To Ham, God is not a static, complete being, but a being in "growth" or in "eternal incompletion" and at the same time, a complete being as the Absolute Being. God is not a being that is, but one that will be and will be throughout eternity. Sometimes Ham calls God "…Going To Be" to note the dynamic nature of God. This thought resembles the Process Theology by John Cobb, Jr..

According to Ham, in order to set the national spirit upright, we must set our character upright, and we must attain true faith. Ham accentuates the unity between Jesus, the object of faith, and 'I' the believing subject. In his poem 'The White Hand', he says that Jesus' blood should be alive in the blood of those who believe in him. To Ham, although Jesus died 2,000 years ago, he lives on 'through faith' in my life, my body, my bones and flesh, and in my blood, mind and soul. Beyond the spatial and temporal distance, Jesus is united with the national spirit of the 'believing I'. This Ham's mysterious doctrine reminds me of Sören Kierkegaard's 'the contemporaneity with Christ' and St. Paul's 'Christ mysticism'(Gal. 2:20).

Criticizing violent, exclusive and group-oriented sectarianism, Ham cries for world peace. The future world will be "inevitably one big organic or holistic community. Therefore, we must live together whether we like it or not. If we fail to do that, all of us are doomed to perish." Ssial(ordinary people or grassroots), who are directly connected to the whole and concurrently contain the whole in themselves, have no choice but to proceed toward world peace and seek "one world." Ham as a peace maker was recommended as a Nobel Peace Prize candidate twice by American Religious Society of Friends(Quakerism).

In conclusion, first of all he was a sincere Christian, also he loved other religions a lot. So we can call him as a religious pluralist. In order to follow Jesus and any other founders of Religion, he studied many kinds of philosophy and religion constantly and practiced meditation or contemplation. Furthermore, he labored for peace in Korea and democratization from the situation of military dictatorship in 20th century of Korea. His energetic life for the grassroots was rooted in Religion, Existential Philosophy and the purpose of real Democracy for Ssial(씨ᄋᆞᆯ, 民, people, 인민).

Therefore, Ham's religion and philosophy(Ssial thought) focused on the realization of true democracy and perennial peace for Korean Minjung and global village.

찾아보기(Index)

ㄱ

ㄴ

ㄷ

ㄹ

ㅁ

ㅂ

ㅅ

ㅇ

ㅊ

ㅋ

ㅌ

ㅍ

ㅎ

기타

(1) 숫자 관련 용어

(2) 영어 난어(개념) 관련 용어

(3) 한자(漢字) 관련 용어